商业的心灵

中国商人访问录

李翔 ● 著

BUSINESS MIND:
Interviews With Chinese Business Leaders

华夏出版社
HUAXIA PUBLISHING HOUSE

图书在版编目（CIP）数据

商业的心灵：中国商人访问录/李翔著. —北京：华夏出版社，2011.1
ISBN 978-7-5080-5978-5

Ⅰ.①商⋯　Ⅱ.①李⋯　Ⅲ.①商人－访问录－中国－现代
Ⅳ.①K825.38

中国版本图书馆 CIP 数据核字（2010）第 193640 号

商业的心灵

李　翔　著

策　　划：	李雪飞
责任编辑：	李雪飞
出版发行：	华夏出版社
	（北京市东直门外香河园北里4号　邮编：100028）
经　　销：	新华书店
印　　刷：	北京建筑工业印刷厂
装　　订：	三河市万龙印装有限公司
版　　次：	2011年1月北京第1版　2011年1月北京第1次印刷
开　　本：	787×1092　1/16 开
印　　张：	21.5
字　　数：	403 千字
定　　价：	39.00 元

本版图书凡印刷、装订错误，可及时向我社发行部调换

自序

为什么应当为商人辩护？

在过去的两年时间中，同中国商人的交谈构成了我工作的最主要的内容。尽管我一直铭记着我的朋友（某种程度上也是导师）许知远对我说的话："李翔，你可千万不要变成一个商业记者啊！"

正是为了避免自己变成一个纯粹的商业记者，我尝试着涉足其他领域。我到深圳龙岗同受到经济危机影响的工人们交谈，试图理解他们的喜怒哀乐。我也涉足偏远的县城和乡村，在泥泞的土路上跋涉。后来在访问韩三平时，我发现我到过他的家乡，一个四川小县城。有些时候，我甚至还觉得自己是个不错的历史散文作家，我对赛珍珠、白修德等都兴致盎然，热衷于沿着他们的足迹旅行，我去过胡适的故乡、梁启超的故乡、周恩来的故乡等等。另外一些奇思妙想的瞬间，我又觉得自己可能会是个不错的文学评论家。我是个勤奋的小说读者，我热爱马尔克斯、菲茨杰拉德、奥威尔、毛姆、格雷厄姆·格林、塞林格等作家。

而且，我可不仅仅是说说而已，在过去很长的一段时间内，我是个勤奋的写作者。我撰写社会新闻的报道，我总是把新闻挂在嘴边；我喜欢跟学者与智者交谈，观念世界始终对我有强烈的吸引力；我写作旅行和历史散文，V.S. 奈保尔和 Peter Hessler 是我在这方面的榜样；我也写书评和作家小传。

不过，让我沮丧的是，当我碰到一个新的读者时，他们总会跟我提及他们看过的我对某位商人的访问，并且非常欣赏。在大多数人眼中，我被无可挽回地定义为一名商业记者，而且是专门同商人交谈，然后撰写他们访问的商业记者。他们会同我争论我对某位商人的看法，会争议我提出的某个问题的优劣，然后表达自己对商业和商人的见解，并提出自己的建议。有些时候，他们还会强烈地建议我去见某位商人，因为他们想看到我会如何描写他。

必须承认，同这些商人的交谈曾经带给我莫大的满足感。因为在某种程度上，他们正是这个时代的出类拔萃之辈。而同那些最杰出的头脑交流，一直是一个记者和作家梦寐以求的事。去你想去的地方，见你想见的人，并且写你想写的文章，这正是对记者生涯的最高嘉奖。在中国，既然大多数记者都不能像他们的西方同行那样同政治家交谈，自然而然，商人和明星就成为了其次的选择。同那些不太情愿接受媒体访问的商人交谈，尤其能够满足一个记者的虚荣心。我至今记忆犹新，当一位低调的商人终于坐到我面前并认真地同我交谈时，我的那种欣喜若狂的感觉。

但是，这种欣喜和成就感同时又带给我一种不祥的感觉：被人指责。很长一段时间内我都面临着一种或隐或现的责问：为何你同这些商人走得这么近？你是不是在帮他们做宣传？大多数情况下我对这些疑问都不会回答。有时候我会问他们对《财富》杂志和《商业周刊》的看法：你会认为它们都是在帮这些商人做公关吗？只有少数时候我会耐心地向他们描述商业的功用，以及商人们为什么值得我去描述。也就是说，在面对为什么应当为商人辩护这个问题时，首先是我需要为自己访问他们、描写他们辩护，为他们辩护变成了为我自己辩护。

接下来我可能会推荐那些质疑者去读几本书，其中包括哈耶克的《自由秩序原理》。在《自由秩序原理》中，这位诺贝尔经济学奖的获得者解释了为什么商人有利于社会进步。大多数商人都是创造财富的人，在许多方面，他们同你我并无二致。那些认为他们都是混蛋的人，一定很难于回答以下这个问题：是不是一个人只要变成混蛋，钱就会排着队跑进他的银行账户？他们也并不是童话中的花衣魔笛手，只要吹起某种音乐，财富就会滚滚而来。他们首先得把自己变成创造者，让别人心甘情愿地花钱来购买他们的创造物。洛克菲勒变成了富豪，但是他得提供给人们可用的石油。最初主要用来照明的石油取代了昂贵的鲸油，让更多人可以在夜间照明，而且照明效果还更好。爱迪生也获取了财富，但他可是个不知疲倦的发明家，其中最重要的一项是电。亨利·福特也是个有名的有钱人，但若是没有他，我们开始使用私人汽车可得推迟不少年……这样的例子不胜枚举。他们提供产品或者服务，然后换取财富。他们的致富建立在你我获取了便利的基础之上。大多数伟大的商人都是历史的重要推动者。

并且，这些商人的消费行为也有益于社会。正是他们看上去惹人恨的奢侈行为在推动着奢侈品变成非奢侈品，直到大多数人都能够消费得起为止。比如说汽车和飞机，它们开始时由狂热的发明家创造，最初不被人所接受，后来成为有钱人的交通工具，而且只有那些有钱人才能够享受到这种速度带来的便捷与快感。因为它们的制造成本是如此昂贵。但是，这些有钱人对它们的需求推动着汽车生产商不断做出扩大生产的努力，其中的研发成本、雇用昂贵的发明家和工程师的成本，都由那些奢侈的汽车和飞机的富豪消费者们承担。生产不断扩大，成本不断降低，直到最后，低到连那些制造这些奢侈品的工人们也能够享受到这些奢侈品，此时它们也就不成为奢侈品了，而我们每个人的生活因此也就被改变了。计算机的历史也是如此。最初只有毫不担心价格、花钱如流水的军方才能够承担得起计算机的昂贵价格。接下来，是那些有钱的研究机构和学校，在这些有钱的研究机构和学校中，也包括了比尔·盖茨所读的中学。有钱人支付研发价格费用，研究人员和企业家在利润的驱使下降低成本扩大生产，直到最后我也能够买一台电脑来写眼前的这篇文章。其中，微软的比尔·盖茨、IBM的托马斯·沃森和苹果的史蒂夫·乔布斯，都通过自己的创造精神和创富精神推动了这一点。富人们通过自己的奢侈消费来支付奢侈品不再奢侈的成本。

商人们还推动着现代政治体系的建立。在驯服国家和君权的力量中，最重要的就包括新兴的资产阶级。只有那些有钱人才会在乎对产权的保护。毕竟在政治权力反复无常的受害者中，那些借钱给皇室的银行家和最有钱的商人们受损最大。因为他们意欲保护自己的财富，所以才会有各种制约权力的方式出现，比如法律。

现在，让我们回到中国的现实。那些愤愤不平的人会说，中国可没有像洛克菲勒、亨利·福特和史蒂夫·乔布斯那样的富有创造力的商人，我们有的是权钱交易，有的是权贵资本主义，有的是贪婪的地产商和丧尽天良的煤矿主，还有生产毒牛奶和毒奶粉的黑心商人。然后，我们也没有看到他们有推动这个国家前行的欲望和动力，反而津津乐道于向权力献媚。他们不仅没有通过自己的消费让奢侈品变成非奢侈品，相反的是，他们通过投资行为炒高了北京、上海、广州、杭州、深圳等城市的房价。

是的，商业有其恶的一面。马克思说，资本的每个毛孔里都是血和肮脏的东西；巴尔扎克说，每一笔巨大的财富背后都有同样巨大的罪恶。这些谴责早已让商人们刻骨铭心。我和那些愤愤不平的人一样反对商业中的恶的因素。但不同的是，我更相信终会有一个干净明亮的商业世界出现和存在。转轨中的社会，过渡期的时代，确实会滋生强盗资本家和罪恶的大亨。但是即使在此时期，商业的积极功效也从没停止过。在中国，尤其是那些白手起家的民营企业家们，他们创造着就业，提供给我们服务和产品，而且让这些服务和产品越来越廉价，那些制造业的企业家更是中国的竞争力所在。与此同时，他们却要担心国家政策的变化、外部世界环境的变化，以及有社会仇富心理的人和媒体的攻击。只有商人们和政治家们才认为这个时代商人不是最好的职业；商人们身受其苦却又百口莫辩，政治家们则超然于各阶层之上。

我还要推荐的书是安·兰德的《阿特拉斯耸耸肩》。这部冗长的书讲述的是当这个世界上最具创造性的人都开始罢工时，世界会是怎样的。这些最具创造性的人在安·兰德的描述中，以那些富有创新精神的商人为主。当然，如果你没能读下去，这不是你的错，因为我也没有读完。但是我可以告诉你结局，当他们罢工时，世界会很糟糕。你不相信？那就翻开我们刚刚过去的历史看看吧！从1953年我国开始对资本主义工商业进行社会主义改造起，我们就经历了很长一段没有商人的历史，它带给我们的最直接的结果是不再有富人（但这并不意味着没有特权者），同时还有物质产品的匮乏和短缺。

重新回到这本书。这本书中的篇章几乎都是截稿日前匆忙的产物。但是同有些商人交谈时的快感甚至能够一直延续到我写这篇序言时。我为这些商人辩护，但与此同时我也并不认为他们就是尽善尽美的人群。他们中的大多数人或许都有不可告人的秘密。他们中几乎每个人都有自己的缺点。而且，对于这个时代的商人而言，有时候他们身上混杂着让人憎恶的自大和隐晦。似乎他们认为隐晦和低调就能让自己躲避掉来自外部的攻击；而自大则源自于他们以为自己既然拥有了创造财富的能力，那大概也就拥有了对其他事情指手画脚发表评论的才华。这本书中也存在着询问这些商人们如何看待自身所在群体的问题。他们对自身的认识也同样有趣。

我努力通过和商人们交谈向广大读者展示商人们的肖像、他们的性格和他们的内心。我希望读者们能够从中有所收获；如果没有，那原因只能是我做得不够好。不过我相信他们足够丰富，足以让人有所得。

李　翔

2010年4月于北京

目 录

沈文荣　这就是沈文荣！／001

李　友　"保姆"在方正／019

韩三平　韩三平的商业与电影世界／031

史玉柱　新　战／045

郭广昌　郭广昌的商业哲学／055

李书福　倔强的石头／077

蒋锡培　冬天里的蒋锡培／097

季　琦　危机让我变得更有耐心／109

周晓光　翁荣弟　两位义乌商人的突围／123

卓福民　纪源资本：漫长的亮相／145

朱新礼　朱新礼的关键时刻／161

陆兆禧　安静的执行官／167

邵晓锋　以互联网理念运作金融公司 / 177

吴栋材　市场运作就像战争 / 185

荣秀丽　天宇朗通的诞生与崛起 / 193

王明辉　再造云南白药 / 207

许志华　唤醒匹克 / 219

周少雄　狼群不分裂 / 237

吴华新　家族公司的 GE 梦想 / 245

邵　忠　邵忠上市 / 253

刘积仁　房间内最聪明的人 / 263

俞敏洪　我是个精神力量很强大的人 / 283

潘石屹　潘石屹在天水 / 305

张　跃　一个环保主义者的自白 / 317

后　记 / 333

沈文荣　江苏沙钢集团董事局主席

这就是沈文荣!

他没有让自己的公司上市,关于这点可有许多有趣的说法。据说有一次沙钢已经做完了全部的上市准备工作,可这时政府却来说服他,让他把上市的机会让给另外一家更需要上市的国有公司,以帮助后者解决资金困难。沈文荣骄傲而伤心地说:"噢,原来上市是给那些需要帮助的公司的,那沙钢不困难,也不需要帮助。"至此之后,再也没有关于沙钢上市的消息。直到2007年,市场才传来高盛意欲成为沙钢战略投资者的消息,高盛以66亿元获得了10%的股份,这样做的下一步当然是沙钢的整体上市;2008年年底,沙钢介入重组深陷巨亏与假账丑闻的ST张铜,后者与沙钢同处张家港。

他没有让自己的董事会中坐满来自各个国家、各大公司或者各个知名投资机构的知名商人或投资者,他只是艰难地完成了公司的改制,同时让公司的领导层三十年没有发生变更。

他也没有率领自己的公司完成一桩蛇吞象似的惊人收购,类似于联想收购IBM的个人电脑业务。他最著名的收购发生在2002年,沙钢购买了欧洲老牌钢铁公司蒂森克虏伯旗下位于多特蒙德的霍施钢厂。在收购发生之后,国内财经媒体上流行的言论是,沙钢可能购买了一堆破铜烂铁回来。当然,事实并非如此。这桩3 380万欧元的收购让沙钢获益匪浅。沈文荣把整个工厂都拆卸、打包,然后运回张家港锦丰镇的沙钢总部,让沙钢的产能跃升到1 000万吨。《金融时报》的记者金奇后来将这视为中国崛起的一个标志性事件加以描述。

他的发型多年未变，脸庞倒是越发显得黝黑如铁。他可以是个好工人，也肯定能做个不错的农民，因为他的一个显著优点就是勤奋。现在即使他已经年过六十，也依然显得精力充沛，每天都在高速率地运转。他说着一口带有浓重苏南口音的普通话，每一次他在台上讲话，自己都挥舞着手兴高采烈，但如果听众是第一次听他演讲，他们多半会一头雾水。他也不是媒体上的明星企业家，他极少接受采访，几乎从不抛头露面，大多数中国人都不知道他和他的公司。

走在大街上，无人会判断出他已经是中国最成功的商人之一了。在《财富》杂志2009年公布的全球500家最大的公司名单中，他执掌的江苏沙钢集团成为唯一入选的中国大陆民营企业，排名第444位。在2008年获得这一殊荣的是联想集团，当年排名499位，那也是中国大陆的民营企业第一次能够跻身于《财富》500强之列。不同于沙钢和沈文荣，联想和柳传志在中国家喻户晓，在国际上也早已被视为是中国的标志性公司。"柳传志先生往那儿一坐，就是中国成功的一个符号。"田溯宁说。田是中国宽带产业基金会的创始人，同时也是联想集团独立非执行董事。但是在这一次的《财富》500强公司评选中，受到金融危机冲击的联想集团却未能入选，而这家身处江南小镇的钢铁公司，却在无声无息间已经是中国最大的民营企业了。"金融危机对中国的所有企业都有影响，沙钢也不例外，肯定有影响……我们控制得好一些，损失相对小一些。"沈文荣说。

这个低调而神秘的中国商人能够激发起多少人的好奇心和猜测！当他第一次被列入《福布斯》杂志的中国富豪排行榜时，他愤怒地宣称自己上了"资本家的黑名单"；可是在2009年，一本中国大陆的商业杂志《新财富》将他推上了中国大陆首富的位置，根据估计，他的身价可以达到200亿元人民币。而且，毫无疑问，如果沙钢在未来能成功地整体上市，沈文荣的身价还会更高。要知道，这可是一家总资产达1 100亿元的公司，即使2008年钢铁业形势如此不济，它仍然有1 452亿元的销售收入。只是沈文荣在此时已经没有那么愤怒。他看着我的眼睛开始大笑："白天不做亏心事，半夜敲门不吃惊。"他决定忽略此事，不把自己的任何精力和注意力投射在上面。"有人说我们都应该请他（做排行榜的人）吃饭，我说凭什么？我不会做工作让你不要把我放在排行榜上，我当然更不会做工作让你把我放在上面。我不会把任何精力放在这上面"。他不会开车，随身也不带钱。1990年代末的一天，沈文荣出差回来，没让人接，打了个出租车，上车之后却发现自己身上没带钱，幸亏司机认出了坐在他车上的是沈文荣才免去了尴尬。但是沈文荣有时却也乐于开一些关于财富的玩笑，他会对自己身边的人感慨地说："我算什么富豪啊？都是些固定资产。那些跟沙钢做贸易的商人才是真正的富人，说拿出10个亿马上就能拿出来，全是现金。"

他庞大的钢铁帝国位于长江之畔，即使仅仅开车走马观花地绕一圈，也需要两个小时。纵横在钢铁厂空中的繁复的管道中流淌着水、煤气和水蒸气。在其中，钢铁的魅力无人能够抵抗。仅仅是看到高大而空旷的车间里火苗色泽的钢铁在一道道流水线上快速地移动，就让人陶醉。人在其间是渺小的，穿着暗红色工作服、头戴红色安全帽的工人们站在一排排的机器之间操作，就像祭司站在威风凛凛的天神祭坛前祭司一样。曾经试图走重型工业化之路的民营企业，大多数都在过去十年内饱经风雨，甚至无奈折戟。其中最著名者，当属距离张家港一个半小时车程内的常州的钢铁公司铁本。戴国芳的命运直到今天还会牵动着大多数中国人的神经。可是沙钢和沈文荣却没有因为重型工业化而陷入困境。这个企业本身就一直是中国最大的民营钢铁企业之一，它先是成为苏南地区企业的旗舰，随后是整个中国民营钢铁企业的龙头，现在是中国最大的民营企业，也是全世界最大的500家公司之一。它已经是一头巨兽，它要考虑更多的已经不再是生存还是死亡的问题。沈文荣是如何做到这一点的？同处苏南的钢铁大亨是如何看待他的不慎折戟的后辈戴国芳的命运的？

他的商业智慧源于何处？他为何能够取得如此成功？我曾经拿这两个问题询问过我所碰到的数名张家港市政界人士，他们都将沈文荣的成功之道归结于沈的长袖善舞。他有处理各种复杂关系的天分。所有描述他的文章几乎都会提到他的红顶生涯，他曾经官至张家港市政协主席和市委副书记。但是沈文荣却当面反驳了这一点。在沙钢总部的会议室内，他说自己从未从政，一直在公司工作；他从未拥有过自己在政府办公室的钥匙，也从未踏足过他在政府的办公室。他仅仅是享有红顶之名。当然，他对自己处理关系的能力给予极高的评价，他认为这也是沙钢能够成功的最重要的原因之一。他是此中高手，一切游刃有余。

连他自己也说不清楚他每天要工作多长时间。在早年间，每天早上6点半刚过，他就会站在自己的工厂门口，跟每个进入工厂的工人打招呼，当面向每个干部布置工作。尽管他现在已经不再这么做了，但是他可能仍然是沙钢最勤奋的人。他的秘书说："从我的工作时间就能看出沈总一天大概要工作多久。"每天早上6点钟左右，他的秘书就会开车到沈文荣家楼下接他，然后他要在6点半到达办公室。有时候，晚上11点多他们才能一起离开办公室。不断有人到沈文荣的办公室来找他。"一个普通工人要想见到沈文荣也很简单，只要每天早上到他的办公室门外等，肯定就能见到他……要想见沈文荣，说难就难，说不难也不难，就去他的办公室门口排队等着见他就行了。排队的人里有厂里的干部，也有普通工人要找他诉苦。排到了就说几分钟话，迅速把问题解决。"沙钢的一位工作人员如是说。《金融时报》的记者正是通过排队的方式采访到沈文荣的，他说："透过一道玻璃隔墙，一个身材魁梧的人坐在办公桌边仔细看文件，几个职员手里拿着文件，在一旁排成一队。每人到他跟前，这个大个子就会抓起文件，仔细研究一会儿，然后用低沉的喉音发指示。这一定是沈文荣。我走过去，排上了队……我等了几个月的人现在就在咫尺之遥，我是不会被打发走的。"

只要不在国外出差，他每天的时间就是如此被分割，外加每周他至少会巡视自己的一家工厂。在和我见面之前，我突然接到通知，我们要变换会面的地点，原因是一位不速之客正站在他的办公室门外等待接见，而这位客人他却并不太想见。于是，这位中国最富有的人，中国钢铁行业最有权势的人之一，匆匆从办公室溜出来，搭乘电梯下楼。这些听上去不可思议的事情正发生在沈文荣身上。之前到过他办公室的人都吃惊于他办公地点的简陋，现在他是换了一间更气派一些的办公室，可是他的工作、生活方式却并未改变。这栋被命名为"科技楼"的办公楼高85.99米——同进入500强相比，沈文荣更为迷恋的是持久之道，似乎他对"9"因此也有了特殊的情感，沙钢在汶川大地震之后捐出的第一笔款项总额是8 136万元，8加1是"9"，3加6也是"9"——在前楼的顶端是一个镀金的金葫芦，由沈文荣自己设计，"科技楼"这三个字也由沈文荣题写，字体清隽而不见霸气。在他办公室所在的9楼，从任何一扇窗户望出去，都能看到沈文荣钢铁王国的一角，初次来访的客人，不被他所看到的情景撼动基本不可能。楼的走道内悬挂着书法作品，其中一幅录的是晚唐名士皮日休的话"穷不忘操，贵不忘道"。中国士大夫的情节如今由商人奉为道德准则。沈文荣也正顽固地守着他自己的"道"，这"道"中混杂着产业报国、待工人如子弟、做生意恪守诚信等。在沙钢四处悬挂的安全标语是："我不伤害自己，我不伤害他人，我不被他人伤害"。其实从我们的谈话来看，这也正是沈文荣在商业上一贯坚守的原则和他的生存之道。

成为《财富》排行榜500强的公司之一，这一目标曾经被写入无数中国公司的发展目标。但是沈文荣却并未对此表示出过多的欣喜。得知这一消息时，他正在国外出差。"在去年年底的时候，我们就估计，如果没有重大的变化，不管《财富》是不是把我们列入了世界500强的名单之中，我们仅从数字来看就知道，我们已经是500强的企业之一了。"在"热烈庆祝沙钢成功跻身世界500强"的新闻发布会上，沈文荣说："我们真正的目标不是进入500强，而是打造百年老厂，成为世界上最有竞争力的钢铁企业之一。我们考虑的是这个问题。"他更向往的是"基业常青"的中国式表达：百年老店。

后来，在他的黑色座驾上，我从前座扭头问他，如果2010年沙钢没有能够进入世界500强的排名之列，他是否会感到失落，他再一次表示了自己的淡薄："现在进入500强,并不是说你会一直待在那儿。而且,进入500强,只是说你的某些统计数字达到了它的标准。500强里面也有一些公司盈利水平并不好甚至不赚钱的。所以要正确认识,不是说进了500强你就真的很强了。"

他针对各种问题发表了自己点到即止的观点。比如铁矿石谈判,"铁矿石谈判的问题出在我们自己内部而不是外部,如果这个问题不解决,五年以后还不解决,发展钢铁企业是句空话";比如成功之道,"不管做钢铁还是做其他行业,对一个企业的领导人而言,都要当一个事业千方百计地把它做好……自己能做的事把它做好,不能做的事要谨慎";比如如何度过金融危机……

他详尽地剖析了沙钢和宝钢的差距,他的坦诚令人惊讶:"我们和宝钢的差距主要在四个方面:第一,宝钢的技术创新能力强于沙钢,它的人才储备要优于沙钢。第二,宝钢的产品结构更加丰富,沙钢在钢铁衍生产品上还不如宝钢。第三,宝钢的资产结构也更为合理。由于沙钢受限于融资渠道,宝钢的债务负担要比沙钢轻。第四,宝钢从1980年代起就开始进入国际原材料市场,它和国际三大矿石公司都有长期的合作关系,而我们从21世纪初才逐渐进入,我们对国外资源的控制和利用都不如宝钢。"不过在和我的单独谈话中,他马上就否认了自己会把宝钢作为一个竞争对手,或者自己想要超越宝钢。

当我在人群面前问到他沙钢未来可能遇到的最大的风险和不确定性时,他重新表现出自己语焉不详的智慧:"最大的风险应该是政策上不太明确,这是最大的制约因素。不等于有政策就有平等,我只能讲到这里了。"说完之后,在新闻发布会上,他侧了一下身子,让目光躲过面前的摄像机,穿过人群,紧盯着我:"你明白我的意思吗?我只能讲到这里了。"

后来当他坐到我对面时,他直视着我的双眼,每说出一句话似乎都希望看到我的回应,让人觉得即使是短暂的目光游离都会让他自己难堪,都是一种冒犯。而我也发现他的身体已经发福,走起路来也不那么有力。他的面孔也不再像早上我从远处看到他时那样坚硬如铁。但是,从他的脸上我仍能看出他早年时的心酸、常年以来长时间工作的辛苦、中年开始享有的绝对权威和尊重,以及日益纯熟的处理各种关系的手腕和智慧。所有这些东西都交织在他的脸上。在他说话时有时我分不清楚"我们"和"我"的区别,"我们"和"我"似乎是一回事儿,他有时甚至会说出"我们让我如何如何"这样的句式。但千万不要以为他在这里表现出的是一种"朕即国家"和"我即公司"的傲慢,更准确的理解应该是他长期在使用集体主义的思维方式进行思考和表达。他的态度和蔼可亲,宛若邻家长辈在同隔壁小子谈话。但是据他的下属说,他和自己的高层谈话时,人们从外面就能听到桌子被他敲得砰砰作响的声音。

我也曾翻检我头脑中所有伟大商人的形象，看他们是否和沈文荣的形象有所契合：他是类似于安德鲁·卡耐基那样的清教徒，推崇节俭，但在慈善事业上毫不吝啬；他和亨利·福特一样，在事业上崇尚简单偏执的哲学：认真工作，认真工作，还是认真工作；他和老约翰·洛克菲勒一样低调勤奋，早年经历贫困……但是他又和所有这些商人都不同，因为他生活在现代的中国。他从没有拥有像那些大亨们那样巨大的超出商业的影响力；那些人也从不像他这样拥有极高的处理各种关系的能力。他总是试图将自己隐身于暗处，如果不是没有的话，那就是他不希望表现出任何自我的雄心。他从不提伟大，他言语中表现出的最大的雄心就是无数中国公司都提到过的"百年老店"。在我们谈话的开始，我就问他是否想过自己会被历史——如果有这种东西的话——如何提及，他简单地就把这个问题打发了。在总结沙钢为何能够成长成如此庞大的一个公司时，他倒是毫不谦逊，因为"几乎所有机遇我们都抓住了"。

下面就是我们谈话的部分内容。这位低调的商人可能从未发表过如此大篇幅的谈话。

访谈

所有的机遇我们都抓住了

（一）沙钢和民企的优势

李　翔：你讲了一些沙钢和宝钢的差距，也讲了国企和民企的区别，如此而言，沙钢相对于宝钢这样集万千宠爱于一身的公司，它有什么优势？沙钢凭什么跟宝钢竞争？

沈文荣：起码我们现在没有想过要超越宝钢，我们也从来没有这样说过。我们只讲我们自己应该怎么做。国内如此，国外也是如此，我们从没有想过自己要超过哪家公司，只讲我们自己如何提升自己。盲目地和谁比较，要超越谁，都是不切实际的。可以说，作为企业来讲，每一家都有自己的竞争优势，每一家都有自己的发展规划，所以不要盲目地说要超谁。你应该相信，很多企业都有自己独立存在的理由，都有自己独立存在的竞争优势。不要说那些搞得很好的公司，就是搞得差一点的公司也有它们有优势的地方。所以作为一个企业来说，应该研究人家有哪些我们学习的地方，是不是这样？

李　翔：对宝钢而言，它背后有国家的支持，对于米塔尔而言，它可以利用国际资本来进行资源整合，沙钢的优势呢？

沈文荣：我刚才讲了，每个企业都有每个企业各自的优势，我们沙钢有我们沙钢的优势，民营企业也有民营企业自己的优势，不是说所有的优势都在国企那边。

上午你问我，我说过，同样一个水平上，我们很多民营企业可能得不到像大型国有企业那样的政策。但是同样，国有企业之间也存在这样的问题，也是有些国有企业能够得到有些政策，但有些政策它们也得不到。当然总体来讲，很可能很多的资源，特别是中国政府的很多政策是偏向于国有企业的，这是不争的事实。

不过倒过来讲，这个情况也在变化。改革开放的过程当中，民营企业的状况也在不断改进，我们民营企业早先是没有这样的地位的。相对而言，我们还没有得到相当于国有企业的优势，但不能说我们什么都没有得到。三十年来，国家和中央给民营企业的政策也不是说没有，已经不少了。从民营经济所占的国民经济的比例来看，民营经济也是在不断得到增长的。整个来说，这个比例还有可能继续变化，但这也要依靠我们民营企业自身争气。

当然，同样是民营企业，在利用政策上也有差别，自身能力上也有差别，还有地区之间的差别，比如中西部地区和沿海的差别。发达地区执行民营经济政策可能就会好一些，有的地方很可能就会弱一些。

然后，我们民营企业，具体到我们沙钢，有没有自己独特的优势？我们也在创造自己的优势，否则我们沙钢怎么可能发展起来？用他们的话来说，我们沙钢的发展速度，无论从中国还是世界上来讲，都是惊人的。国外的舆论也认为有些不可思议，怎么可能发展这么快呢？

我们自己的优势，比如民营企业的机制比较灵活，我们的决策能力强，这是不争的事实。同样干一件事，我们的决策也要快得多。当我们认为需要新的技术、新的工艺和新的设备的时候，我们的决策一定会很快。一旦确定下来，一旦我们认为必须推进，我们的速度一定会非常快。总而言之，我们反应快，对新的东西、新的工艺、新的技术都是如此，只有这样，我们才能抓得住新的发展机会。

反应速度上的差别，并不是说国有企业领导人有问题，而是它的机制决定了它不可能这么做。比如我们要搞一个东西，我们只要符合国家的产业政策就可以，资金都是靠自己。如果国有企业要搞，国资委啊、当地政府啊都要审要看，你也知道，政府在决策中也扮演着重要角色，整个事情还要通过另外一个组织来进行决策；而中间如果作出一点修改，还要重新通过这个程序。他们的决策时间较长，往往三四年可能才能通过一个重大的投资决策。我们不需要，我们可能只要三四个月。在决策能力和反应速度上，有些国企不是不想快，而是快不了。它不是完全的市场因素决定的，还有政府因素。政府认为它使用到政府的资源，那就必须要经过政府的手。因为你的投资是政府的，所以可以讲企业也是政府的。

对我们而言，我们不是不听政府，我们是按照国家的有关规定，正常地去得到它的批准。政府不同意，也不要去做。但是其他事情，比如资金筹措、项目的设计，都要靠自己。大家做同样的事，反应快就是很大的优势。

另一个优势是我们完全按照市场规则运转。现在搞市场经济，企业要找市场，但是很多国有企业就不一定。它还有一些成分，比如不是自己想要做的事它还必须去做。再比如，国企要执行国家的产业政策，甚至经济衰退了以后，你需要裁员，可是政府说你不能裁员，要稳定。所以有些国企，明明存在大量的冗员，可它不能解决。但是我们民营企业——我不是不响应政府的号召，而是我只能按照企业运营的规律去做——我只需要在自己发展的过程中保持稳定就可以了，不会因为有大量冗员而不裁员，把大量的责任拉到企业头上。当然，我们的前提是一定要听政府的。这不符合游戏规则。如果员工真多，我肯定要裁，但是裁员的过程中，我要做到自己稳定，做到这一点就可以。我只要服从法律和有关政策，这样我们的运作空间就要比国企大。这也是我们的优势。

（二）沙钢如何成为巨头？

李 翔： 但是大家注意到，中国的民营企业总是长不大，可能沙钢是个例外。比如今年进入500强的企业中，中国有超过40家的企业进入了，但只有沙钢是民企。

沈文荣： 这个不能这么说。国企"做大"，你不要以为是它们做大的，是政府做大的。这不是市场经济。哪有国企是自己做大的，它们都是一加一加二加三加四这样加出来的。它没有用经济杠杆。你看现在的国企，哪有通过自己发展壮大的。它们是把中国所有的国企加在一起变大的。你看看国企的发展历史，不是靠自己，而是靠很多的公司加在一起的。你要弄清楚，它们不是做大的，是加大的。

李 翔： 我关心和想请教的是：第一，为什么民企都做不大？第二，为什么沙钢是个例外？

沈文荣：我首先要讲一点，做大和加大是不一样的。

我们沙钢首先是自己做大的。我们做大，首先是靠我们的灵活反应机制，快反应，抓住机遇。改革开放不仅有政策，同样还有平台。同样这个平台，已经出现了机遇，你没有动作，你没有抓住机遇，你怪谁？

我们沙钢为什么能做大？我讲，首先是充分消化吸收了国家改革开放的有利政策，充分利用各种机遇，意识到机会，形成准备，创造条件，等待一些机会；一旦机会出现，能够迅速动作。所谓的机会，我们基本上都抓牢了。在钢铁行业，我可以讲，都是我们做出反应之后其他企业才做出反应的；等到其他企业做出反应时，我们已经开始寻找第二个机会了。这非常重要。所有的机遇我们都抓住了。

第二点，你刚才也讲了，同样的机遇，我们面临资金的问题。因此，我们在考虑抓机会的时候，就要考虑怎么用最少的钱来做最大的事。这个很困难，但这就是我们的优势。我们既要抓住机会，又要考虑花最少的钱，还要考虑运用最先进的装备，也就是说，又要马儿跑得快，又要马儿不吃草；讲不吃草不可能，但至少要少吃草。

所以好多人都不可思议，说你怎么弄的这个？这个要300个亿，你怎么150个亿就搞出来了？实际上我们可能只花了三分之一的钱或者二分之一的钱就干成了同样的事情，而且定位还很高。这就要看你怎么控制投资了。控制投资要从项目设计开始，从每个产品设备开始，又要设备好，又要价格合适。我们为什么能得到国外这样价格的设备而且又接近国内最高水平？很多人都想不通，但事实上我们都做到了。不过这也是要花代价、花精力的。要充分把自己的优势想清楚，这样人家容易接受我们。包括国外，所有钢铁行业的供应商都知道我们沙钢，他们知道和沙钢做生意必须讲诚信。先小人后君子。要想在沙钢头上赚大，那是不可能的，这个已经成规矩了。不管是ABB、西门子，还是澳大利亚和意大利的合作伙伴，都知道。沙钢的需求很清楚，要想把价格涨到很多，那是不可能的。国外的供应商也想争取我这块市场，但你要得到我的市场你就必须给我优惠条件。他们都知道应该怎么跟我谈。但是很多国有企业就不是这么谈的，这我就不多加评论了。

在中国钢铁行业当中，沙钢的产能和投入比是没人能比的。这就是我们整个的战略。我们改变了行业的观念，我们引进国外的二手设备，很多人以为二手设备就是过时的技术，就是水平低，错了。很多国内的新的设备还不如它呢。你知不知道？我们不是简单地买国外的二手设备，我们是买它核心的和关键的东西。老的东西我通过技术改造能够达到当前的先进水平。什么叫二手设备？它们改造一下就是当今最好的设备。这些都是沙钢一些自己内部操作的东西，不管是早期的电炉，还是后期业务发展到高炉、平炉，我们都是投入最少的。

财务上的限制让我们必须寻找到我们自己的竞争力，所以我们沙钢的净资产回报率，可以讲，在国内和国际上都是最高的其中之一。我们在企业发展过程中，基本都是一两年就收回投资成本的，一般钢铁行业是做不到的；钢铁行业，快点要七八年，慢点就要十年以上才能收回投资成本。我们很多项目，真的是一到两年就收回了投资成本。

我刚才也讲了，首先我们不是什么政策都没有得到，我们已经得到了很多。改革开放的政策毕竟是大多数人都能享受到的。我们只能说在有些地方还不能享受到同等的待遇。比如说，有些同样的项目，很可能我们不能批得到，而国有企业就能批得到。我们是先报的，为什么我们就批不到？比如上市，同样上市，人家条件可能还不如我们，但人家就能批准上市，而为什么我们就不能批准上市呢？如果这些政策我们都能得到，那我们的速度可能更快。

刚才讲的这些，有些不是谁都能做到的。我们还有一些客观的优势，比如我们这个厂，尽管没有矿，但是我们位置沿江，这在中国的钢铁企业当中没有几家。宝钢有，现在宁波钢厂也有这个优势。你看现在还有几家钢铁厂有这样的码头优势？我们是沿湖、沿江、沿海，我们的产品进入市场有优势，我们从国际上得到原材料和副材料也有优势。这是特殊条件，改变不了。我们充分利用了我们的地理优势，这也符合国家的产业政策。大的需要运输条件的企业，最好要沿江沿海。我们在国家产业政策提出这点之前就在这里建厂了，这个优势是人家改变不了的。

另一个，我们有一个稳定的高层班子。哪有钢铁企业三十年来基本上高层没有变动的？中国有多少企业有这么稳定的班子，一搞就是三十年呢？

李　翔： 你是怎么做到这一点的？

沈文荣： 不要管我怎么做到的，客观来说三十年就这么过来了。我们有一套牢固的领导体系，二三十年就这么延续下来了，所以我们能够确保我们发展思维的连贯性，不会出现内部的争论，找到一个目标就前进；倒过来讲，没有这个，就不可能有健康的发展。

这些人家怎么来比呢？我们这个班子不是五年不是十年，而是三十年没有变。新的人进来，老的人还继续留在公司，即使退到二线三线，还是以他的经验支持我们发展。与此同时，老班子还不能是老思想，还必须要更新思想，更新换代，改革开放过程中不断产生的新思想要吸收、要引进。班子稳定，不断进来新人，同时又没有大的变动，吸收的东西也是新的，这个班子肯定就能带领这个公司健康发展。

还有一些因素，比如我们周围关系处理得好，在公司发展的同时，使周边也得到相应的稳定发展。可以讲，这里的大部分老百姓，在沙钢发展的同时生活也得到了改善，收入也得到了稳定提高。这也是国家提倡的，发展经济就是为了改善人民的生活。不过，沙钢在这方面也是有得有失的，比如，我们为什么职工素质、文化程度不如宝钢？我们消化了大量的农民工。我们的员工中小学生也有。我们花了许多的精力培训员工。我们得到的是周围农村的农民能够得到一份工作，能够有一份稳定的收入，生活得到不断改善，得到的是稳定与发展的关系。但损失的是我们职工的整体素质。我们对这些员工的培训尽管发挥了一些作用，但毕竟很多技术性的重要工作还是做不了的。

有些国有企业面向高校招聘，它们不必像我们这样去解决农民工的就业问题。到现在为止，我们有百分之五十到六十的员工来自周围的农村。有些人讲，经济发展的过程中会损害农民的利益，而我们却使农民得到了利益。当然，同样，周围的老百姓也给我们的发展提供支援，比如，我们需要上新项目、需要土地，通过国家批准，我们做工作，我们就能很顺利地得到土地；如果是大家磕磕绊绊，一个新项目三年都不一定能够破土动工，那这就会延缓甚至阻碍我们的发展。我这里虽然讲的是有得有失，但从总体上来讲，我们得到了加快发展的机遇。

你问我沙钢怎么能够发展得这么快，我要说，在改革开放的过程中，中国得到发展的企业很多，我们沙钢只是其中之一，或者说有很多的综合因素决定了我们能走到今天。但即使走到了今天，也不一定以后就一定能走下去，未来的路上肯定还要面对新的问题并解决新的问题。未来的路上一定不是轻松的，但我相信没有走不过去的坎。

（三）如何对待宏观调控？

李　翔：每一次宏观调控对沙钢的影响都大吗？沙钢怎么来应对每一次的宏观调控？

沈文荣：我讲一点，调控本身对企业来讲并不一定都是坏事。尽管政府对有些问题的判断有失误（我不能说政府做什么都是正确的），但要相信政府大的指导思想都是希望企业健康发展的，它不会人为地使企业失去发展空间。改革开放以来的几次宏观调控，所做的不是要把企业整垮，而是要把企业引导到健康发展的轨道上来。所以不要消极地来理解政府的每次宏观调控。实际上，我认为每次调控都给了我们机会，并且确实如此。比如，企业产品达不到国家标准就必须提升。再比如，产品达不到标准就不能进入市场。你说这些是好事还是坏事？如果企业内部管理混乱，政府是在引导企业，把企业做好，那么政府肯定保护的是健康的东西，而不是保护有害的东西。

我们没有感到每一次调控对我们的发展构成了什么大的威胁，反倒是得到了提高。这次金融危机，国家事实上没有再趁势来控制你，而是千方百计地扶持你，出台了很多政策希望企业健康发展。各个国家的政策肯定都是支持自己企业的发展的。

李　翔：既然如此，为什么那么多民营企业家对宏观调控怨声载道呢？

沈文荣：有些就是整到企业头上了。比如，钢铁产业政策调整，多少万吨以下叫你关掉，对企业来讲，还有钞票赚吗？关的同时你也不补贴给企业钞票，对企业来讲肯定有意见。

所以我讲，国家钢铁产业方面的政策要给小钢铁厂出路。有些企业尽管污染严重和设备落后，但不要忘记，这些企业都是在中国通过工商认证正规注册的，它同样纳税，不要说关就关。因为政策也没有说企业落后就不让它纳税了，对不对？开的时候都是当地政府同意的，工商管理系统也给注册的，都要花精力去运营，现在说关就关；如果要关国家也该付出代价，得给企业补贴。

搁到谁的头上都有意见，这个意见我在很多有关材料上都提出来过。实际上国家也在考虑这些因素，退出要有退出的机制。尽管该关的还是要关，但关的时候要找找人家告诉是什么原因。不是企业不听中央政府的，而是政策没有到位。现在中央政府也已经认为企业要有正当的退出机制；只有有了退出机制以后企业才高兴退出，对不对？

李　翔：如果你是戴国芳的话，现在你会怎么做？

沈文荣：这个问题我不好多评价。你说评价他什么呢？发展本身，他也没有多大的错。他最多是审批过程中化整为零，但是政府也知道。我认为，戴国芳这种例子在很多地方都有，并不只有这一起，不好评价。

李　翔：你认识他吗？

沈文荣：我怎么不认识他？

李　翔：你对他印象如何？

沈文荣：这个人我认为，第一，扩展有盲目性这是肯定的。但这个人本身是勤奋做事的，也想要把事做大。第二，还在发展过程中，你（对外面）讲什么呢？还没有做到，你讲什么？就这个问题本身而言，他并没有错，没有犯多大的错。

（四）对商业的热情

李　翔：很多人对你有个评价，说你更像一个政治家，而不是一个企业家，说你善于处理各种关系。你怎么看待这种评价？

沈文荣：我想，我们首先是一个企业，所以我讲不上是什么"家"。企业必须要处理各种关系，既要考虑企业内部的问题（企业内部也有些人对我们的工作不满意，但要确保大部分员工的稳定），又要考虑周围的关系问题。

一个企业的发展，如果把周围关系搞得很紧张，这怎么能保证稳定发展呢？所以必须要处理好同周围的村镇、政府间的关系，这样才能得到周围村镇和地方政府的支持。地方政府给我们创造了一个很好的投资环境，使我们得到了很好的后续发展。你不要以为这个公司都是我们沙钢自己做出来的，其实周围的村镇和地方政府都给我们提供了很大的帮助。现在大家能够和谐相处，地方上也得到了发展，我们沙钢也得到了发展；如果大家不处理好关系，不仅仅是企业本身会失去利益，而且政府也会失去一些东西。

李　翔：从公开的资料里我看到，你的履历里有一段时间是从政的。

沈文荣：我从来没有从政过，都是戴帽子。我不是有了从政的经历再来搞企业的，我一直都在企业里面，从没有离开过。中间有七八年大概挂帽子。这样做的在张家港不是我们一家。企业搞得好，企业领导人可以做支部书记；再搞得好一点，可以到镇里做副书记；再做得好，就到市里。就是这样。

在政府的办公室，我从没有进去过，钥匙都是组织部门保管的。他们说钥匙你拿去，我说我不要拿，我什么时候来办公室我什么时候拿。实际上我从来没去过。这些都是客观事实。即使我在做政协主席的时候，也有个常务政协副主席在主持全面工作，我什么都不管。所以表面看上去我是下海，事实上我一直在海里面，从没有到政坛上去过。（笑）

李　翔：你对政治没有热情吗？

沈文荣：我知道自己要有正确的认识，我不是做官的料。我知道自己既然搞了企业，我就必须在企业里面搞，要认真搞好企业。实事求是来看就是这样。

李　翔：你对商业的热情是从哪里来的？

沈文荣：我觉得应该是一种机会。原来我是一个农村的农民，能够到工厂里来，并且我的同龄人当中还有很多在农村。在上世纪70～80年代，能够进工厂工作就已经不错了。我还是讲，我没有什么更高的思想境界，只知道自己要珍惜这个机会，要做好这份工作。所以做工人的时候我认真做工人的工作；因为认真做了工人的工作，我才得到机会变成了厂里的领导。所以，我一路走过来，就是认真做好自己的工作，做得比人家好。我自己觉得就是这样，否则领导也不会选我做领导。你做得不好，就还得做工人，对不对？所以，还是机会。真做了一个小的领导了，我就想无缘无故怎么我就成了领导了，那么既然大家相信我，我就要做好领导。实事求是讲，我就是这么走过来的。等到以后老书记讲出来要我做厂长，我感到这是一种信任，更多的也是一种责任；既然把重任交给我，我怎么能不把它做好呢？

　　确实，我对自己得到的每一次机会都十分珍惜，不管是做工人的机会，做班长、组长的机会，还是做公司领导的机会，我自己都感觉到，能得到这个机会不容易，我要珍惜这个机会。另外，我要尽到这一份责任，要做好这个工作。但要做好它你就要用全身精力投入它，要有感情，只有对你所做的工作产生足够的感情，你才能做好自己的工作。一句话，就是要把自己的工作当成事业来做。

　　我认为就是如此。我这个钢厂不是从来就是这个样子的，原来也很简陋，但是我们不要好高骛远，简陋的时候也不要离开这条道路。我们沙钢能进入世界500强，不是开始就有这个想法的。放到十年之前我们想都不敢想，只是最近三五年才开始有这个想法。但开始我也只能讲，我们在哪一方面要做得比别人好、要做得比别人大，要在国内能够进入前几名，我们就是这样子一步一步走过来的。事实也证明，你只要认真做并不断努力，很多事情是能做成的。

　　尽管会遇到一些困难，但只要你坚定不移地面对困难就能走过来。中国的改革开放对于我们是一次最好的机会；如果没有改革开放，我们要做到现在的自己是不可能的。因此，尽管有些政策我们现在还没有得到，但有些政策通过努力我们得到了。同样我们到国外交流，发达国家也有它们公司发展的问题。所以，不要什么都是怨声载道，怪这怪那的。

李　　翔：你是怎么理解企业家精神的？为什么很多人会觉得你不像一个企业家？

沈文荣：我倒首先弄不清楚什么是企业家了。不要跟我说企业家。企业家是什么概念？怎么都变成企业家了？只要企业存在你就是企业家了？变成企业领导你就是企业家了？什么是企业家？中国难道有那么多的企业家？有千千万万的企业家？我说我是一般的企业领导可以，公司经理也可以，但要称为"家"，我认为，中国是不多的。（笑）

（五）个人问题

李　　翔：你有没有想过自己可能会成为一个比较伟大的商人？

沈文荣：没有想过，从来就没有这方面的问题，这个也不是想出来的。

李　　翔：你对自己的定位是什么？大家将来提到沈文荣时，你希望大家会说他是一个什么样的人？

沈文荣：一个认真做事的人，这样就可以了。

李　　翔：你现在最主要的压力会来自什么地方？

沈文荣：作为我们来讲，只要积极面对，我们不存在什么生存压力。当然工作的压力、发展的压力总是有的，只要想把事情做得更好，肯定都会有压力。但是要说压力大到承受不了，还没有到这种地步，我到现在为止还没有出现过这种情况。

这次金融危机出现的波动大一点，但倒过来我们的承受能力更强了。我们这些民营企业，在改革开放的过程中，本来就是在上下波动中发展起来的。

李　　翔：对你个人而言，年龄会给你压力吗？

沈文荣：我们这个企业在发展，我的年龄在变大，但是我们的团队也在发展，日新月异。不是什么事都是我来管的，很多东西都由我们的团队去分担并去承担责任。

我的年龄让我不可能像以前那样，每个项目都去看都去实际操作。我在这方面的精力会逐渐减弱。我的年龄在增长，我的身体状况也不允许我再搞三十年，对吧？我也清清楚楚地知道，我不可能像以前三十年那样什么事情都亲自去做，所以我正在把我的工作范围逐渐缩小，很多工作都由我的团队中的其他成员去做。这些工作正在过渡过程中。讲不到急流勇退，但起码来说，从年龄和身体方面考虑，我要迅速把一些工作交接出去。

李　　翔：我看过的一个细节非常打动我，说沈文荣上班时会第一个到工厂，站在工厂门口跟每个工人打招呼，然后当面吩咐工作。

沈文荣：现在这一两年已经逐渐改变了，我现在已经不能再这样做了。但是工人到这里来还是能够找到我的。工人来找你不是随便找，肯定有需要，所以你要给他机会。我说，你们要来早一点来，给你五分钟，给你三分钟，你有什么事就说。每天我都不怕哪个工人冲我来，这样子找你的人也会越来越少。怕就怕在问题长期积累在那里。你要来，不要担心找不到，我就在这里。

李　翔：你最看重的品质是什么？

沈文荣：对企业忠诚。我在做企业的过程中，如果个人利益和企业利益发生冲突，我肯定是放弃个人利益。我这个态度很明确。我认为在企业的发展过程中，企业的核心领导人要有这种精神，没有这种精神，是不可能带领职工把企业搞好的。不然你不要在企业担任核心领导人。当然，你不能要求下面的工人都要牺牲自己的利益。但是，如果你真想做企业，你就要对企业忠心耿耿，忠心到什么程度？当个人利益和企业利益发生矛盾的时候，愿意牺牲个人利益。

这些人就是我们信任的人，也是要重用的人。这种人不用你用谁啊？

李　翔：忠诚也是需要回报的吗？你怎么给他们这种回报？

沈文荣：我认为，你不要认为你做了一件忠诚的事马上就要得到回报。但是你要相信，永远忠诚的人肯定是不会吃亏的。所以，在我们这个企业里，第一，忠诚的人不能让他们吃亏；第二，不是他来争取，而是组织要给他。我可以讲，在我们这里，对企业忠心耿耿的人，愿意做出牺牲的人，没有吃亏的，也不会吃亏。这就是领导上必须要保证的。

有些人对自己的事傻乎乎的，但对企业的事非常尽责。这就是品质。企业由这些人管理，你这个企业还怕搞不好吗？

李　翔：做生意这么多年，你有自己坚持的原则吗？

沈文荣：我当然有自己的原则：第一，和我打交道的人，我绝不欺负他；第二，你也不要欺负我。我肯定不欺负我们的合作伙伴，损害我们合作伙伴的事，我坚决不做。但是倒过来讲，你既然和我合作，你就要和我友好地合作，你不要来坑害我。一旦发现这种情况，我对这些人、这些公司都毫不客气。我的一贯原则就是这样，一旦我发现你损害我公司的利益，我决不能容忍。

李　翔：你在沙钢扮演的角色有点类似于一个大家长吗？

沈文荣：（笑）这个，也不能这么说。很多人认为管家的都是我这个人，但由我这个人再管三十年也不可能。

这几年沙钢的许多其他领导都是在我手里成长起来的。但很多人在一些特殊的时候，很可能我要发表什么意见，他们才弄得懂，这也是事实。但我对一般问题尽量不出面，都让他们去负责应对。由哪些负责人负责，他们统一意见随后告诉我怎么回事，我同意之后他们再去做。如果不这样，就变成我怎么讲他们就怎么做了。他们也有一种依赖思想，你讲的即使是错的，他们也放心。所以在这种情况下，我尽量不去干预，让他们多去考虑，他们形成统一意见，他们自己去实施。现在已经开始这样去做了。这么大的企业，也不可能是我一个人管。我们反复在讲，不要去做我们不应该做的事。最近五年这个工作已经做得差不多了。

李　翔： 以前就是沈文荣无处不在？

沈文荣：（笑）这样不行，毕竟不适应公司发展了，不可能这么做了。

李　翔： 你现在还是很烦富豪排行榜吗？

沈文荣： 我也无所谓，这个富豪榜第一次发榜时我们就在里面。

李　翔： 那时候你不是反应很愤怒吗？

沈文荣： 没有，我没有很愤怒，当然我也不会感到高兴。他要排有什么办法？他又不来征求你意见。我还是讲，白天不做亏心事，半夜敲门不吃惊。你公布你的。人们都说现在把我公布为第一，倒霉的事情也快轮到我了。我说不是，如果因为公布了第一我就倒霉了，那我也有问题，是不是这样？我无所谓。你公布你的，我还是做我自己的事，按照我的运营规则做。你为什么要为这个事情烦恼？他要排，国家也没有禁止他排，对不对？

李　翔： 到了现在的年龄和位置，你还有什么困惑的吗？

沈文荣： 我没有这个感觉，因为我知道我这个年龄应该做什么。我清清楚楚地知道自己下一步的定位，比如，到了70岁，如果身体还可以，应该做什么；不好的话，自己要做什么。有人说我年龄大了，要退出领导岗位了，感到什么失落了，我没有什么失落的，即使退出，我想做的事情也有很多，我想我会很充实的。

李　翔： 大家都说沈文荣就是钢铁狂人，除了干这个你还能干什么？

沈文荣： 即使退下来，还是有很多钢铁的事情可以做啊，退出了我也还是在这个集体当中。

李友　北大方正集团有限公司CEO

"保姆"在方正

最初他作为谜团的一部分出现。他被视为一个资本市场的隐秘枭雄,在一段时间内频繁地被媒体提及,总是和张海等人一起出现在报纸的财经版。那是一个由少数几人组成的团体,因为染指数家知名公司而广为人知。后来他们之间的恩怨是非被媒体大肆报道。尽管如此,大多数人都坚信其中仍有众多晦暗不明的地带未被探索。

随后,所有的大众注意力都随着张海的折戟而被转移。这名年轻人曾经拥有过当时中国最著名的运动饮料公司,也曾是一支受欢迎的足球队的所有者,还曾是中国最年轻的上市公司的董事长。他来历不明却风光无限。不过所有这些世俗的成功在事后看来都成为悲剧的前奏,就像一个发生在转轨时期的典型的财富和罪恶的故事。所有未被披露的细节,无论多么无足轻重,都只能扩大它的想象空间,而不是让人不去想象。

尽管被认为是这个群体的核心成员之一,李友却是一长串声名狼藉名单中的幸免者。他作为职业经理人加入了方正,后者是中国最著名的科技公司之一,头上顶着北京大学和王选的光环。他先是上市公司方正科技的执行总裁,后来成为整个方正集团的首席执行官。在此位置上他开始了对这家校办企业的改革。

他在早年也曾遭受不幸,为贫穷所苦。他曾是每个月领三块钱工资的民办教师,每天要走三十公里的山路去给几个班的学生上课。他短暂地在河南做过乡长,蹲在政府食堂的地上吃馒头就着白菜的工作餐。他最长的一段职业生涯是在政府的审计系统度过的；十四年的政府审计生涯，他的主要工作包括为国有企业作上市推荐，以及配合公安部门处理经济案件。他最初的商业训练就是在这十四年内完成的。后来，他总是说自己从政府和政党身上学到了很多，他反复提及自己在政府审计部门供职的经历，他说"共产党教会了我底线在哪里"，而很多中国商人之所以失败，正是因为他们总是既雄心勃勃而又漫不经心地触碰到底线。

他商业履历上的第一份显赫职务是上市公司中国高科的总裁，随后他就开始了自己在方正集团九年的职业经理人生涯，而且这个过程还在延续，"《财富》五百强公司CEO的平均供职时间是十五年"，他说，以此来衡量他在方正至少还有六年的职业生涯。

李友在方正所做的最重要的工作是为这家校园企业引入了市场化思维。在方正从未被人称呼过"老师"的李友要让这家公司告别校园文化。与此同时，他也要将这家中国最著名的IT公司转变成一家涉足四个行业的投资控股公司；他会为旗下的公司引入外部投资，将方正集团的身份转变为大股东和投资者。王选和北大的光芒让方正一直是中国最闪耀的科技公司之一。几乎所有人都耳熟能详王选和方正的激光照排技术如何让汉字告别"铅与火"的时代，迎来"光与电"的时代。方正直到今天也仍然是中国第二大个人计算机制造商。但是从2003年开始，在李友的主持下将方正导入了多元化的轨道。方正在2003年大举进入医疗和医药行业，随后又染指金融、钢铁和地产行业。接下来，李友又兴致勃勃地宣称方正意欲进入传媒行业，"用三到五年的时间再做起一个新的产业"。

"我绝对不会把方正做成一家产品公司，我宁肯被你骂也要活下来，我不要把电脑无限做大，这没有意义。"他雄心勃勃，要将这家中国早期最著名的公司之一改造成另外一副模样。所有人在想到方正时都会想到，这是一家生产个人电脑的公司，这是历史赠予这家公司的礼物，也是公司轨迹轧在自己身上的烙印。不过尽管此时他乐于让人们在提到方正时想到"北京大学"和"王选"，但是他已经厌倦了再把这家公司和电脑制造商联系起来。"北京大学"和"王选"都能够增强人们对这家公司的信赖感，但是"电脑制造商"却会把方正局限在他所反对的单一产品生产链中。

他为方正选择进入所要进入的产业时，奉行着简单朴素的标准：能否因为北大的支持而得到优势；这个行业是否会因为市场化改革的进一步推动和政府管制的放松出现大量机遇；是否能够赚钱。方正进入医疗和医药产业，正是因为有北大医学部可以在背后作为支撑，北大医学部自身也有八家附属医院。同时，按照李友的判断，政府在这个行业的政策导向会越来越市场化。他说："我相信未来五年内，中国的医疗会全部市场化，你说这会是一个多大的蛋糕！"开始萌生进入传媒业的想法，也是因为后者符合政府管制放松后，该行业会出现巨大机会和爆发性增长的进入原则。"未来的传媒领域，我相信还能培养出巨人，其中的机遇甚至比医疗和金融行业都还要大。"他说。

他从不谈论关于"伟大"的问题，他一再强调的是，要让这家公司成为赚钱的公司。罗马不是一日建成的，伟大的公司也不是三十年时间就能造就的。既然如此，那在你变成伟大之前，就得先想办法让自己很好地活下去。他这样说时面带讥讽。"赚不到钱你说什么都没有用。把销量做到2 000个亿，可是没有利润，那有什么用？1 000个亿的销售，利润只有十几个亿，那叫赚钱吗？"

他漫不经心地表达着自己的傲慢。那些功成名就的公司和公司经理人（或者创始人）都被他以一种轻描淡写的口气带过。他说，那些被人津津乐道的甚至奉为楷模的公司中的大多数，它们都过于沉浸在单一的产品链条上，但却把这当做是专注；这带来的必然后果是，"单一产品的链条越长，管理成本必然就越大……即使你编织了一张可以把大西洋和太平洋的鱼全都捞上来的渔网，也弥补不了编织渔网本身的成本"。

在他的方法论中，最重要的至少包括三点。首当其冲的是我们已经领教过的绝对务实的数字理性思维。他不会去考虑如何缔造一家伟大的公司，但是他会去想如何将这家公司控制的上市公司市值做到5 000亿元人民币；他从未讲过这家公司的历史会变得多么骄人，但是他孜孜以求的是让这家公司在他离任之后，至少能够再健康地运转十年；他不会关心自己的公司能否制造出一款激动人心的产品，但是却通过赚钱与否的考量推动公司进入医疗医药、金融和房地产行业；他衡量一名下属业绩的方法是财务数字，他反复重申财务报表的重要性，确保所有人都在数字上对他坦诚相待。

第二个方法论是简单化处理复杂的问题。早年在方正科技供职时，他曾就方正电脑安装某操作系统的问题同一家国际知名公司高层谈判。李友开门见山地提出，我们的基本原则是：先部分正版，再全部正版，否则高昂的成本必定会让我们失去竞争力；而我们没有竞争力，你们就会丢掉市场。他的行事风格正是如此：直接给出底线，然后坚持不越雷池一步。

在处理被多数商人视为复杂到可称为艺术的"关系"问题时，李友也奉行自己的简单原则。他坚持把所有上下级之间的私人关系全都停留在工作之内。因此，他不会去方正的董事长家、北大的校长家、主管方正的教育部官员家做客，"我连他们的家在哪里以及他们的老婆叫什么名字都不知道"。他甚至偏执到连逢年过节时也不会对这些工作上的上司做节日问候。

第三个方法论是一定要树立规矩。在他开会和谈话时，他的个人秘书一定会回避，只有在他按铃要求给茶加水时才会出现，"这也是规矩"。当女秘书在身边时，她一定要站在老板两米之外的距离位置上。"站得那么近，别人突然进来会不会以为你刚从我腿上站起来？"尝试挑战他制定规矩的人，必须做好心理准备去面对他强硬的姿态。一则报道说，最早李友在方正科技推行公司渠道改制方案时，就曾经在台上要求对改制"有抗拒情绪的人……站起来……转身，走出去"。他也提到过，自己曾经对一名触犯了底线的嫡系下属说："马上从我眼前消失，永远不要再出现。"

他也懂得如何激励人，知道如何通过激励让自己赢得拥戴。当外人问他如何赢得董事会的拥戴时，李友的回答是，以前我们的董事会和班子人均月薪不足一万，现在公司赚钱了，他们就能够正大光明地赚到几十倍的年薪，"重要的是要扩展别人的空间，让别人赚钱"。

他对很多事情的处理就像是他的诸种方法论的结合。在他任职中国高科期间，中国高科的董事会中坐满了中国最好的大学的校长。不过尽管在罗列董事名单时好看，但这些校长却并不总是有时间来参加董事会。但是李友却能让这些平时忙碌不堪的校长们聚集到一起。他的方法是，把召开董事会的时间定在周末，从不占用校长们的工作时间；每次开董事会都要找一个平时不见得有时间去的风景秀丽之处，"到最好的地方去开会"；最后，"因为这些校长们都是高级知识分子，他们的价值需要被承认，既然你占据了他们的时间让他们来开董事会，就要相应地让他们感觉到自己被尊重"，李友决定每次开董事会，一方面支付董事薪酬以表示尊重，另一方面又让所有董事都事先知道开会要商量什么、为什么要商量这些议题等。"这种充分知情、充分协商的态度在那个年代的董事会是少有的。我走之前的最后几个月，开会大家都来，没有缺席的。"李友如是说。

他声称自己所有的这些方法论和思维方式，都来自于在政府审计系统内长达十四年的训练。这份他迄今为止最长的工作，教给他如何运营公司，但是像国有企业那样运营，他争辩说，国企的内控机制同跨国公司相比毫不逊色；也教给他如何不犯错误。"我的生存哲学就是不出事。对于大公司而言，最重要的是在不出事的情况下创新。"他说。因此，他所做的所有改进和变革都是在保持现有利益的基础上进行的，即对现状应该无比珍视，一鸟在手，胜于二鸟在林，就好像打牌，"我不能保证我总赢，但是赢到一定程度我绝对就不打了"。

他称自己为"保姆"，"我的定位很准确，我首先是一个'保姆'，负责把这个'家'收拾好"。与"保姆"行为准则相对应，他作为方正这一北大校企 CEO 的原则和理念是：第一，不能偷东西；第二，吃饭要在边上看着；第三，不能和男主人搞到一起。"定位一定要准确，保姆永远不可能成为主人，而一旦定位准确了，一切问题都会迎刃而解"。

大多数的时候他都表现出一个典型的东方商人的形象，而不是一个表面带有现代色彩的职业经理人。即使他穿着西服，而不是长衫，他仍然在用东方式的思维在思索问题。他从未讲过自己把谁奉为楷模，也从未提到任何时髦的公司管理理念，反倒是无意中提起，自己曾经读过168卷的《大藏经》——繁体竖排没有标点符号的《大藏经》。"我相信国内很少有人通读过。"他说。他嗜书，南怀瑾说"一命二运三风水，四积阴德五多读书"，前四个要素是自身难以掌控的，因而"多读书还是很重要的"。

他的办公室内放着一座小型的毛泽东雕像，会客室的墙壁上挂着一幅毛泽东的诗词，他承认自己从毛泽东那里能够受益，但却否认自己像很多企业家那样将毛奉为典范。他倒是说，作为一名大型国有企业的首席执行官，"你不但要懂得经济学，而且还要懂得政治经济学"，"最关键的是要懂得在中国现有情况下如何做事"。

访谈

好公司就是赚钱的公司，而且要连续赚钱；
这家公司没有改变我，而是我改变了这家公司

李　翔： 加入这家公司之后，你在多大程度上改变了这家公司？你带给这家公司什么新的东西？

李　友： 我从2001年6月28日到方正科技工作，2002年下半年到集团，2003年7月份在CEO的位置上，一直做到现在。

我带给公司最多的东西就是市场意识，因为方正是校园企业，校园企业最大的特点就是校园文化。在方正大家彼此之间都称呼为老师，而我虽然在这里工作了十年，但也没人叫我老师。而我起码把市场导向的思维带给了这家公司，让大家知道天上不会掉馅饼，要靠我们自己赚钱。

李　翔： 这份工作会改变你吗？

李　友： 我觉得这份工作没有改变我，倒是我改变了它。

我的工作经历就是两段：从1986年到1999年底，我在审计系统工作；接下来就是在方正了。之前那十四年的时间，是共产党的训练改变了我；在方正工作的九年，我认为方正没有改变我，倒是我改变了它。过去也有很多人问我方正为什么会有这样的变化，道理其实很简单，我在方正念的经全是

国有企业的经，只是我的经没有念歪而已。我在审计系统工作了十多年，同国企的接触太多太多了。我认为，其实国企的控制手段和国企的经营理念并不比外资差。国企的劣势在于，因为没有压力，所以会造成冗员、机构臃肿，而且也无所谓赚钱不赚钱。但是它的内控手段和管理模式我认为是有些世界五百强企业也不能比的。

李　翔：你能解释得详细一点吗？

李　友：比如国企的费用控制上，报销时多报一分钱就能够变成性质问题，是贪污；再比如国企干部的任免，程序非常严谨，它有公示、推荐、考核、考察程序。因此单纯讲控制手段，国企是很严谨的，只是这种控制手段是否能对国企有用。

我对方正所作的改变，应该说是整个产业链结构的改变和干部结构的改变。这样做时，实际上我念了很多国企的经。毕竟我前十几年的工作接触的都是国企，不可能有别的修炼机会。

李　翔：你关于国有企业的说法很有意思。你认为大型国企的竞争力，除了垄断优势之外还有什么？

李　友：垄断不能形成竞争优势，垄断是劣势。我认为大型国企最重要的优势是人才优势，它们聚集了一批相当能干的人，这些人都接受过相当程度的教育，在很多工作岗位上磨炼过。我在这里工作十年，我最喜欢要的人并不是外企出来的。我的第一选择一定是在政府部门中工作过的人，尤其是在政府部门工作中涉及法律工作的人。这些人会有底线。因为大公司首先看重的是不要出问题，要在不出问题的情况下去创新。然后我挑选的人才是大型国企里的人。

我总结了一下，改革开放这三十年出事的民营企业家，基本上都是没有在政府部门里工作过以及被训练过的人。现在还活着的公司和企业家，绝大部分绝对是在政府部门里受过训练的，他们知道在这个国家应该怎么做事，懂得中国的风水，这才是最重要的。

李　翔：你认为一个像方正这样的大型国企的领导者，应该具备什么样的必要素质？

李　友：一些最基本的素质，包括勤奋、努力、大度等等都是一定要有的；此外，重要的是要有相当的知识面，不但要学企业管理的东西，而且还要学习中国的传统文化；不但要懂得经济学，而且还要懂得政治经济学。

对于我而言，我觉得要"简单"一些。不要认为坐到这个位置上处理人际关系很复杂，要把它简单化，这样往往你也不会得罪人。比如说，我不知道我们董事长魏新家在哪里,以及他老婆叫什么名字。到今天为止,我没有去过任何一个职位比我高的人家里,甚至连节假日的问候都没有。不是我不通人情世故,而是我认为这种工作关系越简单越好,私人交情全部都在工作里表现出来。把活干好了,一切都有了。

把复杂的问题简单化处理,这也是我的审计工作经历教给我的。因为对公司做审计是一个非常复杂的工作,必须学会简单处理。

李 翔:你怎么理解所谓的"关系"呢?

李 友:我不太注重所谓的"关系"。在方正十年来,我不知道部长们、校长们和董事长们的家在哪里,也没有去相关部门搞过关系。我基本上没有花费精力来做这些事情。

我觉得,关系要处好的两个基本原则是:一定要让对方知道你在做事,而且是在做正事,这是第一点;第二点,除了让他知道你在做事以外,更重要的是,一定要有成果出来,也就是说,无论成果大小,一定要有结果。

李 翔:你在管理上是一个特别强势的人吗?

李 友:我自己认为管理上我非常强硬。但是我已经不会再用强硬的方式去表现我的强硬了。

比如,我做任何事情,开会一定是形式,而会议背后的所有工作我都要做完。比如,董事会要讨论什么事,我一定要事先征求每个人的意见,了解他们是怎样看的,哪些不明白的我一个一个解释,再不明白让大家找专业机构和专业人员咨询。这些工作做完之后,我才会到董事会上讨论。如果讨论时再有意见,我会搁置一段时间。如果我真的很想做成一件事,我一定会再去说服不同意的董事。这是董事会层面。

董事会之下,我的原则完全是执行原则:定下来的事你就执行,错不错与你没有关系。当然,只要充分沟通过、讨论过,也错不到哪儿去。

李 翔:你对公司的管理会细到哪种程度?

李 友:我在这个位置上只会管三件事:一是人的模式,即如何管理人,这个模式应该建立好。二是资本市场的模式,它的退出机制在哪里,以及它能给股东带来什么回报,我给股东捡一堆破烂回来是不行的。三是产业链如何构建,就好像点菜,营养搭配一定要合理。我给方正点了这桌菜,既不要浪费,吃下去营养结构也要合理。

我的定位很准确，我首先是一个"保姆"

李　翔：十四年审计生涯教给你的最重要的东西是什么？

李　友：我认为我最大的收获是知道了底线在什么地方。

李　翔：底线是什么？

李　友：底线就是有一条红线你不能踩。我觉得这是最大的收获。十四年的审计工作我见过很多人，他们在牢里接受我的询问和调查。我知道了底线在哪里，对一个人来说，错一步可能一辈子就没机会了。

李　翔：你最初的商业训练从哪里来？

李　友：我过去从事的审计工作，主要是在做两件事：一是做推荐上市。中国早期的国企上市都是通过审计机关来推荐的，而不是通过中介机构，因为那时候没有中介机构；二是过去公安局没有经侦大队，经济侦查很多时候都是由审计机关配合来做的，所以我也做了很多案子。

国家审计署是1983年才成立的。我在1986年参加工作。那个年代做审计工作，对企业的接触会很多，对公司的结构、公司的管理，公司财务体系的控制都有很多了解。那时公司还叫工厂。政府审计不仅仅是查账，甚至有些工厂的工艺流程都要去了解。审计完了之后，还要为企业提出改进建议，如果不了解它的结构和管理，甚至于生产过程，是没有办法提出建议的。而且提出建议之后，还要和人家商量，说服他们去执行，因为建议不具备强制力，必须要让对方认可你的观点。如果你做不同行业的审计，你就会对不同行业都有所了解。很多做行业审计的人，甚至比在这个行业里做了一辈子的人还要了解这个行业。

李　翔：你的知识背景构成包括什么？

李　友：我考过法学研究生，没有考上。但我是中国第一批被评为律师的人，那个年代的律师资格是评的。财务审计方面，我的自我评价是专业水准。然后，我大学学的是文科。当年高考我的历史是满分，我能够把中国历史和世界历史全部背下来，到现在我的高中老师还以我为骄傲。工作以后我对哲学很感兴趣，后来开始连带对宗教知识都感兴趣，我敢说我是少有的读过168卷《大藏经》的人。我对专业的IT类东西不见得敏感，但是我对商业模式很敏感。

李　翔：在这家公司里，你对自己的定位是什么？

李　友：我跟我的领导开玩笑，我说在这里这么多年，我定位很准，在方正，我首先是一个"保姆",负责把这个"家"收拾好。保姆的定位非常准确:第一,不能偷东西;第二,吃饭要在边上看着,不能上桌,大户人家的剩饭剩菜也是好东西;第三,不能和男主人搞到一起,这样做会被赶走。定位一定要准确,你永远不可能成为主人。定位准确了,你就不怕受气;吃不了苦,受不得气,就当不好保姆。

李 翔:你有过什么大的挫折吗?

李 友:还没有。因为我的工作阅历其实蛮简单的,两段工作经历:大学毕业后在审计系统,在北京、郑州、深圳都干过;然后到方正九年,在方正一帆风顺,得到了王选老师和北大的重用。

李 翔:你用什么东西打动他们进而让你一帆风顺?

李 友:最开始来的时候,起码他们认为我曾经把中国高科搞好过,这是一个事实;其次,当时在方正集团没有给一分钱的情况下,我把方正科技这家公司稳定下来了;然后,他们觉得我是一个能团结所有人的人;接下来,在团结所有人的过程中,我让这家公司的业绩有了革命性的增长,这是最关键的,有了业绩,大家就会信任你。

方正不是一家IT公司,而是一家投资控股公司

李 翔:你理想中的好公司的标准是什么?

李 友:我理想中的好公司的标准非常简单,就是它在赚钱,年年都在赚钱,而不要说有金融危机来了,我们公司有两个高管跳槽了,生意又让别人抢走了。

对于我个人而言,如果我没有给这家企业带来价值,不能让它继续成长,不能让董事会满意,那我肯定就不能在这里做。我待在这里的主要理由就是让这家公司赚钱,每年都赚钱,每年都在成长。所以理想中的好公司,我认为就是要赚钱。赚了钱说什么都可以;没有赚钱,说得再好都没有用。你说你研发能力多强,销售收入多高,市场拓展能力多强,一切都没有用。

另外,你注意,我说的是,要连续去赚钱。今年挖煤赚钱,我们全部去山西挖煤,明年钢铁价格很高,我们全做钢铁,这不叫本事。要是方法论不对,不可能连续赚钱。

李 翔:让你把方正从一家相对单纯的科技公司,转变成一个现在看起来有点复杂的公司,后面就是这种思路吗?

李 友:首先,我不认为方正复杂。你去研究世界五百强公司,不外乎就是几个领

域、几种模式，能源、地产、制造业、金融、科技等领域，或家乐福、麦当劳和可口可乐等几种商业模式。

方正涉足的领域中包括IT，IT领域过去主要是指制造，包括PC的制造，集成电路的设计和制作，现在也包括了IT服务。如果只是卖终端，已经不再赚钱，无论你能卖多少台。我们所做的都不是新鲜的东西，IBM和惠普一直在做IT服务；集成电路，台湾地区的人、美国人、新加坡人也一直都在做。我们要从低端的制造链条向上游走，第一步到达的就是集成电路，然后是芯片设计，变成一个有设计能力的公司。

2003年我们开始进入医疗行业，到现在已经六年了，我们越做越舒服。为什么？因为国家产业政策的导向越来越市场化。我相信在未来的五年之内，中国的医疗产业会全部市场化，这会是一个多大的蛋糕！它是一个巨大的产业链条，它是一个传统的行业，是每一个人都离不开的行业；而且我们做医疗的优势是，我们有北大和北大医学部在后面支持。

第三个产业链条是金融。事实证明，进入金融行业我们也做对了。

在进入这三个行业的过程当中，我们要收购老国企和拥有工厂，这样我们就会有通过很多种渠道得来的土地；有了土地，我们自然而然地就去做房地产了。

我们做的IT、医疗、地产和金融，有没有逃出世界五百强公司的框架？没有，只是我们根据国情和自己公司的情况做了这几个行业而已。事实证明，到今天为止我们进入这几个行业没有做错，也没有赔钱。

我不会去说别人不好，但是现在有些制造业企业很难过。这些企业，我认为它们的创始人都非常值得尊敬，我很尊重他们，如果叫我去干，我一定没他们干得好。他们很了不起，把一件事情做到那么大，需要魄力、耐力和毅力。但是一味做大以后呢，难道全世界的人都用你生产的电脑和冰箱吗？把一个制造业做出那么长的链条，接下来你的管理成本会有多大？就好像织了一张渔网，可以把整个太平洋和大西洋的鱼全都捞上来，可是你捞再多的鱼都比不上织这张网所需要的成本大。国内一些公司的做法是先把自己的产品铺到整个中关村，然后再把它们铺到整个北京城，接下来就是铺到全中国的每一个巷子里，然后再开发到每个楼道，楼道开发完了就送货上门。过于专注地去销售终端产品，一味地把产品链做长做大；实际上单纯的产品链强大到一定时候，就像放了长线的风筝一样，反而更脆弱了。

李　翔：进入了过多的行业，会不会带来品牌的弱化？

李　友：不会。品牌是怎么弱化的？我认为品牌弱化的第一原因是你把事情做砸了。GE也做金融，东芝也做，三星也做，它们的品牌为什么没有弱化？核心要素是不能把事情做砸了；如果事情做砸了，即使你专注一个领域，你的品牌也还是会弱化的。

GE下面有多少家公司？宝洁下面有多少个品牌？我们现在实际上也是按照这个思路在做。我向董事会建议把方正完全变成一个投资公司，我们要站在投资者的角度即股东的角度去强调投资回报。

李　翔：你希望人们在想起方正时会想到一个什么样的形象？

李　友：我希望大家想起方正时，首先想到它是北大的校办企业。第二，这家公司是稳重的公司。我不需要人家说我是行业老大，有多大影响，我只需要大家觉得我们很稳重。第三，它是一家投资控股公司。我不想大家再把方正当做一家IT公司。

李　翔：有没有想过，你能把这家公司带到一个怎样的程度？

李　友：我对自己设定的目标，就是再花五年时间让方正在四个产业链上走得很健康，在产权关系上也很健康。也就是说，会有很多的外部投资者，而方正集团只是最主要的股东。

然后，我相信在五年时间内，方正旗下的上市公司加在一起能够做到3 000亿到5 000亿的市值，而对于我们每个板块在国内和国际的排名，我觉得都不重要。做到这一步之后，我认为方正起码可以继续健康运营十年到二十年。

相对而言我没有那么远大的目标，我是干财务的，对数字很敏感。我认为做到这样以后，公司就能继续发展。我在这个位置上，完全在用数据看问题。我跟我的下属也谈论这样一个观点，即一个公司做到最后，不论广告做得有多好，品牌构建得有多好，到最后一定要把财务报表给债权人和股东看，债权人和股东是与公司生命最息息相关的两类人，他们要看的就是报表。

李　翔：你自己呢，你想变成一个怎样的人？

李　友：我希望我离开这家公司的时候，董事会给我一个评价（我和员工接触没有那么多，员工也不可能对我有太多的评价），即老李在方正这些年起码做了很多事情，让方正起码再过十年也不会垮掉。以前我曾开过一个玩笑，方正从明天开始放假，不赚钱了，把银行的钱全部还掉后，方正还有一百六十亿的净资产，我给员工发工资，每年的工资成本十五亿，还能再发十年。这家公司交到我手里时的净资产不足一亿。我对股东的贡献就是我能够让它资产增值，让它活得更久。

李　翔：我的疑问是，你是不是替方正选择了一条讨巧的生存之路，而不是通向伟大公司的道路？

李　友：我觉得首先要考虑的是，伟大的公司是不是一个必然现象？比如说 GE 是不是一个必然？我的观点是，这家公司做到很好、做到很大、很令人尊敬，但这些都不是必然的，它由无数个偶然构成，只是你赶上了每一个偶然而已。

方正如果今后能够成为国内一家较大的集团型控股公司，也是由很多偶然造就的。既然都是偶然的，那就不可能事先就有伟大的理想，对不对？比如，当初我们收购珠海多层电路板公司的目的就是为了进入集成电路的行业，根本没有想过要成为一家设计公司，成为中国集成电路的老大。再过两年时间，我们一定会横向发展，不会再建工厂。我们一定选择从台湾地区的人、日本人手里买他们在中国大陆搞不下去的原厂，连人带厂一块拿过来。我们一定要跑到全球前二十名。如果真做到这一步，我们的设计能力就有了。最终一定要变成有设计能力的公司，才会被人尊敬，否则你就是靠订单活着的一家公司。郭台铭的富士康之所以被人尊敬，就是因为它由单纯的制造业加工变成了有一定设计能力的公司。这些商业模式不是新的，大家都这样走过来，只有这样才能做成。

我在这个位置上绝对不会把方正做成一家单纯的一股独大的产品公司，无论别人怎么骂，无论当初别人怎么看，我就是这样的思维方式，我宁肯被你骂也要活下来，我不要把电脑无限做大，那样没有意义。

韩三平　中国电影集团公司董事长

韩三平的商业与电影世界

他否认了这个大多数人都抱有的观点，即韩三平是中国大陆电影界最有权力的人。"我不是（大陆电影界）最有权力的人，但是我是有一定影响力的人。"

他的"一定影响力"究竟有多大？这一点会由他担任总导演的一部电影展现出来。这部名叫《建国大业》的电影在公映之前就已经用它的片花和广告引起了轰动。或许短暂的中国电影史上从未有过一部电影聚集了如此众多的华人明星。就连两位中国大陆最著名的导演陈凯歌和冯小刚也在其中分别扮演了角色。他将自己能够凝聚如此众多明星的原因归结为三点：中影集团的强大；明星们对国家的感情；以及"我跟他们很熟"。

在电影公映之后的10月，他将年满56岁，他是天秤座，注定长袖善舞。

22岁那年，退伍士兵韩三平进入电影界，最开始的职务是照明工。还没有记者清晰地描述过他用一句话概括出的他的前半生："我们这代人所有的主要生活经历我都经历过：当过知青或者农民，当过兵，当过工人，然后现在成了一家国有企业的领导者……我们这代人的经历都差不多，只不过我的经历更为完整。"不过，如果仅从履历来看，这名四川青年在电影界的发展格外顺利，他几乎担任过电影制片厂的所有工作：照明、场记、副导演、艺术中心主任；然后在一段北京电影学员导演系的进修之后，他暂停的职业生涯继续直线上扬：导演、副厂长、厂长、副总经理、总经理、副董事长、董事长。

"你到了这个环境,你就要追求做得最好……人要往高处走。"韩三平将这种成功归结为自己的性格,然后轻描淡写地说了一句庸常的励志书上的话,"性格决定人的命运。"

如果仅仅只看今天的韩三平——习惯穿中式服装,脚上蹬着双布鞋(记住这点,敢于做与众不同的装扮往往是肆无忌惮的标志),每次出场身边从不缺乏明星,讲话时语气总是不容商量,投资电影动辄过亿——没有人会想到就在十年之前,他仍然会带着自己的导演为了区区100万元,等一个歌厅老板到夜里两点。当时他的职务是北京电影制片厂厂长,马上就将成为新组建的中影集团的副董事长。

成为中影集团操盘手的韩三平,其过人之处在于他以一个大型垄断国企领导者的身份,意识到商业规则在电影中的作用。作为唯一拥有影片进口权的公司,仅仅坐享进口大片分账就足以让中影获利丰厚;而即便在华夏电影发行有限公司2003年成立之后,中影仍然在进口大片方面占据着绝对优势。中影的另一个优势是发行方面。华语大片如《十面埋伏》、《天下无贼》、《功夫》等,中影均能拿到15%甚至更多的发行代理费。但韩三平显然不满足于此,他迅速带领中影切入了国产大片制作这块领域。他的迫切心情在中影制作了《无极》之后一览无余,他对前来采访的记者放言:"我们不断地需要像《无极》这样的影片,一年要5~10部,这样才能成为电影大国。"近两年的《投名状》、《长江七号》、《赤壁》、《梅兰芳》就是中影发力之后的成绩。

"必须要有实在的成果人们才会尊重你,行业才会尊重你。你是不是把中国电影产业做大了?你是不是在中国电影产业份额中占了一半甚至多半的江山?"提到中影的本土电影制作,韩三平颇为得意。他认为中影占据大半江山的事实证明了国有企业可以打败民营企业,"所以我完全不同意只要是民营公司、资本主义自由经济就会做出好作品"。

中影在国产大片制作上的成功正说明了韩三平的一个特点,即他能迅速地认清自己的优势,然后利用已有的优势将自己的优势再进一步扩大。中影在终端院线的建设和青年导演的培养方面正在经历同样的过程。其中韩三平最为得意的是中影对青年导演的帮助。"我觉得我们可以很得意地说,一个优秀的电影企业领导人,他能培养出优秀的年轻导演,这是最重要的。这一点我觉得在其他企业身上我还没有看到,但是我们做到了,比如说宁浩和陆川。"

他马上就要猎取另外一次成功。如果你认同韩三平的这一说法,即他制作出了大型商业电影的样板《赤壁》、大型文艺电影的样板《梅兰芳》和《南京!南京!》、小型商业电影的样板《疯狂的石头》和《疯狂的赛车》,那么,他希望你将《建国大业》看成是主流意识形态电影的样板(他否认这部电影是商业和权力的合谋),"应该说是商业和主旋律片的结合，或者主流意识形态电影和高超的商业技巧的结合。在《建国大业》的运作中，能看到我们最优秀的商业手段"。无论持有何种看法，这部电影注定要在商业上取得巨大成功，它只有区区3 000万的投资，但它的票房可能并不逊于投资6亿制作的《赤壁》。

作为毛泽东的仰慕者，他甚至享受《建国大业》的制作过程。他毫不掩饰自己对毛泽东的景仰："他是我心中的英雄，是我崇拜的英雄。"他也乐于同我们分享他从毛泽东那里学到的智慧，他将这些智慧用于商业之上，并且大获全胜。例如，商场就是战场，记得毛泽东说过的，要有"坚定不移的政治立场和灵活机动的战略战术"；当你犹疑不定时，要记住，"胜利的希望往往存在于再坚持一下的努力之中"；彷徨不定和对过程中困难的畏惧都是成功的大敌，要"下定决心，不怕牺牲，排除万难，去争取胜利"；如果有导演不清楚自己为了什么去拍电影，以及如何才能取得成功，他就告诉他们他曾和冯小刚分享过的一句话："为人民服务。"

现在，毛泽东会带给他另外一个巨大的收获，这一次是拍摄毛泽东指挥的战役和建国过程。马上，所有杂志封面都将由《建国大业》的演员占据；无论出于何种理由，人们都将会蜂拥着进入电影院；它也会成为接下来很长一段时间内好事者的话题；当然，它还会像印钞机一样为中影和韩三平制造利润，它将又一次证明他在中国电影界的成功、影响力以及恺撒般的地位。

他有理由相信自己同毛一样也在进行一场抗战，并且已经赢得了部分胜利。

作为中国电影集团的董事长，韩三平是娱乐圈这个庞大的名利场中的核心人物，甚至是其中最有权力的人物。但他总是对自己参与引领的潮流表示抗争。那些在他面前毕恭毕敬的电影明星们可以穿着各种时尚名牌去给时尚杂志拍照片，可是韩三平却执意穿着自己的中山装和布鞋日复一日地出现在浮华的名利场中。"你们这些年轻人总是崇拜外国名牌，我脚上的布鞋也是名牌，你们知道吗？一百多块钱一双呢！"

他知道来见他的大多数人都有求于他或者对他心存敬畏，可能他内心深处正在嘲笑这一切，于是表现出来的是他自己的反潮流。不过由于没有人敢于反驳他，他是大家口中的"韩爷"，没有对手，所以这让他的反潮流显得有些虚弱。只有他自己仍然津津乐道于这种嘲弄，"我给威尔·史密斯和斯皮尔伯格各送了一双这样的鞋，但他们送我的是皮鞋，你看，我还是赚了"。

如果仅从事实来看，他的抗战确实激烈。在所有关于他的访问中，他都会提到自己和中国电影的惨淡岁月。比如，上世纪80年代末，中国大陆三分之一左右的电影企业亏损。其中，1987年，北京电影制片厂开始第一次出现亏损。1989年，上海电影制片厂开始借贷，负债达2 005万元。这些电影企业制作的电影显然也不受欢迎，

1988年有45％的影片发行不足60个拷贝。导演、演员、道具、编剧全部在家待业或者转向电视剧。尽管是国有企业，但"政府能给你发工资，能给你报销医药费，不过不可能给你投资拍电影"。而今天常进电影院的人都能感受到他赢得的部分胜利，从最初的贺岁片到时髦的中国大片，都在为中国电影攻城略地。

你可以认为他的胜利并非无可指摘。韩三平的中影集团曾经是影片进口权的垄断者，中影在发行方面也拥有其他电影公司无法获得的优势——中影发行的每部影片都能轻松地赚到15%甚至更多的发行代理费。但是韩三平可不这么认为。当他进入国产大片制作之后，迅速而且轻轻松松地切去了国产影片票房一半以上的蛋糕。想一想过去两年你都看了什么电影，比如《赤壁》、《长江七号》、《投名状》、《梅兰芳》、《疯狂的石头》、《疯狂的赛车》，还有《南京！南京！》？以及你有没有看过刚刚上映的《建国大业》？你猜这部投资仅为3 000万人民币但却有172位明星参演的电影票房会有多少？他认为他的成功反而正说明了即使是国有企业，也可能拥有惊人的竞争力。当然，这是指他认为的经过改造的国有企业。

于是，他也就反复对人宣称自己的两个情结：一个是国有企业情结；另外一个是电影情结。与之相关的是他对商业与电影的不同看法。当然，他的成功正在于他将商业规则引入了中国的电影世界。作为毛泽东的崇拜者，他声称自己在商业上的智慧受教于这位建国之父；然后，他是一位国有企业的坚守者，他坚持认为企业的优劣并不是因为所有制有别；而在电影方面他是个极端的民族主义者，他最大的乐趣就在于征服"你们这些年轻人"，"我就不相信，中国电影比不上好莱坞电影"。

访谈

要把电影当做商品

李　翔：你是不是更愿意别人把你当成商人来看待？

韩三平：不光是把我当成商人来看待。我觉得电影改革的出路就在于，要把电影产品当成一件商品。我们历来是把电影当成一个事业，但其实电影是一个产业。电影改革就是从这个初衷开始的。中国电影的出路就在于，把过去计划经济下的电影事业改变为适合社会主义市场经济的电影产业。

李　翔：你说社会主义市场经济……

韩三平：这是中国特色，确实还是有中国特色的。缺乏政府指导的市场经济确实是很容易出现问题的,尤其是像电影产业,是一个大的产业投资,特别是像这样的基地(中影集团的影视基地),没有政府的参与恐怕这个基地很难建立起来。电影产业是一个资金密集型和劳动密集型的产业,投资回收周期比较长,又需要非常特殊的设施。

我对电影的体会是这样的:有一个好剧本、有一个好的导演、有一批好的演员不等于就有一部好电影。电影是一个非常复杂的工业产品,是一个综合性的科技产品,拍一部电影比建一栋房子、修一条高速公路复杂多了。人们对它的看法也要复杂得多,没什么太硬性的指标,什么叫电影的艺术性,什么叫好看与不好看,人和人之间的差别非常大。

电影的发展依赖于工业的发展。为什么电影的历史只有一百年?因为它必须伴随着大工业的发展。首先,比如摄影机,没有非常精密的摄影机根本无法拍摄,电影也就不成立了。实际上每一次新的科技发展往往首先在电影领域中运用。但与此同时,电影又有很强烈的文学和艺术性,它又不同于其他工业产品和科技产品。一部好电影可能什么都是,一部不好的电影可能什么都不是。比如说买房子,两万块一平方米顾客嫌贵可以打个折,但是一部不好的电影打折就有人会去看吗?电影是个非常复杂的产业。

李　翔:你什么时候开始了解到商业在电影中起到非常重要的作用?

韩三平:从中国全面进行经济改革时就意识到。电影的市场定义是:一它是大面积传播的大众消费品,它非常大众化;二它需要高额投资;三它对大工业很依赖。什么叫产业?就是投资、生产产品、销售、收回投资,这个全过程叫产业。投资、生产、发出去而不是销售出去,那不叫产业,那叫事业,比如图书馆和博物馆。

对于电影,国人历来把它当成一个事业来看待,这不符合它的产业规律。因为把它当成事业,所以在一定程度上从观念到制作到营销发行,都没有把它当成一个产品来运作,因而体现出来的结果就是拍得多,看的人少,放得热闹,但观众却不踊跃。我们走了很长的弯路。

从根本上来讲,电影是个工业产品,拿到市场上以后就是在销售产品。谁不这样做谁就失败。所以你可以称我为是商人,当然最好是电影商人,电影商人和一般的商人不同。

李　翔:但其实你的身份很复杂,比如说你是大型国企的领导人,是职业经理人,也是文艺工作者,是个电影导演,还有人说你是中国大陆电影界最有权力的人。

韩三平：这和我的经历有关，因为我在电影界时间比较长，工龄也比较长，所以我有一些影响力。但我还不是一个最有权力的人，我其实是一个电影界的工人。

我是从做照明工开始进入电影界的。我不知道应该怎么来界定我自己，首先我肯定不是一个职业导演，哪有十八年拍一部戏的？十八年拍一部戏，那要饿死的。但应该说我是企业的导演，确切地说是电影企业的导演。

企业领导人的身份决定了我个人的性质。企业是要投资的，是要盈利的，否则企业经营没法维持，更谈不上做大和做强。收不回你的投资，你面对的可能是破产，所以这决定了我们的产品跟做汽车、做医药、做服装没有什么区别。它要投资，要生产产品，要被消费者购买，要赚钱盈利，这样我们才能扩大再生产，才能再生产出更好的产品，让更多的消费者购买，然后形成一种良性循环，中国的电影才会更好。

我坚信国有企业能出好作品和好人才

李　翔：当你1977年刚开始进入这个行业的时候（1977年韩三平进入四川峨嵋电影制片厂），作为一个二十出头的小伙子，那时候是什么状态？你的想法是怎样的？

韩三平：其实我从1975年而不是1977年就进入电影行业了。那时候完全是计划经济，现在的小年轻小根本无法理解那个时代。那是"四人帮"横行的时代，进入电影行业我也没什么感觉，仅仅觉得是参加工作而已。那时候从部队转业回来要找一份工作，用当时的流行话语来讲叫"听从党的安排，为国家和党的事业贡献力量"，就这样把我安排到峨嵋电影制片厂当照明工了。非常没有追求，我也没有说要做电影我应该怎么样怎么样，我仅仅是喜欢看电影而已。

那个时代我们的选择没有你们现在那么多。但那个时代有一种很执著的精神，当然也可以说是那个时代对个性有限制，但它的精神状态非常好。从1976年到1986年是中国电影业非常辉煌的时代，但这十年它的辉煌是因为"文化大革命"的十年大破坏，起点太低，禁锢太深重，精神奴役太浓。

后来电影业的恢复，加上我们有一批优秀的人才，产生了中国电影史上影响全球的一代导演。

李　翔：影响全球？

韩三平：我觉得是影响全球，比如说像张艺谋、冯小刚、李少红这一代导演，不说是影响全球，但至少也影响了全球电影产业和电影精神，一批电影获得了国际上的高度赞誉。一代导演就这样成长起来了。什么叫一代？不是说20岁到40岁就叫一代，要留下历史的印迹才叫一代。第五代导演，我觉得当时对全世界电影产业的冲击很大，金熊奖、金棕榈奖、金球奖，除了奥斯卡奖没有拿到以外，其他都拿到了。而且我们还有了一大批优秀的作品。我觉得这以后没有形成新的一代。

李　翔：为什么？

韩三平：没有一批作品和一批人。不能是一个人就称为一代，它是一批人；不能是一部作品，一批作品才能称为一代。

李　翔：会不会跟我们的体制有关系？

韩三平：如果按照你们的理解的话是体制问题。我再说说体制问题，法国、德国、英国不是资本主义吗？它们的电影怎么都不行？香港、台湾地区不是也是资本主义经济吗？不是也不行了吗？日本电影也不行了，怎么讲？我不知道你研究过电影没有，法国、英国、德国电影在第二次世界大战以后很厉害，现在怎么都不行了？是体制变了吗？没有变，还是资本主义。根本原因不在这里。第二个问题，不一定是民营企业就好、利润就高，不是说一个问题解决了，后面一百个问题就都给解决了。

李　翔：关键还是商业和国家权力的结合？

韩三平：我觉得是商业和人的智慧的结合。说中影集团是全资国企没有出路，这是偏见，事实证明中影集团还是不错的，它到现在还是全资国有企业，但它占了那么高的市场份额，而且不是依靠外国电影，而是国产电影，比如《投名状》、《赤壁》、《疯狂的赛车》、《疯狂的石头》等等，事实证明，别的民营公司哪个能做出这样的成绩？你给我举个例子。

冯小刚最初也是国有企业培养出来的，是北京电影制片厂。事实说明一切，结果说明问题。所以我完全不同意只要是民营公司、资本主义自由经济就会产生好作品的说法，这个结论是不对的；反过来讲，国有企业就出不了好作品，这个结论也不对，中影集团就很说明问题，这是我最骄傲的。

我有两个情怀：一个是国有企业情怀；一个是电影情怀。我坚信国有企业能出好作品、出好人才。但是国有企业要改革，不能完全是之前的没有生命力的状态，这也没有出路。我觉得现在中国必须遵循多种经济成分并举的局面，不能说一夜之间电影国有企业全部私有化就能成功。

所以当我们讨论体制问题时，体制和机制当然很重要，但不是唯一的因素。二八分割是一般经济规律和产品规律，百分之八十的产品是一般的甚至是劣质的，百分之二十是优秀的；在这百分之二十的优秀的电影中，国有企业的产品至少占了一半甚至多半，或者说中影公司占了一半甚至多半。中影集团今年推出两个投资过亿的青年导演，1月份的宁浩，4月份的陆川，全是我们干的，不是民营公司干的。对青年意义最大的是什么？在你们这一代发掘优秀的人才并培养优秀的导演。另外，这两位导演的两部片子在艺术上也是可圈可点的，不是粗制滥造的电影。影评人见到票房好就骂电影粗制滥造，这不光骂了制作人也骂了观众，意思是说观众都喜欢看粗制滥造的电影。

所以我觉得要比较全面地来看，民营企业不断完善自己以发展壮大，国有企业也不断改革自己并发展壮大。不能说国有企业出不了好产品，也不等于说民营企业出的都是好产品，我这是比较中肯的说法吧？

毛主席说"人是要有一点精神的"

李 翔： 你刚才讲，电影的成功是商业和人的智慧的结合，那么中影的成功，我是不是可以说，是商业和你的智慧的结合？

韩三平： 不能这么说我，中影集团是国有企业，应该说是商业和中影人的智慧的结合，你不要太简单化，弄出去反而对我不利。

李 翔： 那讲一讲你个人在中影集团的作用吧。

韩三平： 每一部电影的拍与不拍我作最后决定，怎么发行和怎么销售我也作最后决定，成了我起了很大作用，败了我要承担很大责任。但中影毕竟不是我的企业。和民营公司不同，中影大家都对它不享有最终利益或者不负有最终责任，这是国有企业体制上的最大问题。

李 翔： 你怎么解决这个问题，对你个人而言？

韩三平： 情怀或者情感，也许你们理解不了，相当于一个信徒从成都磕头磕到拉萨，就是这种情感。比如喜欢周游世界的人，不是说走一天就给多少钱，对不对？《阿甘正传》里表现的也是这种情感，我笨我弱智，但我奋勇向前，我竭尽全力，我永不回头。所以人不能光有智慧，得有一种精神，毛主席说："人是要有一点精神的。"

我不是说现在的年轻人就没什么精神，但是精神对人的作用力，在巨大的五光十色的现实物质生活中在减弱。前几天我到现场去看张艺谋拍摄就很感慨。他自己当导演，自己在做执行，没有执行导演。你说他那个地位，他那个收入，他那个状态，他完全可以雇一大堆人帮他干，他坐那儿就行。我还真问他，你怎么不请个执行导演？他说我自己做就行。这就是一种境界。张艺谋是顶级导演，但他在现场拍一个特写镜头都是自己在那儿喊"预备开始"。

我觉得年轻人要学这种东西，一种精神和情怀。比如说我们拍《建国大业》，那个年代的精神不一定要学，但是你要了解那是一个叱咤风云的时代，出现了层出不穷的脍炙人口的事件，因此必然是一个出现众多风云人物的时代。毛泽东能够在大半年之内消灭国民党一百五十万的军队，这不得了。比如我们讲英雄崇拜，看《建国大业》我就有强烈的英雄崇拜情结。

李　翔：你的英雄崇拜情结只是在拍《建国大业》期间有，还是平时就一直有？

韩三平：这恐怕是与生俱来的。其实我骨子里的英雄崇拜和现在有些人对明星的崇拜是一个道理，只不过他们崇拜的是迈克尔·杰克逊，而我崇拜的是毛泽东。

李　翔：你对毛泽东怎么看？

韩三平：是英雄，他是中国历史上少有的英雄。

我觉得我充满了英雄情怀，还有历史情怀，我是一个非常喜欢回顾历史的人，或者是一个津津乐道于历史的人。

李　翔：多久之前的历史？

韩三平：秦皇汉武唐宗宋祖成吉思汗，历史上这些大人物。这是我的个人素养。

李　翔：在你投资和制作的电影中有很多关于帝王的题材，你个人是不是有这种帝王和大英雄的情怀？

韩三平：崇拜英雄的情怀。我拍《建国大业》这部电影就是讲1945年到1949年之间的历史，我个人认为这是影响中国近代社会或者说影响中华民族的最波澜壮阔的五年。这五年使中华民族发生了天翻地覆的变化，这五年也是最激烈的。它的结果是使中国发生了根本的变化，建立了新中国，建立了社会主义中国。姑且不说社会主义是一种怎样的变革，但它是崭新的。然后，因为它的波澜壮阔，它必然由若干色彩斑斓的事件组成，它必然会产生若干风云人物或英雄人物。

李　翔：那是你最喜欢的时代吗？

韩三平：那是最让我激动的时代。

李　翔：如果你生活在那个时代，你会成为什么样的人？

韩三平：我也说不出一个所以然来，但我也不是在夸夸其谈。

李　翔：我觉得你肯定想过，不可能没想过。

韩三平：我不知道你有没有看过电影《阳光灿烂的日子》，那是我们生长的时代。我觉得那个时代的社会对于年轻人来说，比你们现在生活的时代要好，我指的是纯粹对年轻人而言。

（中影的成功）一是坚持自己，二是高超的智慧

李　翔：你的英雄情怀跟你的成长经历有关吗？它是从哪里来的？

韩三平：其实我的成长经历跟我们这代人都差不多，只不过我的更完整，当知青（或者当农民）、当兵、当工人，然后逐步成长为一个企业的领导者，而且是一个蛮大的企业的领导者，多少还要有点理想。我们这代人所有主要的生活经历我都经历过。

李　翔：这些经历会带给你什么呢？

韩三平：带给我智慧，带给我一种精神。

李　翔：性格方面呢？

韩三平：在最困难的时候你要看到希望，要有一股精神支撑着你。比如说1995年到2000年，中国电影最困难的时候，几乎看不到什么前途，大面积亏损，大额度亏损，媒体对中国电影几乎不屑一顾，然后中国电影产业纷纷转向，电影人拍电视剧去了，摄影棚搞成仓库了，电影院改成舞厅了，许多演电影的男女演员都演电视剧去了。但即使在这种状态下，我还是非常坚定，认为中国电影是有前途、有希望的，只不过我们处于一个改革时期和改变时期。我们在这种很艰难的情况下，做出了一部应该说在中国电影产业上有重大影响的电影，这就是冯小刚的《甲方乙方》。

　　至于你说改革改什么，很简单，你的电影观众要爱看，无论是宣传主流意识形态的电影，还是同主流价值观不大相同的电影，都必须要有一个前提，即观众要爱看，要好看，无论表现什么意识、观念、理念和艺术追求的电影都应如此。说白了就是要解决这个问题，不能盲目追求宣传效应，也不能盲目去追求所谓的艺术熏陶。

李　翔：中影的成功也跟这个相关吗？

韩三平：中影的成功，一是坚持自己，二是高超的智慧。没有智慧，还搞什么电影产业改革？有人问我，为什么你就看中了宁浩、看中了《疯狂的石头》？我只能说我蛮有智慧的，对不对？为什么《疯狂的石头》完了我们紧接着就做

《疯狂的赛车》，你们也觉得好看，我们也挣了钱，宁浩自己也成了名。宁浩第一个找的不是我，他找了一大堆人，你可以采访他。我们原来说"宁浩三步走"，现在把三步并作两步走。原来怎么给宁浩设计的？第一步，投资300万的电影卖到3 000万；第二步，1 000万的电影卖到6 000万；第三步才是上亿的票房。没想到1 000万的电影就卖到了1亿多。第三部《无人区》今年就可以投入市场。三步的成果不只是《疯狂的石头》、《疯狂的赛车》和《无人区》，关键的意义在于成就了一个宁浩，他的创造力、生命力还会很长久，甚至他还会影响一批人。

李 翔：很多不了解你的人会认为你是个非常强硬的人，真实的情况是这样的吗？你是个强硬的领导者吗？

韩三平：我不能自己评价自己。但是我敢于做决定，我敢于承担这个决定带来的好的和坏的结果。必须要承担，不能说一个决定错的你就不敢做下一个决定了；也不能说连续做的几个决定都成功了，因此你就不智慧、不冷静了。

李 翔：你觉得一个好的领导者应该具备怎样的素质？

韩三平：一个好的企业领导者必须保持两条：一条是执著的精神、刚毅的性格；另外一条是灵活机动的智慧。这两者缺一不可。大型国企的领导者我觉得就得具备这两条。

其实每一个产业都在经历一个大的变革。这三十年来，计划经济变为了市场经济，这中间有一段时期肯定非常困难、非常混乱，所以一定要有一种坚持精神，胜利的希望往往存在于再坚持一下的努力之中；或者说狭路相逢勇者胜；或者说往前一步自然成。但是你要再往前一步。

再一个就是智慧，一定要有高度的智慧，否则就一脚踏空，前功尽弃。五部电影每一部赚500万，是2 500万，但其中有一部亏3 000万，从企业的运作而言，就是灾难。一部电影赔3 000万这种例子太多了。所以我觉得一个好的企业领导人，特别是电影产业的领导者，智慧这一条太重要了，这就是要避免判断失误。我觉得我们可以很得意地说，一个优秀的电影企业领导人，他和他的团队能培养出优秀的年轻导演，这是最重要的。这一点我觉得在其他企业身上我还没看到，但是我们做到了。比如说宁浩和陆川，也包括陈可辛，他第一部电影《如果·爱》投资3 000万，第二部电影《投名状》投资2亿；包括周星驰，第一部电影投资1亿，第二部电影2亿，从《功夫》到《长江七号》，翻了一倍；再比如说，我们创造性地投资了吴宇森第一部国内合作拍摄的电影，也就是达6个亿的《赤壁》。

中国电影集团公司做出了很多的样板，比如，大型商业电影《赤壁》，大型文艺电影《梅兰芳》、《南京！南京！》，小型商业电影《疯狂的石头》、《疯狂的赛车》。《建国大业》我们也希望做成一个样品。观众爱看，它在产业上要盈利。主流意识形态电影不能老赔钱，靠政治购买不是办法，至少没有长久的生命力。

李　翔：《建国大业》更像一个商业和权力的合谋。

韩三平：不，应该说是商业和主旋律片的结合，或者主流意识形态电影和高超的商业技巧的结合。在《建国大业》的运作过程中，能看到我们最优秀的商业手段。我们把两个东西结合起来，用《建国大业》做个试验。

李　翔：几乎所有知名的演员都参与了这部电影，我不知道你是通过什么样的方式把他们聚集在一起的。

韩三平：一个原因是中国电影的高速发展、中国电影集团公司的高速发展，但这不是最重要的；最重要的是中华人民共和国成立60周年，是他们对国家的情怀和情感。当然，我跟他们都很熟，这也是非常重要的原因；我不用回避这个原因，但也不是完全因为我个人的原因。

毛泽东思想是我们民族宝贵的财富

李　翔：很多人称你为中国电影界最有权力的人，你认同这种说法吗？

韩三平：我不认为我是最有权力的人，应该说有一点影响力。影响力和权力不一样。我不是最有权力的人，但我是有一定影响力的人。因为我们做了那么多电影。

李　翔：你会将向毛泽东学习到的很多东西用到商业上吗？

韩三平：太多了，比如说灵活机动的战略战术，商场就是战场，大家不老这么说吗？"坚定不移的政治立场，灵活机动的战略战术"，这就是毛泽东说的。另外，刚才我跟你讲过的，"胜利的希望往往存在于再坚持一下的努力之中"，这也是毛泽东讲的。还有一个，"下定决心，不怕牺牲，排除万难，去争取胜利"，这也是毛泽东讲的。再比如说"为人民服务"，我曾经跟冯小刚说，为人民服务灌注到我们的电影中来，就是要为观众服务。你拍电影，为什么拍电影？毛主席说："共产党人做任何事情都要问一个为什么。"你为什么拍电影？你想表达自我的内心状态，可以，只要你能找到钱。首先要找到钱，你要把自己内心的那种凄凄苦苦、悲悲切切、惨惨淡淡的内心世界表现在电影中，你有这个自由，你有这个权利，但是你必须找到钱。不一定有人愿意投资几百万几千万让你来表现你内心的那种心理状态。第二，这种电影拍出来以后观众不看，你不要抱怨观众，观众是最不应该受抱怨的，我凭什么要看啊？我看不懂还为什么要看啊？

所以我觉得，反过来讲，为什么拍电影？为观众拍电影。电影为谁服务？为人民服务，为观众服务。这些都是毛主席的观点。一旦确定了你的电影要为观众服务的时候，从剧本到导演到演员到拍摄，你就有了方向。观众喜欢什么，什么东西才是观众喜闻乐见的，你就又有了一个标准。

李　翔：他（毛泽东）是你心中比较理想的领导者的形象吗？

韩三平：他是我心中的英雄，是我崇拜的英雄，我觉得他的思想是我们的财富，是我们民族的财富。当然，后面的历史是另外一回事。但是在《建国大业》描述的1945年到1949年，他确实顶天立地、叱咤风云。

李　翔：你渴望非常有影响力吗？

韩三平：人都有那种渴望，但是有一个前提，必须要有实在的成果，人们才会尊重你，行业才会尊重你，而且必须是实在的成果，绝不是写两篇文章。你是不是把中国电影产业做大了？你是不是在中国电影产业份额中占了一半甚至多半？

李　翔：你刚才讲，自己进入电影行业是一个偶然的机会，后来是不是变成了一个有意识的主动的行为？

韩三平：这就是性格；性格是与生俱来的，性格决定人的命运，你到了这个环境，你要追求做得最好；既然到了电影行业，就副导演、导演、副厂长、厂长、副总经理、总经理、副董事长、董事长一路走过来，人要往高处走。

史玉柱　巨人网络科技有限公司董事长

新　战

　　他在自己三亚亚龙湾的住所接待了我们，身上穿着他母亲买的白色运动服——"据说是名牌"，他说，但全场没有一个人认出这个牌子——光着脚，握完手后坐到长餐桌的一侧。他的新爱好是吃冰淇淋和游泳，同时保留着老爱好：一根接一根地抽烟，用紫砂壶饮茶，以及在夜深人静时玩游戏。

　　每到两个月到三亚小住一周，这期间每天游泳一个小时，成为他个人这一年多来最奢侈的消费举动。收购公司，重返珠海建立研发中心，以及在松江建起让人匪夷所思的公司办公楼，都可以被视作巨人整个公司的举动。但作为个人而言，他似乎没有任何奢侈的爱好，他不玩车，也不戴手表，不喜欢几乎所有的奢侈品，只玩游戏，大部分时间玩的还是自己公司出品的游戏（作为公司的大股东、创始人和自封的游戏测评师，他有权享受免费待遇）。

　　三亚和游泳被他描述成胖子的专利。同一年前相比，他明显胖了，有一段时间没见他的公司副总裁汤敏，碰到他就像第一次看到他把头发剃光时一样惊讶："史总，感觉你胖了不少呀！"他自己说，过去一年多他胖了30斤。到三亚的好处是，他能够保证每天游泳。在上海，这个中国最富有的人之一说，他舍不得去买一套带游泳池的房子，而是和自己的家人住在一栋高楼中的一层。但是这样，如果他去游泳，就会被人认出，因而很烦。他在夸大自己的吝啬的同时，又不动声色地说，自己民生银行的股份减持得有些早，可能少卖了30个亿，原因是他对宏观经济形势作了误判，"我原来认为经济调整需要的时间更长一些,可能要调整到今年年底"。

别误会,他在三亚并没有自己的别墅,更提不上私家海滩。这个刚刚形成的习惯能够维持多久,也没人知道。但他一向是个好推销员。当他把定期到三亚小住的好处向他的老朋友卢志强介绍了一遍时,后者马上要跟他一起去。关于卢志强,我们知道他是个比史玉柱还要富的人,至少在各种排行榜上,他的泛海集团刚刚从中科院手中接受了联想集团的股份,他刚刚因为民生银行贷款的事情和另一位民生银行董事张宏伟有些不愉快,还有,"他……也很胖",史玉柱说,同时笑。

他们交情匪浅,已是多年的老友。史玉柱和卢志强、段永基、柳传志、冯仑等人都是1994年成立的泰山会的最早一批成员。这个基本封闭的组织由不到二十名成员组成。柳传志介绍说:"这个俱乐部不做任何商务活动,比较私人化。"成员之间也多有合作,比如,冯仑在万通上市之前将自己持有的民生银行股份转让给了史玉柱;史玉柱坦诚自己在第一次经营公司失败之后深受柳传志和段永基的影响;卢志强的泛海接手了中科院持有的部分联想集团股份;而段永基则买下了史玉柱的保健品业务。史玉柱和卢志强在投资上表现出了一种共进退的姿态,"我跟他达成的默契是这样的:他想投资一个东西,我可以参与进去;他的人否定掉了,我的人马上就撤回来;当我们两个团队都觉得这个项目能投的时候,我就会跟投;而如果我的团队通过了这个项目,但是他不投,那我也就不投。我的财务投资基本上走这样一条路"。

但是他和他的这些朋友们都不同。尽管在外面的人看来,他和卢志强似乎同样神秘,他和段永基一样存有争议。曾经的失败给他打下了与众不同的烙印,随后他选择的行业和他的所作所为,让他似乎没有机会再成为一名商业世界中绝对的楷模人物。巨人网络在纽交所上市之后,史玉柱也成为第一个不着西装走入纽交所的人,在相当长的一段时间内他都没有接受过公开的采访。在有限的采访中,采访他的记者们也都会被他身上散发出的神秘气息所吸引,情不自禁地去问一些已经被询问过多遍的问题,仅仅是想要听他亲口说出答案而已。

没人能够否认游戏《征途》取得的巨大成功。通过做一款网络游戏,就让一家公司在纽交所上市,同时让自己的身价倍增,这让史玉柱又一次成为众人瞩目的对象。此前,他是曾经的青年创业偶像,沐浴在无尽的荣光之中,高高在上;后来,因为珠海巨人的衰落成为中国最著名的失败者,后来他的同事回忆起当年的艰难时光时说,每当史玉柱在办公室附近露面,就会被一群讨债者堵住,即使能够摆脱这些已经失去理性的债主,蜂拥而上的媒体记者们也会用相机的闪光灯逼得他无处可逃;再后来,他凭借脑白金东山再起,却惹得媒体在道义上对其进行狂轰滥炸,对广告形式的低劣恶俗的批判掺杂着对他的道德上的指责,批评之声不绝于耳;接下来是声势浩大的还债声明；再接下来就是进军网络游戏并凭借《征途》登陆纽约证券交易所；此后他就开始有意地销声匿迹。

史玉柱放手，《巨人》失手

但是，对于刚刚 47 岁的史玉柱而言，这显然不是故事的结尾。他仍然处在一个商人的黄金年龄阶段。过去的经历已经让他拥有了丰富的经历，与此同时他还保有旺盛的精力，这让他和他的公司都保留着更大的成功和失败的可能性。

因此，巨人网络的第二款游戏《巨人》未能猎取又一次巨大的成功也就并不意外。尽管他复出之后似乎拥有了点金之手——脑白金、黄金搭档、网游《征途》的成功，但即使并非由史玉柱亲自操盘的黄金酒，也迅速赢得了礼品酒市场份额排名第二的位置。

巨人对《巨人》寄予厚望并不奇怪。仅仅是将"巨人"当做这款游戏的名字，就已经能够看出巨人网络和史玉柱对这款游戏的期望。但这却并不是史玉柱"失手"的结果，而是史玉柱"放手"的结果。

巨人上市之后，史玉柱首先开始有意识地在管理上放手。他多年的搭档刘伟是他选择的管理上的接班人。口无遮拦的史玉柱曾经表示，自己一直在说服刘伟接替他担任公司 CEO 的职务。他也发现，"很多事情交给刘伟做比我自己做还要好。因为刘伟做的时候会考虑到，做不好的话，上面还有个人会说三道四；而如果自己做，就没有这种压力"。刘伟负责除研发之外的所有公司工作，研发则由史玉柱亲自负责。不过，慢慢史玉柱连研发都要放手了，他挑选了纪学锋作为研发的负责人——一个 2005 年才毕业于复旦数学系、行业背景并不深的小伙子。"因为我感觉研发对我个人的依赖性太强，而如果我个人状态出问题的话，那就会影响到整个公司的发展"。

在过去，"研发具体上哪一个工种我都管；或者只要我感兴趣的，我都管得很细，我能管到某一个部分怎么去表现以及某一个部分数值怎么设定的程度"。这也是史玉柱在开发《征途》时担任的角色。而现在，他要求自己在公司扮演的角色局限在两个方面：第一，研发方向的召集人，制定战略；第二，带领一个团队专门做游戏测试，也就是在一款游戏面向市场开放之前，他先带领一帮人进去玩，他称之为"测评"。除此之外的所有的工作都由年轻的纪学锋负责。

开发《巨人》的团队和开发《征途》的团队是同一帮人，唯一的区别是《巨人》在开发过程中没有了史玉柱事无巨细的喋喋不休。"因为那个团队比较强，相对来说我插手比较少，我的主要精力放在别的地方了。现在我觉得，我给他们灌输的危机意识还不够。"史玉柱说。

"所有的行业都是这样，第一个项目的成功会成为第二个项目成功的包袱，而且没有任何正向的作用，都是负向的。"他接着说，"我比较熟悉保健品行业，比如，太太口服液最初很成功，但后来推出的十几款产品全都不成功；昂立1号最初也很成功，但后面推出的昂立的所有系列产品全都失败了。"

不过唯一的例外还是史玉柱自己，继脑白金之后黄金搭档也成功了。"当时我顶了五年不推第二个产品，因为我脑子里的压力很大，我对大家说推第二款产品肯定会失败的。最后顶不住压力了，才推出了黄金搭档"。

黄金搭档成功的原因是史玉柱不断地压住公司同仁要推新产品的欲望。他用了五年时间去不断完善这个产品和它的营销方案，"一直在县里面试，今天在这个县失败了，明天就再换个县试，又失败了，就又再换个县"。直到有个县做成了，史玉柱才把黄金搭档提上议事日程。但是当他召集一帮骨干开会讨论时，开场白就是："这个项目几乎百分之百要失败，今天我们大家来看看，怎么能让它有点成功的希望。"

"第一个产品成功，做第二个产品就可能武断。"史玉柱说。史玉柱的第一款游戏《征途》开发时大家都抱着必须成功的决心，"每一个细节都要做得非常完美"。他举了一个例子："有时候就是为了定一个数值是1.1还是1.2，一个人几天几夜不睡觉。后来做《巨人》的时候，往往情况是，'根据我的经验，1.2，不用讨论了'，没有人去怀疑。"

"不管怎样，阵痛还是无法避免的。"史玉柱说。

但是已经决定放手的史玉柱，绝无可能再将他的双手重新放到他的这个公司上面，并且事无巨细地打理它的日常事务，然后推动这架机器按照他的节奏和需要前行。他采用的方法是，通过产权激励和划分小事业群的方式去激励他的团队，让他们重新找回创业时期的热情。

"我把我们每个研发人员放到小的核算单位里，你这个小公司不安全，你这个小公司是在创业"。于是，除了《征途》留在集团中外，其他的每个项目都独立成了一家单独注册的公司，公司的股权结构是：巨人网络拥有51%的股权，而项目研发的团队拥有49%的股权，全都以现金入股。"如果你的项目成功了，你可以分红；如果你能做成第二个《征途》，那你这个公司可以单独上市"。

这也是史玉柱对自己原本固执的"精品战略"的颠覆。过去他的专注让他倾尽资源去做一款产品，然后获取巨大成功；但是《巨人》的失败让他重新开始考虑起这种策略的风险。

他的新方法是在前期广泛播种，"种子阶段广泛播撒，因为种子阶段花不了多少钱，可能一两天的利润就够一个月甚至一个季度的种子钱了"。产品成形之后开始放玩家进去，同时评估团队进入。如果产品合格，并且有可能成为"大作"的话，那就会进入史玉柱的"精品计划"，公司的后台、营销资源和宣传资源都会相应向之倾斜。

这就是之前被媒体广泛报道过的巨人的产权革命。巨人网络作为一个母公司提供基础技术，如语音技术、研发和广告等平台，而技术人员则通过项目公司的形式成立独立的子公司。在这些以巨人网络作为平台的独立的子公司中，既包括巨人网络内部研发人员自主创业的公司，也包括愿意被巨人收购51％股份、以利用巨人网络平台的外部公司。

大众市场的信奉者

巨人网络第二款网游《巨人》已经开始出现这种倾向，巨人网络想要鼓励更多的人进入游戏。尽管史玉柱一直认为《征途》并不是对游戏玩家人民币索取最多的游戏，但是《征途》仍然无可避免地给人留下了烧钱游戏的印象。在早期对《征途》的报道中，大多都将《征途》视为"有钱人的游戏"，史玉柱当然断然否定这一点，他说："其实我们只是玩家人数多而已，而销售收入却并没有《传奇》高。我们玩家人数是《传奇》的至少两到三倍，但是《传奇》的总收入却比我们高一大截。中国玩游戏最舍得花钱的那批人其实是沉淀在《传奇》那儿，它里面花几百万的人多了去了。《热血传奇》去年一款产品能做到18个亿，今年还在上升。"《巨人》在推广中则打出了"不花钱就玩爽"、"最便宜的主流网游"、"实行消费封顶政策，上限是每周消费不超过15元"等口号。

史玉柱一直认为自己所做的是娱乐大众的事业，而马云的电子商务则做的是帮人做生意的事业，两者并无高下之分。他并不希望自己所做的只是昂贵的网络游戏。与此同时，他坚定地认为中低消费人群才是游戏玩家中的大部分。他们人均花费低，但是数量庞大。这和他既往的商业轨迹相吻合。他一直都是一个大众市场的信奉者，脑白金、黄金搭档的成功就是证明，甚至《征途》第一次将免费游戏的模式大规模化，也是佐证。

巨人网络从原来关注付费玩家到关注小额付费玩家，甚至到非付费玩家，这种商业模式上的变化，"可能是我上市之后考虑最多的问题"，史玉柱说。

作为一个狂热的游戏玩家，史玉柱本人几乎每天晚上都会坐在电脑前进入游戏。他曾经戏称说自己每天的锻炼就是在网络游戏中骑马。"我一直在《征途》里面玩，经常会碰到玩家的抱怨，而且都是消费能力很弱的玩家在里面抱怨。"史玉柱说。但正是这一点触动他去考虑革新游戏模式的问题。

"开始我认为任何一款游戏都会有人骂。我也玩过其他几家公司的游戏，每次都会有玩家骂，几乎是一个规律。但是后来我开始想，为什么我们能够认为骂是理所当然的呢？我能不能做一款网络游戏，让玩家不骂？"

后来，在《绿色征途》的封测新闻发布会上，史玉柱说："我们的指导思想是，得非人民币玩家者得天下。"并且还说，"《绿色征途》是一个非常彻底的、向非付费玩家倾斜的游戏。"这种指导思想会延续到巨人网络旗下7家独立公司正在开发的7款游戏上。

在史玉柱看来，巨人网络在上市之后出现的停滞，正同它在商业模式上的这种探索有关，"我们交了学费"（另一个原因是团队的创业热情下降）。

"其实我们在做新游戏的时候，《征途》还是可以持续上升的，但是它没有上升"，原因是"我犯了一个错误"。史玉柱说。

这个错误就是，之前巨人进行的商业模式的探索，是在老《征途》的基础上进行的。"第一，要解决让大家不骂的问题，向低付费玩家倾斜，结果反而伤害了已有的较高额消费的玩家；第二，在老《征途》上的任何尝试都不敢轻易去做，做不到位也做不彻底，毕竟其中有几百万玩家"。

以《绿色征途》作为开始的巨人网络的一批新游戏，寄予着史玉柱对更加广阔的大众市场的开拓的希望，他希望在这些新游戏中，"大消费的玩家很少，偶尔付费的玩家很多"，那些偶尔付费的，只需要"花一碗方便面的钱"即可。

作为大众市场的信奉者，他相信，最终"尽管人们的消费水平很低，但是总量并不低"。而让史玉柱增加自信的是，《绿色征途》封测5天，最高同时在线人数突破100 000人，达到103 838人。

在这7个项目之外，史玉柱亲自操刀开发的另一款新游戏，也体现了他对大众市场的信奉，以及对玩家智慧的信任；同大多数的见解相反，史玉柱并不是操控游戏玩家于手掌中的大独裁者，反而是一个民主产生智慧的信奉者。他自己参与创作的这款游戏被他寄予了厚望，一开始就是"大作"状态。

史玉柱说："这款游戏的内容模式其实是玩家创造玩法，现在所有的游戏都是研发者创造玩法，然后让玩家去玩。这就跟你们的报纸一样，都是编辑部的人在那儿编内容，而让读者去看。可是为什么互联网发展这么快？那是因为每个用户都在创造内容。"他还说，"玩家创造内容，玩家创造玩法，玩家去玩，把它当社区去经营，在这种模式下就诞生出了一种商业模式。"

出于这种观念，史玉柱表达了对第二人生、开心网和FACEBOOK的赞赏。因为他理想中的游戏"最后也不是一款游戏,而是一个平台,是一个社区"。

史玉柱之忧

对于一个将公司安全看得比什么都重要的人,一个时时手握 50 亿重金、公司负债率为零的人,他在商业上的忧虑是什么?

股价吗?被人做空吗?对于华尔街,他每次在财报发布会的分析师电话会上都很少说话;股票被人做空,一点关系都没有,"记住我们可是有回购计划的"。

"我最大的心病就是我们整体策划的水平。"史玉柱说,"如果这块真正提升到我理想的状态,那我觉得甚至我来测试这个环节都不需要了。这是我现在对公司的最大的担忧,我最不放心的就是这块。"

网络游戏研发一般由三个核心团队组成,它们分别是:策划组,美术组,还有程序组。"如果用拍电影作为比较的话,那么策划相当于导演团队,从剧本到现场导演,角色设定,大家怎么玩,玩什么内容,都需要由策划来确定。策划团队确定之后,美术组和程序组去把策划想要的功能给实现了。这就是一款网络游戏诞生的全过程"。

但史玉柱同时发现,"如果将我们公司比做一个木桶的话,那这就是板子最短的那块"。

为了解决这个问题,史玉柱想尽各种办法,其中最能激励年轻人的是他开出千万年薪寻找策划人员,而且"其实你来了之后肯定还有期权"。

接下来,他请来国际上的大牌策划师到公司研发部门进行讲座,其中包括《帝国时代》的主策划师,密集的时候一周就会有一个人来讲。有时候他自己也亲自上阵,"把我的一些经验教训给大家分享"。

再然后,他到日本考察,甚至动了心思要收购一家日本的网络游戏公司,以此来提升"我们整体的策划水平"。在韩国,他也在做同样的事。

"找一些高手过来,然后等待整体水平的提高。中国缺乏这方面的人才,中国没有一所大学有网络游戏策划专业。"他说。

如果你已经知道他号称自己胆子很小,已经知道他喜欢穿运动服、抽烟、玩游戏,知道他摘掉了眼镜,知道他会在每一个公司内建一个食堂,知道他是职业经理人的坚决反对者,那么,关于史玉柱,你可能不知道的还有:

1. 媒体上流传着段永基在买下史玉柱的保健品业务之后说过的一句话:"脑白金在医学上什么都不是。"段永基原想要以此来证明史玉柱的营销天才,但是反被媒体抓住,认为是段永基也承认脑白金在医学上不具备价值。史玉柱说他后来专门去问过段永基，有没有说过这句话，段永基回答，他绝对没有说过此话。

2. 史玉柱是民生银行的最初12位发起人之一，他甚至出了初始的1/3的费用。但是后来股东出资的时候（1亿人民币），珠海巨人危机爆发，史玉柱没钱了。再到后来万通上市，冯仑为了明确主业，将自己所持的民生银行股份卖给了史玉柱，他才重新跟民生银行发生关系。

3. 史玉柱在过去数年里只看过两部电影：一部是《赤壁》；另一部是《色·戒》，而且是未删节版的，那是当他在香港时，马云拉着他一起去看的，理由是"反正晚上也没事儿"。

4. 史玉柱说："上市，我们运气真好！"巨人是2007年11月1日挂牌上市的，在10月31日定价。而如果去看美国股指道琼斯的历史，那天是道琼斯股指的历史最高点。11月1日巨人挂牌上市的当天，道琼斯指数就跌了2%，此后一路往下走。

5. 史玉柱在过去十二年内去了三次西藏。第一次已经被媒体描述过无数次了。当时，老巨人已经难以救活，史玉柱决定放弃；而同时，他决定开始做脑白金，产品也已经报批，但报批程序需要的时间让史玉柱和他的团队有几个月基本没事干，于是他们决定去西藏。

中间他跟其他人也一起去过一次西藏，但没怎么玩。

第三次是在2009年的9月。由于他在公司采用了放手策略，从管理一线后撤，"突然一下子我不用干什么事了，待在上海也难受"，于是他走川藏线进藏。这段时间是他开始做网游后最长的不玩游戏的时间。

6. 史玉柱决定离开上海去西藏，他告诉巨人网络的研发团队，他要离开。后来他描述大家的反应是："欢欣鼓舞，真的很开心。"原因是"有我在那儿压着他们，他们老觉得自己的想法不能实现"。"去西藏之前，我请骨干们吃饭，当时，我告诉大家我要去西藏，结果有的人酒都喝多了"。

7. 史玉柱说，总有人跟我说，老史，公司上市你有钱了。其实我现在的三块业务，对我个人增加财富最没有贡献的就是网络游戏。我拥有超过50%的股份，但这是不可能卖的啊！我将来最多卖掉我回购的那部分。我自己那部分，现在不会卖，将来也不会卖。为什么？那是为了在董事会里面我能够发言。因此，对我个人财富有贡献的，反而都是我做小股东的财务投资。

8. 史玉柱不是流传中的天秤座，而是处女座。他颇为得意地说："处女座更容易是完美主义者。"

9. 史玉柱自己解释他和黄金酒的关系："可能是咨询和被咨询的关系。"做黄金酒的公司是上海黄金搭档生物科技公司，史玉柱只在其中持有25%的股份，75%的股份已经在数年前被他出售了。因此，"黄金酒如果成功了，我觉得没有我的功劳；失败了，也没有我的责任"。但是，运作黄金酒的团队确实是史玉柱做保健品时一手带出的团队，不过他们经常抱怨说，一年也见不到史玉柱一次。

10. 史玉柱总结自己胖起来的原因是工作太投入。以前做保健品时很瘦，因为"我要接触消费者，我一家一家地跑"；而现在只需要坐在电脑前玩游戏就行了。

11. 他不喜欢参加活动，偶尔参加一次回来就后悔不迭。他还把自己的这种标准给延展了，"马化腾参加活动也不多，他整天关在办公室里琢磨这些事。所以腾讯还是挺厉害的一家公司"。

12. 对自己的团队，史玉柱隐隐地还是很得意。他说，巨人网络的研发人员中，他看得上的，上市之后，一个都没离开过。"这是我们的优点也是缺点，研发人员的流动性不够强"。另外，他说，"我以前用的人，离开巨人的累计也有上万，你看基本上还没有骂巨人的，可能偶尔有的我不知道"。

13. 史玉柱要在珠海建一个研发中心。他认为网络游戏的人才集中在北京、上海、广州三个区域。希望巨人回归的珠海将海边最后一块地留给了巨人。史玉柱承认自己有珠海情结，"不然为什么不在广州呢？"

14. 史玉柱决定不再盖高楼了，他说自己"怕了"。"现在我们在上海盖的办公楼最高就是三层"。但是史玉柱发现，"本来想这样投资可以省一点，盖矮一点，有一天突然发现，盖矮了也没省钱，因为你地大了，地很贵；另外，地大了，光是园林建设就花了2亿"。

15. 他有一个朴素的观念，即研发网络游戏第一是年轻人的世界，第二是穷人的世界，富人很难研发出好产品。因此，你最好又年轻又聪明又穷。

16. 在史玉柱的投资策略中有一条是"守株待兔"，也就是手握重金，等待投资机会上门。就像沃伦·巴菲特一样，在关键时刻，大家想到的能够调动那么多资金去收购和购买的人只有他。当年万通上市，冯仑出售民生银行股票，"他认识的朋友里可能只有我手上有那么多现金，所以他就来找我"。

17. 史玉柱让自己的公司坚决做一个"乖孩子"。纳税上巨人一直都是模范，对政策的反应上也是如此。2009年6月底文化部公布了一个文件，不让游戏中有开宝箱的环节出现。此前巨人模仿盛大，在自己的游戏中设置了开宝箱这个情节，然后迅速占据了网游收入的很大一块。在这个文件发布的当天晚上，巨人网络就宣布自己取消了游戏中的开宝箱环节。

18. 史玉柱现在信了佛教，喜欢跟喇嘛聊天。但是他自己也说："人为什么会信这些东西？说白了还是迷信。一个人对自己的命运能把握的时候，这个人最不信佛，比如数学家很少信，物理学家也很少信。而当一个人对自己的命运无法把握的时候，特别容易信，比如渔民天天出海，每次都不知道自己还能不能回来，这种人几乎百分之百地信点什么；企业家也容易信，因为你对自己的明天无法把握。"言外之意，他对自己的未来仍有强烈的不确定感。

19. 史玉柱的简单哲学理念是："善有善报，恶有恶报；干了坏事，迟早会有回报的；不报你，就报你的后代。所以人还是要多做点好事，我还是要做好人。当然，有人说脑白金是祸国殃民，我认为我做的是好事。我现在还在吃，卢志强昨天晚上也还在吃。"

20. 史玉柱评价史蒂夫·乔布斯："首先他是一个天才，但是他不是真的认为自己是个天才。然后他做事能够一直抓到很细的细节。宏观的地方他能抓得非常准，然后一个项目可能有几百个细节，重要的细节他也都很清楚。我回顾我自己过去的事情，我觉得我做成功的事情有些像他，抓住大的重要的事，然后抓住大的重要的事的细节。"

郭广昌　上海复星集团董事长

郭广昌的商业哲学

　　精明者常有这种笑容：安安静静却隐藏有攻击性，亲和力掩盖着坚定无比的防卫心态。中国最著名的商人之一正坐在桌子的另外一侧，脸上挂着这种笑容，安静地回答我们提出的各种问题。他能机智地回答其中的任何一个问题，滴水不漏，却又让人愉悦。他可能巧妙地隐藏了自己的真实观点，但却毫不吝啬地让我们欣赏他智力上的杂耍。

　　郭广昌正在或已经成为这个时代的标志性商业人物之一。以他为代表的中国新一代商人，受过良好的高等教育，开始注重商业模式，熟悉自己的榜样公司，善于利用资本市场，对公司管理和团队建设也津津乐道。至于他本人，众人都目睹了他如何率领公司渡过自己的艰难时刻。他和他所创立的公司——复星——曾经置身于宏观调控带来的巨大阴影之下，媒体一度成了他们的敌人。但是他和他的创业伙伴们成功地化解了危机，并将公司复星国际在香港联交所整体上市，以凯旋姿态出现在中国的商业世界。大部分曾经质疑过他们的人后来都成为了他们真心实意的赞扬者。

　　和中国一起成长，他和他的伙伴们宣称这就是自己公司的战略。他们将和黄与GE作为公司的效仿对象，雄心勃勃地要在中国大陆复制和黄在香港、GE在美国的商业模式：投资控股公司。至于郭广昌本人，他将李嘉诚和沃伦·巴菲特作为自己的榜样。颇为有趣的是，他智力上的偶像一度是马克思，这个崇拜共产主义创始人的哲学系学生，后来成为了改革开放后社会主义中国最著名的资本家之一。

你将会读到的是我们谈话的部分内容。你会看到，他对中国信心十足；按照他的战略，这也是他对自己的公司信心十足。同时，作为一名商人和业余哲学家，他也阐述了自己对商业和公司的理解。

访谈

李　翔：赛珍珠在《大地》中选择的两个主人公分别成为了大地主和大军阀，这在当时都是最让人敬畏和最有权力的人。在我们这个时代，你觉得什么样的职业才会让人成为最受尊敬的人？是商人吗？

郭广昌：我不知道，我对这个没有研究，我也不感兴趣。

李　翔：那你是如何选择去做商业的？它是一个非常偶然的机会吗？

郭广昌：做商业，因为我做不了别的。因为我的性格，我肯定不适合做官；做老师，又怕误人子弟。小平同志南巡之后，（政府）说可以开始做企业；做企业做得不好，首先受害的是自己。那时候我以为做企业对自己负责就行了，那时候小嘛，现在看来做企业不仅仅要对自己负责，而且还要对社会负责。但在刚开始做的时候，主要是对自己和几个兄弟负责；而且总的来说就是你做决定，你对结果负责。这种游戏比较简单，比较符合我的个性。

李　翔：你的个性就是喜欢只对自己负责？

郭广昌：不是只对自己负责，是对自己的决定负责。就是说，这个事是你定的，哪怕你选择对所有人负责，但也是你做的这个决定，那你就要对决定负责。我们哲学上有一句话，就是人永远是自由的，因为你一定有不做选择的自由；存在主义说你至少可以选择不存在，所以死亡也是一种选择。

李　翔：对，但是随着你的公司越来越大，或者你在商业上的力量越来越大，我相信你必然会考虑到商业和这个时代之间的关系，你有过这样的考虑吗，包括你的公司和国家之间的关系？

郭广昌：昨天晚上（处理完工作）已经很晚了，正好有点时间，我就看了部片子叫《高考1977》，我觉得感慨蛮多的。可能那批知青比我们的印象更深，但我看了也很有感触，因为我是农村的小孩。1977年，我10岁左右，也就是小学三年级左右，小学三年级以前读书是很松的，基本没怎么读书。小学三年级以后，小平同志出来主持工作之后，就恢复高考了，我父母都是农民，他们很认真地跟我说："现在不需要靠推荐了，读初中、读高中，你可以自己考了。"所以给了我一个很大的特权,就是说你可以不要拔猪草了,认真读书就可以了。这在我们家里就是一个特权。以前上小学时我们每天放学回家都需要去弄一筐猪草回来才能吃晚饭,才能有饭吃。现在我可以享受特权了,可以在家里好好读书,不需要用猪草来换饭吃了。

所以,人的命运当然跟时代是紧密联系在一起的。如果不是小平同志南巡,我们就不会想到去做商业,这是不可能的。你看一看上一代的工商业者,跟我们的经历正好是相反的。上一代工商业者经历了一个公私合营的过程,其实是把原来的私有资本以公有化的形式消化掉。现在是逐步放开民营这一块,希望民间资本在商业和整个社会的发展中所占的分量、所拥有的能力起到非常重要的作用;没有这个时代的整体变迁,哪可能有这些东西?

从人来说,就是活在当代,不可能超越历史。这是一个很简单的道理。所以不思考是不可能的,我们都活在当代。

李　翔:比如公司和国家之间的关系呢?

郭广昌:如果从社会结构来说,中国几千年的封建社会,它的结构很简单,所以孔老夫子会提出来,儒家的核心学说是修身、齐家、治国、平天下。社会其实就是两元的结构,一个是家庭,一个是国家,没有中间组织,既没有企业,也没有社会。所以士大夫精神,一个知识分子或者任何人,跳出家庭报效国家的唯一途径就是当官,所以他说修身、齐家、治国、平天下。这是整个社会结构决定的。

现代社会最核心的变化就是多元结构和多层结构。在多层结构中,家庭其实不是一个经济主体,它只是一个生活主体;经济的主体变成了企业,企业变成一个创造价值的核心体,它也是经济生活的核心体;国家成为管理国家事务的主体。社会分工更细化,结构更多元,然后还会有其他更多的中间机构。

社会这种多元化,其实就是更专业化、更细化的分工。从这个层面来理解企业和国家的关系就很清楚了:企业的存在是创造价值的,从表面上来说它是生产的中心,是经济活动的中心。

各个企业都是经济细胞,每个经济细胞都能够健康地创造价值,整个经济就会健康;如果这些经济细胞都没有活力、没有创造力,那么整个社会肯定没有动力。就像三十年以前的国有企业,有那么大的市场需求在,但却没有人去生产,比如上海牌手表多少人想买都买不到。

计划经济下,经济细胞没有活力,这个制度实际上并没有把企业变成真正的主体，而是让它附属到国家上，成为国家机构的组成部分。实际上那时候还是准二元结构，也就是家庭和国家。改革开放之后把企业解放出来了，企业和社会的关系，简单来说就是这样的逻辑。

李　翔： 你怎么看最近二十年左右中国崛起的一批富有的商人或者企业家？以及你怎么看待这一群体？

郭广昌： 整个社会要有活力，就必须要有很有活力的细胞，这些细胞里最有活力的一部分，当然会吸取更多的资源，创造更多的价值。所以我觉得，在这个过程当中，这个群体中的绝大部分人是通过创造价值来实现自己的，比如，有很好的商业模式，在互联网方面有很好的技术突破，在投资上自己有独到的发现，等等。绝大部分人，我觉得都是因为他们创造了社会价值，然后社会给了他们一个很好的回报，让他们拥有财富，也拥有一定的社会地位。当然，在这个过程当中，可能确实有人没有创造价值，而只是掠夺价值，但我觉得这个比例应该不高。

整个社会为什么富有活力？就是因为这些人不断地在创造价值，不断地在为社会提供更多的创意、技术、商业模式，等等。

李　翔： 有很多人怀疑这个群体可能并不能给这个国家带来大的改变，他们会迅速地变成既得利益群体的一部分，而不是像之前被寄予厚望的那样，成为社会新的变量，拥有更多的财富，因而也有更多的力量和责任感去改变社会。

郭广昌： 社会是多元的和分化的，不能希望某个人或者某个群体去作改变。我觉得，在中国，无论是知识精英、商业精英还是政治精英，都很有责任感，都想让这个国家变得更富强、更好。我觉得在这方面，倒是应该少一点质疑，多一点沟通和理解。其实你去看看近代史，我们一百多年来的精英们，哪个人纯粹是为了个人利益去做事，而不是为了让国家富强？大家都很努力，但是为什么我们没做好呢？讲到底就是大家都很努力，但相互之间的力量在彼此抵消。其实很多的政治观点之间并没有必要一定要兵戎相见。在一个合理的社会里，完全可以通过协商、互动的形式，形成一种多元的良性的社会结构。但是很不幸，近代史上我们一直没有找到这样一条道路，我们始终处在你对我错或者你消灭我和我消灭你这样的两难选择当中。所以我说，尽管对新一代精英阶层的质疑本身还是良性的，因为毕竟他们有更多的社会资源，应该承担更多的社会责任，但还是多一份理解吧！我相信这个社会中的这些人，绝大部分还是有社会责任感的。

李　翔： 作为一个很大的民营企业的领导者，你怎么看那些很大的国有企业？它们的优势在什么地方？它们的未来会怎么样？现在我们已经有了全世界最大的银行、最大的移动公司，还有全球排名前十的大公司。

郭广昌：我觉得首先这是一个可喜可贺的事情，毕竟它说明我们国有企业的治理的确发生了极大的变化才能做到这一些。如果没有三十年的改革开放，没有外资，没有民企的竞争，就不会有这些国企的崛起。我们的银行为什么强？就是因为我们经济的总体强了，大家把钱都存到了银行，这是基础。虽然国有企业有一些垄断资源，这使它能够赚钱，但根本原因还是整个经济好了；没有老百姓的富裕，谁去买油？说到底我们整体财富的增加是这些企业发展的基础。

所以，这些国有企业的发展基于两点：一是本身的治理发生了很好的变化，虽然还不是最好的，但谁都不能做到最好，不过的确改变了，这一点我觉得要承认；第二是整个国家国民财富的增加。不过，从民营企业的角度来说，一方面我觉得值得庆贺；但另一方面，的确要防止国有企业挤压民企生存空间的问题，这是大家普遍比较担心的。

李　翔：你觉得这种情况在发生吗，即国企对民企生存空间的挤压？

郭广昌：我不能说在发生或不在发生，但民企的发展空间确实受到了一定程度的限制和挤压，这是客观存在的，只是说我们现在面临的情况是越来越好了，对不对？以前根本不允许。所以你不要说理想状态，我们是从一个最不理想的状态在逐步走向理想状态，情况在好转，你要这么来看待问题。我们从一个最不理想的状态，从不让你生存，到逐渐有了空间，然后这个空间越来越大。我们希望这个空间——我没有说现在被挤压——要越来越大，而不是越来越小。

中国经济发展到今天，要有进一步的提升，就要进行结构调整，从投资的角度来说，一定要拉动民间投资，仅仅依靠国家投资肯定不够，一定要让民间资本有投资的积极性。就经济结构调整本身而言，当然国有垄断企业本身也非常重要，要继续改善治理，但最有活力的民间资本如果结构不能调整、不能提升，那我们的经济将很难提高。而在民营企业的治理、改善和结构调整过程中，肯定需要国家多支持，希望国家创造更好的环境。

李　翔：一个当下的问题是，你觉得现在经济是在变好了吗？

郭广昌：经济肯定比最坏的时候好了，这是肯定的。我觉得其实从经济结构调整的角度来说，浙江和长三角在这一轮经济危机中碰到的问题，比中国所有的企业都要早。长三角的企业，尤其是苏南、浙江和上海，碰到的问题是，土地成本提高和劳动力成本都在提高，所以传统的制造业最早在江浙一带碰到问题。我作为会长的浙江商会，大概在四年之前就一直在提调整的问题，一直在提我们怎样从产业的低端发展到高端的问题。

你看这几年，浙江商人的代表，已经不是传统的商人了，比如温州生产打火机的商人，他们不是简单地做一个螺丝赚 0.01 分钱，然后卖遍全世界这个概念了。代表我们浙商的是什么？是马云的阿里巴巴，是周成建的美特斯邦威，是江南春的分众。这些已经不是原来那种意义上的制造业了。即使从制造业来说也在变化，比如新光的周晓光也在转型。这些企业的转型和提升，也会推动中国经济整体的提升。结构调整不是一句空话，它是每个企业细胞的变化，只有如此才能达到整个生物体的提升。

李 翔：在结构的调整过程当中，出现了一种对民营企业的挤出效应，包括现在的国家政策，好像由原来的"国退民进"回潮到了"国进民退"的状态。

郭广昌：首先，党和政府的政策，它的主观意愿，我相信并没有这种想法，我不相信有政策上的大的调整，说要"国进民退"。第二，实际上也没有这么做。我相信我们国家整体政策的取向并没有发生变化，也不会发生变化。你看这句话好像很正式，但这是一个很重要的判断，离开这个判断，后面怎么做事呢？这是最基本的、我坚信的一个判断，党、国家、政府的方方面面的大的政策取向没有发生变化，就是说要支持民营经济的发展，会进一步给民营经济空间。

但是，部分的对民营企业空间的挤压和个别的"国进民退"现象有没有？或者这种担心有没有？显然是有的，对不对？但我觉得这不会改变大局，大局就是我们坚持市场经济的方向不变，一次分配时效率优先。我想这个大原则不能变；只要大的原则不变，我觉得大的方向就没问题，整个中国的发展也不会有问题。虽然这些担心会存在，但大家通过沟通、协商都能解决。

发生这种情况的原因，部分是的确一些国有企业在某种程度上可以没有代价地享用到廉价的资源，尤其是低廉的信用资源。但我觉得，如果走市场经济的方向的话，那最后的考量标准，不是说谁占用的资源最多，而是效率优先，如果你用廉价的资源仍不能创造很好的价值，那最终还是要被淘汰的。

李 翔：所以你认为民资相对国资，最大的优势在效率？

郭广昌：一定的！

李　翔：但会不会出现这种分野，比如说国资垄断和占据了那些最重要的、最赚钱的行业，然后把民资全部挤压到竞争非常激烈的行业中去？

郭广昌：民资从来就没有进入过垄断行业，所以在这方面不存在挤压的问题，我进都没进去过，还挤压什么？它的问题是进一步开放空间的问题。

李　翔：很多人会认为，民营企业比国有企业更值得尊敬，即使一些国有企业的领导人很值得尊敬也是如此。

郭广昌：我个人认为这没有意义，这些都是假问题，没有必要去作这样的意识形态的争论。另外，国有企业是不是受到尊敬，我觉得要公平一点看问题。有些国有企业真的提升很快，比如招商银行也是国有企业，工商银行我觉得也不错，它们的改变真是蛮大的。

另外，把企业家和企业分开来看，本身也是一个问题，这怎么能分开呢？既然某人作为一个企业家受到尊敬的话，那我觉得某种程度上就是企业受到尊敬；如果他个人受到尊敬，而企业却搞得一塌糊涂，那我不知道他的尊敬从何而来。

我觉得我们以前已经作了很多无谓之争。另外，大家喜欢走极端，明明观点上可以通过很好的沟通来达成共识的，但是不但不沟通，反而一定要相互之间兵戎相见。我们民族的悲哀就是这么来的，其实我们完全可以多听听对方是怎么想的。民营企业要多听听国有企业在说什么，它们的难处在什么地方，应该怎么提高；国有企业也要多听听民营企业在说什么；甚至外资企业，只要外资企业在中国纳税、在中国发展，我觉得就是我们的企业，不应该把它们看成是外来的企业，应该给它们一个公平的环境。所以市场经济要确定的一个原则，是效率优先基础上的平等竞争。所以我觉得，民营企业所要的不是特权，不是一定要怎么样，而只是要一个公平的竞争环境。

现在为什么大家说有一点挤压？主要就是说在信用资源上，国有企业低价取得，甚至是无限度取得这样一种倾向，这对市场经济的发展不利。信用是一种资源，如何让信用资源更有效率，需要整体来努力。

无论在公司内部还是在外部，我个人都提倡沟通，提倡充分而坦诚的沟通，不要动不动就从我的角度出发来指责你，或者走极端，这对中国的发展都是不利的。你看我们这两百多年死了多少人，提了多少主义出来，没有那种必要，也没那么严重，按照现在既定的道路走下去，大家在一个平和的环境下相互沟通就行。

李　翔：比如，无论是复星还是你个人，在你们同政府或者说国家的沟通过程中，遇到的最大的障碍是什么？

郭广昌：我觉得没什么大的障碍，总体而言，沟通都蛮好的。沟通不是你讲的都对，或者你讲的对的东西都必须要做，各有各的难处，还是要相互理解，大家有一个相互了解和权衡的过程。

李　翔：你会不会考虑你个人将来会作为一个什么样的形象被后人提起？是一个大商人吗？

郭广昌：我觉得考虑这个问题还早。另外，我觉得我是一个很平凡的人，能把我该做的事情做好就行，我没想那么多。

李　翔：刚才我们讨论过关于尊敬的话题，你渴望被人尊敬吗？

郭广昌：谁都渴望被人尊敬，但我不是为了别人的尊敬而活着，这是两回事。我只要把我该做的事情做好、做对，这才是最重要的。

人有多重角色，在企业你是公司的董事长和领导者，要担负一定的责任；回家你是父亲和丈夫。然后你做不同的事情时，比如吃饭的时候把饭吃好，自己吃得津津有味就可以了，对不对？在见你们之前我在吃我们的工作餐，我吃得很好，如果不够，我还可以再添一点，我觉得我们的工作餐不错，很好吃。在你这个角色里，该做什么，把它做好就行了。

李　翔：您这种心态是不是功成名就之后才有的呢？大部分人都不像你这样平和，都很浮躁，都想超越自己的阶层。

郭广昌：我也很浮躁。我这样说的原因就是我觉得要这样做不容易，所以我要往这个方向去做。

李　翔：比如说？

郭广昌：比如明明饭很好吃，吃饭时却想着别的事；明明企业到了这个阶段只能按照这个方向发展，但却会想一些匪夷所思的东西。所以发展就是克服自己的浮躁。

李　翔：那你现在考虑最多的问题是什么？你现在吃饭的时候在想着什么？

郭广昌：考虑最多的问题当然是把企业发展好了；企业发展好了，我就觉得赚钱是结果而不是目的。

李　翔：很多人都这么说。

郭广昌：事实就是这么回事。比如运动员，拿冠军是一个目的，但不能老想着拿冠军，你要做的是系统训练。

李　翔：你是一个安全感很强还是一个安全感特别不强的人？

郭广昌：特别不强的人，所以我力求做每件事情都让自己心安理得，有安全感。

李　翔：不安全感从什么时候开始的？

郭广昌：不是这样，我觉得你是在上纲上线。我顺着你的话说，所以我自己感到自己是安全感不强的人，但这是没有办法比较的，如果你要把它变成一个量化的说法，说我是安全感不强的人，那我就没办法了。

李　翔：这只能从自我的角度出发，我的意思也是这样。

郭广昌：从自我的角度来说的话，我觉得我所做的一切事情都是希望让自己更安全，让整个企业更安全，让我的家庭更安全，让社会更安全，这是我的一个价值取向。从这个角度来说我是一个安全感不强的人，我是这个意思，不是说我跟你比或者跟大多数人比，我是一个安全感不强的人。我要讲得很明白，不是说郭广昌安全感不强，而是从我的角度来讲，我做的每件事情都是希望家人安全。比如我们非常强调企业的规范，因为规范才能安全、才能生存，这是我们发展的一个基础；我们非常强调财务的稳健，这也是为了安全；我们非常注重品质的提升，这也是一种安全。

李　翔：现在在你看来，对你们公司，甚至个人，最大的不确定因素，也就是可能影响你的安全感的因素，会是什么？

郭广昌：我觉得就是那些我没看到的东西，所以我争取努力多看到一点。你问我这个问题，其实我也在天天问自己，到底是哪些东西，我希望我能多看到一点。

李　翔：你也会考虑这个问题？

郭广昌：那当然，企业的发展就是两个：一是往前走；第二是确保底线和安全，守住底线，然后创造边际、创造空间。

李　翔：做生意这么多年，你有什么一以贯之的原则吗？

郭广昌：一以贯之的原则有很多，比如说要坚信自己的基本判断，如我前面所讲的，坚信整个国家大的方向不会变；离开了这个基本判断，很多东西就没办法来进行抉择了。

　　还有，我觉得做企业一定要创造价值，你可以用"赚钱"这个词，但我觉得要有价值创造出来。比如土地加资金加技术，这些都是资源，你创造的利润一定超过投入的资源，这是基本原则；如果不能超过的话，那你就是在毁灭价值。我没有好好学习经济学，就学了一句话，即资源是稀缺的，所以稀缺的资源我们必须善加利用，必须提高效率，让它效率最大化，这是我学到的最最基本的经济学教义。这个教义大家不能忘记，也不能用任何意识形态来左右。然后因为资源是有限的，要想把它的使用效率最大化，资源的分配就一定是要有利于价值的创造的。我们以前就忘了这一点，只注重怎么分以及分得合理不合理的问题，但却不注重分了之后有没有再创造价值的问题。其实小平同志就把我们带回到了一些最基本的东西上面。所以企业必须要创造价值，否则你生存着干什么。这也是我坚信的一个原则。

我坚信的第三个原则是分享。创造价值之后，一定是在各个利益主体之间进行分享，劳动力资源的提供者、技术的提供者、资本的提供者和管理者，还有外围整个法制环境的提供者。维护外围环境也是需要投入的，维护它要靠你上缴的税收，所以你必须给这个社会创造税收。就像一个细胞一样，边上的各种环境给你提供营养，所以一定要分享；如果不能分享，那整个环境就没办法维持。

李　翔：你做商业这么多年来，有没有你必须面对的选择会和你的原则相冲突的时候？

郭广昌：天天有。

李　翔：天天有？

郭广昌：对，做商业就要面临着很多的诱惑。做商业最重要的不是选择什么，而在于放弃什么。因为你做了这个就做不成那个。刚开始的时候更多的是你在选择做什么，到最后更多的是你放弃了做什么，因为机会越来越多，面临的空间越来越大。

李　翔：那你怎么解决这种冲突？

郭广昌：其实想通了就很正常，反正你不可能什么都做，那你就做你该做的。但这是很难做到的。我的原则是，我尽量让自己恢复到平和的心态，然后该做什么就做什么。

李　翔：无论是西方还是东方，大部分人都会认为商业会毁坏人性中的某些东西，比如人的原则和情感，从你的经验来看是这样的吗？

郭广昌：我不能说一定不会，但我更不能说一定没有，对不对？

李　翔：但是一定不能说出来？

郭广昌：没有，绝对不是那样。但我觉得商业文明对这个世界的贡献一定是比所有其他种类的文明要大。我一直在讲，资本主义为什么腐而不朽？为什么到现在为止它还能发展下去？一个很重要的原因就是它一直在被批判。资本主义有两个轮子：一个轮子是说它的效率优先原则，它一直没有放弃；另外一个轮子它也从来没有放弃过，就是对资本主义不合理性的人文批判，这方面马克思是最彻底的。因为这两个轮子它才能走到今天，所以不要把这种批判看成是不健康的。但是也不能完全相信这种批判，真的把资本主义看得一无是处。这就是辩证法，是马克思的核心。人类社会的发展就是这样，是交织在一起的一个复杂的过程，而不是像我们现在大人教育小孩那样，说这个人是坏的，那个人是好的，用很简单的贴标签的方法。

　　历史就是这样的车轮在运转，历史的发展就是恶的逻辑跟善的逻辑夹杂在一起。善因会开出恶果，所谓的恶因却推动着历史车轮往前走。所以说一个民族的哲学素养非常重要；如果我们的哲学素养真的非常高的话，那就不会产生出那么多的悲剧了，因为我们过去经常用太简单的逻辑来贴标签，然后再简单地把很复杂的法律判决变成一个群众喜怒的东西。所以这些东西都是一个民族缺乏哲学素养的表现。讲这个东西我感觉自己也有点像愤青。

李　翔：我不知道你有没有考虑过，是什么东西在塑造你的思维方式？你学习哲学总是在讲辩证法，但是也会考虑一些很现实的问题。

郭广昌：哲学学了没用，所以就偶尔拿来用用，否则就白学了。我们这样讨论的时候再不用一下，不就彻底完了吗？所以这叫废物利用。

李　翔：从你经商的过程来看，你能达到目前的成就，你觉得是跟你坚持了某些原则有关，还是跟运气有关？

郭广昌：我觉得你讲的都对，我老妈讲的话更对，我老妈一直在跟我讲一段话，她说："小四，你不要觉得今天是你努力的结果，这是我给你拜佛拜来的。"

李　翔：你自己认为呢？

郭广昌：我觉得都对，因为我觉得我还是比较努力的，当然跟最努力的比我还不算最努力的。另外，我的运气还不错，运气是一个综合性的东西，包括所处的时代，包括各种机缘巧合，包括合作伙伴，包括一些产业选择，包括父母对我当年的很多教育，等等。所以，人就是这样，活在当代一定是各种机缘巧合的结果。我本身不信宗教，任何这方面都不信，我对太玄的东西都是不信的。但是我觉得这是不信，还是说因为我不知道？孔老夫子说知之为知之，不知为不知。既然不知就叫不知，我没必要说我知道，所以我不是说不信，不知道就是不知道，既不是信也不是不信，但我觉得一定是有很多的机缘巧合在一起。至于是什么？我真的不知道，我觉得谋事在人，成事在天，这个"天"就是外部环境，包括机缘巧合在内。

李　翔：比如你现在考虑问题的方式，以及你现在的商业智慧，它们是怎么来的呢？

郭广昌：这也是机缘巧合的结果，我从来没有被当成商人去培养过和塑造过。但我觉得第一就是你自己的体悟，毕竟做了二十年了。我们并不需要一开始的想法跟现在的想法就一样，但是一些为人的原则、做事的原则和基本的知识结构，我觉得从大学时代就一样了。我最大的一个特点是，我自己觉得自己不是一个特别自信的人，这是实话，我不觉得自己能力特别强，所以我比较喜欢去听别人怎么说以及别人怎么想。我比较喜欢知道我的合作伙伴是怎么看问题的。所以我希望智慧是碰撞出来的，是需要大家共同去探讨的。我也不是一个很喜欢做决定的人，最好的决定都不是我做出来的。

李　翔：这倒很少见。

郭广昌：因为做决定是很累的，不做决定最轻松了。但我也从来不回避，必须我做的决定我会去做，因为这是本分。所以我觉得就是一切该做什么做什么，自然的，该你做的东西你就去做。从这一点说到企业经营的话，就是专业。很多专业的东西是我这个非专业的人没办法做的，那这就不是我的责任，必须要让专业的人去做；有一些东西非要经过我这个程序去做，那我就去做。

所以你说我商业上的这些小的经验怎么来的？那就是一个过程，然后一个机缘巧合。当然我觉得跟我小时候父母对我的教育肯定有关。当然，像我从农村一步步走出来，然后到大学，这个不断的教育过程对我肯定很重要。然后，近二十年的商业经验的积累和磨砺也很重要，包括这个过程中我看的书。

我们这一代人很幸运，非常不容易，我们看到了那么多的变化；但很奇特的是，我们没有被耽误，从小学开始读书，一直读过来。但我们看过知青，看过"文革"，看过他们那一代人受到的迫害。再后面的人，跟他们讲"文革"，他们没感觉，但我们对"文革"很有感觉，我们知道"文革"是怎么回事，还是有体悟的。改革开放这三十年就更有体悟了。然后我们既看到中国大陆这样走过来，我们也看到了香港、台湾地区和美国的情况，我们看到了很多。所以我们这一代人很幸运，不但没有被耽误，而且历史的所有经验和教训我们都看到了。而且我真正发觉了一点，我去韩国和台湾地区，我发现它们现代化的过程，其实就是一代人完成的，包括战后德国的重新崛起和日本的恢复，其实也都是一代人完成的。跟它们差不多，中国大陆就是我们这一代人，等到我们七老八十的时候，大陆也就现代化了。如果我们能够很平衡地发展，再加上我们的努力，一个国家就可以变成一个现代化的国家。

李　翔：复星上市以后，有一次你接受采访时说，你会问你的投资者对中国有没有信心。你对中国的信心是怎么来的呢？

郭广昌：因为中国该走的曲折之路都走过了一遍，中国人太珍惜现代了，所以我们不会再乱来，我最大的信心就是这个。

李　翔：你真的很确定吗？

郭广昌：我觉得我真的很确定，因为我觉得所有的奇思怪想我们都试过了，你说是吧？再多的愤青他们能想出的东西，我相信我们的祖先都已经试过了，我们该想的也都想过了。

李　翔：看来我们不但要学哲学，而且还要学历史，是吗？

郭广昌：其实没有纯粹的哲学，哲学要么跟历史结合，要么跟宗教结合，要么跟物理结合，它不是一个纯粹的东西。比如马克思从商品角度入手，其实是从经济学里面提升出来了哲学。但是我一定要声明，不要把我讲的东西当哲学，我学的东西是皮毛之皮毛。

李　翔：马克思是你的智力偶像吗？

郭广昌：曾经是。

李　翔：你在商业上有什么学习的对象和榜样吗？

郭广昌：其实我很喜欢看各种传记，尤其是各种案例分析，看一个企业是怎么成功的，以及是怎么失败的。当然，往往这些案例写的不一定是真的，但是你去看看总可以看到一点东西。

　　从公司逻辑结构的角度来说，我们最注重的还是三家企业，它们是我们很注重去学习的：一个是巴菲特的伯克希尔·哈撒韦；第二是李嘉诚的和黄；第三是GE。GE其实从某种角度来讲有点像国有企业或者公众企业，它并没有一个特别大的股东。

　　杰克·韦尔奇非常注重人才的培养，非常注重企业文化的建设。而且GE的每代领导人都把GE的风格贯彻得非常好，我觉得能传承这一点就让我非常不可理解。而且它的董事会选择经理人也选得很准，不同时代选的经理人都是公司发展的不同阶段所需要的，比如杰克·韦尔奇时代，需要的是整个公司的变革，也就是说买卖，把不好的东西卖出去，把好的东西买进来。杰克·韦尔奇最主要的就是在做这个工作，当然也要进行很好的包装。现在的CEO伊梅尔特更强调的是创新，因为光进行买卖是不行的，必须要结合创新。我最想知道的就是GE是如何传承的，以及它是怎么来做的。因为李嘉诚也好，巴菲特也好，还没有传承过呢；能传承的东西就是文化的东西，一定要有一个体系的文化法则。

　　如果从现在的投资智慧和投资逻辑来讲，其实巴菲特并不是不管他投资的公司，他投资很多企业都是控股的，他在董事会层面要发挥很大的作用。

大家对巴菲特都有一种误解，以为他是小股民炒股，其实人家是很大的实业家。我觉得巴菲特是充满智慧的，他有自己的逻辑，能够坚守自己的原则，这一点我觉得我做不到。人家说不赌就是不赌，像我们去打个球，还要一百块钱一个洞。这种对原则的坚守的确很难，这个老头就是认真。

李嘉诚则是中国智慧的师表，他在很多方面值得我们学习，比如在做人、做事方面。

李　翔：你们的团队一直很稳定，尤其是核心团队。但是这种稳定和不变也会带来它的局限性，你能感觉到它的局限吗？

郭广昌：有啊，最大的局限就是我还在，如果换一个人可能会更好。

李　翔：为什么这么说？

郭广昌：我是说可能，因为我是走平衡路线的，就是说能不能既稳定又能有新的东西进来。我们在公司里面有时候也会说，人都会被推到自己不能胜任的岗位上去，要胜任有两个办法：一是在没被推到那个岗位上之前你就选择不要被推上去；二是提高自己，并且在被推上去之后还能够不断提升。我觉得我们的公司和我们这帮兄弟的好处，包括我自己在内，就是还是希望自己没被推到不能胜任的岗位上去，我们还在不断地提高自己。这一点我觉得很幸运，大家的学习能力很强。复星其实是最讲究学习的，非常在乎你有没有认真做，有没有很好地去学习。这是我们所推崇的。

我们大概在十几年以前就提出来，要引进自己的老师。我要做这个行业，我一定要引进自己的老师。就是说你找的副手一定要比你强，或者是在某个方面比你强，包括我们董事会层面，方方面面都是这样。让一个生命体充满活力的根本原因是开放，中国就是这样；开放给我们带来很多很多的问题，但却让我们充满了活力，一个系统是这样，一个生命是这样，一个组织是这样，复星也是这样。所以复星一定要保持开放，一定是一个开放的体系。

李　翔：做成一家中国最大的民营企业之一，你有什么生存哲学吗？

郭广昌：生存哲学就是不要去做会让你死的东西，或者尽量避免去做；就是守住底线，然后创造空间。从赌的角度来说，不要去赌你赌不起的东西，比如说你的生命，你活着的尊严，这是你不能赌的东西，你不能去偷税漏税，你不能去违法乱纪，你不能做的东西就别做。活着是最重要的，因为只有活着才有机会。但有些人不这么想，也不能说他是错的，每个人都有每个人的生存哲学，有些人就喜欢冒险，但我不喜欢。

李　翔：你所面临的最艰难的时刻是在什么时候？

郭广昌：其实我觉得企业每天都在面临风险。谁会想到世界会有金融危机，并且变化会那么大？这就让我们要为风险留有更多的空间。

李　翔：是不是可能会有一个点，过了那个点之后就不用再去考虑生和死的问题了？

郭广昌：永远不可能。比尔·盖茨曾经说过，微软离破产只有15个月。15个月就是空间，因为在15个月里他做了很多正确的事，所以这15个月他就没有破产。永远不要去相信某个人跟你说，他做了一件事情之后，他的企业就是百年老店了。百年老店需要你不断地去变革，不断地去创新，不断地去做你以前从来没想过要做的事情，永远不要相信谁给你一本红宝书，你就到共产主义了。

李　翔：那你对抗压力的办法是什么？

郭广昌：我对抗压力的办法是体育锻炼，或者跟我的兄弟们聊聊天，寻找一些能够跟你共同分担的人。从个人来说，我觉得一场好的运动可以让你的情绪方面有一定的释放空间。

李　翔：2004年会不会算是复星比较关键的时期呢？

郭广昌：你当然会这么看，大部分人都这么看，那我们也就这么看吧。2004年对复星来说，我们原来在跟银行、跟公众的沟通和理解方面的确存在着一些不对称的地方，于是我们做了一些工作，尤其是我们选择更加透明的方式，特别是在财务方面更加透明之后，我们又很好地进行了一些沟通，化解了许多矛盾，而且就为后面的发展提供了很好的空间。

李　翔：你现在有什么大的困惑吗？

郭广昌：我们现在困惑太多了，我希望做到前面讲的，该吃饭吃饭，该做什么就做什么。我们这些人当然是发展越大困惑就越多。随便讲一个，比如这个经济到底会怎么样？一会儿好一会儿不好，那下面是好还是不好？

李　翔：你也投资媒体，你认为对媒体而言，传统媒体会有商业模式的新变化吗？

郭广昌：新媒体对传统媒体的冲击肯定是蛮大的，媒体怎么融合以及怎么发展也是我的困惑之一，没想清楚。但这不是我们重点的投资方向。

李　翔：你是一个有历史感的人吗？

郭广昌：我比较喜欢看历史，这是一定的。我觉得看历史是很重要的一种自我学习，故事是编的，历史也是编的，既然它是那么多活人编出来的，那它就一定有道理，并且也有基础，而且随着二战以后很多档案的解密，当代史可以给我们这一代人更多的智慧；很多智慧都是用血和人的生命换来的。

李　翔：你提到自己喜欢看商人的传记，很多人看传记从中能够看到自己的影子，我不知道你会有这样的体验吗？

郭广昌：总是会有一些东西的，有心有戚戚焉的感觉。

李　翔：那你跟谁共鸣最多？

郭广昌：你一定要选一个"最"吗？

附记

复星：多元化投资控股之路

"从公司逻辑和结构的角度来说，我们最注重去学习的是三家公司。"2009年8月17日，在上海复星集团总部大楼内，郭广昌再次重复了自己不止一次提到过的学习对象。

郭广昌要学习的这三家公司是：奥马哈圣人沃伦·巴菲特的公司伯克希尔·哈撒韦；华人商业教父李嘉诚的公司和记黄埔；以及全球最著名的多元化公司通用电气。

"杰克·韦尔奇非常注重人才的培养和企业文化的建设。而且GE的每代领导人都能把GE的风格贯彻得非常好。GE董事会选择经理人也选得很准，不同时代选的经理人都是公司发展不同阶段所需要的，比如杰克·韦尔奇时代，需要的是整个公司的变革，也就是说买卖，把不好的东西卖出去，把好的东西买进来。现在的CEO伊梅尔特更强调的是创新，因为光进行买卖是不行的，必须要结合创新。"

"如果从现在的投资智慧和投资逻辑来讲，巴菲特并不是不管他投资的公司，他投资很多企业都是控股的，他在董事会层面要发挥很大的作用。巴菲特充满智慧，他有自己的逻辑，能坚守自己的原则，这一点我觉得我就做不到。人家说不赌就是不赌。"

"李嘉诚则是中国智慧的师表，他在很多方面值得我们学习，无论是在做人方面还是在做事方面。"

郭广昌将这三家公司和三个商业世界的传奇人物分别点评了一番。

在沃伦·巴菲特、杰克·韦尔奇和李嘉诚中，郭广昌和其中的两位都在公开的场合接触过。2004年6月，郭广昌和已经卸任GE首席执行官职务的杰克·韦尔奇在上海的一次活动中有一次公开的交谈；2006年4月，作为长江商学院首期CEO班的学员，郭广昌参加了长江商学院组织的中国企业家集体拜访李嘉诚的活动。

他本人也被人不断地跟李嘉诚作比较,他被一些媒体称为中国内地最像李嘉诚的人,他创办的公司复星国际则被视为内地版的和黄与GE。在同杰克·韦尔奇进行公开交流时,他甚至要求这位传奇经理人向他点评一下GE同李嘉诚的和记黄埔以及沃伦·巴菲特的伯克希尔·哈撒韦的区别,正如他自己对来访者所做的那样。

这家成立17年的公司已经成为中国大陆多元化投资控股公司的典范,甚至是代名词。无论他人还是郭广昌和他的同事们,都在迫不及待地希望复星向这三家富有传奇色彩的多元化投资公司靠拢。

"复星要取它们所长,形成自己的特点,"郭广昌在复星国际2007年于香港上市之后说,"我们要学习GE的前三名战略,学习它让大象跳舞的管理哲学;我们也要学习巴菲特的价值发现、组合投资的精髓;更要学习李嘉诚先生既有自己操控也有战略投资的产业进退组合之道,以及保持低负债率迎接发展机遇、保持有节奏而非高密度投资的发展策略。"

一

1992年11月,当复旦大学团委老师郭广昌决定下海经商时,他下了很大决心才决定放弃出国的选择。

更早之前,他是一名从浙江东阳考入复旦大学的乡村少年,读中学时最大的满足是每顿饭"吃着铺着霉干菜的热气腾腾的饭"。后来上大学时因为受到鲁迅的影响决定选择哲学专业。鲁迅曾经在一篇文章中回忆自己弃医从文的决定时说,是因为"光有良好的体魄,没有健全的头脑,这也是民族的悲哀"。年轻的郭广昌则认为,"改革开放初期的主要问题也是如何解放国民思想的问题"。他在大学时代的智力偶像是马克思,整天琢磨的是"如何去完成'五四'未能完成的启蒙任务"。

毕业之后,他获得了留校工作的机会,这在今天对于一位大学本科毕业生而言,也是一个值得庆祝的成就。可是他却不能不注意到,时代的风向已经转变到了让哲学家目瞪口呆的阶段;成为一名意见领袖已经不是最佳的影响时代的途径,而政治家也在逐渐从万人瞩目的神坛上渐渐隐形,新诞生的英雄和偶像只能是商人。

"做官从政并不是知识分子'治国'的唯一出路,社会需要坚实的中产阶层,需要一大批优秀的企业和一大批优秀的企业工作者,他们是承担经济建设的主体,是创造社会资源的主体,也是社会稳定的根本。当初小平同志提出'让一部分人先富起来',结果在改革开放初期,先富起来的是一批个体户,所以当时社会很盛行'原子弹不如茶叶蛋'、'手术刀不如剃头刀'的说法。但是他们所形成的经济主体是单薄的,是缺乏持续增长性的。只有知识分子成为经济主体,社会经济秩序才会更理性,社会才会有更稳定、更良性的发展。出于这样的思考和对自己个性的判断，我认定自己也必将走从商的道路。"郭广昌在后来的一次演讲中说。

于是，1992年年末，郭广昌将自己已经换好的用于出国的美元，重新换成了人民币，和他在复旦大学团委的同事梁信军一起下海从商，尽管当时他已经通过了GRE和托福考试。他们取得了最初的胜利。25岁的郭广昌和24岁的梁信军创办的"广信科技咨询公司"，在开业10个月后就实现了他们当初梦想的第一个100万元收入。梁信军说："我觉得挣100万就够了。"还在学校工作时，他和郭广昌曾经认真计算过，以他们两个每个月130多块钱的工资来说，要攒够100万，"不吃不喝也得干80多年"。

当复星高科技（集团）有限公司成立时，他们在复旦大学的同学汪群斌和范伟已经加入进来。后来，复星获得巨大的成功之后，它的团队被归结为重要的原因之一：汪群斌、范伟和梁信军是复旦大学遗传工程学专业的同学，汪和范还是同宿舍的室友；而郭广昌和梁信军则是复旦大学团委的同事；这些人彼此之间相互了解，"相互欣赏，志同道合"（郭广昌语），而且分工明晰，郭和梁擅长对外沟通，汪和范则专心于内部运营。

1993年底，复星从市场调查和咨询行业延伸到了房地产行业，通过做房地产代理销售赚到了第一个1 000万；与此同时，汪群斌则让复星在医药行业斩获颇丰，他带领研究生制作的PCR乙型肝炎诊断试剂在1996年让复星赚到了第一个5 000万。

在目前复星投资的众多领域中，房地产和医药是复星最早进入的。复星先后成立了两个子公司——复星医药和复地集团。1998年，复星医药的前身复星实业在A股上市，招股说明书上已经能看到，作为当时复星集团旗舰公司的复星实业，其1997年销售收入达1.9亿，利润3 602万。这是郭广昌和梁信军创业的第六年；更让人瞠目的是，复星实业的五位创始人和股东，平均年龄还不到30岁。复地后来则在香港上市。

2000年，复星国际开始借上海国企改制的机会投资豫园商城，进入零售行业。到2001年年底，复星成为豫园商城的第一大股东。

复星也投资了包括德邦证券（2003年）、永安保险（2007年）等金融领域。

二

不过，让复星的投资彻底重型化，并且还让复星因此卷入一场风暴的则是复星对钢铁的投资。2001年，郭广昌和张志祥结识。张志祥在当时是一位刚刚崭露头角的民间钢铁大亨，他的建龙钢铁后来成为中国最大的民营钢铁公司之一。这两人年龄相份，同样都是浙商。复星出资 3.5 亿元收购了唐山建龙实业 30% 的股份，这是复星第一次染指钢铁。

2003 年，复星集团、南钢集团、复星产业投资和广信科技四家企业合资设立了南京钢铁联合有限公司，随后南钢联对江苏省最大的国有钢铁企业——南京钢铁股份有限公司——发起了要约收购。在此之前，南京钢铁的大股东南钢集团已将手中持有的 70% 的南钢股份放入了南京钢铁联合有限公司之中。南钢集团占据南钢联 40% 的股份，而郭广昌的复星集团控制的另外三个股东则占据南钢联 60% 的股份，相当于间接控股南钢股份。郭广昌对外表示说，投资南钢，"意味着复星已将钢铁作为了主业"。

也就是在这一年，南钢联和唐山建龙等投资方一起投资在宁波建厂，厂名为宁波建龙钢铁厂。但不幸宁波建龙迎头撞上了从 2003 年末开始的到 2004 年上半年达到高潮的宏观调控，建龙项目被叫停。尽管同邻省江苏的铁本项目相比已然算是幸运，但却对复星形成了不小压力，无论是在资金方面还是在舆论方面。

2004 年 7 月，一家有全国影响力的报纸报道，复星在银监会下达给各银行的通知中被列入慎贷名单之列，这让复星和郭广昌的团队一时间格外紧张。彼时曾经是中国最大民营企业之一的德隆刚刚坍塌，民间就流言四起，媒体上也是风声鹤唳一片，其中的一条流言即是，复星可能是下一个德隆。它们确实有不少相似之处：同样多元化，同样借助资本市场四处并购，并且同样打着产业整合的旗帜。

在这一年郭广昌和杰克·韦尔奇的会面中，郭就不止一次地对杰克·韦尔奇说到大环境的变化和自身受到的影响："最近天气变化很大，不少企业家感冒了。""中国气候发生比较大的变化，也有一些个别企业原来做得比较大，发生一些事情导致对民营企业有很多的看法，个别企业做事波及整体民营企业的信誉。"他问杰克·韦尔奇，在面对普遍质疑的情况下该怎么办。

杰克·韦尔奇回答说："不要媒体一问那些问题你就火冒三丈，你要继续前进……媒体说你不喜欢钢铁或者是医药产业，如果出现这样的情况也不要惊慌，我想如果说你对企业有信心的话，那么你最好的答复和回应就是拿事实来说话，有一个非常好的业绩，而且开放你的账簿，把你的账摆在桌面上，让他们看一下，看完以后他们就什么都明白了。"

部分受益于韦尔奇的教诲，复星开始主动透明化。公司一方面发布澄清声明，称一些媒体声称"复星被列入'慎贷'名单之列"、"被迫收缩战线"等，所引用的数据、资料纯属子虚乌有，复星从未被列入过慎贷名单之列；另一方面，开始忙于将两份报告分送给关联银行、投资人和监管机构，希望能够加深各界对复星的信任度。这两份报告，一份是国务院发展研究中心企业研究所的《复星集团的市场地位、竞争力和多元化发展战略的初步研究》；另一份则是知名会计师事务所安永会计师事务所为复星集团做的《复星集团财务分析报告》，数据截至 2004 年 6 月 30 日。除此之外，复星还请中国人民银行认可的两家信用评估机构对复星集团做信用等级评定。

三

三年之后，复星国际在香港的上市几乎成为复星一次表示胜利的举动。

2007 年的 7 月 16 日，复星在香港整体上市，融资 132.7 亿港元。在招股说明书中，复星国际称自己的核心业务包括"钢铁、房地产开发、医药以及零售业务投资。此外，还有金融服务业、金矿开采、铁矿石开采等战略性投资"。

感冒和癌症是不同的，郭广昌开始反复对不同媒体重复这一句话。2004 年复星患上的只是感冒，如今终于可以得到证实了。

上市之前的路演中，在回答海外投资者关于复星国际招股价是否过高时，郭广昌的回答引用《中国企业家》杂志的话说是，"寸步不让，甚至有些咄咄逼人"。"我就讲两点：第一，你相信中国吗？我相信中国经济经过三十年的发展，还会有十五到三十年的快速发展，你相信这一点吗？你不相信的话，我没办法跟你谈；第二，你相信我们团队吗？你相信我们团队有对投资的判断力、决策力和提升企业管理的能力吗？如果你不相信，那你也不要投。如果你相信这两点，那你还会在乎价格多加 5％吗？你对我说低个 5％就买，高个 5％就不买，难道一个企业的价值就是由这 5％决定的吗？"

上市让郭广昌的声名进一步提高。毫无疑问，他已经是中国最成功的商人之一。他的公司已经开始被人称为是中国大陆的和黄和 GE。这两家公司以多元化投资著称，更以成功著称；而怀疑李嘉诚就是怀疑成功，怀疑 GE 就是怀疑伟大公司。

也是从复星国际上市之后，媒体和公众才开始了解郭广昌和复星的投资理念。这些投资理念的简单表述如今在复星国际的网站上、各种媒体上以及复星制作的出版物上随处可见：它"投资于中国成长的根本动力，其主要业务均长期受益于中国巨大的人口带来的消费需求、投资需求，受益于持续的城市化、服务全球的制造业带来的持续增长等中国动力"；它的核心能力是以富有企业家精神的团队作为核心的"持续发现和把握中国投资机会的能力、持续优化管理并提升企业价值的能力，以及持续建设多渠道融资体系对接优质资本的能力"。这些理念如今不但被人们所接受，而且还在很大范围内被视为真知灼见。

当 2008 年下半年全球金融危机爆发并且波及中国时，郭广昌又开始提出自己的"反周期之道"，复星的投资既要扎根中国，分享中国成长的利益，又要反周期操作，利用经济周期"乘低换牌，对冲投资，优化资产配置"，同时恪守价值投资的原则。在2008年下半年的一次公开演讲中，郭广昌在介绍了反周期之道后，炫耀般地说复星手握超过百亿现金，"如果各位有好的投资项目可以来找复星"。

2009年过半，媒体观察说，复星的投资开始轻型化，这也是郭广昌想要传递出的信号。复星换牌的结果是，复星完全或部分退出了包括宁波钢铁有限公司在内的数个重型项目，同时大手笔投资了包括分众传媒、同济堂等在内的数家轻资产企业，一家快餐连锁企业也成了复星的投资对象，它还投资了一家畜牧企业，这让郭广昌和互联网富豪丁磊一样成为"养猪"英雄。不过，复星的重型投资仍然是复星所投资的诸多产业中最具分量的一块：复星投资的上市公司中，南钢股份的复星权益市值仍然大于另外两块旗舰产业——复星医药和复地集团——的复星权益市值，复星仍然很重。

在复星集团2009年的年度工作大会上，郭广昌在提到要为收购机会准备现金时说："在这次危机中，巴菲特账上有1 000亿美金的现金，李嘉诚有1 000亿人民币的现金，复星有100多亿人民币的现金，这两个级别基本上反映了我们企业发展的差距所在。这正是我们努力的方向。"他没有掩饰自己的雄心，毕竟如他所言："每一次大萧条中必然会诞生一批伟大的企业家、投资家，比如1929年大萧条后的Morgan财团，1973年美国经济危机后的巴菲特，1997年亚洲金融危机后的三星，2000年IT泡沫破灭后的Google、苹果。"

李书福　吉利集团董事长

倔强的石头

　　我在他庞大而富丽堂皇的会议室内等了许久，时间长到我可以顺带在他办公室楼下的小型汽车展厅内作一次从容的参观，然后还有闲暇翻阅他放在办公室的各种资料。

　　后来我和我的陪同者都感到疲倦和不耐烦。于是，她在我埋头翻看李书福撰写的一本书时悄悄走出了会议室。那是一本不甚高明的谈论人生的书，书名是《做人之道》，它描述的是他作为一个成功的民营企业家的人生观和价值观，读者对象是大学生。

　　因此，当他悄无声息地走进来时，房间内只剩下我一个人，两个从未见过面的人四目相对。我对他接受我的采访表示感谢，但是他置之不理，只是默默地、非常冷淡地在空旷的会议室内挑选了一个远离我的座位。我们开始寒暄似地谈论我们共同的朋友，谈论他的那本书。他坚持说书是他自己写的，但是后来又承认这本厚达369页的书是"大家帮忙"的结果。整个过程中，包括后来的访问，他都表现出异常的沉默寡言。大部分时刻，他的嘴唇紧闭，像一扇关着的大门；他的眼神冷淡，像冬天里的寒风；即使他展露笑容，也是满含讥诮。坐在沙发上，他的眼睛只向上看，眼神疲倦、傲慢但又忧伤，仿佛满是对这个世界的不屑。当他开口说话时，他的声音和表情也都是如此。

　　我记得为了活跃谈话的气氛，我当时曾不得不花很大力气，而他却总是轻描淡写地将我自认为非常得意的问题简单回答。那些问题像皮球碰到了墙壁那样被弹回来。那段时间对我而言相当难熬，我总是在怀疑自己会不会一无所获。

我踌躇了很久，要不要发表这个谈话。因为即使我虚荣心再强，也无法假装相信这是一次成功的采访。我感觉到他见到我时，正处于愤世嫉俗的顶峰时期，而他由于自己的骄傲或者过于疲惫不再屑于去掩饰这些。谈话中，我不断地问他怎么了，有一次他终于露出了他那很著名的羞怯可爱的笑说："昨天晚上喝酒喝多了。"后来他托我的另外一位同事辗转表达了他的歉意，说是因为在跟我谈话的前一天晚上没有睡好，而且他同我的谈话，是在他安排好的密集的会议间隙进行的。

这场不成功的谈话还没有结束，他的一位同事已经敲门进来，说他必须去参加下一场会议。这时候他并没有任何表情的变化和身体的移动，也不像我经常见到的忙碌的商人那样，说一些表示道歉的客套话，他只是拿眼睛看着我，仿佛我才是决定谈话是否能够继续的人物。当我耸耸肩，表示谈话可以结束的时候，他仍然面无表情，只是站起身来要往外走。我问他是否可以安排另外一场谈话作为弥补，他脸上清晰地表露出自以为是的大人物那种特有的表情，那种表情传递出的信息是：好了，我很忙，我不能确定我是否有时间再见你，或许你应该同谁谁谁再联系一下，看他会如何安排，但是我真的很忙……

已经不止一个人对我夸奖他对汽车市场的感觉，我也早已知道他对汽车的狂热情感。但是更加著名的是他的愤世嫉俗。同样不止一个人绘声绘色地向我描述过他在浙商风云人物颁奖现场的表现，他刻意放慢了脚步，动作夸张地迈步和摆动手臂，同时还不时地张望台下，颇有"顾盼自雄"的风范。在所有的颁奖现场还从来没有出现过这种情况，台上和台下的人都同样目瞪口呆，时间仿佛静止，只剩下一个人的表演。"他好像足足走了有10分钟。"后来有目睹者夸张地描述说。

在我见到他时，关于李书福的吉利汽车可能会收购Volvo的传闻充斥在各种商业媒体上。后来我的一位朋友还为此责怪我为什么没有向他询问关于吉利收购Volvo的事情。在卖了足够的关子之后，吉利的收购大幕终于拉开，不过收购的对象是澳大利亚的自动变速箱生产商国际动力系统（Drive-train Systems International，简称DSI）。此前吉利因为收购英国的锰铜控股以及为伦敦生产出租车已经出尽了风头。这种在大众媒体上的成功似乎和他的形象太不相称。他身上有浓厚的悲剧气息，他的形象也并不是一位体面的商人，而更像是一个无所顾忌的愣头青。他的性格过于鲜明，这在商人中极为罕见。

当他对我说自己无法自由，不能做到游刃有余和运筹帷幄以决胜于千里之外时语带悲壮；他也对我说自己像一块石头，宁愿被人踩，也不愿改变自己。但是他的桀骜不驯和英雄情结却也赢得了大众媒体的尊重和追捧,更何况他身上还有不容忽视的商业天分和对市场的敏感。这块倔强的石头也是一块商业的石头,身上环绕着代表成功的玫瑰色的诱人光环。

访谈

一

李　翔:你有没有想过未来的汽车会是什么样子?

李书福:那要看未来多长时间,比方说很长的几十年以后或者几百年以后,我想汽车会没有任何污染和安全问题。汽车不像现在这样,在给社会带来很多方便的同时也带来很多烦恼。

李　翔:其实很多公司的想法基本都是一致的,然后大家会根据这个思考来制定它们的大的战略。你,包括吉利,在这方面的战略思考是什么?

李书福:方向都是一样的,至于想法什么时候才能够实现,这需要全人类的奋斗。全世界都在努力一步一步来。

李　翔:吉利在替代能源汽车方面的想法或者说它的战略是什么?

李书福:替代能源有很多,比方说乙醇、甲醇、植物燃料、电能、风能、太阳能、水发电、大海潮汐发电、地热发电,还有一些是用氢燃料电池,这些东西都得研究,我们也在研究,都在弄这个事情。

　　比方说电能,如果说大家都用电动汽车,电的能源问题就会出现。其实现在电基本上都是由煤发电,但是煤照样要污染,照样会用完。真正使用太阳能这种可再生能源发出的电的比例还很低,占整个世界用电量的比例不高。所以在这种情况下,用电作为主要的驱动能源其实也不环保。你看汽车排放,尾气是没有了,可是在产生电的过程中污染还是很严重的。全世界都在讨论、分析、研究这些问题。虽说氢能源电池环保,但是氢能源照样消耗很多其他能源,它也需要用电来分解氢。

　　总而言之,关于能源的问题,关于到底以何种能源作为驱动汽车的动力才能解决汽车污染的问题,我想这个东西不是一个企业能够解决的。

李　翔:但它可能关乎汽车企业和这个行业的兴衰。我相信你也研究过,最开始是底特律的几大汽车公司占据霸权,但接下来日本公司开始形成挑战地位,因为它们生产小型的耗能低的汽车。一直发展到现在，大家都看到底特律的衰落和日本汽车公司的崛起。我不知道你怎么看这种选择造成的发展优劣？

李书福： 现在的汽车工业竞争肯定会出现这样的状况。因为市场经济和全球经济一体化，这是一个自动变化的过程，是一个正常的反应，肯定会是这样的。

李 翔： 我的意思是，其实它们在对待能源的问题上都有一个战略选择的过程，底特律的公司坚持生产大排量汽车，但石油危机一发生，就受到了来自日本的公司的挑战。

李书福： 生产大排量汽车就因为油便宜，人都是要追求一种舒适的方式的，哪一个人不想追求舒适？大了当然舒适，那就好了，你要考虑成本和代价，因为油便宜，你觉得这种代价无所谓，但是油的价格到一定程度以后，人就受不起了，就要买小排量的汽车。

但是现在来看，油价到底什么时候真的上涨到无法承受的地步，包括油价的走势，其实都还没有定论。还有，石油什么时候开采完毕，有人说二十年以后，有人说四十年以后，但是地球上石油的储量，到底是不是全都已经被探明了，这些都很难说。这还仅仅是石油，还有其他能源，比如煤化工、煤变甲醇，中国搞得也很多。还有可再生的植物炼油，如果以后这种技术和基因技术都做得很好的话，那么一珠植物长出来全是油，又会怎样？能源的问题不是有没有能源的问题，不存在这个问题。能源的问题是成本问题，成本的问题导致了你刚才讲的美国几大汽车公司的沉浮。

但无论怎么说，省油肯定是好事情。因为原来油太便宜了，在省油的技术上投入不够，对环境污染的问题认识不够，现在对这些问题的认识已经到了一定高度，大家都花相当的精力和投入去研究这些事情，所以技术进步也很快。全世界内燃机技术现在已经大幅度提升，整个石油化工业也都在进步，内燃机已经重量更轻、体积更小、耗能更少、扭矩和功率更大、污染更少了，这些技术都在突飞猛进。

李 翔： 王传福的观点很有意思，他说如果我们造车以电作为驱动力，那么就等于所有汽车公司都站在一条新的起跑线上。

李书福： 共产主义非常好，全世界人民都说好，按需分配，不要劳动，问题是现在实现不了，你还得劳动，而且还得把账算清楚。所以说，一项新的技术还是要通过实践检验的，而且还要不断地总结和完善，慢慢地才能够形成商品，才能被用户所接受。无论是电动能源还是内燃机都离不开汽车工业。汽车是一个工业，它并不单纯就是发动机或者电池，这就叫汽车工业。不对，发动机和电池只是汽车工业中很小的一个部分，只是一个组成部分。汽车工业是一个技术、资金、人才高度密集和高度竞争的产业。所以，必须要综合、系统、全面、客观地去认识和研究汽车工业。

李　翔：你的意思是说单项冠军是不行的，比如电池技术？

李书福：我相信在电池研究这个问题上，中国是落后的。电动车的研究、制造以及商品化，中国不可能超越日本和世界上一些国家。因为这里面有一个根本的基础技术和基本理论研究的问题，这需要大量的投入，这不是拍脑袋能拍出来的，也不是下决心就能做到的，这些东西做起来不容易。

二

李　翔：我想举PC行业的例子，中国公司开始做PC的时候，觉得自己终于进入了全世界最领先的行业，可是现在PC似乎已经成为了一个夕阳行业。我不知道汽车行业会不会在二十年后发生同样尴尬的事情？

李书福：PC已经是夕阳产业了，很多企业不愿意去做，因为利润太低了，你讲得是对的。但是带领PC技术的升级以及制造出新技术产品的，一定是原来研究PC的那家公司。所以并不是说今天我把PC研究出来，明天你把PC技术买走了，后来你就会比我厉害；也不是说你今天在研究PC，所以我不研究它了，我直接去搞一个更加高级的产品，我相信这是搞不出来的。更进步的技术一定是建立在原来技术之研究基础之上的。这是一个持续的机制，如果你可以不上小学，马上读研究生，那还上什么小学？也不要上初中、高中了。你说这有可能吗？所以事物的成长和发展有客观规律，这种客观规律是不受人的意志而转移的，必须要遵守，要遵循客观规律，这样我们的努力才是有效的，否则就是白费心机。

你说人的成长过程，刚生出来是1米，我不要长到1.2米，直接长到2米，你说有没有可能？小孩子一定是一点一点长大的，生命是这样，企业是这样，技术进步也是这样，想跳过去怎么跳？

李　翔：所以你一点也不着急吗？

李书福：一定要跟随和研究世界汽车工业发展的规律，认识和研究世界汽车工业技术的发展方向，利用和发挥世界汽车工业的技术成果。在此基础上，我们再进行研究、提升，尽量地寻找重点客户，争取一些技术上的超越，还有管理、成本或者各个方面的超越。刘翔跑得很快，但是跟第二名差得不多，一点点。世界汽车工业技术也一样，你可以跑得比人家快，但是也可以差不多，也可以稍慢一点。大方向、大规律，基本上大家都知道，不是说一个人在那边跑、一个人在搞研究，而全世界人都不知道，哪有这种可能性？

李　翔：进入汽车工业以后，有没有突然还是几大汽车公司在技术上坐庄，你们的所有技术都处于跟随者的地位？

李书福：不是所有的，最起码，比如我们爆胎安全控制系统BMB技术的应用上，他们没解决，而我们解决了。你所谓的坐庄，就是说它们的规模、品牌影响，以及在前沿技术方面的研究，相对而言，比中国现在自主品牌走在前面，因为这是历史缘故，人家都是一百年、八十年的历史，中国吉利才十几年，还没长到这个份儿上，但是再过二十年就不一样了。它们一百多年的可能会死掉，而我们可能会活起来，这也是规律。

李　翔：这规律是从哪儿得出来的？

李书福：研究汽车工业发展的历史、技术的方向、成长的轨迹，可以找到一些规律，百年老店大家当然追求去做，但有时候企业的生命也有它的周期，非常难以用一个简单的公式去套。

李　翔：你从底特律的衰落里面会得到什么启示呢？

李书福：它是全球经济变化的牺牲者。我想底特律的大公司应该都知道，但是它们不愿意成为牺牲者，不愿意很轻易地就倒下，所以直到最后都在努力。

全球经济一体化，投资贸易一体化，把世界变成了一个整体，变成整体以后，经济变化所产生的巨浪，对局部制造业产生的冲击是以前大家都没有认识到的。全球经济一体化、投资贸易一体化之后，就像原来是一条条孤立的小河，大家不连在一起，后来全部打通变成了一个大海，这种情况下就会形成巨浪，就会形成今天的金融海啸。

与此同时，不同的国家拥有不同的法律，法律没有跨国界，政府管控的能力也没有发展成为跨国界的能力。全球联盟进展得也不顺畅。但是经济一体化已经形成了，贸易的一体化也已经形成了，资本的自由流动、人口的自由流动、制造业的自由漂移，这些都已经形成了。金融海啸来了以后，像底特律的汽车公司就碰到了困难，抵抗它不是靠这些公司的努力就能做得到的，这也不以它们的意志为转移。

李　翔：它会给你什么启示呢？

李书福：其实就是，我们现在要尽量为以后企业的可持续发展减少包袱，减少历史沉淀所带来的麻烦。企业不要吃子孙饭。美国汽车工业联合工会的强势是一个非常重要的原因。汽车公司前期觉得前景很好，于是都给公司职员养老保险，都给他们上全部医疗保险，这个也承诺，那个也答应，这就为今天的灾难埋下了祸根。所以，怎样使企业今后可以一直持续发展，怎样去进行一些制度上的安排来保证这点，这是一个企业长久发展的核心问题。

李　翔：中国的工会不强大。

李书福：这也不光是工会的问题，而是因为企业和工会签了一个合同，合同的内容太不科学，它只追求眼前利益，而不考虑长远问题；或者也考虑了长远问题，但大家认为从长远来讲没有问题，汽车工业就是美国人的天下，当初就是这么来策划的，认为汽车的需求量会越来越大，利润会越来越多，根本没有考虑到日本、韩国的汽车也都发展起来了，那时候没想到。

李　翔：你认为美国的汽车公司从特别繁荣到衰落，然后到现在这种境地，不是因为它们对汽车未来的判断发生了错误，而只是因为它们在处理社会关系问题上出现了判断误差？

李书福：原因肯定是多方面的，其中历史包袱所带来的成本是一个很重要的原因。假如说工人们都为美国汽车公司创造了很多新效益，又在技术上不断取得新的突破，质量上始终世界第一，服务始终是全世界最好的，品牌服务价值始终是所有汽车公司里最高的，假如是这样，那么任何包袱也是可以化解掉的。衰落是由多方面原因造成的，不是一句简单的话可以解释清楚的。

　　一个企业的运行就跟一个人一样，如果你身体方方面面都很健壮，脑子也很灵活，那么碰到一些困难就可以解决、克服，就可以迈过这个槛。但有些人身体很虚弱，脑子又很笨，这样碰到一些困难就不行了，马上死了。汽车公司也是这样。

李　翔：现在吉利就是一个健壮的小伙子吗？

李书福：我们尽量地去打基础、练内功，不断地锻炼、学习，一步一步来，包括人才的培养和培训，我们主要做这些工作。

李　翔：这些其实都是很朴实的工作。

李书福：对，管理上要不断研究，整个架构要不断地调整和完善，要根据企业不同的阶段作出不同的决策、不同的安排，这很重要。

李　翔：让你的公司不断变得强大，包括做你刚才所说的所有工作，其中的驱动力是来自于你个人吗？

李书福：作为思想来讲是来自于我，我要出思想、指方向，我觉得这很重要。我要很清楚地告诉大家我是怎么想的。但接下来的其他工作我一个人肯定做不了，要大家去做。如果方向搞错了，我们的企业要想成功是不可能的；而如果企业领导人的思想杂乱无章，或者本身就是错的，那么企业要搞好也是不可能的。这些都是软性的东西，但是很重要。

  人工作的时候只要心情舒畅，他就会创造奇迹；如果心情始终烦恼，那就可能会毁掉他所有的事情。所以怎么营造一种良好的氛围，让大家尽最大可能心情舒畅地去工作，而且还明白怎么工作，朝哪个方向走，怎么走，这些都搞清楚了，他们排队排好了，就像演戏一样知道自己是什么角色，那就好办了，这也很重要。

三

李　翔：巴菲特说，他整天跳着舞去上班，他已经到了那种心情舒畅的境界，你属于哪种境界？

李书福：我当然不会跳着舞去工作，我要科学地来认识这个事业、这个行业、这个企业以及这几个人。保持相对比较清醒的头脑困难是很多的，不是那么容易的，竞争很激烈。

李　翔：你有什么困难？是跟大环境有关吗？

李书福：怎么讲，（困难）太多了，每个企业都一样，哪一个没有困难的？你必须要知道有什么困难，然后轻重缓急地排队排好。困难总要解决；如果你不知道企业有困难，这个企业肯定要倒闭了，必须得知道困难。

李　翔：现在在后面驱动着你去拼命工作的动力是什么呢？动力来自哪里？比如很多人创业的时候有种饥饿感，从一无所有到亿万富翁，饥饿感会是一种驱动力；然后他的荣誉感、成就感也会是一种驱动力，他想要寻求认同，对你而言呢？

李书福：对我而言是一种好奇心。

李　翔：是什么好奇心？这十多年了还没满足你的好奇心？

李书福：对，所谓的好奇心，就是我们为了一个美丽的追求，要实现200万辆汽车的年产销量，要造出全世界最安全、最环保的好车，要让吉利汽车走遍全世界。怎么样才能实现这样一个理想？就是一步一步地去走。所以这种好奇心也可以讲是一种责任感、使命感，是一种理想，是一种追求，就这些，没有其他的。

李　翔：就这么简单？

李书福：就像打牌一样，为什么有些人很喜欢打牌，他也是出于一种好奇心，希望能够打赢。

李　翔：你对现在的经济大环境的判断和看法是什么？

李书福：我对大环境的看法？全世界经济？中国经济？

李　翔：对，危机会传递到中国来吗？其实已经很明显了，尤其是对某些行业来讲。

李书福：中国是党和政府的正确领导，党和政府有自己的一套宏观调控的方法，作为我们来讲，只能是响应，去参与竞争。对于大环境的判断，我想最近几年中国经济不会太坏。

李　翔：从今年开始数，后几年？

李书福：两三年。几年以后就不知道怎么样了，这跟世界经济也有关系，我想两三年以后世界经济如果好起来，中国经济也能好起来。很难说，因为世界变化很快，不能用过去的曲线来衡量今后的发展，不一样的，地球上就这么几个人……

李　翔：60亿呢，不是几个。

李书福：60亿。原来中国、印度、俄罗斯、巴西，这些国家基本上没有发展起来，这些地方起来以后，它们对整个世界的发展都会产生影响，而这种影响所带来的变化是一种什么样的变化、什么样的格局，大家很难预估。所以说，谁也讲不准；如果谁能讲准的话，那金融海啸来之前马上坐空，他就会是全世界最有钱的人。世界本来就是一个不确定的世界。

李　翔：我相信那些出类拔萃的公司和个人，就是因为他们能在这种不确定里面寻找到自己比较有把握的事情，然后形成自己的判断，才能做得好。

李书福：大家都有自己的判断，十万个人可能有一百种判断，这一百种判断里可能只有两种是对的。所以，人们最后看上去有人判断对了，有人判断错了，事实上当初作出各种判断的都有，只是说对的人押宝押对了，不是说哪个是神仙，我想没有神仙。不是说李嘉诚很会经商吗？这次他也亏了很多，怎么他都没有判断准确呢？

李　翔：我老觉得你在以一种幸灾乐祸的神情看着这个世界。

李书福：不是幸灾乐祸，就是用一种平常的心，这种事情也有可能发生在我们自己身上。所以无论出现什么情况，还得要有一颗平常心。

李　翔：这种平常心是怎么来的？一开始就是这样的吗？

李书福：不断思考，慢慢锻炼，磨炼出来的。

李　翔：现在的外部环境，大家都公认很糟糕，它会给你压力吗？相对于好年景来说会比较焦虑吗?

李书福: 经济情况不好的时候也有商机,好的时候也有商机,应该这样去想,你不能说不好了就一点商机都没有,不是的,大厦倒下来了,你可以上街去发现商机,大厦要重建的时候又是商机。

李 翔: 道理是这样。你碰到的最坏的情况是什么样的,对你和你的公司而言?

李书福: 现在国际经济环境不好,我们出口情况就不好,影响很大,尽管国内销售不错,但全世界经济都下降了百分之二三十,而有些国家下降得更多,中国以外的很多地方都是这样。不过,我觉得会好起来的。

李 翔: 长远来看一定会的。但是凯恩斯说,长远来看我们都已经死去。

李书福: 也不会太长,两三年吧。

李 翔: 这是你碰到的最坏的情况吗,就你个人的感觉而言?

李书福: 就个人来讲其实没什么不好的,作为吉利公司的话也还可以。

李 翔: 虽然出口受影响?

李书福: 因为我们出口本身量就不大,出口肯定少一些,但即使一辆不出口也影响不大。但是对于丰田以及美国几大汽车公司而言,对它们的影响就大了。

李 翔: 你讲的2009年25%的增长率来自国内市场?

李书福: 主要是国内市场,我们转型以后,产品非常受欢迎,"新三样"卖得很好。现在熊猫出来了也卖得很好。今年我们还有新产品推出来,对于我们来讲,这是很大的成果。原来我们是很苦的,很少做两三万块钱以上的车,现在最起码四万块钱以下的车不做了,相对来讲附加值也高一点,技术也跟原来完全不一样了,可以去跟世界同行相提并论,而不是跟国内哪个厂家相提并论。我们要努力拥有世界级的技术、世界级的品质和世界级的服务,我们要打造一个世界级的品牌,当然要产生相对比较好的赢利水平,这样才可能持续发展。我们已经取得了很大的成功,尤其在人才的培养、培训上面,我们花了很大的精力和时间,这些都是我们打基础、练内功所取得的成效。

李 翔: 你对国内市场就这么乐观吗?

李书福: 现在还行,不知道下半年怎么样,明年怎么样。现在国家不是在刺激经济吗?

李 翔: 对。

李书福: 两三年内中国还是可以的;两三年以后,如果中国市场不好的话,我们海外市场又起来了。我估计两三年以后也不会不太好,因为中国的人口红利还在。小孩长大了,他要工作,他要消费,他要享受,这都是客观摆着的事实。而且以后的年轻人都会买车，骑自行车可以用来锻炼身体，如果代步的话，那就不是自行车了，一定是这样。

四

李　翔：你个人碰到的最艰难的情况是怎样的？

李书福：艰难的情况多了，都很艰难，天天艰难。

李　翔：人在这种压力下怎么过呢？

李书福：要学会自我解放。人需要有一个泄洪区，你要有自己的一套方式，把自己从这种紧张、烦恼的世界里超脱出来，用两三个甚至三四个小时跑跑步、打打球、晒晒太阳、写写字、弹弹琴，这样来释放自己的压力。

李　翔：你的方式就是弹琴、写字？

李书福：我字也写不好，琴也弹不好，这是我自主创新的。因为你刚才问我怎么来减轻压力，我才跟你这么讲的，这不是我的专业，你别说也别写。这些东西（李书福指着会议室地毯上他自创的书法字）讲的是吉利的由来，这都是我弄的。要去寻找另外一个世界，仅仅生活在一个世界里是很烦恼的。但另外一个世界要由自己去创造，在那个虚拟世界里是很轻松的。这也是理想和现实的问题，现实世界就是充满了竞争和挑战，理想世界我们可以把它想得很轻松，可以切换一下。

李　翔：你的理想世界是由什么东西构成的？

李书福：我刚才说了，就是自己去玩，我就是一个人玩。打乒乓球、篮球、网球，打得都不太好，这些东西都是减压和泄洪的。

李　翔：你一天工作多久？能睡几个小时？

李书福：我在办公室的时间不多，要看的文件也不是很多，但是脑子总是在转，睡觉的时候也得想，从来没停过，所以不能量化，我始终都在想东西。

李　翔：你经常给人以一种工作狂的形象出现。

李书福：现在走动得比较多，天天坐飞机，也很辛苦。尤其是我们这种企业，谁都把我们看成孙子。

李　翔：现在好了吧？

李书福：现在虽好很多，但你知道，就是孙子。

李　翔：你具体指的是什么呢？

李书福：中国的民营企业就是这样痛苦，所有民营企业，你去问问看，都是这样，跟国营的不一样，国营的公司，都是国家的，到各个部门办事也好办，民营企业就不行，所以很痛苦。其实我们也都在为国家奋斗，为社会做事情，而且我们还省吃俭用、勤俭节约，把每一分钱都要用得好，要很认真地算好每一笔账。

李　　翔：你有办法来解决这些问题吗？很多人在找自己的解决问题的方法，无论是他的地位问题，还是某种环境下的焦虑问题，有人会把自己变成公关高手，有人会通过编织人际关系网络……

李书福：公关高手？

李　　翔：比如像马云那样。

李书福：我做不到，我这方面能力不行，我像一块石头一样，宁愿让人家踩也不愿意把自己锻炼成很好的公关能手，搞不起来，人跟人的情况不一样。

李　　翔：或者像联想和柳传志那样，把自己变成一个符号。

李书福：这个我也做不来。我在努力为中国的汽车工业作出更大的贡献，或许慢慢得到大家认同后，情况可能会有所改观，这需要努力。马云也好，柳传志也好，他们都做得很好，我们现在也是在朝好的方向发展。

李　　翔：你所谓的好的标准是什么？

李书福：好的标准就要达到马云和柳传志的境界。

李　　翔：他们是什么境界？

李书福：事业成功，没有什么压力，或者压力比较小，心情又舒畅，游刃有余，决胜于千里之外。

李　　翔：你的情况完全跟他们相反吗？

李书福：我不能游刃有余，不能自由，不能决胜于千里之外，比较苦，甚至很苦，真的很苦。

李　　翔：假如把吉利比作一辆汽车的话，你是方向盘还是内燃机？

李书福：那应该是掌控方向盘和油门的人，等同于一个司机。

李　　翔：在你看来，未来中国大陆的汽车业格局应是一个什么样子？

李书福：中国大陆汽车业的格局，应该说国有企业关门，合资企业分家，外商在中国建汽车合作公司，民营企业慢慢成长，这样一个格局；只有这样一个格局的出现才是科学的、合理的、可持续发展的。

李　　翔：你在意外界怎么看你吗？

李书福：当然在意啊，你是指产品还是什么？

李　　翔：无论是产品，还是别人对你个人的评价，还有公司的评价。

李书福：当然在意，大家都说我好我当然高兴，说吉利好我就高兴；大家说李书福这家伙瞎弄，吉利一塌糊涂，我肯定不高兴。怎么不介意呢？但是介意又有什么用呢？你得把事情做好。

李　翔：你对自己的评价体系是什么？

李书福：我们有第三方的评价体系。我们聘请了一个第三方的机构，专门对我们企业进行全面的评价，当然包括对我个人的评价、对企业的评价，以及对整体经营效果的评价，我们有这么一个机构。

李　翔：你现在内心最大的困惑是什么？

李书福：真正的困惑不是很多，基本清楚了，怎么做，朝哪个方向做，存在什么问题，自己查一下短处在哪里，基本都是清楚的。

李　翔：你在商业上的学习方式是什么？开始你可能会去想见一下大公司的领导者……

李书福：没什么好见的，就是要去研究汽车的规律，研究世界汽车同行的管理，看看是不是对自身发展有用。

李　翔：你这种学习是通过什么方式进行的？

李书福：方式很多，平常看书，看网络上的一些报道，也跟他们在一起聊天，到人家企业里面去学习、开会。我们内部也有很多培训，都可以学习。我们内部网上也有很多资料，很多东西都可以学。

李　翔：但是对你个人而言，你会通过那些东西来学习吗？

李书福：也会，因为来我们这里讲学的都是很高级的专家，他们在各个方面都有独到的见解，在生产方面、质量方面、战略方面、技术方面都有深度的研究。我们吉利的研究生院内都是全中国的顶级专家，他们都是我们这里的兼职教授。

附记

书福造车

（一）冲压：一个商人的诞生

钢板被不断地送往机床模具之下。同一排排巨大的机床和模具相比，身着蓝色工作服、头戴黄色安全帽的工人显得渺小却从容。他们的镇静同轰鸣着的机器巨兽相比，太过冷漠。在两千多吨的重压之下，一块钢板被冲压成轿车的侧门模样。在短暂的间歇过程中，两名男工人动作麻利地把它送往另一道工序，它要接着再次承受来自顶部的压力，直到经过四道工序之后，一块完整的钢板经过冲压、剪裁，才能变成轿车两侧的侧门。四名工人像守夜人一样站在十多米长的流水线末端，戴着白色手套的双手将钢铁托起，平移到操作台上，检查每一块冲压出的车门可能出现的问题。

巨大厂房下的土地和钢铁一样，同样承受着来自机床的重压。这让李书福不能在他的每个汽车生产基地内都建立起一个冲压工厂。尽管对于汽车制造厂而言，最便捷的方式确实是在每一个汽车制造基地内都建立这道工序，但并不是每一个地区的土地地质情况，都能允许每天中的大部分时间都进行这种轰鸣操作。在李书福的台州工厂内，参观者会发现冲压工厂的地面同其他工厂相比，已经有了下沉。

李书福在台州建了两个生产基地：一个在临海，一个在路桥。这两个基地面积都在800亩之上。如果加上在宁波的超过1 000亩的汽车生产基地，吉利汽车在一个密集的区域内有三个汽车生产基地。之所以出现这样的情况，据说是在开始造车时，李书福无论如何也不能说服地方政府拿出一块庞大的地给他。

在吉利汽车路桥基地不远，一个名叫李家窑的村庄，李书福的父母至今仍然生活在那里。后来李书福在接受访问时提及自己出生的村庄时，将其描述为"浙江台州一个贫穷落后的山村"，并且因此他"第一不怕苦，第二不怕穷，第三当然更喜欢致富"。他选择的第一个致富方式是照相。他拿着父亲给的120块钱，一个19岁的男孩"骑个破自行车满街给人照相"，用这种方式花了半年时间赚到了1 000块，开了一家照相馆。

李书福赚钱的方式也像他工厂内的流水线一样，不断前行，必须进入下一道工序，由新的机器模具加以冲压。一年之后，他开始了后来被无数人描述过的"垃圾中淘金"的赚钱生意：他在洗照片的过程中发现通过某种药水的浸泡，可以把废弃物中的金银物质分离出来。他可以重复这项工作，分理出更多的金银，拿到距离台州三个小时车程的杭州出售，以此赚钱。这种说法太过匪夷所思，而且也无人核实。不过这都不是重点。

重点是接下来他成为了一家电冰箱厂的厂长。直到那时，李书福的形象才开始和他今日的形象有些吻合，就有如至少我们可以从一块铁皮中隐约看出一块车侧门的模样一样。他在1984年成为黄岩县石曲冰箱配件厂的厂长。然后，在1986年，李书福成立了黄岩县北极花电冰箱厂，开始生产具有品牌的且受欢迎的家电。后来的媒体报道都将李书福的这段生涯描述成他早期从商生涯的巅峰。他才刚刚26岁，却已经成为了一个名副其实的有钱人。他从一个小镇村庄中的高中毕业生，用了数年时间成为了当地最显赫的商人之一。

不过，当 1989 年 6 月中国决定实行冰箱定点生产时，李书福的北极花冰箱和科龙、美的一样没有能够登上政府颁布的定点生产目录，这对一个民营企业来说意味着不是死亡，就是通过其他途径婉转求生。李书福的选择是放弃。他携带做冰箱赚来的钱去了深圳，在当时中国最活跃的地方开始了装修材料的生意。后来，在海南房地产最火热的时候，他也曾经携带资金进入海南的房地产市场。有的记者将之称为他"商业上最大的失败"，不过，李书福却说他从中得到的教训是"我只能做实业"。

到这时为止，他所扮演的角色尚且是一个最常见的商人的形象：开始时为求生的本能所驱使，接下来对财富的饥饿感让他从不选择行业，或者在他的选择中不会存在对行业的热爱的感觉，而只是以利润作为选择的标准。他在生意和追逐利润上具有天分，但却不能被称之为"企业家"。后一个称谓，是在他的造车生涯开始之后才被媒体赋予的。

（二）焊装：草莽如何造车

冲压出来的汽车外型板金，被送到下一个工作厂房。焊装工厂是一个温柔细致的工作场所，尽管其中弥漫着火星和烟雾。一辆整车的全车身有超过 3 800 个焊点，正是依靠这些焊点，那些一片片被冲压出的车身板被连接到了一起。焊点的质量直接决定着这辆车在受到意外的冲撞之后能否继续保持坚固。机器人的合作者在这里更加智能。在李书福的宁波工厂内，8 台 ABB 制造的机器人完成了这些焊点中的绝大多数。它们身材瘦高，拥有一双猿猴般的手臂，修长而灵巧，但是并不像科幻电影中的机器人那样五官俱全。调试过的焊装机器人能够灵活得弯腰，能捡起零件，然后焊接。它们也能自如地更换焊头。在吉利汽车的每个焊装工厂内，都有一些这样的机器人。根据每款车型的不同，汽车制造对这些机器人的依赖程度也不同。

机器人的合作者是手拿焊枪的技术工人，他们会检查这些机器人的工作。尽管名义上制造业的每一个环节都会越来越多地依赖于人工智能机器人，但是最后的守夜人角色却仍然要由人来扮演。在吉利汽车技术最为先进的宁波工厂内，由人工来检查焊接的工作已经较少。这里是吉利较为高端的品牌"帝豪"的生产线；而在台州路桥的吉利"金刚"生产线上，在焊装机器人之后，焊装工人们仍然至关重要。

李书福真正开始跟车的制造发生关系是在 1994 年。不过，他造的是摩托车。1994 年 4 月，李书福宣布自己进入摩托车行业。两个月之后，他就开始宣称自己造出了"中国第一辆豪华型踏板式摩托车"。从造冰箱开始，到进入装修材料市场，再到开始生产摩托车，李书福进入的领域都是中国曾经疯狂一时的日进斗金的行业。这三个行业在日后也都产生出了显赫的民间企业家和财富枭雄。但是李书福却不甘于此，他在摩托车行业的成功让他把眼光放到了一个更长远的行业上，即汽车制造业上。

1996年李书福成立了吉利集团有限公司。1997年这个台州人宣布自己要进入汽车行业。如果说在1997年进入汽车行业，是因为这个行业日后会带来比制造冰箱、卖装修材料和摩托车更为丰厚的利润，那根本算不上远见。当时已经有无数专家跳出来声称，中国要进入家用轿车时代。正在出现的中产阶级对汽车的需求量巨大无比。也没有多少人在当时就先知先觉地跳出来大声呼喊能源和环境危机。中央政府也将房地产和汽车作为拉动内需的两个支柱产业。与此同时，一个当时的统计数据显示，同等性能的大众甲壳虫，中国的售价是美国的3.36倍，别克的售价比是2.36倍，丰田花冠的售价比是2.80倍。

这样一个行业的暴利空间和巨大诱惑根本无人怀疑，只是让国人难以启齿的是，国内汽车业似乎已经被踏破门槛的巨头们瓜分殆尽。没有一家中国公司敢宣称自己能够造出一辆整车。这个问题在日后还会被媒体反复争论。

就是在此时，李书福大着胆子宣称自己要投入5个亿来生产汽车。民营企业纷纷宣称自己要进入汽车行业还是稍晚一些时候的事情。这时候一个不怕死的突然跳出来宣称自己要造车，而且是以区区5亿元，自然让人瞠目结舌。实际上，即使这5亿元也是李书福夸大的，因为后来媒体普遍认为当时他只有1亿资金。有人专门跑去问同处浙江的鲁冠球。鲁冠球此时成名已久，上过《时代》封面，做过人大代表，也是刚刚出炉的福布斯富豪排行榜排名第六的大陆富豪，万象集团涉足的是汽车配件行业，鲁冠球的造车雄心也已被世人知晓。可是鲁冠球却回答说，造车一要政府支持，二要上百亿元资金，自己还没准备好。

日后被人称为"疯子"和"狂人"的李书福却有时不我待之感。他跑到了台州的另外一个下属县级市的临海建起了一个面积超过800亩的制造基地，名义上说是要生产摩托车，工厂里却整日琢磨着如何做汽车。他回应别人质疑的话也被当做一句狂言："汽车不就是摩托车再加上两个轮子吗？"另外一句话是："汽车就是有四个轮子的沙发。"不过，李书福在日后却不再希望别人提到这些话，他的自尊心已经不能容忍外人反复提及这些话，"大家（总提这个）好像我不懂一样"。

真正不可思议的是，一年之后，1998年8月8日，还真被李书福造出了一辆车。这一天，吉利"豪情"在临海的工厂下线。不过，这一不可思议的举措却鲜有喝彩，"他摆宴一百桌，向全国官员及经销商发出七百张请柬，结果只来了一名浙江省的副省长，九十多桌菜肴受到冷落"。后来的记述说。

（三）涂装：李书福的色彩

　　一道密封的天桥走廊将焊装工厂、涂装工厂和作为最后一道工序的总装工厂连接起来。从焊装工厂出来的已经具备汽车雏形的钢铁架构，被称为"白车身"，车身上密密麻麻地分布着超过3 800个焊点。经过对白车身的检测之后，它经由密封的通道从空中进入密封的涂装车间。在涂装车间，它将被刷上颜色。绝对的密封可以保证在涂刷颜色的过程中，漆料中不掺杂任何灰尘。因此，在汽车制造的工序中，想要进入涂装车间是最为复杂和麻烦的。亨利·福特曾经在拒绝生产其他颜色的T型车时说："你们可以给车涂上任何颜色，只要是黑色的就行。"但是在现代的汽车制造业中，颜色也成为了竞争力。"白车身进入涂装车间，是被整个浸入漆料池中的，就好像一个人跳入满是水的池塘中一样，这样漆料可以均匀地染上车身。"吉利汽车的工作人员介绍道。

　　李书福身上的玫瑰色彩是如何染上的？似乎从一开始，这注定就是一个备受欢迎的故事。大众和媒体都需要一个身上带有悲情色彩的英雄。他出身草根，似乎不应当取得目前的成功，但是却凭借着自己的意志、勤奋以及无法抑制的热情，出人意料地胜出一筹。

　　李书福造车的过程可谓曲折，除了在单纯的商业硬件上需要具备造车所需的巨大技术能力和资金之外，他还一定要赢得政府的许可。甚至在很长的一段时间内，后者才是令李书福最为心焦的部分。他可以用狂放不羁的态度来面对在商业上的质疑，但是却不能不对政府毕恭毕敬，并且在来自政府的压力下战战兢兢。直到今日为止，李书福最想赢得的恐怕仍然是来自政府的认可。

　　一个著名的例子是，1999年，当时主管工业的国务院副总理曾培炎到吉利视察。李书福对曾培炎慷慨激昂地说："请允许民营企业大胆尝试，允许民营企业家做轿车梦。""如果失败的话，请给我一次失败的机会吧！"到今天为止，后面这句话仍然是中国短暂的商业历史上最著名的话之一。

　　他对汽车的疯狂和身上的悲情色彩让人着迷。与此同时，无论是否有意，他不时表现出的草莽本色也令已经习惯于伪装姿态和公关辞令的媒体和大众激赏。他假装自己对世界的虚伪一无所知，他发怒，他迷茫，他忧虑，他悲哀，他说自己会在夜深人静时思考人生。他的有些举动甚至不无刻意的成分，但是他心里清楚明白公众喜欢他所扮演的角色。甚至他几个月前在新闻发布会上的当场发作也没有演变成一场公关灾难。他怒斥一位追问吉利资金问题的记者说："媒体不是法院，不是检察院，也不是公安局，媒体没有权利调查我们，我为什么要跟你讲清楚？"即便如此，仍然不乏媒体在为李书福辩护。他扮演的角色注定了相当一部分的公众和媒体会一直站在他的一边。

（四）总装：大汽车公司的雏形

　　从涂装工厂出来的车身已经变成了黑色、白色或者红色，它们再经由密封的天桥走廊被传送到下一个环节。如果从汽车制造的冲压环节一直参观到最后的总装工厂，参观者就能够明白制造汽车具有怎样的魅力，能够让无数的造车者一掷数亿、数十亿元投身其中，为其入迷着魔。从李书福开始，多名中国企业和企业家意欲进入汽车制造领域。我们所熟知的除了李书福的吉利之外，同样知名的还有奇瑞汽车和比亚迪汽车。此外，仰融曾经试图通过华晨来缔造一个汽车王国；依靠摩托车起家的重庆力帆集团也在尹明善的领导下开始造车；家电制造业的枭雄春兰和奥克斯也都雄心勃勃地意欲进入汽车领域；甚至试图整合空调产业的顾雏军也曾经染指这一行业。这还仅仅是一个长名单中的前几位。

　　黑色、白色或者红色的车身进入总装车间，要在流水线上装上从门把手、轮胎、方向盘到汽车品牌等一系列的配件。自动移动的流水线像回形针一样在庞大的车间内迂回，每一道工序上都有不同的机器人和技术工人来完成装配工作。在一整条流水线的末端，已经是一台完成的轿车了。然后，在接受完淋雨试验等整车测试之后，工人们便会驾驶着刚刚下线的轿车开离车间，到工厂不远处的环形车道上进行环形测试。环形车道上集结了一个驾车人所能想象的各种路面。在高峰时期，每隔5分钟就会有一辆金鹰汽车驶出吉利路桥生产基地的总装车间。吉利在2009年6月份的计划是完成7 050辆金鹰轿车的生产。于是，总装车间内就不断有车进出。

　　除此之外，李书福还在宁波的汽车生产基地建立起了发动机和变速箱的生产工厂，发动机和变速箱在汽车制造的技术中处于核心地位。为了继续提高吉利汽车的变速箱技术，李书福在2009年3月收购了全球第二大汽车变速箱生产公司——澳大利亚DSI公司。他还在吉利汽车的临海汽车制造基地建立起了一个规模庞大的研究院，研究的范围包括外观设计、发动机制造到新能源和混合动力。在2009年的上海车展上，李书福的吉利汽车炫耀般地展出了三个品牌系列（帝豪、全球鹰、上海英伦）的22款新车，其中最引人注目的车型包括一款绿色的全电动轿车，还有小劳斯莱斯之称的GE轿车（它的后座只有一个座位，这个创意来自于李书福），以及拥有剪刀门的红色超炫"中国龙"轿车。

　　《中国企业家》杂志的报道说，在2009年4月15日工业和信息化部举办的"吉利汽车发展经验座谈会"上，曾经担任过六年东风汽车总经理的工信部副部长苗圩称，吉利"先进的发动机、完全自主知识产权的自动变速箱、独创的 BMBS（防爆胎技术）"是"中国汽车工业的最大财富"。吉利汽车在 2008 年整体经济环境不景气的大背景下仍然销售了 22.18 万辆车。包括《人民日报》、《光明日报》以及中央电视台在内的官方媒体都开始称赞吉利汽车在"逆势上扬"和在"萧条中崛起"。吉利在中国的汽车制造基地也开始扩大。从吉利在台州临海的第一个汽车制造基地开始，李书福又陆续在台州路桥、宁波、上海、兰州、湖南湘潭等地建立起汽车生产制造基地。

在他每个基地的每个工厂内都悬挂着"让世界充满吉利"的标语，鼓励他的员工去制造"最安全、最环保、最节能的好车"。在造车之初，李书福拉低了整个轿车行业的价格，而现在，他又开始推出炫目的各种中高端车型，试图证明自己并不仅仅满足于低端产品的制造。在他位于临海的吉利汽车研究院的展厅内，摆满了各种概念车，李书福想要人们看到的是一个大的汽车王国的雏形。

蒋锡培　江苏远东集团有限公司董事长

冬天里的蒋锡培

　　我握住的是一双冻得红肿的手。在我年纪还轻的时候，这样的一双手会让我惊讶，生活怎能如此不公地对待世人？双手会暴露出一个人的多少秘密：她是否每天都必须把手浸到冬天冰凉的水中洗衣服和餐具；他是否经常需要挥动锄头和铁锹；你究竟是养尊处优还是必须用自己的双手去同世道搏斗。当冬天来临，可是你又不得不频繁地将双手暴露在寒冷的空气当中，手上的血管内流畅的血液会减缓它的流动速度，手会越来越冷，可是血管和细胞却开始膨胀，手会肿胀通红。但是再把双手靠近火和温暖的物体时，它却只会让人感到难忍的痒，还有灼烧感。

　　它是过去赠送给他的不得不接纳的礼物，尽管他已经是这个国家最富有的数百人之一——在2008年的福布斯富豪排行榜上，蒋锡培以将近25亿的个人资产成为这个国家排名前150的富豪。

　　他是一个性格倔强的小个子南方人，黑色夹克内穿着一件条纹衬衣，外衣上别着自己的上岗证——工号0001，这表明他是公司的创始人和第一位员工。他手腕上戴着金属机械表，喝水时用宜兴特产的紫砂茶杯。他穿的是不系带的皮鞋，讲话时身体前倾，拿眼睛盯着你，语气和神情都显得迫切。他的声音如刀锋般单薄尖利，这样的声音不适合当众演讲。不过他显然已经掌握了掌控谈话的技巧，而且如今他的讲话总会引人注意。他使用的词语和句式表明，他显然经常看新闻联播，并且从中得到了某种通行中国大陆的智慧。

在这个南方小城中，他已经算是巨商富贾了，但他接电话时仍然使用一种诚恳和谦逊的声音。他的办公室外或者办公室旁，也没有坐着一位秘书帮他挡掉来访者。似乎只要愿意，并且知道他在办公室，谁都可以敲门进来，拿着一张邀请函来请他参加某次活动，或者请求他对某个问题发表看法、施加影响。在办公室的外侧，他用了一张桌子来堆放他得到的各种奖杯。这些邀请和荣誉来得太过频繁，让他应接不暇，但是他却也总能保持友善，而不是选择很多商人表现出的不耐烦、躲避和拒绝。

18年前，27岁的蒋锡培在宜兴范道乡新任党委书记的支持下，筹到180万元人民币创办了一家制造电线和电缆的工厂。工厂成立的1990年，他们的销售收入是462万元；第二年，收入达1 800多万元。在此之前，没有考上大学的蒋锡培已经尝到了商业的甜蜜和苦涩。落榜之后，他在杭州学会了修理钟表，然后通过在百货公司门口租店修表赚到了人生的第一大笔钱：5万元。不过，随后他在家乡开办的制造钟表发条的工厂就亏得血本无归。他通过做电缆经销商才重新让自己回到了当地的富人行列。

1990年创办的这家电缆工厂后来让他成为宜兴和江苏最著名的商人之一，成为中国电缆行业的领袖级人物。后来人们津津乐道的都是这个精明的商人如何通过四次改制来完成自己的四次大跃进。第一次，他把自己个人的公司转变成了集体企业，让这家原先的民营企业获得了集体企业才能获得的资源倾斜和银行融资优势，也是在他改制的同时，中国开始了第一次"宏观调控"。集体化之后，到1994年，他创立的公司销售额达到1.5亿，资产增长了10倍。第二次，他又在1995年对公司进行了当时时髦的股份制改制，他和创业者们重新拥有了自己的公司。第三次，他让出大股东地位，在1997年引入了四家大型国企作为控股股东。在付出如此巨大的代价之后，他得到的是垄断者的助力，也让这家名叫远东的公司成为电缆行业的领军者，自己也开始被人称为"电缆大王"。第四次，他再次赎回了出让给四大国企的股份，重新让公司回到自己的囊中。他自己期待的第五次，是将远东控股的资产整体上市，他选择的方式将会是，把远东控股的一部分资产，也是最优质的那部分资产，注入到他已经收购的上市公司三普药业内。

能够做到四次身份的转换，并且借助每次转换让自己强大起来的商人，该是怎样的一个人物？他如何能够在国资和民资之间转换自如？他该具备怎样的审时度势的天赋？目前而言，他又该如何去应对已经侵入江南的刻骨寒意（寒冷和曾经的贫穷已经让他拥有了一双冬天里总是被冻的手）？在过去，他总是以一位勇敢的投资者形象出现，他曾经投资过未上市的无锡尚德，也曾经因为涉足互联网和帮助年轻人创业而声名大噪,如今他会改变自己颇为自豪的主业加投资的模式吗?作为一名给人以长袖善舞甚至新红顶商人印象的江南制造业巨头,他又如何看待企业家这一群体以及他们在过去一年中遭遇到的挑战?在宜兴办公室内同《经济观察报》记者的交谈中,蒋锡培为他所属的这一阶层进行了辩护,并且试图阐释他对目前经济形势的判断。"这是我所碰到的最坏的形势。"他说。下面是我们的谈话片段。

访谈

李 翔:你对现在的经济形势怎么看?

蒋锡培:现在这种经济形势是我们始料未及的。但是回想起来,美国也好,国内也好,之前经济出现问题的征兆还是比较多的,只不过我们还缺乏很多宏观数据,也缺乏系统研究,更没有过多地去重视,以至于现在使得很多企业措手不及。事实上,现在经济危机的严重程度已经超出了很多人的意料,有很多数据可以佐证,世界主要经济体的经济增长速度明显放缓,有的甚至严重下滑。

中国经济和中国企业越来越容易受到外部的影响。尽管我们也有自己的投资需求和消费需求,但是这种自我需求还是很难满足老百姓的期望和企业的发展要求的。我们觉得全球经济和中国经济遭遇到的困境和难题,需要的是各国政府的最高决策者的非常智慧,需要他们协同、联手,在很多领域采取一致的政策,营造振兴经济、稳定社会的良好法制和政策环境,提振企业家创业、创大业、创好业的信心,这是政府的责任。

作为企业来讲,无论如何,它都要顺应潮流,不能逆势而为。因为大环境是无法改变的,企业只能在大环境中去寻找适合自己发展的路径。中国政府对半年前的政策在某种程度上进行了修正,对以往的包括汇率、利率、税率、《劳动法》等方面的重要的法规政策所带来的后果都进行了修正,我觉得这是让人欣喜的,虽然相对来说晚了一点。如果在2008年初,如果我们在"两会"的时候确定"一保一控"就好了("一保一控"指的是中国政府2008年下半年的宏观经济政策,即"保持经济平稳较快发展,控制物价过快上涨"),结果还是采取之前的财政政策和货币政策,实际上是反应慢了。

李 翔:本来的想法是进行宏观调控,结果没想到外部环境却发生了突变……

蒋锡培:后来发现不仅不能再宏观调控,而且还应该采取更有效的措施才有可能渡过这一轮危机。所以从某种意义上讲，企业也很着急。因为我们创办一个企业，特别是民营企业，是何等艰难。现在跟改革开放以前相比，当然好很多了，但确实还艰难。我们的金融体系某种程度上很难有力地支持民营企业家创业；我们的舆论环境有些时候还不能对这一群体予以承认；我们的法规、体制，也在一定程度上制约着他们。当然，像我们这种已经发展起来的企业受到的制约相对要小。因为到了一定的规模，特别是当你成为行业领军企业的时候，所面临的矛盾、发展所受到的制约是不同于创业时期的，但是还是有的。不同时期是不同的矛盾，不同的阶段有不同的问题，也面临不同的压力。

李　翔：你们现在想要解决的矛盾或者说面临的压力是什么？

蒋锡培：我们现在觉得，从外部来讲，我们需要有更好的政策来支持技术创新，支持企业拥有更多的知识产权，支持企业走出去，还要容忍企业犯错误。因为创业有的时候会犯错误，只要不犯法就行。可能有时候我们认为是被禁止的行为，但某些时候是受到鼓励的，比如以前不允许上市公司的股东买卖自己的股票，现在鼓励你回购，政策很多时候不一样。

　　一定要营造鼓励创业、崇尚成功、宽容失败的环境。企业是这么重要，没有企业就没有就业，没有就业人们就没有收入来源，没有收入来源就没有社会稳定，也没有国家的繁荣和富强。只有发展才能实现和谐，发展就是科学，不发展就不科学；发展就是和谐，不发展就是不和谐，所以发展是硬道理。还有呢，鼓励一部分人先富起来永远是个命题，即使把所有的财富都平均分配，明天照样有差别。另外，创业阶段的税率，包括个人所得税，一定要放在全球经济当中去考量，否则我们的企业就没有竞争优势。所以我们出台一些针对企业的所得税和其他税费时，一定要综合考量企业的负担，看看把企业放到全球经济当中去是不是还有竞争优势。

　　创造财富的人肯定会非常不容易，他们会很珍惜自己创造的财富，而且能最合理地利用财富，为企业和社会带来更大的财富。如果我们承认资源在这些人的手里是对社会的一大贡献，那就把现在的个人所得税进行调整，他们在世的时候少收他们的，死了以后多收他们的遗产税。当然，这些事情我们也不能太急切，也需要思考怎样解决。

李　翔：你讲了很多为企业家阶层辩护的话，不过在2008年确实有一系列的事件让公众对这个阶层产生怀疑，让社会对这个阶层越发不友善，你怎么看这种情况？

蒋锡培：我觉得很多时候是因为我们没有辩证地、客观地和前瞻性地看待这些问题。某种程度上讲，企业家有很多优点，企业家精神也好，个人抱负也好，我觉得确实是值得称颂的。很多国家可以把做得非常好的伟大的企业家看成是整个国家的英雄，我们为什么不可以宽容一些呢？任何一个中国的民营企业家，能做到今天都是非常不容易的，他们的一些想法和观点只不过是内心的一种感受，而且他们敢于把这些话说出来，就是他们对这个国家、对自己的事业有非常的情怀。

即使是说错了或者做错了某一件事，我们也应该给予宽容和理解。比如说张茵在 2008 年"两会"上的提案，当时百分之九十以上的企业是非常有想法的，只是她把这些想法说出来了。再比如说王石，他自己实际上做了很多慈善事情，但他在地震时关于捐款的话仍然引发了大众的指责。媒体可能误解了他，至少没有善意地去理解他。王石的内心不是这样的，最先报道他的人对王石的世界观、价值观和他的行为并不了解，如果了解，怎么能这样评价他？

当然，比如三聚氰胺事件、三鹿事件，那些企业的领导们毫无疑问地必须付出代价，他们应该受到法律的追究，因为他们的行为可以说等同于图财害命。但是对于一些因为管理不善出现问题的公司，大家应该给予宽容，让这些公司有纠错的机会，不要也非得把它们打入地狱。

还有更重要的是，很多龙头企业，除了企业本身之外，它们还会影响到相关的产业链和生态链。如果跟这家企业本身有很多相关利益，这时候就更要慎重。比如对国美和黄光裕，我们不了解他现在究竟出了什么样的事情，如果确实是他自己的一些违规违法问题，他应该受到追究，但这绝不是说他被拘捕以后，国美这个企业就应该倒掉，这是两码事。所以我们确实要从另外一个角度来考虑问题，特别是政府和民众。企业家里出现了各种各样的问题，这并不奇怪，因为企业家这个群体越来越庞大，有的人不了解法律法规，不是主观故意犯错；有的可能是某一个决策导致企业碰到了困难，带来了对整个社会的负面影响。但千万不能把它人为放大，说这个群体不行。

李 翔：乳业的问题，包括后来百度碰到的问题，会让人怀疑企业的高速成长加上激烈的竞争环境，是不是会让人丧失部分道德感？

蒋锡培：竞争是残酷的，它是不流血的战场，但它要在遵循法律法规和道德底线的前提下去竞争。如果一个行业只有竞争没有合作，那这个行业一定是畸形的。良好的商业风气很重要，道德约束也很重要，它们保证商业社会更加有序。

李　翔：回到开头的问题，你身处江南，是否也感觉到寒意？

蒋锡培：是这样的，我们2008年上半年还没有太多的感觉，但从下半年开始，越来越明显，到了2008年第四季度更加感觉到寒风刺骨。

李　翔：具体表现呢？

蒋锡培：具体表现就是市场的需求趋减。另外，资金明显趋紧，不是说银行不给贷款。像我们这样的公司，银行巴不得给贷款，不贷给好企业贷给哪个？作为信用好的有发展前景的又有规模的公司，银行肯定会贷款给你。但问题的关键是，前面的供应商、后面的客户很多都吃紧了，他们明显地感觉到压力，不可能对你没有影响。

　　第三个表现是产品价格暴跌，10月份的价格和9月份相比，跌了40%，到12月份跌了60%。在这样的价格暴跌的情况下，销售收入要和以前保持一致就很难了。我销售了同样多的产品，原来可以卖1亿，现在只能卖4 000万了，你的利润不就下降了吗？

　　还有，有些合作伙伴停产或者因为还不起贷款倒闭了。中小企业倒闭潮，有些是因为企业本身规模不大、管理不到位等因素，经不起市场的竞争；但还有很多企业是大环境的牺牲品，比如外向型企业，怎么经得起三年当中汇率涨30%～40%呢？它怎么经得起取消出口退税呢？除了部分利润高一点的能吃得消以外，绝大部分企业是吃不消前面汇率、后面税率的变化的。还有就是《劳动法》，好不容易从1978年改革开放到今天，初步打破了一部分人的铁饭碗，还不是全部劳动者，马上法律上就给了所有人一个金饭碗，还打不破的。如果引发劳动者和股民与管理层之间的矛盾与对立，这个事情就麻烦了，引发群众斗资本家了。有企业家抗议说，他们没有功劳还有罪过。所以企业家的信心不光是遭受市场大环境的压力，而且还有法规的压力。这还不是金融危机带来的问题，金融危机只是一个方面，在中国主要还有相关政策法规引发的深层次的障碍。江苏的经济以前排在全国前三位，现在（2008年12月份）已经跌到第九位了，发展速度明显低下来了。

李　翔：这是你创业近二十年来碰到的最坏的形势吗？

蒋锡培：是最坏的。我1990年开始创业，1992年和1993年碰到宏观调控，但是不像现在，因为那时外部经济环境还很好，只不过是中国国内调控一下。现在是外部经济形势也不好了，内部需求也不足，很多老百姓手头没有现钱，即使有点存款，还是今后要活命的钱，还没有到无可顾忌地去消费的地步，因为他哪一天丢掉工作也不知道。现在还没有到最困难的时候，最困难的还在后头呢，股市和房市还没有到最低的时候。2008年上市公司年报出来可能还有盈利，还有增长，问题是明年呢？

李　翔：从远东和你个人的历史来看，让人称道的是你们的四次改制，于是大家都认为你是一个特别善于利用潮流、把握潮流的人，我不知道你现在打算怎么做呢？

蒋锡培：我只是顺势，四次改制都是被动的，被动为主，主动为辅。因为我们深知我们的企业要生存和发展，就一定要顺应大势，要听党的话，这不只是说说而已。当时我们只是选择了更有利于企业生存发展的路径和模式而已。

　　企业的发展某种程度上还需要考虑到很多相关利益者的利益。我们在1995年的时候提出"和与灵"的口号，这确实是我们的追求。我们追求和谐，但我们也要灵活应变，这些都是生存法则。我们不说伟大的文化、伟大的公司，我们只说我们的生存法则。

李　翔：现在你怎么去把握这种潮流呢？

蒋锡培：首先要理清思路，积极面对，做好准备，抓住、抓准机遇。你还要寻求更大的发展，这是目的，所有的前提都是为了寻求更好的发展而准备的。比如现在我要好好善待我们的员工、我们的客户，我非但不能解雇任何一位员工，而且我还得留住人，不能降薪，要适当加薪，因为这个时候更能吸引新的优秀人才。

　　其次，重大的决策不能出错，前期要做尽量多的工作，该出手的时候再出手。

　　第三，一定是全力以赴打市场，如果产品都卖不掉的话，那你的信心从哪里来呢？

　　第四，要处理好和银行间的关系，同时跟供应商的关系也要处理好。从某种程度上讲，银行是我们的客户，供应商是我们的客户，最终的消费者也是我们的客户，这些关系都要处理好。

　　第五，内部也要多花工夫，就是所谓的练好内功，比如，制度是不是需要修订？业务流程是不是要重组？具体的管理是不是要加强？还有，比如财务管理、品质管理、后勤管理等等。

李　翔：现在你考虑最多的问题或者说主要精力放在什么地方？

蒋锡培：现在我的精力主要放在三个地方。我有四分之一的时间用在学习和培训上，我自己上各种各样的学校、商学院，一年大概有三个月左右的时间到国内、国外去学习。我这点基础如果不去充电的话，跟不上的。

李　翔：你这种习惯保持多久了？

蒋锡培：十几年了，以前自己学的高中，后来才学到大学。文凭对我来讲不重要，我自己是老板，不去帮人家打工，文凭给哪个看？为什么我要重视又重视学习？因为我要交到好朋友、好同学，这个资源很重要，他们每个人都是一本活生生的经典教科书。

　　　　我有四分之一的时间会参加各种各样的活动、政府会议、论坛等。

　　　　还有四分之一的时间用来做重大的决策。另外还有一些具体事务，比如处理投诉，比如管理当中可能有一些超出制度之外的事情需要我。我基本上是一半的时间花在学习和处理各种各样的社会关系上，另外一半的时间花在公司上。

李　翔：你在学习和做生意的过程中会碰到各种各样的商人，有没有你特别欣赏的？

蒋锡培：很多，比如李嘉诚先生，我以前没有见过他，后来偶然有机会见到他，他真是一个可亲可爱的人。这个人，我觉得真的是值得我们尊敬的。另外，比如柳传志、郭广昌等。

李　翔：这些人身上什么东西最打动你呢？

蒋锡培：他们长期保有一种良好的精神状态，始终充满激情，这点非常不容易。当然，他们很多的经营理念和管理方式都值得借鉴。另外，他们持之以恒的追求，任何一个时期，如果他们放弃的话，那就没有后面的辉煌了。还有，他们敢做敢当的精神，我的总结是敢冒风险，也敢于承担责任，这些都是值得我学习的。

李　翔：现在的经济大形势会不会对你以前的一些想法造成影响？

蒋锡培：以前的想法很多都过时了，很多想法受到环境的限制，客观条件变化了，你自己的想法还不跟着变，这怎么可能呢？还有，你同那些人在一起，他们的想法也会影响你的想法。

李　翔：比如你之前一直提的"主业＋投资"的理念，在大环境不好的时候，"投资"的提法很容易受人质疑。

蒋锡培：大凡成功的商人很少不走点弯路交学费的，但这一定要在你的能力所能承受的范围之内；超出你能力的时候，一个决策的失误很可能就是致命的打击，很可能就会前功尽弃，所以此时决策要慎重。

　　　　我提出的"主业＋投资、主业＋基金"的发展方式，也是考虑到一个企业可能会受到方方面面的诱惑，又不可能所有机会你都抓到，但是你还要争取去抓。

作为远东而言，十八年的历史下来已经有三个产业：电缆、医药、地产。我再也不能去收购、去控股甚至全资投资去做另一个产业，尽管经常会碰到非常好的项目。但后来我们就确定，我们要聚焦把这三块做好，不过很多机会也不能眼睁睁地丢掉，我们要考虑能不能参与一下。一方面，作为商人来讲，我们追求更高的回报；另一方面，我们也可以通过一些投资去帮助那些正在创业的人员创业。我们今后还会循着这两条路子走下去，只不过确实要非常慎重，不要让投资影响到主业的发展。

李　翔：这种模式现在会不会受到影响呢？这种模式可能在前几年获利丰厚，但是在今后几年可能面临着颗粒无收的情况。

蒋锡培：原来做实业的公司转成一个投资性的公司，有两种情况：一种就是主业没有投资好想放弃主业的。实业家转变成投资家是一个巨大的角色转换，这需要另一种智慧。另外一种就是我们这样的主业加投资的公司。像我们这样的创业型的企业家，因为原来的主业仍然有很大的潜力，所以也有很浓厚的感情在里面。

在任何时候，主业和投资结合好了以后，可能会比单做一个获得更好的回报，发展也会更稳定。但这里的度要把握好，比如现在做投资，你还去投资没有上市的公司吗？现在这个时候投资没有上市的公司，相对投资已经上市的公司而言风险要大得多。很多公司的市盈率已经很低了。上市公司的财务更规范和透明，投到这样的公司中，风险会小。非理性的投资是对财富的亵渎。投资可能会很多元，这时候一方面公司内部要有专门的决策机构，同时也要更多地借助于中介机构。

我们现在是全力以赴地把三块主业做好，当然也还会继续寻找机会。

李　翔：上溯过去的十年，所有的企业家都会说，他们有浓厚的产业报国和百年老店的想法。但是后来这种想法慢慢发生了改变，比如2008年朱新礼就选择了把自己的公司卖掉。这种观念的改变对你的冲击大吗，比如没有必要再做百年老店，而是追求利润最大化？

蒋锡培：有冲击，有冲击，朱新礼是我商学院的同班同学。

我自己也思考了一下，我觉得企业一直经营下去还是中途把它卖掉，都无可厚非。股东和企业最高决策者自己知道是继续经营下去好还是卖掉好，所有其他人都不会比他们更了解自己的企业，也不会比他们对自己的企业更有感情。从了解程度、利益相关程度和情感角度来说，哪一个人能超过创业家本人呢？

李　翔：2008年的各种情况让你感到压力了吗？

蒋锡培：最大的压力还是大的环境氛围，主要是宏观调控，宏观调控下的政策法规、舆论氛围对企业家的压力远远大过全球经济危机带给企业的风险。

李　翔：比如在远东附近地区有上百家电缆企业，有多少能挺过去？

蒋锡培：我觉得可能会有三分之一活不下去吧。

李　翔：说到底，你有没有想过自己想成为一个什么样的人？

蒋锡培：我想成为一个很好的企业家。所谓的好，是对方方面面都有贡献，而且一定要有口碑，这个很重要。口碑也就是一个人的品牌。在中国这样的社会当中，你要赢得人家的尊重，要实现自己的价值，一定是要做出非常重要的贡献，要比常人付出得更多。

李　翔：你会羡慕其他国家的一些商人吗？他们可能会对社会产生更大的影响力。

蒋锡培：不同文化和不同背景下的企业家会有不同的表达方式，社会对他们也有不同的评判。现在而言，我觉得有很多外国企业家会羡慕中国的企业家，因为中国在未来会是一块最大的市场。

李　翔：当前严峻的经济形势对远东和其周边的电缆产业集群有何影响？

蒋锡培：当下的经济形势对很多企业都形成影响，只是影响程度不同而已。对很多企业来说，都存在几个方面的困难：一是业务量大幅下降；二是货款回收更加艰难；三是开工不足。

李　翔：这个时候最能考验企业家哪方面的特质？

蒋锡培：可能在以下几个方面都能体现：一是毅力，需要具备坚韧不拔的精神；二是风险承担的能力，就是冒险的精神，有一些决策需要冒险；三是诚信，像在当前的这种情况下，你是不是继续保持并实现你的承诺；四是创新精神，遇到这种困难，是束手待毙还是努力创新、寻求变化。这些因素在这个时段内都会集中地体现出来。

李　翔：远东未来的发展战略会因为此次危机而有所调整吗？

蒋锡培：首先，远东"三个主业加投资"这样的一个发展战略是不会变的。我们按照自身可掌控的资源、我们的能力以及做企业的规律来决定投资与否。

一个企业不可能做无限多的事情。我们已经选择了三个主业：电缆、医药、地产。这三个主业都有很大的成长空间。而且做企业还是要讲究专业的，你要去做好你的第一主业，这是最关键的。选不好可能再去选第二主业。一般企业要做到三个主业都自己去控股经营已经难度很大了，特别是在行业跨度比较大的情况下更是如此。所以从这个意义上来讲，我们还是要用心把三个主业做好，集中优势资源做好一件事情，在有条件的情况下，再去做第二、第三件事……

其次是投资，我们可以去投资一些比较看好的行业和企业，但是对这些企业不可能去控股和管理。

李　翔：远东在电缆行业已经处于领先地位了，但却没有听到要并购同行企业的消息，对此你有什么特殊的考虑吗？

蒋锡培：其实并购也是我们一直在考虑的，也曾经谈过多家，但都因为没有充分的互补优势而放弃了。我们希望彼此的优势可以互补，而不是简单地将资产叠加起来。比如某一个地区，这个市场我们没有，对方有；比如某个技术产品，我们现在没有，但是对方有。对于这些情况，我们就可以考虑并购。只要符合这样的条件，我们是会走出这一步的。

李　翔：怎么看目前政府的宏观经济政策？

蒋锡培：现在国家出台的一些产业振兴计划，我觉得还是比较全面的，操作性也比较强。但是作为企业来讲，关键还是要靠自己，因为这些政策对于所有的企业都是一样的，关键是看企业自身如何把握好这些机会。现在我们这个行业的产能大量过剩，而且还有新的投资者不断进入，如果再不从宏观上去把握，不从资源合理利用的角度去把握，那么资源的浪费就会更大。

不过，国家出台的一些政策肯定是立竿见影的，比如税收政策，它可以马上降低企业的销售价格，让企业去赢得市场。另外，还有一些鼓励创新的政策，虽然不是一天两天就能看到效果的，但也很重要。

李　翔：你会考虑通过减薪、裁员这样一些压缩人力成本的途径来降低成本吗？

蒋锡培：人力成本当然是很多企业都面临困境的一个原因，但它不是主要的。如果有足够的生产订单，企业非但不会裁人，而且肯定还要招人。另外，如果要使员工有更高的工作效率，那么工资和福利待遇就是激励的最重要的因素。

李　翔：对你而言，你觉得当下最大的不确定性因素来自哪里？

蒋锡培：就外部来讲，最大的不确定性因素是全球的经济发展趋势很难估计，特别是我们对美国、欧洲一些国家的内部金融体系以及整个经济状况还不是太了解，信息不对称，不知道还会发生什么情况，会对中国产生多大的影响，这是最大的不确定性因素。

但无论外部因素的确定还是不确定，企业内部一定要把"市场"作为企业的生存之本来看待，企业的产品要能够赢得客户的认同，要有充分的竞争优势。外部是千变万化的，内部却一定要把自己的核心竞争优势把握好。

附记

如何面对不确定的世界

他坦率地承认自己面临的压力，尽管他没有必要对我们足够坦诚。外部世界的变化已经让这名中国南方商人目眩。他并没有假装自己能够搞懂引发经济危机的全部那些因素。他说："我们对美国、欧洲一些国家的内部金融体系以及整个经济状况还不是太了解，信息太不对称。"

华尔街的把戏对于一名中国制造商而言过于高深。当然，这也没有任何关系，因为连巴菲特都坦诚自己对华尔街的很多工具目瞪口呆。奥马哈的圣人抱怨说，金融衍生产品让投资者难以理解大的金融机构，让人"彻底迷失"。而且，"实际上，最近的一些事件揭示出，那些供职于主要金融机构的 CEO 或者前 CEO 们，也没有能力去管理一个拥有如此复杂和庞大的衍生产品的生意。查理·芒格和我也在这个倒霉鬼的名单中"。

"在我了解你之前，我还更喜欢你些。"巴菲特引用一首乡村民谣的歌词说。不过，对于这名中国制造商而言，事情无关"喜欢"与否，更重要的是他看着自己的公司的销售额下降和回款速度下降，以及天知道还有哪些问题。

只是作为一名公司的创始人和领导者而言，他不能表现出自己的任何焦虑，他要像法俄战争时期的拿破仑一样四处巡视，安抚手下的将军和士兵去忍受俄罗斯大地的严寒。"皇帝和我们在一起"，当拿破仑出现在前线时，法国士兵们总会抬起疲倦的头颅，像看天神一样注视着这位战争国境中的天才人物。

蒋锡培正是这样做的。我看着他在自己的办公室里同员工们谈笑风生，作出关于未来的许诺，临别时激励般地拍拍肩膀。他要在不确定的时代为自己的下属们提供信心和确定感。对他自己而言，这也是唯一的确定因素：你只能做好自己应当做的事，其他的事情，就交给奥巴马、布朗和胡锦涛等去考虑好了。他称他们为"我们所拥有的明智的世界领袖"。

在过去的时间内，他已经成功地带领自己的公司度过了无数危机，已经广为人知的是他通过几次改制让自己和自己的公司强大起来。他是善于把握风向变化的高手，至少从商业轨迹上来看，在审时度势并且作出变化方面，他从未失手过。这一次，他还在继续这样做：捕捉风向，作出变化。

季琦 汉庭连锁酒店集团董事长

危机让我变得更有耐心

他曾经历过贫穷。不过，对于中国人而言，这种经历平淡无奇。19岁时他考上了上海交通大学，这让他可以离开江苏老家的农村，来到他从未接触过的城市，而且是中国最繁华的城市。28岁那年他又去了美国——那是1994年，杨致远和大卫·费罗创办了雅虎、吉姆·克拉克和马克·安德森创办了网景，和大部分在那期间到美国去的中国人一样，他被个人计算机和互联网震撼了一下。

1995年初他回到中国。他错过了网景公司上市的盛况。成立十八个月的网景，在尚未取得盈利的情况下登陆纳斯达克，而且股价飙升。随后就是五年的互联网黄金时期，大量公司成立，急急忙忙上市。直到1999年，他才开始了日后广为人知的成功创业，那一年，他参与创办了携程旅行网。

接下来的经历让季琦成为了一名财富明星。尽管同很多具备表演天赋的商业明星相比他并非那么耀眼，但是成功创办两家公司携程和如家并且将之送往纳斯达克的经历，却让他成为最受投资人宠幸的创业家之一。当他离开如家开始创办新公司汉庭之后，一次会议上，一名风险投资者问他什么时候能给他一个投资机会。而另外一名投资了汉庭的风险投资家周树华则说："我认识季琦七年了，第一眼看他是个美女，现在再看他就是仙女。"

他的新公司被寄予厚望，季琦和汉庭也没有辜负这种厚望。2008年，汉庭的规模已经超过了当年如家上市时的规模，但是令他和他的投资人都没想到的是，此时资本之门已经因为金融危机而关闭了。

对于这个因速度和激情而知名的创业者而言,外部环境的恶化让他必须放慢脚步。他开始学习如何慢下来。他反复重申外部环境恶化的益处,他说这会让投资人和自己都更有耐心,因而让公司的根基更加稳固。

在关于个人未来的话题上,他不止一次地说过汉庭会是他终生的事业,而与此同时,他又用渴望的语气谈论着吉姆·克拉克——硅谷的连环创业家,他曾经创办了三家上市公司,第四家公司 My CFO 却不甚成功。所谓的新新事物的诱惑仍然存在。

吉姆·克拉克的另外一句话对媒体记者和读者都有警示作用。他曾用匪夷所思的语气对著名商业作家迈克尔·刘易斯说:"我真不敢相信,媒体怎么能指望一名商人对它们坦诚相告呢?"我们都必须学会鉴别。不过,作为一家媒体,我们仍然相信,在此时聆听季琦的谈话仍会让我们从中获益:在过去的一年时间内,刚刚出现的企业家阶层在不断地被公众舆论所质疑,而与此同时,外部经济环境的恶化又让他们承受着最直接的冲击。

访谈

一个被神化的阶层

李 翔: 你怎么看你身处其中的企业家阶层?这个阶层是这三十年新崛起的一个阶层。

季 琦: 如果说我们是一个阶层的话,那我觉得我们这个阶层其实是挺苦的。首先,的的确确我们离权力中心很远;第二,我觉得从整个社会来说,我们的声音、我们的影响力都偏小。有一次听一位教授讲,他说我们是中国的主人,我感觉挺吃惊的,因为我一点也没有这种感觉。我觉得我们真的像公仆一样,为消费者、为员工去勤奋地做事。

这个群体人数少而且参差不齐。如果它是一个阶层的话,那么我们这个阶层相对其他阶层而言更加多元化:有完全外企风格的企业家,有完全农民出身的企业家,也有从政府部门出来做生意的企业家,彼此差异很大,但是都不妨碍商业上的成功。所以这个阶层很难形成一个统一的东西。

李 翔: 妨碍形成统一的东西的原因仅仅因为他们背景不一样?

季 琦: 两个原因:一是数量,中国所谓的在做企业的人数不少,但真正能够称之为企业家的以及能够有影响力的人数很少；第二，企业家本身价值观的差异使他们很难形成一个统一的东西。在诸多原因中，价值观差异是最根本的。

李　翔：在2008年，企业家里的很多正面形象也开始备受争议，你怎么看待这个问题？

季　琦：首先我觉得中国没有宗教，但是人仍然需要一种寄托，甚至"崇拜"这种类似宗教的情感，以产生依赖感。改革开放三十年慢慢形成了大家经济导向的思维，这种思维的结果是，在经济上成功的人就是英雄，比如马云、王石等。然后这种氛围又把企业家推到了不该有的高度，企业家被神化了，或者被宗教化了，接下来肯定就会出现反差。大家会觉得，原来你是这样的啊！但是我想，他们比平常的人不会差吧？

李　翔：你指哪方面？

季　琦：任何方面。比如王石的捐款风波，但是我相信有很多人是不捐款的。比如马云，今天我依然认为他是目前中国最优秀的企业家代表。

李　翔：插一句，你自己信什么？

季　琦：我不信什么。除了伊斯兰教外，基督教、佛教我都研究过。我还到教堂里听祷告，听了半天还没把我感化。我也很想被一个信仰抓住，但到今天为止还没遇到。

李　翔：回到刚才的问题，在中国目前的这种情况下，激烈的商业竞争会不会特别容易让人道德腐蚀？比如大家现在看到的乳业、搜索等问题。

季　琦：说老实话，首先，我觉得中国很多企业在发展过程中被资本在后面推着，急功近利。本来这个企业正常成长的话，可能有十年时间成长会是最好的，但现在很多公司两到三年就要长好，长到上市，这是资本推的。

　　　　第二是消费者在推。从什么时候起中国成了一个牛奶大国？中国从来不是，但中国有这么多消费者，购买力又这么强，市场这么大，中国一下子变成了一个牛奶大国。在这种情况下，企业很容易迷失。我觉得绝不可能只有乳业和搜索这两个行业是这样的，很多企业都被推到了一个不得不做的地步。我的观点是，在牛奶的事情上，除非有一个结构性调整，产量减少，否则接下来还会有其他事情。

　　　　企业家在其中的责任，我觉得后人自会有评价。另一个关键之处是政府的监管。

李　翔：江南春讲过一句话很让人动容，在分众无线的事情爆发之后，他说他学会了以后要考虑商业模式的道德性，这是不是意味着之前大家就没有考虑过这个问题？

季　琦：至少道德不是第一要考虑的问题。作为一个公司的创始人或者企业家来说，他考虑的是企业如何向前发展。现在看来道德是应该放在第一位要考虑的。像我们做酒店产品，安全是第一要考虑的，再便宜，安全有问题就没用了。

作为企业家来说，首先不能违法，然后不能违反整个社会的道德基准。之前很多发展速度很快的公司，你以为它们会考虑太多的其他因素吗？不会的。它们考虑的是我的速度对股价有什么影响，它们才不会管你什么道德问题。这样的事情我觉得很难得到改善，因为推动和压迫商人的两个东西没有变：首先是资本的推力；接下来的是市场和我们满足市场的能力之间的差距。它们都会给企业家造成压力。

"仙女"创业家

李　翔：比如你对服务业的激情是怎么产生的？背后也是有利益驱动吗？

季　琦：我做三个企业的动机都在变化。首先是财富梦，想发财，我觉得可能对大部分企业家而言，钱还是一个保持长久激情的动力。然后可能你还真喜欢这个东西，觉得挺有意思的，做下去可能做得很大。当时做如家，一进去我就很喜欢这个行业，很好玩，而且之前没有被整合过，空间很大。我觉得自己的很多想法，包括设计上的，都还没有充分施展，自然而然就产生了激情。

李　翔：在美国的那段时间对你影响大吗？

季　琦：如果说小时候我们看到的底线是地板，那么到美国我看到了屋顶。去美国，至少知道了什么是顶，中国应该在底线和顶之间找到自己的位置。这是我去美国的收获。

第二就是互联网技术。在美国见到的互联网技术确实让我很震撼，这个细节我讲了很多遍，确实很震撼。因为我自己也是 IT 出身，后来最初的创业就是从互联网着手的。

李　翔：从开始创业到现在，你在商业上是怎么学习的呢？之前商业对你基本上是一片空白。

季　琦：边干边学。第一是跟同事学，学管理，学旅游，包括我们早期做调研，一开始不懂，后来基本上都懂了。第二跟书本学，比如做酒店行业，我基本上把很多国家的关于酒店的书都找来了。第三就是书上也没有、自己的伙伴也没有经验可以给你的，你就得通过已有的知识和经验去作判断，然后确定自己应该怎么做。主要是这三条途径。

李　翔：读商学院有用吗？

季　琦：有用，同学之间学习很多。很多人都是抱着交流的想法去读书的。太阳能我不懂，但是彭小峰跟我们是一个班的，跟彭小峰一聊，我就学到了很多。再比如何伯权会给我们讲怎么投资。他老跟我说别做得这么累，差不多就行了。

李　翔：你会羡慕何伯权的那种状态吗？

季　琦：我觉得我现在的状态很好。巴菲特说他每天都跳着舞去上班，我现在感觉我跟他的境界是一样的，每天都很开心。我能改变很多事，我能知道很多事，我能看到自己的企业越来越好。我六点半就很高兴地醒来了，我以前跟你一样喜欢睡懒觉。

李　翔：之前呢？

季　琦：开始做商业时肯定有很多包袱，人挺焦虑的，很想成功，很想发财。不是我一个人是这样，当时创业的人都这样，心里都很焦虑，不太可能每天早上起来都很开心地傻笑。我做如家的时候就是这样，做汉庭时相对好一些，因为不会有人老是问你，你怎么还不把员工给裁掉？那时资本市场的压力比较大。

李　翔：你是怎么度过那个焦虑期的呢？

季　琦：就像考试一样，高考的时候多焦虑啊，但也就这么过来了。我们还是有很多快乐的时光的，那时候我们四个人经常要聚一下，欢呼一下，吃一顿饭，或者出去逛一圈，苦中作乐，自己找点乐子。

李　翔：未来你的公司要上市的话，那你不是还会面临同样的压力？

季　琦：会比较少。我觉得我从事的行业比较好，酒店行业不是一个非常急功近利的行业，实际上它是一个长跑的过程，它更需要耐力。

李　翔：我觉得你现在应该同样面临增长的压力吧？

季　琦：实际上，首先，我们应该觉得宽慰，在过去的一到两年时间里，我们酒店是人类历史上发展速度最快的连锁酒店，从没有一家酒店一年能做超过一百家连锁店，这样的速度从来没有，但我们做到了。我们现在能做到，没有理由将来做不到。

　　其次，我要感谢我的投资人。投资人也知道在现在这样的经济环境下上不了市，所以他们反而沉住了气。几乎每个投资人见了我都会说，你太快了，不能着急，我们不急着赚钱，你要把企业做好。这就是我们投资人的目的。

李　翔：在投资者眼里你是一个什么样的形象？

季　琦：资本市场不是我所能左右的。但是可能像我这样的，投资者还是蛮喜欢的，因为我有好的信用记录。

李　翔：你觉得自己是个什么样的人？

季　琦：我是一个挺普通的做企业的人，挺认真做事，对自己做的事特别有热情，特别有信心，还比较喜欢做事。

恶劣环境下的行业与公司

李　翔：我记得刚开始的时候，很多人会问你，你的公司你打算什么时候上市？你开始做这家公司时的计划是什么？

季　琦：这个计划基本上实现了。汉庭的业绩老早就超过了如家上市时的规模和成绩，资本市场已经能够接受我们这样的公司了，但是资本市场崩塌以后，就没有可能了。这不在我的设计之中，我可以计划过程，但是我设计不了结果。

李　翔：资本市场的崩塌，现在对你而言变成了一件好事，让你变得沉静，让投资者也更有耐心。

季　琦：汉庭我们才做了四年，在这四年内，我们大部分时间都在狂奔中渡过，其实根基是非常不扎实的。如果没有这次危机，汉庭或许能做成一家市值十亿美金以上的公司，但是也非常危险。公司的企业文化、管理系统和运营系统都没有根基，但我们这个行业却是一个需要积极管理的行业。金融危机来了，我们没上成市，但给了我们调整的时间，让这棵树苗子去把根长好，对我们是一件好事情。

我们过去的扩张速度还没有疯狂到不计后果的程度，我始终有一种危机感，我们是不是太快了？是不是太猛了？还好，我们还不是特别疯狂。所以危机到来的时候，我们的状况可能是整个行业里最好的。我们2008年的大部分时间，包括2009年的整体计划，都是要把这个企业做好做实。

每个公司所处的阶段不一样，看待风暴的态度就不同。比如对上市公司来说，金融风暴不是件好事情，因为资本市场给它们的压力很大；而过小的公司又会碰到生存问题，它们比我们的压力会大。

李　翔：之前你有没有遇到过类似的环境？

季　琦：碰到了，我做三个企业都碰到了。用"灾难"这个词来形容我觉得一点都不过分。我做携程碰到了互联网泡沫破灭，做如家碰到了"非典"，做汉庭碰到了这次金融危机。对于这次危机我还是有充分的思想准备的。有时候我觉得没事是不正常的,有事才正常。

  当然,应该希望这些事还是不要发生。但发生了,作为企业就要去想,在这种环境下如何活下来,而且活得更好。这种时候还是很考验人的。包括这次危机,到今天我考虑的不是怎么应对这个危机、怎么活着,我考虑的是危机肯定要过去,危机过后,我们怎么在下一轮经济繁荣里能占到一个有利的位置。实际上过去也是这样的,危机让我们变得更加强大。如家也是"非典"之后牛起来的。

  举个例子,互联网企业经过互联网泡沫大概死了百分之九十以上,这个"死"也包括不发展。但是资金和人才呢?只能流到那些还活着的公司里去。

李　翔:你现在的压力主要来自于什么地方?

季　琦:客户和我的员工。我每看到一次客户的表扬就很高兴。我在想我们是不是能保持每一家店在每一时刻都做得这么好。

  然后是我的同事和搭档。很多人跟我一起创立这家公司,想一起把企业做好。我们员工很多,2009年有一万多人,他们到我这儿来是想得到一个好的环境和待遇,好多人靠这个钱来养家。

李　翔:客户、员工、投资者、社会等同公司相关的各方,你是如何排序的?

季　琦:第一是我们的员工。在我们这个行业里,很多人把客户作为第一要素,而我把员工作为第一。第二是客户。第三是股东和投资者。再往下排的话,是利益相关者,比如我的房东业主、供应商、我们周围的居民等。第五位是社会。

  把员工排在第一,是因为我们的所有服务都是由员工提供的,如果员工没有安全感、工作不愉快,他是没有可能给客户提供很好的服务的。

李　翔:你们现在跟如家是竞争关系吗?

季　琦:这个词应该用竞争伙伴或者战略伙伴来描述比较好。在这个行业里,市场好的时候竞争更激烈点,因为大家都在圈地、互相竞价;市场不好的时候,比如现在,没有竞争了,大家都趴着不动。

  为什么说是伙伴?因为从市场来说,连锁酒店加起来也就是几千家,供应量太小了。如家有三百多家,汉庭有两百家左右,这个市场加起来也就两千家,跟中国这么大的区域相比,供应实在有限。所以说竞争,感觉有点夸张。我非常不希望如家的股票跌,因为它是第一家上市的;如果如家出了问题,大家会说这个行业出了问题、有泡沫之类的。

  我做了两年商务酒店,商务比快捷赚钱,但是做商务在二线城市很累,一家店你要准备支撑它一年不赚钱。于是我就想,是不是要重新思考酒店的战略。2007年我和如家签订的非竞争条款也到期了，于是我重新杀回经济型酒店。我每次做都是这样，拿风投钱的时候说的是一套，最后做的是另外一套，但是做得比说得好。

李　翔：投资者没有意见？

季　琦：因为我们做得很好，他们也理解，这个市场一看就懂。

李　翔：在你看来，这个市场远没有饱和？

季　琦：局部可能饱和，但总体而言这个市场还远没有饱和。中国酒店行业在过去几十年里，基本没有人去碰，就好像摩卡咖啡，大家碰的都是泡沫奶油那个地方，都是五星级、四星级的高档酒店，低端市场没人碰，没有人去喝咖啡。如家、汉庭，包括七天，虽然经过这么几年的发展，但我认为对市场需求来说还是杯水车薪。

李　翔：但是这个模式是不是很容易被人模仿？

季　琦：这是一个通俗的智慧，但通俗的智慧在商业世界里是没有用途的。最成功的商业模型是什么？看上去最好做，实际上却很难做。这是好的商业模型。很多人都能开一家咖啡馆，但是只有一家星巴克。有的商业模型巧妙得不得了，别人很难模仿，但这样一般不会做大。

酒店行业有几个壁垒：第一个壁垒是资金。我们运气好，借了互联网的概念，没有资金我们走不到现在。第二个是公司基本结构的竞争力。这个跟我说的耐力有关，耐力的培养需要时间，这是很多人看不到的地方。第三个壁垒我觉得是规模。要有一定的规模，才可能有一定的地位。我们现在有几个亿的流水，当然有了抗风险的能力，而规模小的公司在危机面前就会很难。投资者和银行看到你的现金流，也会觉得你的公司很稳定。

危机时最有价值的东西

李　翔：很多创业者很难完成从创业者到经理人的转变，因此成了职业创业者，你会碰到这样的问题吗？

季　琦：如果你说的是专业管理者，我认为到今天为止我还没有完成这个转变，我不是一个非常合格的或者说非常称职的专业管理者。做企业，管理这块我不是专家，但是其他同事比我强，这就是团队的作用。团队里最好要有各种不同强项的人。

我认为创业上的经验和激情是我的优势，这个优势别人很难替代。为什么我要舍弃自己的优势去做自己没有优势的事？每个企业的成功都是两者结合起来的，即一个非常有激情、非常有创新力的创始人和一个专业的管理者，两者缺少其中之一企业都不会成功。

李　翔：但是之前你说过很多次，汉庭是你要做一辈子的事。未来你的角色会是什么？既然你认为自己不适合做一个专业的管理者的话。

季　琦：我会扮演这个企业需要我扮演的任何一个角色，虽然有些不擅长，但是我可以通过其他途径去弥补。管理者不是一个人，而是一个团队。比如大家觉得阿里巴巴就是马云在管理，这是错误的。企业越大，个人的作用就一定要越淡化。虽然我现在为企业做很多抛头露面的工作，但是千万不要给将来的创造者造成一种感觉，企业是一个人做的，这是一个会破灭的神话。

我现在在国外待一个月，公司什么事都没有。下次我试图在国外待三四个月，我要看这对公司有什么影响。人在国外思考的东西很抽象，这也是企业需要我扮演的角色，我认为这是责任。

李　翔：你说汉庭是整个行业第一个感觉到危机并且是第一个采取措施的公司，你什么时候感觉到大环境变得艰难了？

季　琦：2007年下半年。

李　翔：征兆是什么？

季　琦：征兆有几个：一是这个行业竞争太厉害了，租金高到难以为继的地步，如果再高的话就不挣钱了。二是美国的次贷，当时没想到影响会这么大，只是觉得可能会有影响。

李　翔：过去的那两次危机，也即互联网泡沫和"非典"，教会你的东西是什么？

季　琦：最重要的东西是，你要在所有人进入之前先进入，你要在所有人进入的时候找到新的希望和新的兴奋点。如果我们今天才来调整公司的发展节奏，那么我们所有的精力都会在战场上消耗殆尽。你要把积蓄的所有的力量都变成最有价值的东西，这个时候买东西或者做事情是最便宜的。

李　翔：什么是最有价值的东西呢？

季　琦：现在去买一些相对便宜的资产是对的，但是比资产更重要的是这个企业本身。如果把公司比喻成大楼，那么现在打地基的成本最低，除了看得见的实体之外，还要趁机去建构它的软实力，因为之前你可能忙着去扩张。危机过后，这是更有价值的东西。

要去获取有价值的东西，这是危机时期最应做的，而不是大部分人所说的"现金为王"。如果四个月之前讲"现金为王"我还会附和一下，但现在

李　翔：还在做出这种反应，我就觉得不对。
李　翔：你在商业上有没有自己的原则？
季　琦：多赢与和谐。有一句话讲得很好："出来混总是要还的。"如果仅考虑自己的利益、自己的发展速度、自己的盈利，而没有考虑到顾客、员工的利益，最后就得还。
李　翔：但它和速度是矛盾的吧？
季　琦：速度体现投资者的诉求，其他的，比如质量体现的是消费者的诉求，但这两者需要平衡，否则跑得再快，最终还是会付出代价的。
李　翔：你自己对公司的成长速度有依恋吗？
季　琦：我们过去的成功确实是以快制胜，但公司变大的时候，就要考虑速度问题。这跟开车是一个道理，车速快是以高排量为代价的；如果燃料不足，是不是就要考虑慢一些？

企业家的社会责任感

李　翔：你如何看待这个国家的历史以及它的传统？
季　琦：一段时间内，大家都认为传统要改变或淡化，但我认为是要强化。一般人在不太自信的时候会有这样的表现，像我刚从乡下来的时候，就很注意看城市人怎么穿衣服，城市女孩怎么打扮。我们比较穷的时候就会看美国人怎样、日本人怎样，甚至港台人怎样。过节也是过洋节，比如圣诞节、情人节。我觉得当我们的经济发展起来时，文化人和生意人要从各个方面鼓吹和强化我们的传统。一个民族如果没有自己的文化，就不成其为一个独立的民族，过节都过圣诞节、万圣节，我认为不应该这样的。中国经济发展起来之后，我们慢慢会有自信。

　　我本人也经历过这个过程。我对圣诞节没有太大的兴趣，但对春节的印象要深刻得多。但是在大学的时候，我觉得过圣诞节很开心。那时候觉得，圣诞节是洋节，春节就是回家看看老人吃吃饭，很土的。那时候真这么想，但现在就不这样想了。

李　翔：中间那个转变是怎么完成的？
季　琦：我觉得原因还是自己比较充实了，在精神上和物质上。我在读书的时候，更多向往的是外面的世界，觉得外面的世界很精彩。可是后来美国、欧洲等世界各地都去过，就发现你还是要回归到自己的国家的，你是属于中国的。你的历史、你的传统、你的国家才是你的本土。如果都像美国人那样，这个世界就没有什么意思了。在历史上，最繁华的地方和时代都是各种宗教文化共荣的地方和时代，各种文化都把自己的精华贡献出来。伊斯坦布尔在它最繁华的时候，就是基督教、伊斯兰教、佛教各种宗教共存的时候。

李　翔：你自己有什么信仰吗？

季　琦：我非常希望有信仰，我拼命地看佛教的书，到教堂听人做祈祷，但是我还没有什么特别信的。人有信仰是好事情。

李　翔：那么支撑你维持现在高速运转的力量源泉在什么地方？

季　琦：我觉得，这个春节对我来说转变蛮大的。平时都非常忙，没有时间考虑这些问题，但是这次有两个多礼拜没有人来打扰我的思考。我觉得两年前，可能我还很注重个人成就感，但现在正在转变，我更注重责任。无论是股东、高层管理者还是打扫卫生的阿姨，这么多人在这个企业里生活，我的责任感越来越强。作为我来说，自己的得失已经不太重要了，包括名和利。对于这些人，你得把企业做好，至少让他们也能享受到很好的生活。我的这种责任感越来越强，之前是从来没有过的。

　　这种责任感马斯洛没有提过。但是人可能到了一定阶段之后就会浮现。当初我开始做商业的时候就是单纯地想挣点钱，能买车、买房，在同学中有地位。当初若有人跟我讲，这个公司是你做的，我会觉得自己很牛。但现在我真没有这种想法了。现在仍会有人跟我讲："季琦你真牛，做了这么多公司，上市了，有钱了。"但现在，它已经不是支撑我的动力了。

李　翔：你的商业智慧的来源是什么？

季　琦：我不认为我是个做企业的专家，但是我自己做公司的经验来源于几个方面：首先，西方的管理学书籍，德鲁克的书，我从头读到尾通读了一遍，对我的启发很大；其次，中国的古书，如《论语》、《孙子兵法》、《韩非子》和《庄子》，我都看了很多遍；第三，还包括《毛泽东选集》，毛泽东实际上是一个对中国文化了解很深的人，我经常在开会的时候会引用毛主席的话，如"知无不言言无不尽"、"批评与自我批评"、"事实就是"等，他的很多东西实际上都很有道理。

李　翔：你跟你的同事之间的头脑风暴多吗？

季　琦：我有个理论，即基层的人要敬业，中层的人执行力要强，高层的人要有智慧。我昨天还在讲，我们中层每一个人都是发动机，都要有新的想法和新的动力。但我们现在是火车的模式，在依靠火车头起拉动作用。现在我们要拆开，要变成汽车的模式，使每一辆车都有自己的动力系统。

李　翔：你比较欣赏的商人或企业家是谁？

季　琦：柳传志、任正非、张瑞敏这一批企业家，尤其是柳传志，因为我刚开始也做IT。他们的难处跟我们的难处不同，但他们能做出一个世界级的公司。国外的企业家，我关注比较多的是我们这个产业的，比如马里奥特，他对我的影响也很大，我还曾经找人将他及他的公司的英文材料翻译成中文给员工看。

李　翔：你有 role model 吗？

季　琦：它不在一个人身上，比较分散。

李　翔：你最欣赏的是他们身上的哪种品质？

季　琦：比如马里奥特的亲历亲为和一线管理。酒店这个产业是一个实践感很强的行业，马里奥特非常讲究亲历其为，即使是最高层，也会经常到酒店去了解客户的感受和员工的感受，这个对我影响非常大。还有威尔逊，假日酒店的创始人，他的冒险精神以及坚持精神。

李　翔：你是个亲历亲为的人吗？

季　琦：是的。马里奥特的亲历亲为，不是说坐到办公室里讨论事情应该怎么做，而是说领导层应该能够到一线去体验各种各样的事情。马里奥特有个习惯，他每年都要花很多时间去巡视，无论是看客房还是前台，他还会去看食堂，看员工吃得如何，这样才能知道他的酒店到底怎样。我自己还校译了他的书。

李　翔：你对你周围的大的商业环境满意吗？

季　琦：满意，非常满意。我们占据了天时、地利、人和。往前，机制和资本所限，可能就没有机会；往后，各种机会可能都被别人占了。而我们正好处在这个时代，只要稍加综合、稍加利用、稍加努力就可以取得一定的成功。

当然也有很多社会问题。但我觉得贫富差距的问题不是我们企业家要考虑的，我们要考虑的只是力所能及的范围。就在你现在任的职位上，我曾经说过，我们决不能靠压榨员工来谋取利润。现在没有办法，我们员工的待遇还是给不高，这是行业水平。但我们的目标是等到利润提升之后，把一部分利润拿出来，变成成本，提高工资水平。我觉得我们还是很理想的。

大的社会问题，这不是企业所能解决的。我们所能做的就是尽量保持企业内部的和谐，员工生活得快乐开心，无论是薪水还是环境。

举个最简单的例子，我们有个模型，分析我们最底层的员工一个月赚多少钱，住在哪里，多少钱租的房间，几个人一间房，一顿饭花多少钱，春节是否回家，回家花多少钱。我要做这样一个模型出来，我想知道我的员工究竟是生活在怎样的水平上，我将来的很多服务都是靠他们来做的。这是我做生意的理念和责任感。

之前我不会这样子的，更多的是董事会的指标，一定要完成；不完成就把你开掉。当然要完成指标，但是在我们的客人、员工和股东之间要有一个平衡。

李　翔：这个转变很有趣。

季　琦：是很有趣，但其实也非常自然。一个不了解我的人可能认为这个小子在唱高调，但实际这是一个非常自然的过程，有一天你就忽然悟到这一点了。人的价值观决定了你做事的方式。这种转变我也不知道为什么，可能跟年龄以及自己经历的一些事情都有关。

李　翔：很多商人最后都去通过捐款履行社会责任或者找一种信仰来去追求内心的平静……

季　琦：这可能是另外一种境界。我现在的境界，就是把自己的企业做好。过去中国的细胞是家庭，现在我认为中国最小的单元和细胞是企业。我们作为企业家如果能够把企业做好，能盈利，能给客户带来高性价比的产品，员工能够得到高于行业水平的薪水，如果每个企业都这样，那我相信这个社会就会比较和谐。同时这个企业创造的财富和税收，会让国家有钱去投入教育、去修路、去造林，我觉得这是企业家所能做的事情。

我觉得有很多事情要做，很开心，也很愉悦。

李　翔：有没有令你很憎恶的品质？

季　琦：我最恨的还是对人的不尊重和对人性的不尊重。

李　翔：你想过什么办法去改变这一点吗？

季　琦：还是那样，千里之行始于足下。我已经不像大学时期那样愤世嫉俗了，说中国人怎样怎样。你有多大的能量就发多大的光和热，不要去骂这个世界有多么黑和冷。有什么用呢？太苍白了。这应该留给你们记者和知识分子们去骂，我们这种人就是好好出力。我一直认为中国必定会崛起。我们比别人聪明，比别人勤奋，我们为什么不会崛起？

李　翔：为什么会这么认为？

季　琦：因为我经历了这一切。你看我是从农村出来的孩子，我那时候还吃不饱饭。然后我开始上大学，大学毕业之后开始给人打工，跟现在打工的人一样，为了生存、为了房租、为了吃饭而打工。然后我自己创业，然后上市，做了一个做两个，然后做第三个。你看我们做过的三个企业，没有说哪一个是泡沫，都非常棒。我们也不是开印钞厂的，这都是我们通过市场赚来的，我当然有信心了。

商业的心灵：中国商人访问录
Business Mind: Interviews With Chinese Business Leaders

附记

创业者季琦

1966年出生在江苏的季琦被称为新一代的上海企业家。在这个商业成功被迅速宣扬的年代，他的创业故事早已为人熟知：1999年他和他的三个大学同学沈南鹏、范敏、梁建章创立了携程旅行网。2003年，携程赴纳斯达克上市。2002年他和沈南鹏等人在携程最辉煌的时候创立了如家快捷酒店。2006年，如家也在纳斯达克上市成功。2005年，同样是在自己参与创立的公司上市前一年，季琦创建了汉庭商务连锁酒店，他希望也能把这家连锁酒店送到纳斯达克上市。

因为携程、如家和红杉投资，他的同学沈南鹏是2006年知名度最高的商业人士之一。而季琦新创立的汉庭也已经在以超过如家的扩张速度发展。他更像一个不动声色的创业者，而不是镜头前风度翩翩的明星经理人。

在他宽大的办公室里，摆着跑步机和棒球棍，他从每天下午四点开始跑步，而棒球棍则更多地成为一种展示品，因为没有人陪他打棒球。电脑屏幕上设置的桌面是他七个月大的女儿的照片。

和大部分创业者一样，他习惯于保持高速运转，但却给人以随性懒散的牛仔印象；尽管他可能已经对谈话漫不经心了，但却能控制住自己的耐心来听你继续发问或者讲话，而他不经意间说出的粗口更能拉近两个谈话者之间的距离。

在他的身上活跃着大多数人性格中少有的激情和多动性。在19世纪末20世纪初，启蒙思想家如梁启超认为，中国人性格中安静的成分过多，喜静不喜动的国民精神，让这个国家趋于保守和厌恶变革；而季琦性格中这种罕见的激情和活跃，却让他不停地创立一个企业，然后接着再创立另一个企业。

他的成功让他对自己和整个国家充满乐观。他总是谈起自己是从农村出来的孩子，可是如今竟然成为中国最富有的人之一。既然一个穷小子能够完成这样的飞跃，那么一个国家为什么不能呢？

他的变革之道在于自己的企业。他信奉"公司孤岛"理论，他认为公司是社会的最基本组成单位，企业家的本分是将一个一个公司做好，而当这些公司孤岛连成一片时，我们也就得到了好社会。

周晓光　新光控股集团董事长

翁荣弟　浪莎集团总裁

两位义乌商人的突围

一

　　四层楼的义乌国际商贸城，干净、整洁，并且不拥挤。所有描述义乌的文章中都会出现这座拥有六万家左右店铺的国际商贸城。其中一个最经典的描述是，如果你每家都转上三分钟，一天八小时不停歇，那么，你要用一年的时间才能从它里面走出来。

　　它并不是我们印象中那种人山人海的批发市场，卖家们并不殷勤。看守店铺的大都是雇来的年轻女孩，她们首先学会的是如何分辨观光客和真正的买家。所有那些询问商品零售价格的人可能都不被算作是真正的买家。以一个印着素雅图案的布包为例，只有在四百个以上才会考虑出售。

　　这座小城距离上海三百公里。从最近的杭州萧山机场赶来，也要将近两个小时。但是在过去不到三十年的时间里，它却成为世界的超级市场。人们用各种奇妙的语言来描述它，比如，"这里不是什么都有，但却几乎什么都有"；再比如，它被称作是小商人们的"应许之地"或者圣地麦加。它自己的口号是"商品的海洋，购物者的天堂"。有超过百分之六十的义乌市民拥有工商营业执照。义乌工商学院的副院长贾少华说，"它的人均银行存款和汽车拥有量可能是全中国最高的"。

123

商业的心灵：中国商人访问录
Business Mind: Interviews With Chinese Business Leaders

不过，它并不仅仅是一座贸易之城。尽管在义乌人们信奉"无商不富"，而在其他地方人们津津乐道的是"无工不富"，但世界超级市场的巨大货流量，同时也像传送带一样带动着本地制造业的发展。在义乌国际商贸城的六万家摊位背后，有不到三万家的制造企业，它们出售自己的产品，同时也为国际品牌代工，其中的佼佼者则拥有自己的品牌。一家吸管制造企业生产着全世界四分之一的吸管，一家拉链生产企业每年生产的拉链可以绕着赤道转两百圈，一家袜子生产商还成为了北京奥运会的赞助商。

如果你是这些商人中的一员，在义乌国际商贸城拥有一个摊位，或者更进一步，同时还经营着一家生产袜子、螺丝刀、手杖或者箱包的工厂，那么，不需要懂得次级贷款以及华尔街的各种把戏，你就能明白现在它意味着什么。所有关于这些后果的描述都是一个套路，首先是出口量的下降，接着你发现自己的现金流出现了问题，因为客户不能及时付账，再接下来，如果不多加小心，那么你自己也会陷入困境。世界不再迷人，也跟你年轻时不一样了。

四处都是危言耸听的流言，不断有公司解散清算的消息传来。大部分人都战战兢兢，唯有其中的佼佼者才有信心宣称自己能够避免被殃及，尽管这种信心有些时候也不是那么确切。很多时候，他们的言语更像是安慰别人同时也是安慰自己的心灵良药。这些言语温暖人的内心，虽不是提供及时行动的指南，但却总是被需要。

二

出租车驶出义乌城区需要登记，但性急的司机不需下车，只需在作为出城登记点的房屋门口大喊一声"新光"即行。那些密集着制造工厂的工业园分布在城区之外，出于治安考虑，每辆驶出城区的出租车都要在出城登记处登记。

新光饰品的创始人周晓光可能是义乌最著名的商人了。她是义乌市第一位也是唯一一位全国人大代表。她频繁出现在电视和报纸上。在见我之后，她还要接受王小丫的采访。后者是一名电视节目主持人，要为中央电视台制作一档报道"两会"的电视节目。

1995年，周晓光和她的丈夫虞云新创办了新光饰品。她没有接受过太多的教育，面对外界时总是出言谨慎。但是她和自己的公司却在义乌的一片饰品公司中存活下来，而且成为最强者。在成立公司时，义乌就已经有超过一百家的饰品公司了，随后这个数字曾经上升到接近四千家，并且随着行业和大环境的变化而变化。"我们这个行业，2008年3月份的时候有三千多家公司，2008年年底，大概有两千家左右，这么短的时间内，三分之一的公司就都没有了。"周晓光说。

她刚刚满46岁，穿着一身黑色套装，扎一条素花纹的丝巾，细心描了眉，短发被焗染过。说话时面上表情波澜不惊，神情镇定到漠然，既平静又认真。

她坦率地承认自己的公司并不是一个庞然大物。托马斯·曼在一部描写小镇商人的小说中说，再小的城市也有自己的恺撒。在义乌众多以微不足道的商品作为生产对象的公司中，如我们已经知道的，这里的公司选择吸管、拉链、打火机和袜子作为主业，而年销售额接近30亿、总资产50亿的新光正扮演着小城恺撒的角色。

一篇2008年年底的报道引用中国饰品协会的说法，已经有将近30%的饰品企业由于原材料价格上涨、劳动力成本上升和金融危机的影响而倒闭或停产。这个行业的领先者——新光，在2005年、2006年、2007年三年间分别以50%、50%和30%的速度增长着。但在已经过去的2008年，这个数字为15%。不过这已经让周晓光感到满意了，她不断地庆幸着自己在2005年就开始的战略调整。

这次已经被众多媒体报道过的转型，起源于周晓光对海外市场的考察。当时，越来越多的竞争对手涌入饰品行业，无论是在制造端还是在销售端。国内制造商生产的产品不是已经出售一空，而是被大量积压在销售商手上，这让周晓光提前嗅出了市场上漂浮着的焦躁气息。尽管饰品制造商在当时仍然过着舒服的日子，但是周晓光仍然决定新光要逐步"从批发商转向零售商，要从制造商转型品牌运营商"。与这两个决定相关的是，建立自己的销售渠道以及自己的品牌。

站在今天的角度来看，这两个决定的重要性无论如何形容都不为过。品牌让这家企业可以避免沦为单纯的代工企业，并且避免受制于海外市场的订单。除了几家代工企业中的巨无霸之外，这类企业在此次金融危机引发的经济萧条中，无一例外地都不堪一击。直接掌握渠道则让周晓光和新光对市场需求的反应更加敏捷。新光的董事长助理徐平甚至认为，很多时候，不是因为市场需求没有，而是缺失了销售商环节，导致很多中国代工企业倒掉，因为很多订单正是由渠道传来的；而当渠道商自身面临困难时，订单也就消失了。

对市场的敏锐同样让周晓光较为领先地觉察到了经济萧条对饰品行业的影响。2008年4月，周晓光在美国拜访当地的客户和朋友时顺便做了市场调查。她随机走访了纽约第五大道的几家饰品店，结果发现，这些店的每天客流量从100人下降到40人，人均消费金额从200美元下降到80美元，自然而然，每天的销售额也在锐减。她知道，风向又一次变了。

后来她说，这让她在面对2008年8月和9月开始的坏的经济大势时内心平静，而不像很多民营企业家那样一脸惊恐。一直以来的经济快车让搭载它的企业家们认为，公司的高速成长是理所当然的事情。

2008年年底，周晓光跟义乌市的很多企业家进行了交流。她安慰大家说，事情并不是真的像所有人都认为的那般艰难，已经看不到阳光和希望了，"而是大家没有做好心理准备，一下子觉得很恐慌"。恐慌之后，接下来就会迷失方向，不知道目标是什么。对未来和不确定性的模糊认知，又进一步增强了恐惧感。

尽管如此，毫无疑问，周晓光看到的未来也并不都是阳光灿烂的大道，公司快车在其上高速行驶。周晓光对新光的高管团队说，2009年只要保持2008年的业绩即可。只是她希望，这段岁月能变成一个沉静的时期，使企业在沉静时期安心完善自身。这种完善在高速成长时期往往让人难以顾及，毕竟，在高速成长时期，成长才是第一位的。只要印钞机能照常工作，没有人在乎工厂建在哪里。

三

翁荣弟西装革履，打着一条红色条纹领带，梳小分头，说话时满脸堆笑，完全符合大众对浙江商人的印象：低调，不时打哈哈，无论是眼神还是面部表情都传递出精明的感觉，说话时声调会随着谈话内容的变化而变化。比如，当他压低声音时，他想表明，我在抱怨，我有不满，但是你知道就行，可别跟别人说。他的公司在紧急地大量招聘工人，人数多达三千人，而翁荣弟则认为，这个数字仍然难以满足浪莎的扩产需求。一则新闻报道说，甚至在春节期间，浪莎也没有停止生产，数千名工人放弃了假期。

他住在杭州一家星级酒店内的标准间，因为周末他要在浙江大学学金融。从传统制造业起家的商人们发现了金融业才处在整个经济河流的上游地位，于是纷纷表现出对金融业的强烈兴趣，比如，从饲料业起家的刘永好如今其实就是位金融大亨。

1995年10月，翁家三兄弟创办了浪莎袜业。和众多义乌的制造商一样，翁氏三兄弟也是以贸易起家的。后来的报道中经常提到，早年翁荣弟是如何睡在硬座车厢的座位底下南下广州、从自己拿到总代理权的厂商手中取货的。

通过做品牌袜的代理商建立起全国的销售渠道，此中的经验对翁氏兄弟1995年创建浪莎袜业或许起到了重要作用。但是翁荣弟更喜欢说的不是经验，而是品牌。他总是说，他们三兄弟当年选择做袜子，最重要的原因是他们发现"西装、女装、衬衫、裤子、领带等都有了名牌，只有袜子还没有名牌"。创业之前，他们三兄弟专门到北京注册了"浪莎"品牌，并且将42大类商标全都注册了。

1996年浪莎就开始到中央电视台做广告，这让中央电视台广告部的工作人员都颇为惊讶:"几块钱一双的袜子还做什么广告?"三兄弟的品牌意识之强烈在当时的中国商人中绝对属于凤毛麟角。"说句难听点,我的利润几乎全都投到品牌塑造上面了……(品牌塑造)这个讲一讲很容易,做起来却很难,毕竟拿出去的都是现金。"翁荣弟说。随后,浪莎又把自己的品牌外溢到了其他纺织品领域,最著名的是浪莎的内衣。

接下来,像所有富有雄心的中国制造商一样,浪莎开始顽强地向价值链的上端移动,其中最著名的事件当属浪莎拒绝沃尔玛订单的事件。在全世界范围内,沃尔玛都因为对制造端的不断压榨而声名不佳。尽管沃尔玛廉价超市在消费者中拥有极佳的口碑,但在供货商中,沃尔玛的形象却截然相反。它总是通过压低采购价格来迫使制造商们不断降低成本。它让全世界范围内的供货商都战战兢兢。一方面供货商们为不断被迫降低的价格而苦恼;另一面,沃尔玛的巨大出货量又让供货商们像老烟鬼一样欲罢不能。

2003年,浪莎进入沃尔玛的全球采购体系之中。2005年,浪莎接到沃尔玛300万美元的订单;2006年是250万美元;2007年的订单价值是220万美元。但是显然翁氏兄弟对此并不满意。2007年7月,翁荣弟表示,除非沃尔玛提高至少30%的价格,否则,浪莎将不再为沃尔玛制造产品。

翁荣弟后来解释说,浪莎的举动并不只是针对沃尔玛的,而是针对浪莎的全球采购商的。"中国人五年以前都不穿尼龙袜了,你拿过来的订单是尼龙的,那么低端的产品,我们的工人的工资、原材料成本都上涨了,一算这样肯定做不了。这不是针对沃尔玛一家的,而是针对全球采购商的。和我们自己公司的定位也有关。""浪莎向所有国内外客户都提出了提高单价的要求,其他的客户都答应了,就沃尔玛中国区不接受,我们考虑再三,拒绝了它的订单。"

这个故事有个理想的结尾:沃尔玛和浪莎的合作后来在2007年年底重新恢复。浪莎并没有失去订单,但又以强势的姿态让自己在制造业的价值链上向前挪动了一步。如果一家公司连沃尔玛都敢于拒绝,那么它没有任何理由再为了订单而屈服。此后,翁荣弟一直为与浪莎的讨价还价能力而自豪。他认为,他的公司终于有了议价权,甚至有了定价权。"我们可以把成本算给我们的客户,告诉他们我们必须提价。"

在另一方面,翁氏兄弟的资本意识来得也格外早。翁荣弟在数个场合重复过,浪莎从1998年就开始谋求公开上市了。可惜这一过程显得格外漫长,大概十年之后,也即2007年,通过用7 000万收购原ST掌控的控股权,浪莎才实现了借壳上市。但翻检当时的新闻报道,我们就能看出,背后被操纵的股价却让一直做实业的翁氏兄弟颇为无奈。

除此之外，翁氏兄弟还是小额贷款的主发起人。翁荣弟是金华商业银行的董事。

四

周晓光和翁荣弟看上去毫无共同之处。

所有见过周晓光的人都对她的好学若饥印象深刻。她总是在不断提及她在商学院的同学和朋友。这几乎成了她最主要的圈子。她将之称为"外面的人"，其中包括很多中国最精明的商人和投资家，比如做投资的赵炳贤、神州数码的郭为、康佳的侯松容、格力空调的董明珠、复兴的郭广昌、伊利的潘刚。

她是商学院同学聚会的热心组织者。2008 年，她就组织了两次聚会，一次在义乌的新光集团，另一次在杭州的西湖。后一次为的是讨论当时的经济形势。她会和她的同学讨论自己遇到的各种商业问题，从他们那儿得到各种建议。"我们同学聚会比跟咨询公司开会还专业，而且同咨询公司之间是利益关系，而同学之间则完全是出于热心和友善。"

在做出任何重大决定之前，她都会随手操起电话打给自己的某位同学，向其征询意见。在赵炳贤的影响下，她也成了沃伦·巴菲特的忠实信徒。她购买了伯克希尔·哈撒韦公司的股票，会在每年的 5 月份去参加伯克希尔·哈撒韦公司的年会。她对金融的兴趣也在萌生。到沃顿商学院拜访时，她提出希望能上一门关于私募股权投资的课。

她谨小慎微，但是把自己向外部世界完全开放。

翁荣弟显得更加自信。他和自己的兄弟们白手起家创立了一家号称中国袜业之王的公司。成功带给他信心。同时，他仍然保持着大众印象中的典型的浙商传统：低调，谨言慎行，节俭。他声称自己的大部分时间都用在了公司，白天同客户开会，晚上则去工厂看机器、看工人。他没有选择到某个知名的商学院读书，至少目前而言，他也不会加入某个商人俱乐部。他的学习方式更多地来自于自己的实践。

他们的共同之处是，他们两个人的公司新光和浪莎都倔强地挺立着。中国制造已经不能再被视为一个整体，它自身已经在分化和变迁。这其中存在着大量的代工公司，它们依赖于订单，没有自己的品牌，只是单纯的外贸。但其中也有像新光和浪莎这样的公司，它们已经意识到了品牌的重要性，在顽强地建立自己的渠道，无论是在国内还是在国外；它们一步一步地向制造业价值链的高端挪动；它们也都意识到了资本的重要性，因为它们都不甘心于局限在利润微薄的加工业领域，或者更甚，它们不甘心自己始终存在被资金绳索勒到窒息的危险地步。

除此之外，更加老生常谈的是，它们都坚守着自己的主业，而在对外投资时却谨慎小心。它们一度都没有经受住诱惑，新光和浪莎都曾经参与了多元化淘金的游戏，但无论是幸运还是敏感，它们都及时停了下来。"资金充足且主业明晰"，周晓光和翁荣弟都以自己的方式在不断提及这句话。

这真不是什么新发现。《基业常青》和《从优秀到卓越》的作者吉姆·柯林斯说，每当他在商学院的课堂上重复说坚守主业非常重要，除了少数几家公司之外，鲜见多元化的成功例子，这时，商学院的学生们总是表示出适度的不耐烦：是的，可是这不是常识吗？而当他将这方面的内容讲给一些公司的高级经理人时，对方往往会非常动容：是的，你说得太对了，我们对此也有深刻体会。

这两位义乌商人身上体现的常识是：

第一、注重品牌建设，并且为此不惜重金。

第二、建立自己的销售渠道，并且把渠道控制在自己手中，这样就可以避免对销售商的依赖；

第三、坚守主业，谨慎投资，克制自己的欲望；如果能的话，抗拒多元化的诱惑。

当然，他们认为自己和自己的公司还有更多的东西，比如注重研发，他们特有的谨慎和节俭，他们对市场的敏锐，等等。他们同《经济观察报》记者的对话或许更能全面地反映出他们对此次危机的观点以及他们自己的世界观。下面是我们谈话的节录。

访谈

周晓光：每一家公司都只能在不同的阶段去做不同的事情

（一）捕捉市场信息

李 翔：恶劣的大环境会给你压迫感吗？
周晓光：宏观经济环境对我们的压力在2008年9、10月份的时候更加明显。

尽管有影响、有压力，但倒没有压迫感。一方面是因为我们的企业自身比较小，不是那种庞然大物；另外一个原因是我们应对的算是比较及时。市场结构上的调整，我们从2005年就开始做了，这也缓解了我们的压力。

应该说我们的准备工作比别人做得早一些和多一些。金融危机以来，大的经济环境、媒体舆论、市场动态，所有反馈过来的信息都是比较悲观的，大家情绪都很低落。但因为我们提前做了心理准备，所以当危机真正来的时候，反而没有特别恐慌的感觉。

2008年年底，我跟义乌市里的很多企业家交流的时候也讲到，其实并不是真的这么难，或者说好像已经看不到阳光了，而是大家没有做好心理准备，一下子觉得很恐慌，觉得这里也不行，那里也不行，然后会看不到目标、看不到方向，对未来感觉很模糊。这样子，内心会越来越恐惧。

而我们相对比较清晰一些，做好了一些准备，并且提前进行了安排，比如市场开拓上、资金规划上、员工的安排上。

李　翔： 提前准备是因为幸运还是别的原因？

周晓光： 2008年4月份我去了美国，在那边我做了一个市场调研，回来我就给我们公司的人开会。在美国，2007年11月份以前，纽约第五大道一个店里进去的客人数量是每天平均100人，人均购物金额是200美金，也就是说一天可以销售20 000美金左右。2008年4月底我去的时候，店主说基本上这几个月每天进来的只有40到50个人左右，消费金额基本在80美金左右，平均每天也就4 000到5 000美金的销售额。这样的数据，不是一家两家店的结果，而是我在一条街上抽了5到8家店进行调查的结果。

李　翔： 是你自己去的？

周晓光： 是我自己去的。因为这条街上有我很多的客户和朋友。我的目的是去了解市场，了解客流量和销售动向。回来之后我就跟大家讲，今年的日子会很难过。

然后6月份我们去香港参展，这个展应该是下半年圣诞节之前下单的高峰。我们去了以后发现，发达国家的下单量明显下降，只有发展中国家的市场还是好的。综合起来考虑，我更觉得接下来的日子会很艰难。

其实我们做企业的不一定要亲自去做每一件事情，但是我们一定要了解市场。我每年一定要去考察几个市场，以便对市场的未来几年有个判断。去观察市场时，我不是去观察市场卖什么产品，而是观察整个市场的动向。这个一定要自己去把握，一般人把握不出来，只有决策者和掌握公司方向的人才能把握。了解这些信息之后，回来可以作很多调整。

李　翔： 是不是每次你去美国都会做这样一个工作？

周晓光： 那当然，这是我必做的工作。因为我是做市场出身的，我最关注的就是市场。生产是容易的，最不容易的就是市场。一是市场的动态，二是流行的趋势或者说产品的方向，这些我都要去把握。

李　翔：这是你碰到的最坏的大环境吗？

周晓光：应该说这是我创办公司十三年以来我能看到的市场传递信号最明显的一次。

以前我们去的时候，客户跟你讲的无外乎都是供不应求和你尽管生产的话，或者让你扩大规模、缩短时间。去年很明显的信号是，市场不行，订单少。但大家都看不明白。如果你问客户，客户也不知道是怎么回事，他会以为是不是就是我不行并做得不好。去年是变化最大的一年，这就需要我们提前做准备。

（二）自己的销售网络和品牌

李　翔：我很想知道从去年开始你们做的准备工作都有哪些？

周晓光：第一是国外市场的拓展方面。我们这几年每年都会开发一两个新兴市场国家，这在去年帮我们解决了欧美市场衰退的问题。去年基本上失去的市场都转移到了发展中国家。

李　翔：变化有多大？

周晓光：原来欧美市场占我们海外销售额的80％，新兴市场占20％。去年很明显，新兴市场占到了80％。

第二我们也加大了研发投入。当然，这些工作我们从三年前就开始做了，其中包括原材料的研发，因为有些原材料从环保角度讲，不能满足国际市场的要求。还有产品的研发，我们在产品研发上转变得很快。发展中国家的市场和欧美市场的需求是不一样的。当我们转到新兴市场的时候，我们的产品就要符合新兴市场的需求，它的款式、价位和工艺都要达到这些市场的要求。这些都是互相匹配、一环扣一环的。

第三是国内市场方面。我们是做内销市场起家的，2000年我们才开始做外贸。应该说外贸从2000年到2005年都做得很好。那个时候，即使我们内销一点不做，我们的生产也满足不了海外市场的需求。但是我们一直都没有放弃国内市场，而且还乘这个机会拓展了销售网络。2008年，国内销售网络在缓解业绩压力上起到了很大的作用，我们自己的销售网络和品牌还是很重要的。

李　翔：我根据资料的理解是，新光在2005年之后的战略是品牌加国际化，我不知道我的描述是否准确？

周晓光：对。不过国际化我们本身就一直在做。2005年时我们有60～70个国家的客户，但基本上都是以代理为主，就是他们下订单，我们卖给他们，我们没有自己的直营网络。2005年之后，我们开始建立自己的直营网络，比如阿联酋、俄罗斯、墨西哥、巴西、西班牙、中国香港，我们都自己一个一个铺出去，在一个地方设立一个分公司，然后开很多店。比如在阿联酋的迪拜，我们开了7家店。

李　翔：这种大的战略会受到大环境的影响吗？你们会进行相应的调整吗？

周晓光：目前来讲影响不是很大，因为我们这个行业和我们的产品，市场需求还是有的。只是我们要满足市场变化了的需求，而且要变得快，市场需要什么我们就能做什么。

可能业绩上会有一些影响，但是也不会很大。大不了影响百分之10%到20%，这对一个企业来讲压力还不是很大，没有大到要面临生存危险的那种地步。

李　翔：目前这种情况对你所处的行业影响大吗？

周晓光：我们这个行业，2008年3月份的时候有3 000多家公司，2008年年底，大概有2 000家左右，这么短的时间，三分之一的公司就没有了。

当然，市场规律也是逐渐要向有序规范的体系上发展的，原先都是无序的竞争，而且门槛也很低，大家都是你模仿我、我模仿你，弄得整个行业水平（包括技术水平在内）越来越低。我觉得现在的危机对整个行业都是好事情，大家都会更加冷静、更加用心，进而去研发出更好销售的产品。

（三）在什么阶段做什么事

李　翔：如果你已经知道现在会出现这种情况，那么让你重新回到2005年甚至更早，你会做什么样的战略规划？

周晓光：我觉得也还是跟现在差不多，毕竟我们这些企业都很年轻，只有十几年的历史，如果我们要做很大的投入和改进需要很多的资金。

我们的民营企业，特别是浙江这边的民营企业，应该说都是实实在在脚踏实地的，在什么样的阶段做什么样的事。我觉得我们很多产品的研发也好，或者说商业模式的转变也好，都要适合市场，如果做得太早，可能你不一定适合这个市场，而且也不一定有这个能力去做。

眼前要考虑，未来也要考虑。我现在只能投一部分钱给未来，不能说我现在的钱全都投资到三年以后的收益上去了，而眼前的效益不去考虑，那样我这一两年很难活过去的。

  我觉得我们的战略思路和目标都没有错，而且都还比较早。我们唯一应该改变的或者说缺憾，是缺乏人才。我们不缺乏战略。如果人才能跟得上发展需求的话，那我们能走得更快些。

李　翔：就是说给你悔棋的机会，你也不会悔是吗？

周晓光：没有太多的。当然比方说在品牌定位上、在团队建设上，还可以加快一些。但那个时候确实好的人才很少。就好像国内房地产行业，2007年以前从业者工资水平基本上跟国内其他行业差不多，2007年开始到2008年上半年，工资一下子涨了一倍到两倍，到2009年又一下子缩水了一半。市场需求大的时候，不是人才也要当人才来用。所以有些问题，即使提前知道，在那时候也不一定能解决得好，现在静下心来，反而相对容易一些。

（四）好学若饥

李　翔：大家都夸你非常好学，你的学习方式是什么样的？

周晓光：我觉得我的学习方式是走出去的时候比较多。我在跟我的很多朋友、同学交流过程中，我学到的东西很多。因为我好问，我很会问的。

  去年我们去美国沃顿商学院学习的时候，我就跟我的同学和商学院的老师讲，我最缺的就是有关私募基金和PE方面的知识。现在我们企业做到这个份儿上，很多私募基金都来跟我们洽谈，如何借助这个平台走入资本市场，是我们面对的问题。但是我对PE没有了解得这么深入，于是我就问能否给我安排这样一堂课，我不专业，但最起码能让我了解一些东西，比如，这个工具能够在哪些方面为我所用，以及我如何去借用它的平台才能够把我的公司做得更好、更健康。

  现在知识更新很快，市场变化也很快，我只能临时抱佛脚，需要用到一点就去学一点。两年之前让我去学，可能我也没有概念，因为我还没有需求。

  如果让我做重大决策，首先，我会自己先学一些东西，然后去请教一些同学和朋友，请他们给我出出主意。我不会轻易做出决定，因为企业越大越要负责任，不像规模小的时候，调头也很快，改变起来也很快。

李　翔：你什么时候开始认识到资本的重要性的，以至于要去学习它？

周晓光：也是2007年吧。2007年那么火爆，而且我们这个企业每个月都会有几批人过来了解情况。大家都是出于好意了解公司的情况，然后说我们完全可以走入资本市场。他们会讲通过什么什么手段、什么什么方法，我们这个公司有什么什么优势。别人谈得很多，但我是听得一愣一愣的，因为我不是很了解这些，所以也不敢太多去打扰他们。

我觉得这大概是个方向，是现代企业转型的很好的工具和平台，所以我觉得不管我要不要用，我先去学了、先去了解，然后再去决定要不要用。

李　翔：你的圈子都是些什么人？

周晓光：我的圈子在外面的多一些，都是目前国内比较有名的，像做投资的赵炳贤、神州数码的郭为、康佳的侯松容、格力空调的董明珠、复兴的郭广昌、伊利的潘刚等。

2008年6月1号我在我这里组织了同学会，将近有一百位同学参加了。去年因为金融危机，形势转变得那么快，我又临时召集了二十多名同学在杭州西湖边，花了两天时间，大家做了很多互动。

我们这些同学来自不同的领域，搞资本的也有，搞实业的也有，做上市公司的有很多，已经国际化的也有很多，大家在一起会有很多的碰撞，会产生很多火花。我们这个圈子很平等，不会去比公司大小，大家都会彼此欣赏并彼此理解。

李　翔：过去你在商业上得到的比较好的建议有什么？

周晓光：商业上其实我得到了很多的启发：

首先，我们一定要坚持做主业，把主业做好。赵炳贤就经常这么提，不是说金融危机来了以后才这么提，他一直都是这样的观点。

第二，大家都说要重视品牌和销售网络。资本市场最看重的也是品牌和销售网络带来的附加值。虽然我们也是一直在这么做的，但是朋友们的观点会让我更加清晰、更加坚定一些。

第三，我更加了解自己的公司，明白公司要往哪里走以及要去什么地方。前几年像我们这些企业，口碑还不错，实力也还可以，但外面的诱惑也很多，很多机会会来吸引我们，这里也去投资，那里也去投资，这个也去做，那个也去做。通过朋友的圈子，我们自己开始渐渐清晰自己的目标。

所以为什么金融危机来了之后，我们能够比较坦荡和平静，就是因为我们自身没有特别大的危机。这跟交往的圈子有关系，听多了之后，它会潜移默化地去影响我做决策，做决策时我就会想起曾经听谁谁谁这么分析过。

其实在2007年10月份的时候，阳光媒体投资的吴征就跟我说，晓光姐，明年我们中国的经济肯定要怎样怎样。当时我还骂他，你这个乌鸦嘴。因为2007年中国经济形势还很好，我们能坏到哪里去？但是他就会说，这是他跟全球很多做投资的人分析讨论的结果，全球的经济形势和国内的经济形势都已经走到了拐点。

我觉得这是我这几年积累的最大的资本和财富，让我少走了很多冤枉路。

（五）我现在最着急的事情不是公司的成长速度

李　翔：除此之外，为什么你们总是能如此幸运地作出选择？这已经不是第一次了，比如2005年时的调整。

周晓光：2005年时，我和我的先生去了趟欧洲。我们基本上一年要跑22个国家的市场。我们看市场的角度跟我们团队看市场的角度不同。他们看的是流行趋势，我们看的是未来预见性的东西。2005年以前，应该说我们这个行业的人都赚到了钱，而且都很赚钱。那个时候，做的人很用心去做，而且做得也越来越专业。

为什么说越来越专业？原因是他们原来也不懂，很多人从2001年或者2002年开始做饰品之后，不断积累起一些经验。他们觉得一定要在这个行业很好地去做。当时，比如说，在他们销售三千万的时候，一年就有一千多万甚至更多的利润。他们会很珍惜，不会乱拆台、乱吵架。那时候市场规则和游戏体系都很平稳。

但是2005年我去欧洲的时候就发现，饰品销售商突然从四五十家变成了三四百家，两三年时间里增加了几倍，基本上都是从做皮包、做服装、做皮鞋等其他领域转行过来的。他们对这个行业不懂，不懂怎么办？他们就会去看边上的人进了什么货，然后他们也跟着去进什么货。其实进回来也不一定好卖。因为饰品跟其他大众产品不一样，是很讲究、很个性化的东西。你戴的东西跟我戴的东西是不能一样的，或者最好不一样。但是因为没有经验，又怕其他东西拿来不好卖，所以新入行者看到周边人卖什么就去卖什么，只能这样子。

看了之后我就觉得这个市场面临危机，很多中国国内生产的饰品都已经积压在那些人手里了，而不是都卖出去了。我意识到这个行业马上就要开始洗牌了，所以回来之后我就开始进行了一些调整。

2007年也是。其实我在国外得到的这些信息，回来后我会跟行业的人分享，让他们重视这种动向。但是有很多人就觉得，事情还没有发生在我的身上，我为什么要那么早去关注它？

李　翔：你理想中的好公司是什么样子的？

周晓光：我没有那么理想化地去想过。我觉得任何一个公司，它肯定要在不同的阶段去完成不同的使命，对吧？它肯定也会有问题，没有一个企业可能会没有问题。我觉得我们的公司，在未来国内的饰品行业要有一定的影响力，要占有最大的市场份额。这是我最大的目标和愿望。

李　翔：你说每一步都要做自己该做的事，你们现在到了哪一步？该做什么事？

周晓光：2009年的话，就是实实在在把内功练好。因为公司前几年可能发展得快，很多东西还顾不上去梳理。今年正好是练内功的时候。

我指的内功，一个是管理上的重新梳理，包括整个体系的建设和一些机制、绩效的调整。然后最重要的是人才的培养。我们会更加重视研发投入这一块，研发如果不跟上去，一个企业的生命力就会减弱。我们要继续扩展销售网络，继续塑造品牌。

这是我们这两三年内要做的事情。然后如果有好的机会的话，我们会进入资本市场。当然我们并不急于进入资本市场，只是循序渐进地、水到渠成地去进入。

其他如投资这一块，我们也会去投一部分。但是我们的投资跟别人的投资不一样，我们看中的行业和企业，我们就会跟自己的企业一样去把它做好，不仅仅是一个资本的投入。

李　翔：至少你给我的印象是一个比较谦逊的人。但你在做决策的时候是一个怎样的人呢？

周晓光：做决策，一旦考虑成熟就要大刀阔斧地去做，这是我们市场出身的人身上最不缺的特质了。做市场的人一定要雷厉风行，决策要果断，一旦决定，就不要去怀疑。

很多时候决策不一定有问题，最大的问题在于你能不能坚持做下来。有时候不成功的原因往往就是自己老在那里徘徊：这个决策做得好不好？做得对不对？如果自己都对它都没有信心、没有把握，那你怎么能让自己的团队有信心？

李　翔：你对公司的成长速度有焦虑吗？

周晓光：每个企业都有自己的目标。我们现在最重要的目标就是搭建平台、组建好团队。这是我现在最着急的事情，而不是成长速度的问题，毕竟所有的成长都是人做出来的。

李　翔：你们2009年的增长预期是多少？

周晓光：基本上跟去年一样，持平。2008年我们是15％的增长额，基本上今年的定位是不增长。当然，我们希望能增长，但在对管理团队的考核指标上，基本上是能保持去年的业绩即可。

李　翔：巴菲特会教给你什么？你买伯克希尔的股票，还会去参加它的年会？

周晓光：他比别人失败得少，成功得多。他会有失败，但是他的失败都不会给他带来致命的打击。他的公司平均每年增长22.4％，已经持续44年了。我们中国的投资公司也好，实业公司也好，为什么寿命很短？就是因为成功了一把，然后头脑发热，马上就"新经济"了。

李　翔：还是克制力问题。你的克制力是怎么来的？

周晓光：我一直都觉得我们要量力而行，我们自己有多少能力就做多少事情。我们会考虑三个因素：一个是时间；第二个是人才；第三个是专业。专业的东西，我自己不专业，那我怎么带领我的团队专业呢？我自己都还没到那个份儿上。

也许10年以后，如果发生类似的金融危机，我可能就不会像现在这样谨慎了。现在我觉得我还没有能力去做那么大的事情。我们义乌的企业，都是一分钱一分钱做起来的，通过这种方式拥有金钱的人，会特别慎重、特别节省，不会去冒太大的险。

翁荣弟：银行应该承担更多的社会责任

（一）金融的关键角色

李　翔：我想很多人都会问你，你对现在的这种经济情况怎么看？

翁荣弟：我们也预计到中国经济会受到全球金融危机的波及，但是大家都没想到会有这么厉害。不过从目前的危机情况来讲，特别是对民营企业而言，我觉得是一次锻炼，对我们国家也是一种考验。

当然，从目前的金融环境来讲，我们国家也出台了很多扶持措施，比如利率调整、加大信贷力度，乃至很明确地振兴纺织工业，对企业来讲，这是很鼓舞人心的。不过总的来讲，这些措施要落实到位，还需要一段时间。

对目前经济的走势，银行也会有一个判断。因为企业这一块的问题最终要靠银行放贷来解决，所以银行对企业的判断、对行业的判断会起到关键作用。显然，就民营企业目前而言，多元化投资的、主业不清的，都会受到这一轮经济不景气的大环境的很大影响；而对主业发达、品牌意识好、自主创新能力强、资源管理能力好、市场占有率高的一些健全的企业，影响应该还是不大，并且还可能是一次机遇。

不过银行对整个经济走势的判断和银行的态度还是很关键的。因为银行的职能是输血啊，如果银行对企业的看法不乐观，银行不支持的话，那么什么事情都做不了。

李　翔： 你在义乌看到的情况是怎样的？

翁荣弟： 义乌的企业，我看到的还是蛮不错的。平时我同企业家们也会有交流。义乌的企业基本上都是从贸易转向生产的，因而这些企业对市场的敏感度都很高。像我们的产品线，有时一天要改三次。义乌的一些大的企业，它们也已经有了市场的决定权和发言权。

另外，这些企业老板都很敬业，这也很关键。自己的工厂都是一点一滴做起来的，他们当然会很呵护。这些企业前店后厂，老板们白天要接待客户，晚上还要看机器、看工厂、看管理情况。在敬业精神上，义乌这批企业家非常不错。

义乌政府的敏感度也很高，一些金融扶持措施都已经出来了。市政府也到杭州去，跟包括银行在内的金融机构沟通。不管怎么样，政府都在积极推动银行和企业间的合作关系。我们称之为银行、政府、企业三者之间的关系。我们也确实感觉到政府很急，要保GDP增长，要保税收增长。

李　翔： 对你而言，什么时候感觉到外部的环境在恶化？

翁荣弟： 实际上是这样的，从2003年"非典"开始，企业就开始不好过。"非典"时期整月整月不生产，但是义乌的企业还是把工人都留在工厂里。我们当时的三千多名制造工人都留在工厂。再到后来，缺水缺电，然后是水电费用上涨，再然后是员工工资上涨，原材料价格上涨，人民币升值，出口退税下降……

你想想，制造业总共的利润才有多少？一直以来企业都很艰难，后面又开始宏观调控。

2008年，我们真的像是在过冬一样：雪灾，我们的货物运不出去；汶川大地震，不用讲，大家都要尽社会责任，包括市场也受到影响；奥运应该说是好事情，但是客户的签证受到影响；一到9月份，金融危机就来了。之前银行的贷款利率上升得也比较快。

应该来讲企业利润是不高的，很微利很微利。所以困难不是说一天两天的事情，长期以来我们就要考虑很多。当然，我们应该说从中央到地方的政府都非常重视企业。

李　翔：你感觉到从什么时候开始进入到一个相对恶劣的经济时期？

翁荣弟：那当然是随后经济形势越来越恶劣。从 2008 年 9 月份起，银行开始收贷、惜贷。一看到浙江一些企业有问题，银行就开始收紧钱袋。

我是这个看法，很多人往往是战线拉得太长、发展得太快，主业偏离了，乃至进入一些基础建设项目。这些项目不是一天两天、一年两年能够完成的。比如基础设施项目，从征用土地开始，它是一个很漫长的过程，可能你这个项目还没开始，银行贷款就已经到期了。

李　翔：这是不是说，从 2008 年下半年开始，不断传出的江浙企业困境的传闻对你们的影响特别大，无论是对信心的影响还是对银行的影响？

翁荣弟：真是特别大啊！我们的银行，好的时候拼命地贷给你；一到不好的时候，拼命地收贷。真的，我希望银行以后要承担社会责任。

李　翔：具体呢？

翁荣弟：你去调查一下，很多企业是怎么死掉的。有些往往都是因为银行惜贷。好的时候拼命贷给你；不好的时候，马上就要抽贷。一家银行一开始，第二家马上就跟上来。这样的话，肯定会被搞死掉的。这样的例子你应该看到的比我更多。

所以我要说，银行以后要更多地承担社会责任，要真正为企业雪中送炭。有些银行以为，我现在这个钱收回来就好了，它没有考虑到后面的钱收不收得回来，其他银行的钱收不收得回来，其实最后吃亏的还是国家。它以为自己的几百万贷款收回来就没事了，但是这个企业每年光纳税就几千万。我有一次就问一个金融系统的人，我说是一千万多还是五百万多。一千万是每年可以收一千万，五百万是你自己一次性的五百万，是不是？

所以，银行要承担社会责任。

另外一点，我希望金融方面要有些创新。我们就是企业跟银行一条路，没有企业债券和其他的社会融资途径。当然现在稍微好一点，小额贷款公司搞起来了，能够让一些真正需要资金的企业搞到一些资金。

现在来讲，我的感觉是我们地方政府对银行也束手无策，所有协调机制的作用都不大。

李　翔：银行本来就跟政府是两套系统。

翁荣弟：是。我不知道在体制方面应该怎样理顺，但我觉得最重要的一句话就是，银行应该承担起社会责任。并不是说你可以过河拆桥、落井下石。从这次金融风波以来就可以看出一些问题。

李　翔：义乌公司上市的特别少。

翁荣弟：我们是义乌民营企业里面第一家上市的。义乌本地的公司盘子还不够大，都是轻工产品。每家公司的考虑也不同，比如它们在战略上想要怎样调整，发展要向哪个方向。像我们，品牌做了十几年，资本市场也筹办了十几年。我现在是小额贷款的主发起人。我们不是光看到现在的小额贷款，而是未来五年、十年的战略发展需要。

李　翔：你是想做金融吗？

翁荣弟：应该都有这个想法。我本身现在是金华商业银行的董事。我想我们自己未来能够在金融方面有更多的收获，比如有一家银行，如果我们自己搞起来，肯定会承担起更多的社会责任。

李　翔：你从什么时候开始关心资本的？

翁荣弟：我们从1998年就开始了，那时候是想IPO上市，后来选择了借壳。进入资本市场也不是全为了企业家自己，它会对企业的品牌、影响力、产品线的延伸、治理结构等产生好的影响。

（二）要做好主业，还要克制多元化投资的欲望

李　翔：我看浪莎的历史，发现你们一直都很克制。

翁荣弟：我们也做过房地产，那是2003年，不过从2004年4月开始，我们就退出了。当时国家也提出了宏观调控。我们作出的判断是，这个行业应该是高风险行业，后来我们就再没有进入。现在回顾起来，我们很幸运。当然，我们去做，肯定也会用自己的资金，而不是用民间的资金，那样风险太大。

李　翔：如果像下棋一样可以悔棋的话，那么你们还会这样做吗？毕竟会有巨大的利润的诱惑。

翁荣弟：不要去管什么悔棋不悔棋，不存在这种选择。应该说我们一直都很明确，不管做什么外向型投资，我们的主业都不会变。品牌的建立、主业的拓展、自主创新、技术改造、引进国外人才，我们在这方面都做了很多很多。我们一直都这样认为，一定要做稳，没有必要去做有风险的事情。

现在大家开始说我们精明，以前人家都说我们傻，说我们自主品牌做得那么好，却不做房地产；民间借贷那么方便，却老执著于自己的资金。

李　翔：你什么时候开始认识到品牌的重要性的？

翁荣弟：实事求是地讲，创办浪莎之前，我们的品牌意识就很强。

李　翔：这种意识从哪儿来的？

翁荣弟：主要是对国外的品牌和品牌运作的考察，包括可口可乐、宝洁公司。当时吴仪副总理到我们公司考察时说，要从产品数量转向产品质量，再转到品牌运作，中国的企业才有前途；要从创汇转变成创品牌，中国能够形成几百个几千个自己的世界级品牌，中国的经济增长才是可持续的；现在依靠低成本的劳动力，简单去帮人家加工，是没有前途的。

我们是在1993年注册商标的，因为当时的信息技术还没那么发达，于是我们便跑到北京把我们的42个大类产品全都注册了。然后我们又开始在中央电视台做广告，从1996年、1997年就开始了。说句难听点的，我们的利润几乎全都投到品牌塑造上去了。

李　翔：当时这种品牌意识在义乌的公司里似乎是非常少的。

翁荣弟：这个讲一讲很容易，做起来却很难，毕竟拿出去的都是现金。

你们媒体应该对企业的发展多作一些呼吁。只有企业发展了才能解决就业问题；解决了就业问题，社会才能和谐稳定。而且，从全球的角度来看，企业的竞争其实就是国家的竞争。我是这个看法。

李　翔：浪莎海外市场受到的冲击明显吗？

翁荣弟：浪莎的海外、海内市场基本是四六开。

海外市场我们还可以。一是多年来的自主创新能力；二是产品质量和公司的稳定性。采购方也在看中国公司，它们也在看哪家公司不行了。

我们的出口，一是浪莎自己的品牌出口，另一个是对方品牌的采购。但是我们采购方品牌相对也比较高端。这些品牌我们可以跟他们谈判，确实人民币升值了，确实出口退税政策改变了，我可以用正当的理由跟他们谈判。所以几年下来，我们的出口规模反而是上升的。我们对客户很坦诚，成本可以算给他们看。

像以前的"沃尔玛事件"，我们不是只针对沃尔玛的，而是针对全球采购商的。首先，低于成本我们肯定不能做；然后，我们肯定要做高附加值的产品。

李　翔："沃尔玛事件"是不是也算一个向高附加值延伸的转折点？

翁荣弟：那肯定。中国人五年前以前就都不穿尼龙袜了，你拿过来的订单是尼龙的，那么低端的产品，我的工人的工资、原材料成本都上涨了，一算成本，肯定做不了。这不是只针对沃尔玛的，而是针对全球采购商的。当然，这和我们自己的公司的定位也有关。

李　翔：你会怎么看待代工公司目前的困境？

翁荣弟：很简单，纯加工，没有核心品牌，没有核心技术，包括企业是纯外贸型的。另外，对方也就是采购商也面临金融危机，订单不过来。还有些，比如订单过来了，可是制造方已经支撑不下去了，老板跑掉了。

李　翔：你会有这种焦虑吗，比如就这个行业本身而言蛋糕是不大的，而且竞争很激烈？

翁荣弟：这不是焦虑，这是我们要怎么来面对的事情。我们这个行业，其实固定资产投资规模很大，所以净利润很微薄。而要想再进入，需要带很多钱进来。

而且，我们总是讲，只有夕阳的产品，没有夕阳的行业。我们自己是越来越强了。

李　翔：可是有大量的行业看上去利润是比较高的。

翁荣弟：爬得高，跌得重。我们做这个，做不死……哈哈。

李　翔：你个人的社交圈是什么样子的？

翁荣弟：我也没有什么特殊的社交场合，主要是工厂，然后会听听课，主要还是在企业里，也不会刻意去参加什么活动。

李　翔：你们创业十四年，还碰到过什么艰难时刻？

翁荣弟：创业的时候当然会碰到一点挫折，但是很深的挫折我感觉我们也没有碰到过。你说现在这个金融危机算什么？这次对民营企业是最好的考验，尤其是警告你不要乱投资，不要这山望着那山高。投资股市的，包括追逐行业的，现在可能都得到了教训。所以，我们自己有些东西要想清楚，不要今天去做这个，明天去做那个，危机一来，就紧张得不得了。

敏感性的东西少讲、少碰，我们要做政府感兴趣的事情。你真的要去投资，要用自有资金去投。当然，我还是认为基础设施应该是政府去投资的，铁路、公路等不是你投的。让我说，你连路边树苗的问题都解决不了。

外界只看到企业家成功的一面，谈笑风生，但是他们的内心可能是非常痛苦的。比如钢铁行业利润高，很多人都想做，可是行情好的时候铁矿石价格上涨，行情不好的时候钢铁价格下跌……

李　翔：你怎么看企业的社会责任，尤其是奶粉事件之后？

翁荣弟：企业要承担社会责任，我也有这个看法。

政府对民营企业关心很多。其实企业家就像小孩子一样的，你稍微给他一点鼓励，他就会拼死拼活地去做。但是过度的社会福利会养一批懒汉，这不可取，我们希望政府能够考虑。当然基本的福利要有。

　　我是经常往外面走的。一些欧洲国家，我是不看好的，生活没有激情，最后养了一批懒汉。天上会掉下馅饼来，不上班，照样有工资领，何必要上班啊？甚至上班真正可以得到的工资，还不如一个下岗工人，那你说谁还愿意去上班啊？中国人还是要艰苦创业、勤俭持家，这是我们的优势。

卓福民　纪源资本管理合伙人
　　　　　思格资本集团创始合伙人

纪源资本：漫长的亮相

2008年的5月，萧条之声最高昂的时候，纪源资本的一次全球合伙人会议在上海召开。一位美国合伙人从机场走出来，看到车窗外高速公路两旁空荡荡的广告牌架子，转过头对他的同事金炯说："Jessie，我们应该在这里挂一张广告牌：GGV，24小时营业中。"金炯，Jessie Jin，是GGV的管理合伙人之一，之前曾供职于多家投资机构，早年曾经和阿里巴巴上市公司总裁卫哲一起供职于万国证券。

这家投资公司还是张新面孔，尽管其中的不少合伙人都已经是身经百战的商界和投资界的老手了。它正式宣布成立也不过是在2008年的3月，由寰慧资本（GGV）和思格资本（SIG）及思格资本旗下的人民币基金科星合并而成。寰慧资本有过投资阿里巴巴和百度的战绩，思格资本的创始人卓福民则有曾投资光明乳业、上海家化、联华超市和展讯科技的业绩。

两家投资公司合并后不久，卓福民就将刚刚从光明乳业离任的王佳芬招揽到新公司担任合伙人，并且随后便雄心勃勃地宣称，他会为这家投资公司召集更多的知名企业家加盟。他在这方面拥有自己的优势。在投身风险投资领域之前，卓福民曾经做过上海市体改办的官员，他还曾经是基地在香港的大型国企上海实业控股有限公司的CEO。政府官员和大型国企领导者的经历让他拥有丰富而广泛的本土关系和人脉资源。在他盯上王佳芬之前，卸任光明乳业总经理、成为专职董事长的王佳芬已经不乏邀请，其中也包括一家风险投资机构。但是王佳芬最后还是选择了自己曾经的老板和投资者卓福民。

有了王佳芬的加盟之后，卓福民就更加有底气宣称，GGV将在包括快速消费品在内的传统行业领域中一展身手。此前，专注于TMT投资领域的纪源资本已经有过不俗的成绩。GGV的创始人、美籍华人吴家麟，在阿里巴巴刚刚成立时就投资了这家后来被证明为前途无量的公司。直到今天，GGV仍然持有阿里巴巴的股份，并且会和阿里巴巴进行一些共同的投资项目。GGV的另一位明星合伙人是符绩勋。新加坡人符绩勋曾经作为工程师供职于惠普，后来加入新加坡国家科技局，负责"投放风险基金及协助早期创业阶段的科技公司"。在新加坡国家科技局，符绩勋认识了同事吴家麟。后来，吴家麟自己出去创办了风险投资机构GGV，符绩勋则加入了风险投资机构德丰杰。在德丰杰，符绩勋主导了对当时默默无闻的中国公司百度的投资，并且一度作为投资机构的代表加入了百度董事会。在《福布斯》中文版评选的中国最佳创业投资人榜单上，吴家麟、符绩勋和卓福民都曾入选。

访谈

李　翔： 你投资的时候是押赛道还是押人？

卓福民： 赛道也要押，人也要押。如果你赛道押错了，那你投资的这家公司的领导者再优秀，他也跑不起来。不好的赛道肯定有问题，就好像田径比赛一样，到山路上面去，刘翔也跑不起来。赛道很重要。

我的做法是这样的，先看大门，大门就是这个行业行不行，空间大不大；第二看小门，即在行业里面这个企业居于什么位置；然后再看管门的人，他的能力行不行。

我不认为投资就是看人，很多东西都是客观的，没有一个单纯的因素可以概括全部的事情。行业发展空间、竞争优势、价格都要谈，不可能只见一个人就解决问题。

李　翔： 你投资时判断人的标准是什么？

卓福民： 判断人，就某个人他带领的团队来说，我们比较认可的是要有学习能力，我们会把学习能力放在非常重要的位置。

另一个是要看这个人本身的执行能力，如果他理论讲得很好，执行能力不行，结果是要打折扣的。这两种能力我们都特别看重。

从品质上来说，我们比较关注的一个品质是这个人有没有诚信度。如果这个人过去的轨迹不好，没有诚信度，那他的公司和他个人的能力再好我们也不敢碰。

判断人的标准可以归纳出很多，但我最看重的就是这两种能力和诚信度。

李　翔：我看过纪源资本之前投资的一些公司，基本上是以互联网为主。

卓福民：这是我们除了原来的 TMT 行业之外会扩展投资的领域。

在我看来就是两个问题：一个问题是，中国的创投从 1990 年代初一直发展到现在，我的说法是它从 1.0 版走到了 3.0 版。1.0 版是资金、投资公司和退出都在海外。2.0 版是两头在外一头在内，钱用的是海外的钱，退出也在海外，但公司可能在中国。到了 3.0 版的时候，是两头在内一头在外，除了资金是海外的，公司和退出都在国内。2007 年有一个很重要的转折点，IPO 境内和境外相比，首次境内融资超过了境外融资，这是一个很大的变化。这个变化会带来什么东西？那就是更注重本地的资源、经验和团队。原来很多风投的团队中，真正的合伙人里面是没有中国人的。

第二个问题是，有一个发展趋势，就是 VC 从原来传统的 TMT 行业（TMT 不是传统行业，但它是 VC 投资的传统领域）越来越向传统行业的方向走，比如跟消费相关的一些产业、跟城市化相关的产业。中国现在城市化的比例是 40%，将近 6 个亿的人口，未来 15～20 年，我们要达到 70%，将近 10 亿人口。随之而来的是，跟城市化相关的很多领域都会面临大的挑战和大的机遇，特别是消费品行业。你知道我的背景，我过去投过光明乳业，投过上海家化，投过联华超市，我本身就有这方面的经验。

李　翔：其实现在很多 VC 也看好一些传统行业，跟那些年轻人相比，你的优势在什么地方呢？

卓福民：我跟年轻人比的话，肯定活力和精力都不如他们，我不能再回到二十几岁、三十几岁的年龄上去。我的优势是我有比较丰富的经验，做 VC 是需要丰富的经验的。连夜加班，加几天，这是投资银行的做法；而做 VC，确实是要年纪比较大一点的人。我上次去硅谷见到了 5 位比较顶级的风险投资家，最小的 50 多岁，年纪最大的 70 多岁。

李　翔：目前从全球来看，大家都在担心新一轮的经济不景气的环境。你对大势的判断是什么？

卓福民：做投资的话，我经常讲一句话，八个字："高高在上，与众不同。"所谓"高高在上"，就是指要高屋建瓴地去看问题；而所谓"与众不同"，就是不能跟着公众走。所以这种时候你不能跟大部分人的思维一样，大部分人是不赚钱的，只有少部分人是赚钱的，包括股票市场也是如此。永远是少数人赚钱、大部分人亏钱，如果你的思维跟大部分人是一样的，那意味着你一定是输钱的。

从大势上面来看，最近几年里全球经济不会太好，中国经济也会受到相当的影响。美国人的消费一下降，中国的出口马上就会受到影响。中国经济的"三驾马车"里有一驾出问题，就会有很大的影响。

这种情况下做投资的话需要耐心。我有足够的耐心来发现一些好的机会。另外，从被投资者的角度来说，我的观点是，他们应该有一个融资过冬的时间点，绝不能觉得现在钱多得不得了，钱可以很快过来，但到了某些环节突然之间钱就少下去了。我经常跟被投资人沟通说，你们要有一个比较长的周期考虑。从目前的情况来看，在整个宏观经济里，钱不是越来越多，而是某一段时间内钱会比较少，那个时候你能否撑得过去就是个问题，要有这种思想准备。

李　翔： 你是从什么时候开始做投资的？这段学习期是怎么完成的？

卓福民： 我原来是做电机的，从 1968 年我 17 岁做学徒开始，到现在已经 40 年了，除了中间有几年去读大学，基本上都是在企业工作。

这期间还有 8 年时间我是在政府部门供职，但供职的部门是体改委，负责体制改革，那个时候我负责的工作是股份制企业改制。那 8 年等于是我去过堂，去看一个一个的企业，各种类型的行业和企业我都看过。我的角色相当于是作为政府来投资，对我来说也是投资经验的积累。

接下来上海实业的 7 年多，也可以说是身经百战。我自己亲自看过的企业就有几百家，投下钱去的也有很多，而且都是数额比较大的，动辄就是几千万美金，根本没有投过几百万美金的，大的就是 2 亿多美金，6 亿美金的我也投过。

从 1999 年到 2000 年，我开始关注风险投资。我第一次到硅谷去考察风险投资是 1999 年。2000 年的时候我和淡马锡做合资的风险投资公司。2002 年我自己开始专门做风险投资，一直到现在。

我的经历人家看了是会觉得比较复杂的，也很难复制。

李　翔： 之前已经有很多做公司的人卖掉公司或者自己出来做投资，这会不会成为一种趋势？

卓福民： 不一定，投资公司不可能无限制地向上发展，未来 3～5 年肯定会有一个优胜劣汰的结果。再说，也不是每一个企业家都能成功地转为一个风险投资家的。我说趋势有点强，是因为VC的力量确实有一部分来自于企业家，特别是来自于成功的创业企业家。

李　翔：你曾经有同淡马锡一起的工作经历，在投资方面，淡马锡是不是一个值得效仿的对象呢？

卓福民：在国家主权基金中，新加坡的淡马锡是独树一帜的。淡马锡有一个策略，它的投资要跟淡马锡下面的几家旗舰公司共同出资。比如说航空，新加坡航空是淡马锡下面的一家旗舰公司，淡马锡会和新加坡航空一起投资某家公司；新加坡港口到中国来发展，淡马锡也会跟随新加坡港口一起到中国来做策略投资。

李　翔：你为什么没有按照之前的轨道继续走下去呢？比如你可以在政府、在政府控股的上海实业这样的公司一直做下去。

卓福民：每个人的想法不同。当时我在上海实业，1997年香港回归之后我直接调回国内，要去管另外一个产业。另外，我的年龄也超过50岁了，对我来说，如果直接去做一个投资家，可能比继续在一线打拼更适合自己。

我觉得现在我的职业非常好，我正适合做这个事情，我有那么多的经验，做过那么多的上市公司的董事，投过那么多的产业。一个人不可能永远在一家上市公司里面，也不可能到了60多岁还在那里。但是做风险投资，到了60多岁可能就是最吃香的时候了。

李　翔：你的背景是什么？

卓福民：我的背景很普通，普通家庭，没什么背景。25岁时，我是凭自己的本事一步一步走上来的，去管一个工厂。然后我去读书。我毕业是1983年年初。读完书以后我又带队考察领导班子。然后我开始做企业管理。再然后被机电局借过去搞体制改革。

在借调到机电局的两年时间内，我经常跟市政府部门打交道。同市政府打交道的对口单位是体改办。体改办一看这个人不错，就开始挖我，挖了半年，机电局一开始不同意，最后放了，我就到体改办去了。我真的没有任何背景，一点背景都没有。

李　翔：你怎么能够做到这些的呢？

卓福民：我觉得我身上比较让人欣赏的可能是三个方面：一个方面是我的学习能力比较强。我是机械行业出来的，但对纺织、化工、航空、酒店都能讲一套。第二是我有比较强的研究能力，你在网上可以搜到我写的关于上海市企业的一

149

些论文。第三我觉得我胸襟比较宽阔，能容人，能容事，我总是引用毛泽东的话说，领导者最重要的责任是两条：一条是用人；一条是出主意。人用得好，每个人发挥他们的作用，他们能干的事我不能干，他们不能干的事到我这边我帮他们解决。

李　翔： 过去几十年中那些大的动荡对你的影响是什么？

卓福民："十年动乱"荒废了许多学习时光。我20多岁刚刚进"大学"，人家大学早就毕业好多年了。但是我上了一个社会大学，当时20多岁的人看上去比人30多岁的人还成熟。1989年的时候，我在上海市政府工作，我是市政府里值班的。我们已经过了疯狂的年代，过了那种非理性抗衡的年代了。

我们做的事情是比较理性的，但是我个人还是有激情的。就像我的思维里有形象思维的东西也有逻辑思维的东西一样。如果评价我这个人，我认为我可能是个矛盾体。

做投资要计算投资回报，我一般都要求百分比小数点后两位都要讲得很清楚。但是我形象思维也很好，我的画，尤其是油画和素描，基本上都是专业水平。

李　翔： 你觉得你跟那些年轻人相比，包括跟你们公司的那些年轻的合伙人相比，区别大吗？

卓福民： 他们对新事物的敏感度超过我。比如说我不玩网络游戏。2003年年底的时候，为了考察盛大，我跑到网吧去看。网吧像我这种年龄的进去得很少，于是我就说我是来找我儿子的，进去转一圈看看人家怎么玩。年轻人，不用说，他们对这个很敏感。所以我要不断地去向年轻人学习，不断激发自己对新生事物的敏感性。

他们跟我学习什么？最重要的就是怎么跟企业家打交道，怎么处理一些纷繁复杂的事情，特别是如何处理突发事件。我也会把自己的人脉资源跟他们分享。

附记一

一　潜伏

如今，两家风险投资基金合并之后，在上海淮海中路嘉华中心的办公室里，坐着在TMT投资领域经验丰富的符绩勋，还有拥有丰富本土资源和经验的卓福民，再加上卓福民邀来入伙的明星企业家王佳芬。这样一家风险投资机构，在它声称自己要"24小时营业中"之后，它该取得怎样的成绩？而且我们应该也能料想到，这个办公室内坐着的人，都迫切地想要证明自己。王佳芬想证明自己从管理领域到投资领域的转型能够成功；卓福民想要证明自己并不亚于那些讲英文的明星投资人；符绩勋则想证明关于合并的决定并没有错误……

但是，答案是，在两家风险投资基金合并为纪源资本的第一年，几乎颗粒无收。

"整个2008年，我们比以往任何时候都还要努力，跑了很多很多地方，每个合伙人都飞来飞去，差旅费花了不少，最后却没有投太多项目，也就投了三个，但这三个项目都很小很小。"卓福民说。他在描述了其中的一个做酒店订房系统的公司后说："才投了600多万美金，简直是不足挂齿。"

卓福民将原因归结为2008年整个市场的"非理性的亢奋"状态，"我们不投，因为我们觉得这个行业不对劲，因为我们比较理性"。2008年下半年，一家杂志将他称为"泡沫论的制造者"，因为他总在宣扬自己的"泡沫"和"塞点"理论。"赛点"是网球比赛中赢得比赛之前的决胜一球，卓福民用"赛点"来指称风险投资泡沫破灭的一刻。一年之后，他用数据来证明自己的判断并非毫无道理。"2008年中国的PE融资额跟2007年比的话，增幅在80%左右，从2007年的300多亿增加到2008年的600亿左右。但是到了2009年的一季度，无论是PE还是VC，融资额跟2008年的同期相比，都有60%的下跌量。"

但是在大背景之下的小背景却是，这两个合并到一起的基金，的确需要一些磨合，毕竟在这两个团队中有美国人、新加坡人和中国人；有一句中文不会说的，也有一句英文不会说的；早先的合伙人都集中在IT、互联网和科技的投资领域，而随后同卓福民一起加入的人又总是在宣称，未来中国的传统行业比如消费品等领域，存在着莫大的投资机会。

"在中国，其实最早我是看互联网、媒体和技术行业多一些。但是后来我发现中国的机会很多，我觉得应该往其他领域比如消费和能源领域去扩展。但是仅仅凭借开始时我们这几个人是很有限的。后来在2007年的时候，我们接触了卓总和他的同事，我们希望他们的不同背景、经验和资源能够刚好和我们互补。"符绩勋说。

但是这种"不同的背景和资源"也带来了成本。"他们加入的这段时间里，其实我们经历了一个比较辛苦的磨合期。在这段磨合期内，大家其实花的最多的时间就是在沟通。在这段时间里，我们的投资力度不是很大，节奏也比较慢。"符绩勋解释说。

在过去将近的两年时间里，每个季度GGV美国和中国的团队都要花一周的时间在一起互相了解。"美国团队飞过来或者我们飞过去，大家开始讨论，从战略到项目，从老项目到新项目。首先要达成我们之间的互相理解，要互相明白我们对一些问题的认识，即美国方面是怎么看这些问题的，而中国方面又是怎样看这些问题的。"

在2009年下半年云南的一次全球合伙人会议上，会议设定的规则是：每个合伙人轮流来向团队阐释自己的强项和弱项分别是什么；在一位合伙人讲完之后，其他人再来评价"你对自己的认识是否清楚"。

每次会议时，所有的PPT和演示文稿都使用英文和中文两种语言，在一句优雅的英文之后，再配上一句中国的成语或者俗语。

"大家的文化背景和语言都会是障碍。"符绩勋说。接着他迅速地又补充一句："但说实话这也是我们的优势，如果从另外一个角度来看。当时而言很大的问题是，我们知道这是优势，但如何把它利用起来，让它不成为障碍。"

融合的标志性事件是王佳芬的邮件风格的转化。在很长一段时间内，王佳芬一直在主动地改变自己，让自己融入到GGV的团队中。因为对她而言，她不但要融入一个新的团队，而且还要重新学习一个新的行业。"我总是提醒我自己，这里不是光明乳业。"她说。加入GGV之后，被王佳芬摆上学习日程的最重要的几件事情中，其中一件是学开车，还有一件是学英语。作为光明乳业很长一段时间内的绝对领导者，她不需要自己开车，也不需要自己安排日程，因为有不止一个秘书在围着她转；她也不需要讲英文，因为即使有过跟达能合作的经验，但对方也会努力明白她的意思。但在GGV却不同，她不再有秘书和司机，也不再有人会理会你是否能够明白英文。于是，每当有合伙人用英文发过来一封邮件时，王佳芬都会很认真地用各种方法去理解邮件所阐述的意思，然后再把自己的意见或者问题的答案用英文写出来发出去。往往处理这样一封邮件，就要花费她几个小时的时间。直到有一天，王佳芬突然直接用中文回复了一封邮件。为此，她在会议上宣布："我们的合伙人加起来，懂中文的占三分之二，不懂中文的占三分之一，所以我没有语言障碍，有语言障碍的是不懂中文的。"

这一举动得到了同事们的支持。"你不要管美国人是否能够看懂，他们自己会想办法解决的。我们团队中的每个成员都应该用他/她最擅长的语言和最擅长的方式来表达自己的观念，这种表达应该是最直接的，也最能够反映出自己内心的想法。"符绩勋说。

"2008年，我想我们是很有运气的。"卓福民说。这种运气指的是GGV的谨慎出手，同时也指GGV能够刚好在这段时间内完成融合。他回忆起2008年5月份GGV年会时一位投资人对他们的提问，投资人说："在当年这么激烈的竞争中，你们如何保证自己能够有一定的项目来投资？"卓福民引用了沃伦·巴菲特那句后来流传甚广的话:"只有潮水退去的时候才知道谁在裸泳。我们坚持我们自己的判断和投资理论。"他也坦诚自己和其他合伙人面对的压力:"投资人可能会说,我们给了你们管理费,可是你们在干什么?你们都在休假吗?为什么没有项目?"

那么,潮水退去之后,没有参加裸泳的人又会怎样?

二　出手

"战略蛰伏",卓福民这样称呼纪源资本在 2008 年的沉默。无论如何,选择在 2008 年,尤其是 2008 年的上半年投资,是件疯狂的事情,或者至少是件不划算的事情。公司的价值都被高估,并且即使被高估,仍然会有几个投资机构在争抢一个被投资者。正因为如此,才会有纪源资本投资人的问题,即如何在激烈的竞争中确保有一定的投资项目。

这个问题在 2009 年已经不需要回答。一方面,有整个 PE 和 VC 行业整体融资额度的下降;另一方面,纪源资本开始号称自己"在全球经济危机的低估中率先看到了曙光,2009 年仍然实施积极进取的进攻战略"。到了 2009 年年底,纪源资本已经在它成立之后的第二个单元年完成了对 9 家公司超过 8 000 万美元的投资,而且很快就会有第 10 家和第 11 家。

在已经完成投资的这 9 家公司中,包括目前风头正健的保健品公司碧生源,还有即将在纳斯达克上市且已经进入静默期的太阳能用多晶硅制造公司,有动画开发兼制作及发行的河马动画公司,有游戏制作公司,有技术领先的制造业和服务公司,也有一家国内旅游垂直搜索引擎的领先公司去哪儿网。纪源资本的投资结构也从早先的偏重于 TMT 行业转变为目前的四大板块:互联网及数字媒体占投资总额的 28%;消费品与零售占 23%;商品服务占 25%;清洁技术与先进制造业占 22%。

"我们现在可以来说一说了。"卓福民称。他笑着说:"如果要总结 2008 年的投资成绩,一方面确实没什么好说的;但另一方面,要讲不投的原因,别人会说你吃不到葡萄就嫌葡萄酸。"而"现在,我们的每一个项目都经过了充分的论证,经过了很多的考量,失误的概率要比在疯狂时期追涨、非理性亢奋时期带着不理性的头脑去投资小得多"。

卓福民对 2009 年的判断是,被投资公司的公司价值经过了 2008 年下半年的金融风暴冲刷之后,"逐步靠向和回归理性",即使是创业板开市后的疯狂也没有让他对自己的判断产生动摇。他的理由是创业板十年磨一剑,而今终于出鞘了,当然值得庆贺。创业板开板那一天,卓福民系了一条红色的爱玛仕领带,对着采访他的电视记者说，当年上海实业控股有限公司投资的一家医药公司在香港创业板上市的时候，他系的就是这条领带，"今天，虽然我投资的公司没有进入创业板首批上市的公司名单之中，但我还是要系这条领带来表示庆贺"。

这群人一向沉得住气，从说话慢条斯理的符绩勋到讲话眉飞色舞的卓福民。举一个例子，GGV从2000年开始投资阿里巴巴集团。2003年时，有一家投资机构顶不住压力放弃投资阿里巴巴，GGV就从这家机构手中接下了对方持有的股份。2007年年底，阿里巴巴集团的B2B业务在香港上市，不用说，GGV一定赚到了盆满钵满。但是GGV竟然坚持没有完全减持，而是握着阿里巴巴的股份一直到今天。

"我们投资讲究时、空、人。在这样一个三维的空间中，时间就是我们投资的时间点，空间就是我们瞄准的行业，人就是我们看好的团队。宏观上面我们必须把握时机，只有当我们认为这个时间是我们出手的时机时，我们才会出手。"卓福民说。

等到他们认为世道不错、价格公道的时候，他们当然就会出手。符绩勋对去哪儿网的投资就是耐心选择时机的一个典范。前世界银行官员、曾创办过体育网站"鲨威体坛"的庄辰超和他的合作伙伴戴福瑞在2005年就萌生了要创办一家垂直旅游搜索公司的想法，希望能够从谷歌的成功中分得一杯羹。2005年谷歌在纳斯达克的上市被认为是互联网全面复苏的标志性事件。作为两名技术出身、有过大机构工作经验和创业经验的人而言，庄辰超和戴福瑞能够一开始就做出让人无可挑剔的商业计划书，然后用它来打动投资者。

通过朋友介绍，庄辰超认识了符绩勋。"当时我只是觉得旅游搜索这个概念非常不错，但是对我们而言时机太早了，所以没有太多深入的探讨，只是认识了这样一个朋友而已。"符绩勋回忆说。很快，去哪儿网在2006年接到了对自己的第一轮投资。

2007年年底时，去哪儿网开始做第二轮融资，符绩勋又一次放弃了。但是他对这家公司的认识也更进一步深化了。"我当时也跟他们提出了一些可能会向他们提出挑战的因素，比如在中国市场已经有携程、e龙等很多家做旅游的公司。对于旅游垂直搜索而言，中国市场的成熟度和接受度会是挑战。但是我已经能够感觉到，这个团队做的产品很好，从用户体验上能感觉出来。"

等到去哪儿网开始想做第三轮融资的时候，符绩勋感觉到自己不能再等了，出手的时机已到。2009年的6月份，在美国出差的符绩勋得到了去哪儿网又要融资的消息，"我马上给庄辰超发了一个邮件，说我们可以聊一聊，他马上就回复了"。在接下来的一个月时间里，符绩勋在美国通过电话和庄辰超开始了进一步的沟通，"然后我发现，这个时候我们的时机已经到了。去哪儿网的流量排名，如果算上携程，在旅游类网站中已经是第二了，如果这个时候我们再给他一笔钱，让他更好地整合资源，这家公司成功的可能性就非常大，我们的胜算也很大"。

他投资了去哪儿网 1 500 万美金。

三　风格

在他们选择投资时，时机的选择成为最重要的问题之一。卓福民总是在说："我们永远讲价格不是最重要的，时机比价格更重要。"而在同 GGV 内部员工的交流中，符绩勋被问到最多的问题是如何去把握投资规模和投资时机。"尤其是在互联网领域，新东西层出不穷。因此，你应该知道什么时候去投资合适。他们问我，为什么我们不尝试性地去投资，在每一个项目里都放上 100 万美金这样的规模？"符绩勋说。

这是最典型的针对符绩勋、卓福民以及他们两人所代表的 GGV 投资风格的一种疑问。符绩勋的投资风格是，他会在自己广泛接触的项目之中选出 10 家左右作为重点关注的项目，然后他和他的团队会跟踪所选中的这些项目，然后持续去判断这些项目是否值得投资，以及何时去投资。在这个过程中，会不断有项目出局，"跟踪了两年，我会觉得某个项目不行，然后我会放弃，这时会有新的项目加入"。对于去哪儿网这个案例，符绩勋用了四年时间才作出投资的决定。

符绩勋说："大家会问为什么我们不在初期把这 10 个项目都给投了？既然我们已经认定它们都是有价值的，值得我们去跟踪，而且初期投资的成本会更低。"符绩勋还说："我们的 6 亿美金可以投 600 个项目，也可以投 30 个项目，这是由我们投资的策略和风格决定的。"

"我们跟其他的股权投资基金不同，我们是一个成长期的基金，有些风险投资可以对一些早期的项目投资 100 万到 300 万美金，而不在乎高风险。但我们希望投资规模稍大一些，比如 800 万到 1 000 万美金。我们希望降低风险。我们的投资也侧重于成长期的后端，公司已经成长到了一定规模，但还有很大的成长空间，距离上市可能还有两三年的时间。如果某家公司只是要做上市前的融资，那我们就不会去投资。"符绩勋解释道。

卓福民称这种风格为"守正出奇"，这个词出自《孙子兵法》，卓福民将它挑了出来，告诉他的合伙人说，这就是中国人理解公司策略的方式。"我们要做一个正派的、可持续发展的、准备打造成百年老店的一个投资基金。"他用中国式的语言描述说。

卓福民称"眼光、时机和人才"是纪源资本想要变成他理想中的投资基金所倚重的三个要素。"眼光"指的是发现好项目的能力，也就是要"高高在上，与众不同"，既要注意宏观经济形势和该行业的发展空间，又要看到具体的某家公司的产品和团队。"时机"是纪源资本一再强调的进入的阶段，即它只做成长型公司的投资。"人才"则是他们一直在试图融合的中国、美国和新加坡团队。

符绩勋对此的表述是："可持续性首先表现在我们希望对一个项目保持长期的眼光，而不是跟着大势去投资，或者公司很快要上市，跟着投资赚来数倍的回报。我们更倾向于在长期内会体现出价值的项目。其次，我们希望和自己投资的公司保持一个长期的友好关系，比如我们和阿里巴巴的关系，我们已经持有这家公司的股权十年了。我们会去说服自己的投资者，让他们相信我们延期持有这家公司的股权是有理由的，那就是这家公司的价值虽然在今天已经释放出了一部分，但是我们认为它的价值可以更大化。"

另外一个例子是纪源资本在2006年投资的AAC声学科技股份有限公司。这家公司后来在香港联交所上市。但是GGV和这家公司的关系并未随着通常的上市和退出而终结。"AAC成功上市之后，在金融风暴的时候，它的股价下跌，但我们仍然支持它。现在凡是跟手机相关方面的投资，我们都会拉着AAC一起做。我们需要利用AAC对手机通讯方面的判断，它在这方面的业务扩展也需要我们为它提供一个平台。"卓福民说。他还说："互为平台，这是我们希望大力发展的模式。"

四　优势

"我记得当时有两个战略投资人愿意出的价钱更高一些。"符绩勋回忆投资去哪儿网时说："我们要去说服他们为什么要接受我们的投资，而不是去拿那些更多的钱。"

符绩勋曾经投资百度和担任百度董事会成员的经历在这里派上了用场。"我们试图说服他们在这个时候最好不要考虑战略投资。当时我投资百度时，谷歌也是百度的战略投资者。现在战略投资意义不大，而且拿了战略投资者的钱，你就不是那么独立了，反而影响你今后的发展"。

他努力向包括庄辰超在内的去哪儿网团队描述出这个公司的光辉前景，"我告诉他，这个公司可以做得很大。我当时作为一名保证人对他说：'未来它至少会是一家市值5亿美元以上的公司。'"

戴福瑞则开始向符绩勋提问，他的第一个问题是："你认为这家公司的CEO应该具备哪些条件？"

"我当时就想，这会不会是他在考我？"符绩勋回忆说。

符绩勋给出的答案是：首先，虽然CEO名为首席执行官，但是执行并不是要你自己去做，而最关键的还是要去制定战略。其次，对于CEO来说，吸引人才的能力至关重要,"因为对我这个投资者而言,我不仅仅关心这家公司,而且我还关心它的团队,这个团队的成员是什么背景,他们为什么愿意加入这家公司"。再次,是CEO的决策能力,因为"小公司发展迅速,在信息不完整的情况下CEO就需要决策,决策有可能对也有可能错,但最错误的是不去决策。而且决策的过程都很艰难,有时需要调整产品,有时则需要调整商业模式"。

显然这个回答并没有让戴福瑞和庄辰超失望。因为GGV对去哪儿网的投资还没有走完流程,也就是说投资还没完成,戴福瑞和庄辰超就邀请符绩勋加入去哪儿网的董事会了。"这对他们其实是冒了一定风险的,因为投资协议双方还没签字,我却已经去开董事会了,而董事会可能会暴露出公司的一些问题。不过这说明我们已经在互相信任了。"符绩勋说。

卓福民在解释GGV拥有的优势时说,钱谁都能给,但是重要的是钱之外的东西,也就是除了钱之外,投资者还能给被投资者提供怎样的增值。显然,在提供增值这方面,符绩勋没有让去哪儿网的两位创始人失望。

符绩勋在百度的董事经历让他能够对去哪儿网的很多问题都一一给出答案,从技术到薪酬方案。百度也是一家做搜索的公司,它也是一家快速成长的公司。"百度碰到的很多问题去哪儿网也都会碰到,"符绩勋说,"比如薪酬和引进人才的考虑,这是很复杂的问题。起步时小公司都付不起高薪酬,因此要用期权来激励,可是公司却不能无限量地发期权,而且随着公司的成长,期权的价值也不一样。但是公司需要的各种专门人才却越来越多,销售、产品、技术等方面的,这些人从各个不同的公司过来,每个人对薪酬的考虑又不同,那么怎么平衡这些问题?"

同样,卓福民对碧生源的投资也不是一帆风顺的。碧生源的创始人赵一弘并不需要一位投资人来告诉他自己的公司是前途无量的。作为一名讲话慢条斯理、性情温和的虔诚的佛教徒,他在商业上却表现出惊人的进取心。赵一弘对很多人说的第一句话是,"我们公司未来会是中国的可口可乐"。

"我们决定融资时给自己定了三条标准:第一条是,我们一定要卖得很贵,我们公司一定要估值估得很高;第二,我们引入的钱一定不要多,这样的话投资者占的股份会少;第三,我们要看除了钱以外投资者还能给我们带来什么东西,这些东西才是我们需要的。"赵一弘说。至于要卖多贵,"那一定是同行业中最贵的,因为我们认为我们未来一定会是中国的可口可乐"。

这家以保健茶为主要产品的公司年增长率60%,2008年净利润1.2亿,完全没有负债,连办公楼都是自己买的。赵一弘想要融资的消息传出之后,各路投资者蜂拥而至。"经过筛选以后,我们正儿八经面对的基金有20家左右。"赵一弘说。

卓福民跟赵一弘约了三次都没约上,第四次,卓福民和另一位合伙人黄佩华(黄投资过"一茶一座",主要精力集中在快速消费品领域),同时还有一名从上海中医药大学请来的专家,一起飞到北京去见赵一弘。地点不在赵一弘海淀的办公室,而是碧生源在房山的工厂。

三人到了之后,赵一弘却还在参加一个房山政府的会议。没办法,三个人只能去看了看碧生源的生产车间。工厂看完了一期看二期,四层楼的办公楼也爬了三遍,赵一弘却仍然未能脱身。于是,三人又开车到赵开会的酒店,又等了十分钟,赵一弘捧着一个四星税收信用单位的奖牌出来,连声道歉,不仅仅是为约会时间一再延误道歉,而且还因为他只能同他们交谈四十分钟。结果,四十分钟之后,"赵总对我们感觉非常好,送我们上车之前说了一句话:'卓总,就是你们了,不管你们将来投不投,我就认你们了。'"卓福民回忆说。

"其实很简单,我们就聊了几点:第一,你的短板在什么地方?短板是研发力量不够;第二,这样一个公司,未来怎么发展、品牌怎么树立以及怎么扩大规模?"而去之前,卓福民就已经从超市里买来了碧生源的产品,交给上海中医药大学的专家去做处方解析,结果,一见面,带去的专家就能讲出碧生源的产品中用了怎样的原材料。

"很多人都说自己要提供除资金之外的增值,可是你的增值服务来自哪里?如果你本身没有丰富的经验,那你怎么能够把服务带给他?你自己都没经历过。"卓福民说。他对自己和自己的团队成员拥有足够的自信,他说:"我们能够提供全方位的立体服务。我们的合伙人中有投资银行出身的,可以跟你分析美国和香港的资本市场,教你如何跟投资银行合作与斗争;我们的合伙人中也有人有国企重组的经验和包装中国国企和民企境内外上市的经验;我们中间也有成功运营过成功公司的合伙人。"

以符绩勋为代表的拥有丰富的TMT行业经验的投资人能够成为互联网公司和科技公司创始人的朋友;而以卓福民和王佳芬为代表的合伙人则毫无疑问地更能理解中国本土的传统民营企业家,理解他们的欲望、骄傲以及孤独。

"我们喜欢把项目叫球队,谁负责进攻,谁负责防守,谁负责组织进攻,等等,这样我们就能用上我们团队中的不同资源。"符绩勋说。用卓福民的语言表现出来的是:"打猎,我们需要有敏锐的猎手,但也需要剥皮的人,能够将猎物剥皮分肉,充分利用起来。"

附记二

卓福民：一个风险投资家的生成

17岁的时候，卓福民开始了自己的第一份工作。他在一家工厂里当学徒，具体而言，工种是翻砂工。后来，他总爱跟人提起自己的这份工作，就像很多后来变得成功的人喜欢追忆他们的青春岁月一样，那时候的生活简单、辛苦，充满了一个年轻人对繁华世界的向往和奋勇向上的决心。

他用轻快而匪夷所思的语气叙述自己怎样从一个学徒工变成一个工厂的领导者。"文化大革命"造成的社会动荡让很多年轻人失去了进大学的机会，"可是我上了社会这所大学"。社会大学让一个二十多岁的小伙子看上去无比成熟，这样即使他要管理一群四五十岁的工人，也不会觉得胆怯。

如果单从履历来看，他接下来的生活顺利得超乎想象。

他开始时被电机公司借调去搞企业体制改革。在借调到电机公司期间，他总要同上海市政府打交道，这带给了他新的机遇。1987年，上海市政府体改办用了半年时间将卓福民"挖"了过去，这样，卓福民就有机会参与从1980年代后期开始的国有企业股份制改革。到现在，我们还可以从互联网上搜索到卓福民撰写的有关上海市企业改革的论文，诸如"上海1995～1997年改革的构想"等。这些题目大都宏大，大有指点江山、挥斥方遒的气势。这也难怪，在那段时间内，体改办是大陆经济领域最为精英的部门。时代站在他们这一边。他们是最显赫的经济官员，就好像供职于日本经济腾飞时期的通产省的政府官员。对于个人而言，他们还可以借助政府体系的各种资源来编织自己的关系网。在卓福民的党校同学中，就包括了后来在上海各个商业领域出类拔萃的人物，比如后来光明乳业的董事长王佳芬。他还和上海家化的领导者葛文耀也成了非常熟悉的朋友。

当他2002年加入上海实业控股有限公司并出任这家大型国有企业的CEO之后，光明乳业和上海家化都成了他投资的公司。上海实业是一家上海市所有、基地在香港的控股公司。

如果追寻卓福民在上海实业时期的投资轨迹，就可以看出他的投资履历相当辉煌。上海实业的背景和实力让卓福民可以大手笔地开始自己的投资生涯，他的每笔投资都不是以百万美元为单位计的，而是千万或者亿，其中最大的一笔投资金额为6亿美元。他投资过的公司，除了上面提到的上海家化和光明乳业之外，还包括同样声名显赫的中芯国际、东方商厦、联华超市等。

2002年，感觉到年龄压力的卓福民离开上实控股，他想要开始自己的风投生涯，而不是留在跟随香港回归撤回上海的上实控股去管理一笔资产。而且，他相信自己过去多年同企业打交道的经历，以及他从这些经历中得到的经验和积累的人脉资源，会让他成为一名再合适不过的风险投资家。辞职之后，开始的时候他加入新加坡祥峰中国投资基金出任董事长和首席执行官。2007年，他创立了自己的投资公司——思格资本。第二年，他以管理合伙人的身份加入纪源资本。思格资本和纪源资本的合作，也让后者成为一家管理资金超过10亿美元的投资公司。

朱新礼　汇源集团董事长

朱新礼的关键时刻

　　会客室的人越来越多。这间屋子毫无特色可言，四壁空荡，顺着墙摆着简易的沙发，沙发面前是茶几。唯一的不同之处是，在一个墙角放置着一个硕大的冷柜，冷柜中满满当当地塞着各种饮料，但这里没有常见的碳酸饮料，也没有几个知名的矿泉水品牌，都是这家中国果汁巨头自己生产的果汁产品。不时会有人推门进来，然后掏出名片，接下来是互相介绍，直到这间屋子都坐满了人并且再也不能容纳新的访客为止。于是，主人起身安排新来者到隔壁的一间屋子坐下。甚至走廊里也零散地站着些人。房间内的人在客气地寒暄着，走廊里的人则窃窃私语。每隔一段时间，这些人都会掏出手机看上面的时间。

　　2008年9月6日，汇源果汁的创始人和董事长朱新礼要召开新闻发布会的消息迅速传开。首先，由汇源果汁负责公共事务的总裁助理曲冰打电话给各大媒体的负责人，告诉他们会有一个小型的新闻发布会。然后这则消息开始四处传播，记者们丝毫不嫌麻烦，在这个周末的下午赶到远离北京城区的汇源总部。网站的记者们带来了直播设备，同时面带笑容地向目瞪口呆的同行们解释，自己不会把所有内容都放到网上去。杂志的记者们则带来了摄影师。

　　这是北京奥运会结束之后中国商业世界中最大的新闻。在这之前的9月3日，可口可乐和在香港上市的汇源果汁同时发布公告，称可口可乐将以179亿港元的价格全资收购这家中国果汁制造商。这一消息此前被汇源集团和可口可乐掩盖得如此之好，以至于没有任何一家媒体看出哪怕是一丝蛛丝马迹。只是在香港联交所的公告发布之后，媒体才开始大哗。不过，可惜所有的记者都没有办法接近核心人物，因此所有的采访都围绕着边缘打转，这其中自然充斥着各种流言甚至谎言和揣测，以及各种不切实际的评论。

发布会的时间不断被推迟。曲冰和汇源公关公司的成员同已经到场的媒体记者们谈论着各家媒体对这件突如其来的新闻的报道，他们说，其中的很多说法他们也是第一次听说。

至于不断延后的时间，合理的解释是，这一天正好是汇源的月度经营分析会，而来参加这个会议的汇源各个大区经理、工厂经理和北京顺义总部的中高层人员也被这则突如其来的收购案震惊了。"他们也都想知道老板的想法。"曲冰说。她是一位媒体人出身的公关人，知道如何让媒体闭嘴，比如用广告投放作为施加压力的筹码，也知道怎样满足媒体的好奇心，还会小心地权衡各家媒体间的竞争关系。

送记者们前来的出租车司机们大都被挽留。因为这个地方离城过于偏远，也因为记者们以为自己是来参加一个匆忙的发布会的。出租车一辆接一辆地停在办公楼前的空地中，司机们熄了火，彼此之间开始闲谈起来。这个原定在下午三点开始的媒体见面会直到五点钟才有了开始的迹象。最初的迹象是一群汇源的员工们开始在办公楼前集合。他们身穿蓝色衬衣，笔直地站立在一片旗帜之下——这些旗帜是汇源的大股东所属国的国旗，其中包括中国国旗（汇源集团）、法国国旗（达能集团）和美国国旗（华平基金）——动作随着一句一句口令而动。在这些宛若军队般集合起来的公司员工跑步离开之后，记者们才开始向着一间大的会议室走去。

他们进入会场时，提前到达的汇源员工们已经坐满了会议室，只留下中间靠近长长的椭圆形会议桌的位置留给这些客人们。等到大家坐定以后，台上同样身着蓝色衬衣的主持人用嘹亮的男中音大声说："大家唱首歌吧！"记者们的反应有些愕然不知所措，但这时下面的蓝色海洋已经雷动："好！好！"

"唱什么呢？"主持人自言自语，"那就唱《咱汇源的人》吧！"他起唱，那是一首由军营歌曲《咱当兵的人》改编了歌词的歌："咱汇源的人，有啥不一样……"一时间歌声嘹亮，宛若军营。唱完之后，全场又是掌声雷动，直到主角朱新礼露面。作为公司创始人的朱新礼也穿着和台下员工同样的蓝色工装衬衣，短发整齐，笑容满面，像个敦厚和蔼的老农。但是在中国的商业世界中，众所周知，朱新礼是以一个勇于承担风险的精明商人而著称的。

1992年，身为沂源县外经委副主任的朱新礼辞去政府公职，承包了一家已经停产倒闭的县办罐头厂开始生产果汁。随后朱新礼把这家山东小厂变成了中国最著名的果汁生产企业，并将公司总部搬到了北京，还引入了投资者，让汇源成为了中国大陆市场上占有率最高的果汁企业。其中朱新礼最让人称道的也最具冒险的举动就发生在处理同投资者德隆之间的关系上。当德隆颓势出现时，在汇源的创办者和投资者之间发生了对公司所有权的争夺，当时德隆掌控着汇源51%的股份，朱新礼能控制的股份是49%。后来朱新礼回忆说，当他决定把公司控股权卖给德隆时，他的创业伙伴们和下属们纷纷表示痛心疾首，甚至有人痛哭流涕；而这一场面在朱新礼告知他们自己签署了出售汇源果汁所有权时再一次出现。朱新礼和德隆约定，双方谁先筹集到收购对方股份的8亿元人民币，谁就收购对方持有的股份并成为汇源的拥有者。通过顺义政府筹集到资金的朱新礼险胜。随后，朱新礼又先后引入台湾食品业巨头统一和法国达能集团作为投资者进入汇源。由华人世界最负盛名的企业家之一高清愿创立的统一集团是汇源最理想的投资者，可惜统一受制于台湾企业投资大陆的限制，最终退出。2006年，包括法国达能、美国华平基金、荷兰发展银行和香港惠理基金在内的公司和机构投资者购买了汇源35%的股份。2007年，汇源成功在香港上市，朱新礼成为资本市场上的新贵和中国民族企业家的代表人物。而媒体津津乐道的则是朱新礼对资本力量的巧妙使用。每一次引入新的投资者，朱新礼都会让汇源增值不少。

但是他的成功反而成为日后他备受指责的原因。当新浪网就朱新礼出售汇源给可口可乐一事在网站上举办民意调查时，有接近80%的网民反对出售汇源；而在另一家网站人民网的调查中，也有95%的参与调查者反对出售汇源。理由是作为中国最成功的民族企业之一，汇源不应该被一家美国公司收购。更有人讽刺性地指出，就在收购发生不久前的公开访问中，朱新礼仍然在大肆宣扬自己做民族产业和民族品牌的决心。

当朱新礼不笑的时候，满脸的皱纹让他看上去心事重重，或者仅仅是因为这一天他必须去面对已经哗然的舆论。他说他自己没有想到出售自己的公司会引起如此轩然大波。他对台下的记者们发表了一个长达一个小时的慷慨激昂的演讲，然后大度地说："你们尽管问吧，只要是上市公司规章允许的，我都会回答。"

他用山东口音的普通话发表的个人演讲充满激情，颇能迎合台下的记者们和员工们。但是演讲的内容却在商业逻辑和民族情绪之间游移不定。他用商业逻辑为自己出售一手创办的公司作辩护。演讲的总体思路是：这只是一个正常的商业行为。"企业家的前提是商人，商人必须按照商业规律去做事，"然后他说，"不然为什么2004年达能找着要买汇源股份我不卖，而今天却全部卖给了可口可乐？"他还引用了李嘉诚的例子为自己开脱："李嘉诚曾说过，自己做一家公司的时候，就想着将来怎么把它卖掉。为什么李嘉诚卖公司没问题，而朱新礼卖公司就有问题？"

他声称自己在签署了出售协议之后，就把自己的手机放在公司总部的办公室内，然后到汇源位于北京密云的基地果园内与世隔绝了三天，不看报纸，也不上网。他说自己看到了蓝色的天空、周围的群山和树木，但是大脑却一片空白，不知道自己是高兴还是悲伤。他觉得自己是应该高兴的，因为他认为这是一桩对所有人都有好处的买卖。但是他承认自己无论如何都高兴不起来。

不过他倒是对外界如何评价这场收购一清二楚。如果他真的与世隔绝了三天，那他也一定是在新闻发布会之前就迅速地掌握了所有这些信息。他甚至想好了应该如何反驳这些评论。即使没有记者的提问，他也会主动地逐条反驳这些言论：朱新礼被达能裹挟出售公司是无稽之谈；汇源因为果汁市场竞争激烈、毛利率下滑，开始产生出出售的念头也不符合实际，"果汁的毛利率在40%左右，根本没有压力"；至于报道说汇源内部存在着山东帮和非山东帮，导致10位副总裁离职，更让他愤怒，他说"我们8位副总裁中只有2位是山东人，9位总监没有一位是山东人，至于走掉的人，有3位是被我开掉的"；还有人说汇源是家族企业，"可是我儿子在部队的时候是特种兵，我倒是想把企业当儿子，把儿子放在企业，可儿子不愿意，他不干"。针对网友的意见，他的回答是，"既然我们已经开放了，那就不要狭隘地去讲民族品牌，品牌不应当有国界"。

接下来朱新礼话锋一转，又凸显了他身上的民族情节。他开始大谈我们的国家、民族和农民，"21世纪是中国人的"，"一个人和一个国家都应该有自信"。在他总结的出售汇源的六大好处中，除了上市公司的7 000多名员工可以得到更好的福利和培训，以及公司中层的期权激励可以一次性兑现之外，其他好处都充满着对民族情绪的迎合。比如，这次可口可乐历史上的第二次大收购会让美国政府对中国民营企业刮目相看，而它又会让中国政府在同美国谈判时拥有更大的筹码，因为之前中国公司在美国的收购案中，美国政府制造出了相当大的阻力；它还有助于朱新礼和中国的果汁制造商们打入可口可乐在全球的采购体系之中。

"我没有伤害任何人。"他说。尽管语调激昂，但他却一直很安静地站在讲台之后，即使在他最激动的时候，也只不过是挥一挥右臂来助声势。可这个看上去安静而朴实的商人却发出了中国短短30年公司史上开风气之先的声音："企业要当儿子养，要当猪卖。"在此之前，所有的公司出售者，包括乐百氏的何伯权在内，都被当成是受害者。另外，一位著名的公司出售者朱敏，被认为是受到硅谷思维影响的海外创业者而加以忽略。民族品牌和百年老店一直统治着中国民营创业者的思维，唯有如此，他们才能把自己放置到民意的制高点上。

表现在他身上最为矛盾的地方就在于：他一方面希望使用商业原则来作为自己出

售公司的理由。另一方面,他却情不自禁地要表现出对公众情绪的迎合和讨好,比如,他说如果可口可乐不继续做"汇源"这个牌子,那中国人都不会答应;再比如,他说如果商务部不批准这项收购,那么他希望中国人能够更加"可劲儿"地喝汇源,因为它是我们自己的。

只有在回答什么时候开始同可口可乐接触的时候朱新礼才有些语焉不详,他的回答是:"我们同'两乐'(可口可乐和百事可乐)一直在接触,而且一直都很友好。"至于具体什么时候开始谈公司收购的问题,他说他记不清楚了。正是由于朱新礼本人的回避态度,直到2008年年底结束,也没有媒体能够拼贴出这桩引起轰动的收购案的整个过程。

发布会终于要结束时,竟给人宾主尽欢的感觉。台上的朱新礼大声说:"我请大家吃饭。"他们准备好了山东的特产和歌喉,正要给这些远道而来的经理们提前过中秋节,而因为这项"临时增加的日程"(因为没有想到这么多人这么关注汇源,朱新礼如是说)成为客人的记者们,不妨也留下参加聚会。对这些汇源员工中的很多人而言,如果收购被批准,这会是一场让他们记忆深刻的宴席。

陆兆禧　淘宝网总裁兼CEO

安静的执行官

　　40岁的陆兆禧是当今中国诸多最有前途的互联网公司的总裁之一。他任职的淘宝网雄心勃勃地要挑战沃尔玛，成为全世界商品交易量最大的公司。2007年的时候，淘宝网的交易量超过了沃尔玛中国；2008年的时候，淘宝网宣布要在十年内超过沃尔玛全球，这一年它的交易额已经接近1 000个亿。

　　从中国最繁华的城市上海到四川某个偏远的县城，到处都分布着淘宝网的用户。通过淘宝网公司大厅墙壁上悬挂着的液晶屏，来访者可以看到每次交易的发生，一条射线表明购物者和商家各自所在的地区。购物者在淘宝网上挑选商品、下达订单，商家则在淘宝网上以图片的方式陈列自己的产品，同时用在线即时通讯工具和购物者讨价还价。他们所使用的语言也都是互联网式的，充满着调侃意味——互联网上已经流传着关于淘宝网买家和卖家之间各种稀奇古怪的风趣对话。而如果跳开这家公司去看淘宝网背后的商业哲学，则能隐隐看出弗里德里希·哈耶克在《自由秩序原理》和《致命的自负》中阐述的自由主义哲学：自发生成的秩序和市场的自我调节能力。

　　从创立开始，这家公司就有了其独特的气质。它的所有员工都要从金庸的武侠小说中挑选出一个人物名字作为自己的"花名"，员工们彼此在办公室里以武侠人物相称；后来公司员工越来越多，武侠人物的名称也就不再局限在金庸的小说内。这家公司还有一种奇怪的倒立文化，这种经济文化和休息方式首次被加以定义：倒立是一种不同的看待世界的方式。在淘宝网的庆典上，大多数的淘宝员工都穿上符合自己武侠身份的古装衣服。

同这家公司古灵精怪的气质相反，陆兆禧的形象则成熟而稳重，主流且精英，所有试图占领中国中上层阶层市场的商业公司，都会将他作为自己公司的目标人群。不过，现在淘宝公司似乎也试图逐渐扭转自己这种古灵精怪的形象，要让自己变得更加主流、更加中产阶级化。

他有一张朴实的脸，语速缓慢，笑容羞涩，笑起来时眼睛会眯成一条线。他最初的经历是在广州一家五星级酒店任职，经过三年的创业生涯之后，他加入了当时同样仍在创业阶段的阿里巴巴，主要工作是销售。2004年12月，他被调任为支付宝总裁。支付宝同样是一家匪夷所思的公司，它和淘宝同时成长，目的是解决网络购物的支付问题。三年之后，陆兆禧接替了他的同事孙彤宇成为淘宝公司的总裁。他是一位安静的执行官，绝少接受媒体记者的采访，他也从不轻易抛头露面。同他的上司马云相反，他更加乐于倾听，在不动声色间行动。2007年年末，当马云找他出任淘宝网的总裁时，马云说，你要做好蜕几层皮的准备。陆兆禧还没有感受到蜕皮的痛苦。不过，他和这家公司都有漫长的路要走：已经出现的竞争对手，尚未实现的大规模盈利，以及人人都在谈论的且不时会有谣言流传的公开上市。

访谈

一

李　翔：到淘宝一年多，你和这家公司各自的变化是什么？

陆兆禧：公司还是一样，但对我来说，变化还是蛮大的。性格倒没什么变化，只是要学的东西多了，思想和眼界变宽了。当然，在过去的一年时间里，也有人员调整，但基本上我们的核心人员没有太大变化。

李　翔：有没有想过你能带给这家公司什么东西？

陆兆禧：我没想过。（作为经理人）我接受的任务也蛮多的，但说实话我没想过我到底能为这家公司做什么。当然我性格比较急，我做事情的风格是说出去就要拿到结果的，整个团队也会受到我的一点点影响。我不喜欢开会，所以你看我的办公室虽然像会议室，但实际上用得不多。我的风格是能站着说话解决的问题就不要坐下去讨论，所以开会时间少了，讨论时间少了，大家做事情的时间多一点。

李　翔：你现在也没想过你能带给它增值的东西以及新东西吗？

陆兆禧：其实淘宝的文化一直都很强势，比如我们的创新文化、武侠文化、平等而互相尊重的文化。但我也是持这样想法的人，我认为人与人之间，不管是工作还是生活，都应该是这样的，即不是我带给公司什么，而是公司在强化我的想法，让我来到这家公司之后感觉很舒服，我会跟大家一起为一个目标去做事情。

李　翔：在你自己的感觉里，你个人的气质是什么样的，以及淘宝公司的气质是什么样的？

陆兆禧：总体来说，我刚才说到我性格比较急，做事情要有结果，整个阿里巴巴集团的各个公司都很注重结果。这方面公司和我非常相像，说出的话就要做到，我们都希望做事情公开一点、公正一点、透明一点。所以基本上我觉得我在阿里巴巴这么多年，工作确实比较得心应手，这同我的性格和公司文化之间的适合有很大关系。所以我觉得我比较幸运，碰到了这样的公司。

李　翔：作为一个外人来观察，我会觉得阿里巴巴集团旗下的几家公司，就像几个不同的人，每个人的性格都是不一样的。

陆兆禧：是的，公司就像一个人，淘宝更活泼一点，而且更时尚。淘宝跟消费者直接相关。未来更多主流的消费人群会上淘宝。在淘宝，大家工作、穿衣服没什么讲究。总体来说淘宝更有活力、更具创新精神，客户群比较特别，相应地它也有更多元的文化。总体来说它更贴近潮流，是一个潮人。

李　翔：我之前也看过你的一些资料，但不是很多。

陆兆禧：我的资料比较少，因为我不太习惯（抛头露面）。

李　翔：是因为性格内向吗？

陆兆禧：我有点性格内向。但我觉得做事情重要，因为我们是公司。我就是这样一种个性。能说又能做的人，我觉得是天才；能说不能做的人我想挺多；能做不能说的人也不少。我属于能做不大能说的那种人，既然是这样的话，我就做我擅长的事情，多做事情少说一点话。

李　翔：你什么时候认识到这一点的？

陆兆禧：我很小时候就认识到了。小时候老师让我站起来朗读课文，我就发现读课文对我来说是很累的一件事情。你让我把一本书看完是可以的，而且还很快，但你要让我把它读出来我觉得对我挑战就很大。别人站起来读书朗朗上口，而我读到半路就卡住了，所以我就不干讲话的行业。

我有自知之明，在公司里面讲话和跟大家交流的时候，有些同事有意见，说你怎么这样，我说我就是这样，没办法，我脑子转得比较慢，嘴巴跟不上，只能一个一个字说，大家要有点耐心。

李　翔：那你平时同你的员工交流时，尤其是面对一大群人时，你会觉得恐慌吗？

陆兆禧：恐慌倒不会，因为大家都是同事。我觉得我跟同事交流还好，但是我不太喜欢做一个PPT之类的东西。

第一是不会做。第二是我觉得做PPT有些时候会把心里面想讲的话隐藏起来。大多数时候我喜欢随意的交流方式。但如果有必须要传达的信息，我就会记下来，然后将这个信息一定传达到，整个过程中我尽量用我自己的语言把我心里想讲的话跟大家说。虽然有时候讲得不是很好，但我觉得我把心里话讲出来了。

李　翔：你的员工、你的下属会觉得你是一个什么样的人？

陆兆禧：他们会觉得我这个人比较这种简单，做事情比较直接，追求结果。我也是比较诚信的人。但是我想不熟悉我的人可能会觉得我有点木讷，不太善于交流，也可能觉得我不好交流。实际我蛮好交流的，我只是不善讲话。

我喜欢大家给我提意见，工作、生活各方面都可以。其实在这个职位上蛮寂寞的，有时候同事碰到打打招呼、笑笑，但是你老是感觉到有时候他们没有用心跟你交流，你会觉得有点寂寞。所以其实很缺这种交流。作为我来说，能做到今天这样会有很多挑战，一方面你的影响力变大了，但是另一方面你能知道的实际情况会越来越少。

这很矛盾，本来只要你很了解实际情况，你就会很有自信，然后你的权力和影响力就会用得很好。但是实际情况和想象的不太一样，经常是这样。

我们自己也会有这个毛病。下面的同事知道实际情况，但是他不一定会跟你讲。所以对公司来说，能够真正让大家用心去讲话非常重要。

李　翔：那你怎么解决这个问题？

陆兆禧：我们有一个正规的体系来解决这个问题。所谓正规的体系是学习我们国家的做法，除了业务这条线之外，还有政治思想这条线。我们这种体系属于人力资源部分。对我来说，我在公司里面实际上担任总政委，我会把各个政委派出去，他们不说话，但他们在旁边观察，倾听员工的声音，及时反馈公司内部发生的一些问题、一些矛盾。跟决策有关的事情可以及时反映到我这里来。这个团队的人要很善于交流，人缘要很好，对公司内部的文化各方面要很清楚，然后对公司也要有比较强的主人翁精神。现在公司人越来越多，层级也有五六层，我最多能了解到我下面一层和再下面一层，再往下我就了解不多了。所以我希望淘宝尽快把这套体系建立起来，然后形成一种良性的反馈机制。

现在淘宝大的部门都有政委，政委下面会有小政委，负责的事务都是配合业务工作引导员工的价值观和做好员工的思想工作，同时倾听员工的声音和问题，协助管理层。其实整个组织架构就像一台机器一样，机器之间有齿轮，齿轮之间要有润滑剂，润滑剂就是我们的政委体系和价值观体系，它们帮助在两个齿轮之间有问题时加润滑剂。

李　翔：我不知道你个人有没有想过这个问题，刚才你自己描述淘宝是一个活泼的、时尚的、很潮的形象，但你又描述自己是一个比较稳重的、不是很善于沟通的人。

陆兆禧：我只是不善于讲话，但是我很爱玩，我也很喜欢时尚。

李　翔：我不知道你跟马云交流的时候是什么样的情况，你们似乎完全不同。

陆兆禧：马云比较善讲，而且他很爱讲、爱表达。而我跟很多人交流的时候都喜欢做听众，听的时候我能够很安静地去思考、去分析，但一旦我讲的时候我就没有分析能力了。不过我跟马总交流一点问题都没有。当然，有不同意见的时候我们也会争论。

李　翔：刚开始他把淘宝交给你的时候都对你说了些什么？

陆兆禧：他说淘宝是一个很大的挑战，跟支付宝不一样，他说我要做很多改变，未来会有很多压力，他说我要蜕几层皮。

李　翔：要做什么改变？

陆兆禧：思维方式要改变，包括我要变得更"潮"一点，做支付宝我可以不潮，但做淘宝要潮。支付宝的文化跟淘宝的文化不太一样，特别是心里面你要非常认同这种文化。不过还好，我后来发现我内心里面其实还是很喜欢淘宝的，然后我跟大家交流也很愉快，我也很喜欢看大家打成一团。可能真的要蜕几层皮，但是我不觉得蜕这几层皮很痛苦。

二

李　翔：我想听一下你自己对淘宝的认识。

陆兆禧：传统定义上，淘宝是 C2C 商务平台，但实际上淘宝现在已经不是 C2C 了。对卖家来说卖东西上淘宝，对消费者来说想购物可以上淘宝。我们现在把这叫做消费者的平台,因为会有很多消费者的声音在淘宝上。所以淘宝更像一个开放式的商业社会,谁愿意都可以来。经营这样一个商业平台或者商业社会,我想对我们而言很重要的一点是需要有一种真正脱离一个公司的思考。淘宝公司是一个公司,但淘宝网不能算一个公司。

公司的思考很简单,就是赚钱,所有公司都这样讲,利润最大化。但作为平台去思考,就需要我们讲核心、讲公正,钱可以赚,但不能什么钱都赚,更多地思考的是一种社会责任。你可以多赚一点钱,但是平台别搞乱,如果消费者在这里面的利益受损,商户赚不到钱,恶性循环下去,你的平台就没了。就是说不能为了短期利益而损害长期发展的利益。

我在跟马云讨论的时候经常也是讨论到这些问题的,我们两个对这方面的事情都蛮谨慎,事情该不该做,都要考虑到长远,然后还要有消费者的反应、商户的反应。假如淘宝公司很好,或者淘宝公司变得很大,那么这个平台会不会还是很健康?所以我在想,我们应该是一个大平台小公司。公司大成本就大,成本大的话就要维护公司的运转,它需要的资源量就大,那资源从哪里来呢?到平台上挖,挖到最后平台资源都挖完了,消费者没了,商户没了,来参与的第三方服务也都没了,结果肯定是你慢慢消亡。所以我们要尽量把平台的事情做好,参与到商业运作中的事情更多地交给商户、消费者和第三方处理,让他们在这个平台上有更多的自由度、更多的机会。马云所说的生态系统也是这个意思,我们所倡导的新商业文明也是这样。我们要做一个平台商,要保证这个平台有序、健康,而不是说淘宝公司去把所有能赚的钱全都赚完。事事有分工,应该有合理的利益分配机制。

李　翔: 它背后其实是一个庞大的哲学系统,不只是商业哲学,还包括社会哲学。

陆兆禧: 对。对社会来说,"和谐"这两个字对中国人很重要,"和"是人人有饭吃,"谐"是人人都可以讲话。在淘宝平台就要做到这样的东西,人人有机会讲话,人人有饭吃。生活没问题,言论也没问题,社会是平等的。我们想慢慢把平台建立成这样,里面更多的人去讲诚信。在淘宝上,相对来说我看到了比较大的希望,因为你不诚信马上会被反映出来,有差评,差评对每个商户来说就意味着什么大家都知道。

我们也经常考虑这些事情。对淘宝网的思考跟运作一个公司是不一样的,运作一个公司时,考虑成本和收入,收入减成本就是利润,我们怎样把利润做到最大、成本做到最小就行。而对淘宝网来说,它承担的是一个虚拟社会的责任,不能那么简单只想到利润。在我们的员工教育里面我们也把这个东西加了进去，所以我们特别强调武侠文化。在金庸小说里面，郭靖能舍弃自己的生命。"侠"代表的就是一种大的对国家和社会的责任。武侠通常比较草根，然后也比较平等、自由。然后小二文化是服务性的，要做平台这很重要，你不是一个管理者，而是服务者。你想想，如果把自己放在一个管理者的角度，那管理很简单，你们该做什么我来定。服务商就不一样了，服务商就是我把基础的事情做了，接下来你爱干什么就干什么。但是商业社会有自己运作的体系和机制，做得好的人会越做越好，做得不好的人这个社会会把他淘汰掉。让这套体系慢慢运转起来。今天我们有两百多万的商户在这个平台上，慢慢会浮现出一批创业者和中小企业。淘宝就是这样一个平台，提供给所有人一个公平的机会，而我们自己则尽量少做。其实少做就是多做，也就是最终我们要做成小公司大平台，即公司做的事情越来越少，而平台的影响力越来越大。

　　公司变大就是因为它做的事情越来越多。对淘宝来说，人数上它会越来越多，因为我们有很多服务，做服务就需要人。但是做的事情应该是越来越少。公司小一点，整个平台的运作成本就会很低，然后这个平台就会繁荣起来；假如淘宝公司越来越大，成为黑洞的话，那么所有的资源和利润都会被这个黑洞所吸光，这个平台就会死。所以我们希望把平台做大，而不是把公司做大。

李　翔： 这需要有很强的克制力。

陆兆禧： 我们经常反思。有一个原则，我们做一件事情需要有很慎重的考虑，不能说什么事情想做就做。首先考虑的是不是一定要你做、非你做不可，你能不能不做，给别人做可不可以。就像很多人每次见到我都说，淘宝上的物流有很多问题，我说首先我承认有问题，但是这个问题是可以解决的，而且大部分不是核心问题。淘宝不能自己做一个物流。我还是坚持不做，社会能做的事情交给社会去做，真的没有人做了，就像当年做支付宝一样，就再自己想办法。当时银行不会做，银联也只是提供一张网，不会提供第三方担保，我们怎么办？怎么走下去？走不下去了。因为只有信息、物流，而没有资金，并且还缺了中间这块最大的纽带——诚信，所以我们只能自己做。其实自己做成本也很高，包括今天支付宝也很大了，但公司不赚钱。不见得公司做大了就是强。所以有很多时候思维方式决定了最终采取的行动，一心想做大的话就什么都做，然后公司产品五花八门，到处都是竞争对手。假如只想自己做强，回归到核心业务，那你就会让更多的人参与到你的生产力的建设当中，会到处都是朋友，而不是到处都是壁垒。

李　翔：淘宝从一开始就强调整个生态环境的建设，我不知道到现在为止，你自己觉得它里面还缺了什么，或者还有什么需要完善的地方？

陆兆禧：最早淘宝希望建立一个交易平台，但是发现大环境中缺乏诚信，于是就有了支付宝，这样交易才有了可能，诚信也才有了基础，要不然我在这买东西，但最后却不付钱，那这样就谈不上是真正的交易。有了支付宝之后资金在流转了，然后诚信环境也就慢慢建立起来了。对淘宝来说，因为它是一个交易平台，所以它缺的还很多，比如，电子商务主要看信息、资金、物流，还有诚信体系，但实际上它还需要很多；又比如，现阶段淘宝线上的体验跟线下购物还是有很大的区别的，这些东西不能说淘宝没有能力去做，但只是我们希望有更多的第三方来参与到这个平台里去并提供这种服务。

李　翔：淘宝会不会也像沃尔玛、国美这些渠道商一样，对终端的制造商形成特别大的压力？

陆兆禧：传统的制造商是被渠道所压迫，而淘宝是个平台。

李　翔：但是这种压力直接通过消费者传递过来了。

陆兆禧：对厂商来说它可以直接上淘宝来销售，它能节省流通的成本。在这一点上消费者可以更好地获利。对商户来说，愿卖愿买，这就是一个公平交易，愿卖肯定是有利润，愿买肯定是愿意为这种使用价值付钱。在淘宝上我们不需要考虑商户是不是因为太透明了进而利润被压缩的问题，我觉得这种东西不是我们担心的，而且也不可能去担心这个事情。

其实对厂商的另外一个挑战是，淘宝越来越个性化。淘宝是集中了大量的消费者的，然后每个消费者都有各种各样的需求，这些需求都有一定的个性。以前厂家销售是从公司的研发、设计、生产、销售一直到消费者，都是自上而下的。但是我们今天发现，消费者需求通过销售渠道或者淘宝上面的信息传递给厂家，厂家再进入研发、生产，再回来卖给消费者。消费的革命会导致生产和研发上的革命。消费者的需求将来会主导整个消费市场，然后影响生产、研发和创新。

李　翔：上淘宝的消费者和去实体店的消费者之间会存在什么区别？

陆兆禧：淘宝上的消费者的特征，相对来说我觉得他们胆子更大一些，而且这些消费者比线下的更有诚信，他们也更相信这个社会人与人之间是可以相互信任的。另外，他们更具有个性化的需求。淘宝除了满足我们的日常需求之外，还能满足这种个性化的需求。

李　翔：其实我看到特别明显的一点是他们对价格特别敏感。

陆兆禧：网络上销售的东西，因为它的透明度高和中间环节少，它的价格相对来说比传统销售的商品的价格要低，所以有一个隐藏机制，我们叫没有暴利。因为只要利润空间很大，别人就会进入，然后降低价格。这是商业社会，这对消费者是一个很好的事情。

李　翔：它会对制造终端形成压力，因为它对价格敏感，会不断要求制造商降低成本；它还可能会导致制造商去使用一些低成本的原材料，会降低产品质量。

陆兆禧：关键是消费者满不满意。淘宝是这样一个平台，商家慢慢会拥有平常心，消费者也会拥有平常心。为什么？商家会知道合理的利润，消费者也不会拼命地去追求低价。你在淘宝上购物的时候，你不敢买最低价格的产品，你只会买价格相对适中的。

　　这种竞争的透明度会鼓励商户和厂商创新，做出新的产品来。而你说的成本问题，其实很多存在于同质化的竞争当中，而淘宝会鼓励差异化，淘宝的环境会产生出越来越多的差异化、个性化的产品。

李　翔：在你的考虑中，淘宝未来最大的不确定性在什么地方？

陆兆禧：政府政策是一方面，最终支持和不支持这个行业是很重要的。政府是一个更大的平台，我们肯定要受政府政策的影响。我想国家和政府会鼓励这个产业的发展，因为实际上它在解决就业问题上起了很大的作用。

　　总体来说，我没感觉到短期内会有什么太大的不确定性，未来发展到一定程度，我觉得它也应该走向正规化。商家应该是你拿到了利润，然后去纳税。本身国家是个更大的平台，国家有各种各样的成本投入来维护这个平台，所以我们生活在这样一个平台交税也是必要的。

李　翔：淘宝会怎么处理它拥有的大量的用户数据？

陆兆禧：作为一个平台，我们有非常严格的保证，保护数据的安全，包括我们客户资料的安全，这些东西我们是不会卖的，也不会拿出来给别人享用。

　　对于淘宝来说，它的广告价值实际上非常高，只要是做消费者品牌的。淘宝每年登陆者有一千多万人，最高峰时差不多两千万，现在淘宝已经注册的用户过亿，每天新增用户数量很多。对做消费品的公司来讲，其实淘宝是一个很好的消费者信息收集和反馈的渠道，它也是新产品发布、推广和销售的很好的渠道。这种价值先知先觉者已经在用，所以我们有一点广告收入。

李　翔：我可不可以理解成，在你的设想中，未来淘宝盈利的主要支柱还是广告？

陆兆禧：广告是一个很重要的收入，然后我们会做更多的额外的增值服务。我们希望通过自愿付费的方式来实现我们的盈利，以维持这平台的正常运转。但假如我们要强行收费的话，那肯定有一些像强盗。所以我们尽量去做一些增值产品，基本东西我们做好，你一分钱不付能做生意。但如果你愿意付钱的话，那我们会有额外的东西给你。不过，这些东西我们不是强行推给你的，如果你觉得你做大了，你还要做强，你要做推广，那你是不是要做些广告投入？你是不是还需要一些管理工具以管理好你的生意、管理好你的消费者，以及服务好你的客户？这些东西有可能是淘宝提供，也有可能是第三方提供，但这些都要付费。

邵晓锋　阿里巴巴集团资深副总裁

以互联网理念运作金融公司

办公室里坐着超过 1 千名员工，产品拥有 2 亿多用户，每天通过它发生数百万笔交易，单日的成交量超过 12 亿人民币，拥有五年历史的支付宝可能是最让人好奇的公司之一。它如何处理账户中数额惊人的交易资金？在管制严格的金融领域，它如何小心翼翼地生存？它怎样处理同传统金融机构之间的关系？与此同时，它又如何保持高速的增长？

作为中国最大的第三方支付机构，支付宝前途无量，同时未来又存在着巨大的不确定性。支付宝的总裁邵晓锋和阿里巴巴集团的创始人马云都曾在不同场合宣称，只要国家需要，他们随时可以把支付宝奉献给国家。

支付宝最初的创立是为了给淘宝网建立一个可以担保交易的第三方支付平台。这个想法创造性地解决了网络购物的支付途径和对信用缺失的担忧。2004 年 12 月 8 日，支付宝从淘宝网中剥离出来，成为一家独立的公司。随后，在 2007 年 1 月成为支付宝的总裁后，邵晓锋跟人解释最多的是，淘宝网只是支付宝的众多客户之一，其他的客户还包括诸如巨人网络和东方航空这样的公司。

中国电子商务和支付宝本身都在迅速增长。支付宝用来庆祝自己成长的方式是裸奔。它的 5 年历史上一共举行了 12 次裸奔，最近的一次裸奔的主角正是它的总裁邵晓锋，那是 2009 年的 12 月 9 日，目的是为了庆祝支付宝单日交易金额超过 12 亿。同时，邵晓锋希望自己的裸奔能够给公司带来创新的勇气。

他将支付宝称为一家以互联网理念运营的金融公司。但是在最近的一封内部邮件中,他显然发现他的公司身上的互联网属性还不够,于是他抱怨说公司还不够创新,同时对自己的用户关注还不够。这两大缺陷都是伴随着支付宝爆炸性的成长凸显出来的。"今天很多人在关心国家政策对我们的影响,很多人在关心竞争对手是否在迅速地扩张,关心着支付宝可以涉足的更多的新行业、新业务。但我们却忘了,可以抗衡所有危机的根本,在于用户是否对我们认同。"他说不能因为业务太忙,精力有限,就忽略了对用户的关注。

在《经济观察报》记者对他的访问中,曾经的全国优秀特级警察邵晓锋回忆了互联网对自己的改变,以及他如何决定加入这家公司,还有他对电子商务、新商业文明的理解和对这家公司的担忧。

访谈

李　翔:你对互联网的感情是怎么产生的?你最初是怎么接触到它的?还是说只是因为工作的需要你才对它产生感情?

邵晓锋:我记得最初我使用的电脑还是386、486,那时候更多的是玩,不一定跟自己的生活相关。那时候我是把它当成游戏机一样的东西,因为上面有很多单机游戏,后来又有了《红色警戒》、《帝国时代》。我玩游戏基本上就是那几年。然后也会去看一些新闻。这是第一个阶段。

第二个阶段是在工作中的应用。那时候我还在当警察。互联网技术的使用,对公安系统效率的提升产生了非常大的帮助。

第三个阶段就是互联网开始往电子商务方向发展。我觉得互联网真正深入到人们的生活中应该是从电子商务开始的。上网不光是玩或者查点东西,电子商务使得网络变得跟生活相关。在这个过程中我能深切地感受到互联网几乎是把我们原有的传统生活模式在一个时间段内整个变化了。

李　翔:你什么时候开始意识到互联网会跟你的生活发生特别大的关系?是到阿里巴巴工作之后吗?

邵晓锋:不是,是在公安系统工作的时候就已经发现互联网跟我们的生活有很大的关系,也会对整个社会产生很大的影响。举个简单的例子,最早的时候我们所有的户籍管理方式是,每个派出所都有一个巨大的仓库,如果要找某个人的户籍资料,你要到仓库里一个一个地按照姓名去找到一本册子。后来有了计算机技术以后，至少在派出所里人们会把信息输入电脑，这样找起来会更方便。然后再接下去就发现，每个派出所之间信息不连通会产生很大的问题，没有数据共享，信息依然闭塞。公安第二套系统就是把单机版电脑全部去掉，形成公安内部局域网，从一个地区慢慢扩大到一个省，到现在已经进展到全国了，形成了全国性的网络。

李　翔：我很想知道你加入这家公司之前，对这个行业，包括对这家公司的理解。正如你刚才说的，有些想法或许是幼稚的，但是四年之后又发生了什么变化？

邵晓峰：比如我现在非常铁定地认定，互联网应该是开放的平台，而且越开放越好。我刚加入进来时，就认为淘宝这个平台我可以把所有东西都装进去，那么这是一个什么概念？打个比方，一个巨大的市场，但这个市场不可能无限扩张，于是商家们都非常辛苦，包括为商家们提供服务也很辛苦，所有供应商的需求又都不一样。但今天我觉得所有人进出都很自由，很多服务并不需要全部都由我们来提供，有些服务用户相互之间就可以提供。这就是一个完全不一样的理解。当时我觉得什么都可以放进去，但当这个需求越来越多的时候，我认为它就已经不再是一个企业了，而是一个社会形态，不可能什么事都自己做，你只要给它一个市场机制保障就可以了。这是在实际操作过程当中一点一点去体会的。

李　翔：互联网把人变成了自由主义者。

邵晓峰：对，互联网真的是让人变得自由了。

李　翔：你以前是吗？

邵晓峰：我会接受，但没有那么强烈，理解也没有那么深刻。因为我一直觉得，每个人，包括每个领域都应当有适当的空间，我加了"适当"两个字，适当就是限制，其实不应该有限制。

李　翔：我很好奇，你以前接受的那种训练和教育，应该跟你现在的这个公司体会到的文化和接受的训练不是很一致的。

邵晓峰：差别没那么明显。当然，警察队伍纪律很严明，但警察也分很多警种，比如刑侦这个警种，很多限制不是那么严格。刑侦这个工作有点被动，案子发生以后，你要根据案子当时的情况决定该做什么，每个案子都不一样，需要根据当时的情况灵活应对，自己的空间还是蛮大的。然后有些基本的做事的思维方式也有相关性，比如获取信息的能力。在公司里面也是一样，越想作出一个准确的判断，获取的信息就越多越好。

李　翔：五年前，你对阿里巴巴包括创始人马云的认识是什么？

邵晓峰：对马云，我以前很欣赏，在没进阿里巴巴之前，我觉得他看问题很尖锐，视野比较开阔，尤其他有结果让我看到。而且我还发现他看很多问题相对而言前瞻性要比一般公司的领导者强，他常常会看到另一个层面上的东西，这种前瞻性对一个企业的存活是至关重要的，是对未来策略的判断。

进公司以后，我发现，确实他看问题的视角非常独特，对长远的、未来的判断准确率非常高。而且他常常有一种特别的直觉，这种直觉有一部分是可以后天训练的，但还有一部分是先天带来的特质。他经常在很多判断上让我们突然有跳跃的感觉。比如2007年的上市，2006年年底之前我们一直在说不上市，而且当时已经达成共识，因为阿里巴巴当时不缺钱，在全球影响力也不弱，对我们来讲不是那么急迫的事情。但是过了一段时间，突然就要在5月上市了，大家都问为什么，他说可能整个全球经济会变坏，我们要做准备。但那时我们还没有什么感觉，股市还红红火火，全球经济还在发热。他说服了我们所有的人。结果从事实来看，你会发现他的判断非常准确。

李　翔：他需要说服你们吗？

邵晓峰：当然，这点在阿里巴巴比较民主，有一些决定需要大多数人的认同。马云其实非常善于跟下面的员工沟通。

李　翔：上市改变你的生活了吗？

邵晓峰：跟我个人的生活没有太大关系，因为我来阿里巴巴比较晚，并且这也不是我关注的地方。我和我太太两个人都在公安系统工作的时候，我也没觉得我穷。来了公司，当然收入比以前高很多，但我也从来没觉得我很有钱。

李　翔：他是怎么说服你加入这家公司的？

邵晓峰：我们认识很多年，其实大家一直都在互相接触。中间有一段时间接触少一点，那是他去北京的那段。1999年回到杭州，我们还是定期进行沟通。我对他做的事情感兴趣，他对我的警察工作也很感兴趣，经常交流。有时候他会偶尔提一句，说人要多一点经历。其实我也希望个人的经历要丰富一些。我是看着阿里巴巴一路成长起来的。做公安，从业务上我差不多走到一个顶点，再往下可能往政途上发展，从政和做管理。以我的个性来讲，不是说那些事情我不能做，但那不是我最喜欢的事情。而且后来在体系内也培养了接班的人选，我的离开也不会造成太大的影响。当然也有其他复杂的原因。自己到了一定的阶段，可能要给自己一个更大的挑战。如果继续做公安，我可以想象到我80岁时是怎么过的。而到了阿里巴巴，你压根儿不知道两年以后会怎么样。

李　翔：你能意识到自己当时的状态是否适合这家公司，或者会给马云和这家公司带来什么东西吗？

邵晓峰：当时也没有特别多地谈这些内容，他坚信你的状态、学习能力、处事和做事的方法，他相信互联网这个行业你一定能做。

在思维方式上他比我更感性，甚至感性得多，有时候我觉得他是在天马行空，思维跳跃得非常快。而我们则需要更多的时间去想怎么把事情做出来，理出条理，去做分析和具体策略的谋划。

李　翔：当你讲新商业文明的时候，你自己心里明白是在指什么吗？

邵晓峰：开放、全球化和责任分担都是新商业文明的属性。但其实新商业文明说到根本就是商业模式的改变，也即从整个社会的角度来讲，社会资源配置更优化。

比如，原来很多商业模式带有信息的局限性，而企业也没有能力把产品信息传播到更广泛的区域，只有通过渠道，企业的产品、品牌和服务才能被更多的人接受。对消费者来讲，因为中间经过了更多的环节，所以当他拿到产品的时候，他所付出的价值已经不仅仅是产品本身的价值了。

今天有了互联网技术以后，我们有更多的方法和更便捷的通道能将信息迅速传遍全世界，这就有可能去缩减整个社会商业模式的中间环节，形成一种新的商业模式。

李　翔：支付宝这家公司对你的改变大吗？

邵晓峰：改变非常多。支付宝有相当一部分是在做金融，金融体系和简单的商业体系相比，思维方式很不一样。举个很简单的例子，比如淘宝，只要不违法，只要用户接受，你尽可以去做。但支付宝却不一样，支付宝涉及的是金融，而金融会涉及国家安全，你要考虑的东西更多。当你想做一件事情的时候，除了不违法，除了用户接受，你还要看看政策是否容许；而政策允许了，你还要看看是否有合作伙伴一起做，因为支付宝所有的事情都需要有合作伙伴，比如，银行跟不跟你合作，商户跟不跟你合作。这样下来，你会发现自己要思考很多既有的游戏规则，而做淘宝则不需要参加任何一个游戏规则。做支付宝是在既有的游戏规则中做，既不能跟它形成激烈的对抗，又要在某种程度上去改变它。这是从业务层面上讲的。

从管理层面上来讲，这其实是我真正独立带的第一家公司。

李　翔：相对于其他管理者而言，你的优势在什么地方？

邵晓峰：我对人的判断力会比较强，毕竟是刑侦出身的。可能会有挑战的是培养人，我要培养的是管理者，而不是具体做某件事情的专家。

李　翔： 你如何学习去做一个真正的领导者？

邵晓峰： 首先还是从实践中学习，不断反思自己做的每个决定，自己哪些地方需要提升。第二就是学习成功的案例。刚来支付宝的时候，我只是觉得自己是来管这家公司的，半年之后我发现不对，这远不够，你应该清楚知道自己做什么事情，对公司未来是好还是坏，你要承担百分之百的责任。你不是去被动执行某个决策，而是说整个公司的未来怎么走，你都是主要责任人。

李　翔： 你希望同现有的金融机构保持什么样的关系？

邵晓峰： 共赢互补，去推动新的商业运作模式。不可能没有妥协，但也不能完全按照它们已有的模式去做，我们需要去推动。但在这个过程中，也应该让它们得到同样的发展。所以我希望能够达成一种合理利益分享机制下的共同发展，这是我希望的合作方式。

李　翔： 你能提供给这些强势的金融机构什么东西？

邵晓峰： 比如说网络银行推广上的帮助。支付宝对整个中国网银用户的增长，带来的效应非常大。同时我相信，未来合作模式成功之后，以及商业模式成熟以后，会有很多收益上的分享。其实现在也有，比如我们对合作银行会支付相应的服务费用。然后，支付宝还推动了很多银行业务的产生，单就银行体系本身产生这样的创新难度很大。我们非常高兴地看到，这几年银行业务的创新很多是跟支付宝相关的。

李　翔： 你会把谁视为竞争对手？

邵晓峰： 现在很难为支付宝设定竞争对手。因为这是一个全新的行业，也没有现成的模式，全球都找不到类似的机构。可能中国会有一些类似的第三方支付公司，但它们和支付宝差距还是蛮大的，无论从规模上还是提供的业务种类上都是如此。

李　翔： 但是这样的话，你是不是会在大的商业世界里找不到自己的坐标？

邵晓峰： 我们会有一些标准。首先，我们的公司是以互联网技术为基础的，我们不会做线下的传统的运营。其次，我们是电子商务的基础服务设施，非电子商务的业务我们不会做。第三，对我们而言，最重要的用户不是商户，而是个人用户。有了这些标准，就可以保证支付宝的大方向不会偏移。至于未来具体形态是什么样，我觉得可能我们会一步步看得更清楚。

我们也会参照其他一些公司。在国内我们会关注银联业务的发展，在国际上我们则会关注贝宝公司的发展。

李　翔：有一种说法是，银联会选择把支付宝视为竞争对手。
邵晓峰：这个声音越来越强。其实被银联这样一家公司当做竞争对手，也证明我们方向的正确。银联把我们当竞争对手，其实是因为它是从传统的金融服务业出发向互联网发展的，而在互联网领域就一定会碰到支付宝。我倒是希望银联能加入基于互联网的第三方支付公司中。这个行业还不是一个成熟的、饱和的行业，更多的竞争会促进它的活力。

李　翔：你关注的公司里有金融公司，也有互联网公司，对于支付宝而言，它是互联网气息更浓，还是金融气息更浓？
邵晓峰：支付宝是用互联网的理念在运营金融方面的业务。支付宝发展初期互联网味道更浓，因为它完全是基于互联网理念在运营自己的业务的。但到了今天，当支付宝的用户数、交易笔数和涉及的资金达到目前的规模时，必须要有大量的金融元素被加进去。它最终会处于两者并重的状态。

李　翔：互联网公司的属性和金融公司的属性其实差别很大。
邵晓峰：是的。但这是发展的优势，从传统金融公司向互联网领域延伸很难，因为之前包袱太重，体系惯性都在，包括人才配备和业务的重心。但倒过来，互联网公司向金融领域延伸，其成功的几率要远远大于从金融机构往互联网方面的发展。

李　翔：这家公司最大的风险或者未来最大的不确定性可能会在什么地方？
邵晓峰：有很多。最重要的一点是国家政策的不确定性，因为这个行业到今天为止还处在法律的边缘，没有法律禁止它，也没有法律允许它，所以在整个行业发展过程中，竞争也不是很规范。像我们这样的公司，涉及大量金融资产和资金的流转，如果没有一套规范的体系，一旦行业里某家公司出了一个大问题，可能会连累整个行业受到打击，这是我们非常担心的事情。未来中国会对这样的企业发展作出怎样的限制和扶持，这都是我们期待明确的问题。如果我们现在开始一项新业务，而未来政策却不允，那这成本是很大的，这也是我们担心最多的。

李　翔：那你通过做什么事情来尽量避免这种风险呢？
邵晓峰：主要从两个层面。第一是社会责任感。我们自己有一个标准，比方说客户保证金和它产生的利息，我们都是单独一个账户，在法律不明晰之前，绝不动用这笔钱。很多人认为支付宝是靠利息挣钱的，其实利息我们一分钱都没动过。在客户资金和自有资金的运用上，我们有很多严格的规定。对支付宝的数据库，我们也做了很多防范体系，防止一旦发生灾难性事件，数据流失对社会和用户造成巨大的损害,所以我们不惜重金在全国各地建灾备体系。我们在杭州建了四个数据库中心,嘉兴有一个,天津的现在正在建。

　　第二,我们保持着同相关监管机构的非常密切的沟通,包括跟人民银行、银监会和各级相关政府部门。也会有很多相关的专家、学者定期被请来给我们会诊。每个月我们都会把整个支付宝的业务状况,包括新业务的开展情况,呈书面文字报告给人民银行。它没有要求过我们,但我们报给它,让它知道我们在干什么,全部公开,全部透明。

吴栋材　江苏张家港市南丰镇永联村党委书记
　　　　　江苏永钢集团董事长

市场运作就像战争

　　73岁的吴栋材同我们所熟识的大多数商人都不同，在某种程度上，他过着离群索居的生活，除了他所熟知的环境之外，他对更大的世界的社交圈表现出一种反感。他不喜欢抛头露面，每个岁末年初他都在不断地拒绝各种活动的邀请。他也没有参加某个企业家俱乐部，去寻求自己身份的认同。这可能同他的年龄有关。但是年龄又没有让他变得顽固而不可说服，他仍然保持着自己的思维的开放性。在他的办公室内，放着一台苹果台式电脑和一台IBM的手提电脑。从黑色的笔记本电脑上，他随时能查到永联钢铁每个月的销售额和利润。过往的生活却又没有让他变得世故和圆滑，他的性格仍然耿直，很多时候都难以控制住自己的言语的直言不讳。

　　他总是被视为"三农"人物的代表。但其实从上个世纪80年代起，他就因为自己创办的钢铁公司而知名。在胡润的富豪排行榜上，他是中国最富有的150人之一。过往的观察家们往往迷醉于他个人的传奇经历，以及永联村和永钢之间的关系，但是却忽略了他的商业智慧。永联村，这个苏南最大、最富裕的村庄之一，全国范围内，在财富创造上能够和它相提并论的也只有山东的南山村和同处苏南的华西村。而永钢则是中国最大的民营钢铁公司之一，有着超过300亿的年销售额。2009年年初，在他位于江苏省张家港市的企业王国内，他同《经济观察报》记者分享了他对于当前经济形势，尤其是钢铁业形势的一些思考，下面是我们的谈话片段。

访谈

李　翔：你对现在的钢铁业和此次危机有什么样的看法？

吴栋材：现在钢铁业的形势基本已经明朗，我的一些老客户已经开始把钱提前打进来了。形势应该就是这样，现在已经到底了，如果再往下调，也不可能再调整多少，现在钢价每吨是3 500元或3 600元，不可能再下跌到2 500元的，更不可能下跌到1 800元。这也是永钢品牌的效应。

这次金融危机按道理来讲，我们提前应该有个应对，问题是最近几年的高速发展，把一些人的头脑冲昏了。危机不是8、9月份一下子就过来的，"金融海啸"这个词语也是后面总结出的。现在国际油价这么低，我们国内的油价为什么不降？因为这样公司会亏得不得了。因为这些公司以为上涨的幅度没有到顶，它们认为石油价格可能达到每桶200美元，于是在高价位上买进了大批量的油。现在三十几美金一桶油，如果你在130美元买进，相当于降了100美元左右，这个差价到明年上半年也消化不了。

钢材也是这样子。当然，这里也有专家学者的误导。在这次金融风暴中，我们一些大企业亏得太多，因为它们在高价中被冲昏了头脑，没有一点防备的心理，只看到高价，没有看到一旦掉下来会是怎样的后果，没有后退的打算。生产也好，管理也好，整个运作过程都是高速的，这就好像开车，本来开到160迈，你就要考虑危不危险，但是假如老是在180迈上运作，一旦出问题，车子就翻过去了。这是市场经济的规律。在经济形势恶化之前，已经有突破规律的现象出现了，比如2008年钢价到每吨6 000～7 000元的时候已经不合规律了，那时为什么我们不回过头来看看中国钢铁行业的几次上上下下呢？

在1990年代，我记得钢铁价格每吨曾经从1 000元跳涨到3 000元，翻了一番，接着从2 800元到5 000元又翻了一番，接着一下摔下来掉到2 000元。现在是从7 000元掉到3 000元，升上去掉下来，都是一半。1990年钢铁价格掉下来，1992年南巡讲话以后又上来了。到1998年，热了6年又下来了，下到一半。中国钢铁业不是没有经历过类似的大起大落的。

2008年永钢出口的钢材价格曾经达到7 600元。价格到了6 000元的时候，我们的生产虽开足马力，但进口原材料刹车，走一步看一步，因为感觉到可能有风险出现了。

这个刹车应该算是比较早的。所以我在想，还是要按经济规律来办事，规律就是钢铁价格不可能无休止地上涨，像工人挣工资一样，下不保底、上不封顶，而市场价格不可能上不封顶、下不保底。

现在的情况是有好多原材料送上门来，你不要，他也给你，价格还可以谈，还可以降，钱还可以少付一点或者先付一部分，拖欠一部分。

李　翔：这种情况还会持续多久？

吴栋材：按照目前的情况来讲，不可能总这样。如果没有特别严重的问题，也就是中国经济不出现特别严重的问题，钢铁价格不可能再掉一半，没有这种可能。

但是如果再掉两百块、三百块，我就不赚钱了。按照现在的市场价格，对于原材料，我用到什么程度以及购买到什么程度，只能摸着石头过河。

我们现在不敢过多地购买原材料。因为我们中国的经济还没有见底，到底受金融风暴的影响有多大，包括2009年经济增长的比例会有多少，只有通过一个季度、两个季度的观察才能看得出来。

现在我们只能慢慢来，只要有市场，产品有销路，就开足马力生产。快产快销，原副材料需要多少进多少，走一步看一步，只要还没有见底，这就是原则。我认为按这个原则走，会有很大的收获。

李　翔：低潮时期如何发展？

吴栋材：按照市场经济的规律，只要把握得好，由高潮到低潮，由低潮都高潮，都是机遇。

比如现在我们搞技术改造，通过技改在原有的基础上提高技术含量，提高设备的精准度，提高标准后，不仅产品质量好，而且产量还高。

还有，在钢铁业的高潮时期，购买原副材料你要求人家，求人家他都不理你，现在价格低下来，对方送上门来。我考虑到了一定底线之后，我要适当囤积一部分原副材料。钢价超过6 000元的时候，我的原材料的购买就刹车，把库存的吃光用光。现在基本上是今天购买明天就用完。我相信我能等来钢铁业的下一轮高潮。

作为企业来说，你要掌握这个规律。总之，市场运作就像战争，步步为营，来不得半点马虎和疏忽，弄不好就一步栽进去了。搞企业也是在走钢丝，风险很大的，一不在意就能摔个粉身碎骨。

李　翔：苏南会出现钢铁企业的大调整吗？

吴栋材：苏南地区的钢铁企业还不存在金融危机一来就不能生存、面临倒闭的情况，比如沙钢、永钢和南钢都很大。这点不像唐山地区。唐山地区搞得比较粗糙，而且生产不配套，只有炼钢，没有轧钢，一旦有风险就很容易倒。这其实是一种投机行为，利用这一两年的高增长、高价位捞一把，一旦面临危机，就开始倒闭。结果捞到就捞到了，没捞到的就只有死路一条。

李　翔：钢铁业的发展趋势是不是越来越大，最后出现像米塔尔那样的超级大公司？

吴栋材：这样的趋势在中国境内出现有很大难度。中国境内比较大的公司现在有宝钢、首钢、武钢。中国所有钢铁企业都搞得像这三家大企业一样不现实。我倒不主张一定要搞太大的钢铁公司，太大以后管理可能会碰到问题；如果管理出现问题，运作过程也会有难度。再说中国钢铁公司目前要生产这么多品种的产品，只搞几个大企业是不行的。

另外，我国钢铁工业发展时间很短，当全国产量才几十万吨的时候，西方的钢铁公司就已经不得了了。发达国家的钢铁公司生产的产品不是面面俱到，而是分工很明确的几个品种，因为社会的需求量已经稳定了。

比如这次的危机也反应出了部分问题。这次汽车工业和造船工业的衰退对钢铁行业的冲击很大。中国钢铁公司前一阵子发展船业用钢，觉得自己很不得了，工人找来了，设备买来了，铺了一个大摊子，但是订单没有了，或者对方付了订金后毁约了，这怎么办？

李　翔：40 000亿对钢铁行业的利好影响是什么？

吴栋材：40 000亿利好影响最直接的是建筑和建设行业，对应于钢铁行业则是建设用钢材的生产企业，永钢就是最直接受益的。

李　翔：这是你碰到的最凶险的经济环境吗？

吴栋材：目前来看，这次还不是我碰到的最凶险的情况，最严重的是1990年，然后亚洲金融危机时也受到了影响。

这一次，2008年的7月份是利润高峰，我有3个多亿的利润。但10月份则是亏损高峰，一个月亏了2.7个亿。

李　翔：如何渡过危机？

吴栋材：1990年那个时候企业还很小，是有一些难度，但从我们来讲，不是说难到就过不去了。而且对以前的我们的乡镇企业来说，全需要掉头。

这一次，2008年9月底的时候，我把原来搞采购的人全部都拉回来了，因为原料价格降下来之后，大家都是送上门来的，我一个采购员都不用，大家都搞销售去。

原来我们在全国各地，包括各大港口，都有负责购买原材料的接收员。早些时候购买原材料的竞争相当激烈，有些公司一买就是一个码头的原材料。永钢在2008年7月份就开始少进原材料了,8月份的时候库存就少了,9月份则一个月就消耗完了,10月份就开始进新的了。

10月份亏损的一个原因就是原材料,你运到仓库,运到无锡,运到杭州、宁波,一看行情不对,人家也不来买,拖到11月份。现在很多钢铁公司都是这样,产品都没地方堆,仓库都不够用。所以我们亏损并不是在原材料上亏。

做企业不要兴旺的时候太高兴,低潮的时候也不要太伤心,要保持一个平常的心态。作为我来讲,几次风暴都过来了,不可能有心理承受不了的情况,该拿出来的还得拿出来,该放下去的还要放下去,这是企业领导人应有的本色。

李　翔：商誉和信任度很重要。
吴栋材：危机中经销商和供货商对一家钢铁公司的信任就很关键。现在很多供货商面临的问题是产品送过去销不掉,自己公司里也堆不下,有的已经上了船和火车运到南方来了,但是给谁呢？给之前的客户,前面的钱还没拿到,可现在货已经在路上了,运回来又不甘心,于是就跑到我们这里来商量,我们不要。他说要不这样,我自己建一个仓库堆在你的码头,放在你这里我也放心。全部堆到码头上,你什么时候需要,什么时候定价。企业做到这个程度应该是顶呱呱的,人家这样诚心诚意,这样放心把东西放到你这里来,你不接受人家怎么能行？那必须接受,好好合作。我们做企业不是经销商,打一枪换一个地方,今天做明天就不做了,我们要几十年、几代人地做下去。

永钢2007年的销售额是256个亿,今年大概是300亿,今年交税超过了12个亿,效益大概在16亿左右。

李　翔：这一轮之后钢铁企业会发生怎样的调整？
吴栋材：应该说大企业会变多,小企业会变少,中等企业能稳住。当然不全是大企业。另外,国资钢铁公司在风暴中很大一部分会生存,国进民退。但钢铁行业不可能完全国有；如果完全国有的话,那对整个行业的发展会带来损害。有些钢铁品种适合宝钢搞,或者武钢搞也可以,但是永钢不能搞。可是如果永钢的建材让宝钢搞、武钢搞,搞个看看？

还是要尊重经济规律。比如2008年上半年宏观调控要压压压,老是在讲压,实际上是压过头了。从2008年2月份到9月份,是钢铁最高价位的时候,如果不调控,让这些企业开足马力生产,还能赚到一大部分利润。不该这么搞市场,经济高潮的时候,实行宏观调控控制,结果风暴真正来的时候，企业已经半死不活了。

李　翔： 你社交圈是怎样的？

吴栋材： 我平常接触的人什么都有，农民也有，工人也有，社会上层人士也有，还有些学者。我也不参加什么企业家俱乐部，我不善于搞这些东西，你来找我我跟你谈，你不找我我不谈，我做我的事。我也不想宣传，我也不要当官。要表达自己的思维、一些思想，我可以在自己的报纸上表达。

1980年代我就想通了，不争名，不夺利，不出风头，官场上这套我不懂。我觉得你这个人不好，但嘴上却要说你不错不错、好好好，这个好怎么讲？违心的话怎么说得出口？时机不成熟或者环境不好，不应该闹起来或者对着干。你是领导干部，我明明对你有意见，最多我不表态罢了，我不会把你弄得下不了台。但有时候是要针锋相对的，你不让我，我也不让你。

李　翔： 你怎么看三鹿奶粉这样的商业事件？

吴栋材： 这是一个道德规范问题。如果说为了赚钱不择手段，那可以用"奸商"来形容。道德是我们做人的底线，你突破了这个底线就不行，尤其是食品、保健品、药品，还有关系到国计民生的，比如我们的钢材，还有建筑。尤其是上了规模的一些企业，如果不把自己的道德行为规范起来的话，那么迟早是要垮台的。现在我们弄的这些，人人自危。

做企业，把产品搞好，把服务搞好，然后加上适当的品牌推广，比如刚进入市场的时候要做品牌推广。现在电台、电视台做广告，有很多广告都是骗人的，比如一些手机，广告做得很厉害，但是产品一用就不行了。我认识几个人买了广告上的手机，用不到半个月就坏了。（拉开办公桌抽屉）你看，我这里还有几部手机，这些都是，我家里还有。我现在看到这样的广告就关电视。

品牌要进行推广，如果没有推广，人家可能不知道我这个品牌。但是如果这个企业做了十年以后，品牌还在大力宣传，我认为你要考虑你做得到不到位，也就是要反省你在生产上下的工夫和你宣传上的工夫是不是都到位。

李　翔： 为什么会有部分商人和企业会丧失道德感？

吴栋材： 恐怕还是金钱的诱惑。现在按世界经济发展的过程来看，西方走过一二百年，而我们才短短几十年，加上我们人口又多，面广量大，鱼龙混杂，也有客观的因素。但我总认为，这次金融风暴以后，公司的生产者和经营者应该反思，公司和个人作为社会中的一个组织和一个人，道德底线到底能不能突破。对具一定规模的企业来说，尤其不能越过这条线。为什么企业生生死死、死死生生，一个风暴来了以后就会死掉一批？在危机之中的有些公司和个人看到别的公司死去激动得不得了，我要怎么怎么，信誓旦旦，可是危机一旦过去，为了尽快把钱搞到手，又开始不择手段了。

荣秀丽　天宇朗通通信设备有限公司总裁

天宇朗通的诞生与崛起

1993年，荣秀丽拿到了中欧国际工商学院的MBA文凭。但那时她已经30岁了，却一事无成。

她是个大个子姑娘，理应经常为自己穿什么衣服花些心思，但可能当时因为选择的余地太小，她索性就随心所欲了。她看上一款白底大花的裙子时就会说："哦，上帝说现在可以穿花衣服了，那就试试。"她喜欢色彩浓烈的衣服，她也喜欢打牌时无论手里的牌多臭都气势十足。她说话时就像拖拉机的马达，运转得又迅速又响亮，声音里就透着对生活的热爱，这种热爱来得毫无顾忌、随心所欲。

她16岁时从河南新乡老家考入了湖南大学，到机械与汽车工程学院攻读内燃机专业，毕业之后也就顺理成章地分配到了大名鼎鼎的洛阳拖拉机研究所。该研究所是由原机械工业部洛阳拖拉机研究所和中国一拖拖拉机、汽车研究所合并组建的独立研发机构。但是很快，拖拉机手不再是最典型的劳动模范形象了，而拖拉机也不再是时髦的交通工具了。潮流的变化是如此之迅速。因此，当荣秀丽经过两年的学习拿到MBA学位并开始重新思考自己的前途时，她决定自己一定要进入"未来十年最有发展前景的朝阳行业"。

"那时候我个人很膨胀，自信过度，觉得世界上什么事情都能干，只有想不到的，没有做不到的。"荣秀丽说。不过，她当然认为自己想到了自己要找的最有未来前景的行业——无线通讯行业。不过，在当时确实没有人能明白到底无线通讯究竟在商业上意味着什么，用荣秀丽的话说，"有线都没搞全呢，就开始看无线"。但是"无线里面基础设施方面的水太深"，荣秀丽深感自己作为一个内燃机专业的人"太没有优势了"，"那就搞终端吧！"当时而言，作为今日应用最广泛的无线通讯的终端，手机诞生也才刚刚十年，后来的手机大佬诺基亚刚刚决定少做一些造纸、汽车轮胎和电缆的生意，开始努力要把自己转变成一家专业的手机制造商。1992年，诺基亚的新任CEO奥利拉大胆预言："未来将属于通讯时代，诺基亚要成为世界性的电信公司。"

访谈

李　翔：你怎么看待手机业之前的变化呢？很多大家都非常熟悉的品牌，现在都已经无人再谈论了。

荣秀丽：它就想不变了，所以它就死了。这个行业好像是有点难干了，它天天在变，变化特别大，你也必须跟着变。其实商业模式也是一直在变的，不只是我们在变，你去看看苹果，它也在变。我觉得就是这种天天在变的鬼逻辑，导致手机业一直在进化。诺基亚也在天天进化。对于中国手机而言，这个世界在变化，我们的行业也一直在变化，不想变哪行啊？

如果不变，就只能跟在MTK的模式下面。你去分析MTK的模式，它的模式是蚂蚁搬大象的模式。联发科希望大家一起帮它搬东西就行了。你是不是要永远做蚂蚁呀？如果要永远做蚂蚁那你就帮大象搬东西好了，可是蚂蚁能成才吗？

李　翔：联发科想让它下面的人都做蚂蚁，为什么你是例外呢？开始的时候你为什么要选择和大象合作呢？

荣秀丽：我是这么想问题的，我认为联发科公司很优秀，它在2.5G芯片上的确具有非常独到的竞争力。在2.5G芯片上你还能选择跟谁合作？没有一家可以比它更优秀。我这个人奉行谁牛就跟谁合作的准则，没什么别的想法，你最牛我就赶紧跟你合作。

但是我们用它跟别人用它不一样，不是说我用你的芯片就是为了赚钱，天宇用它的芯片，更多的是看中它的技术和开发手段，为的是要把东西做好。但是一旦做好了，天宇就不会天天做MTK的东西了。

对于MTK而言，它也希望有人把它的东西做成精品，体现出MTK芯片的价值。它需要有人做这种小白鼠，努力去研究它的芯片。但是它也不希望我们学会了它的本事就去做别的活儿。问题是我学完了，我拥有了这样的能力，我为什么不去做别的？其实联发科也很好，它不会拦着你去做，有本事你就去做啊！

如果天天用联发科的东西会把人惯懒的。我这段时间天天跟我们的研发团队吵架。我们公司的研发也有一批人做 MTK 久了就有惯性了，习惯一个东西不会做的时候就把问题丢给联发科，然后联发科来帮忙做。

李　翔：除了联发科之外，你们现在有了很多合作的对象，包括微软、高通等。天宇朗通的研发思路是什么？

荣秀丽：我们的合作对象很多，但我们从来不是完全按照 Windows 这种形式来做的，也不是完全按照联发科的方案做的，更不是完全立于高通的基础上去做的，实际上我们是把这些技术融合起来，做的是集成性创新的东西。你想做集成性创新的东西，或者你想把好东西做便宜，用什么办法呢？最典型的办法是在一个好东西上绑上另外一个好东西，而那个好东西却不要钱，这个世界都是这样的。

你要想把一个东西做便宜，就要把两个都有价值的东西搭一块，但却只收一份钱，这是集成创新的一个很要命的概念，我们就干这种事情，永远去找这个融合点。

研发的时候我们不是立足于本身去干活，而是立足于融合去干活。我们立足于你身上和他身上的东西的融合过程。

我们其实并没有想过我们要基于谁，我们是在做一个以手机为基础的东西，不断往上提升，然后把手机提升成一个万能的工具，可以玩游戏，可以做相机，可以购物，什么都可以干。

我们基于这种愿望，然后找来最好的和最便宜的东西，把它们集成起来，而且是以最快的反应速度去集成。我的定位就是我是做终端的，所有好的公司都可以是我的合作伙伴，我哪边都不靠，我不姓 MTK，也不姓高通，也不姓微软，我干吗要给自己加一个姓呢？

李　翔：你们有一个数目庞大的研发团队，这些研发团队都在做什么？

荣秀丽：集成，玩命地做集成。

我们就是不断地去把现有的先进技术集成好，不断地基于我们对人类的想象，对人类到底需要什么东西进行判断然后去集成。

李　翔：集成研发中的难点是什么？

荣秀丽：第一，集成必须基于你对双方顶级技术的领悟。然后，领悟了之后你要有一个很好的需求定义,即我做这个东西是为了满足某种特定的需求。但这种定义准确不准确?我觉得乔布斯在定义需求方面就非常准确,他能够把人类潜在的需求激发出来。

但是,要完成这个过程首先需要你有深刻的技术领悟;没有领悟就没有办法,而且两家技术都要能领悟得好。其实,别说人家做好技术很难,做好了让你去学习都很困难。

我们从2007年就开始干这种鬼活,一个小组集成照相机,一个小组集成GPS,一个小组集成电视……我们从2007年底就做MTK的标准产品了,通通都在做这种烂活儿,做这种烂活儿让别人说天宇朗通一年都没有生产出新产品,并且做得很烂,因为它很难,比如说我手上拿的这款产品,用的是照相机和手机的集成技术,我们现在还没有办法做得那么时尚,但是我们慢慢可以把它做得时尚。可是我们首先要考虑手机外表的时尚性吗?或者还是我们要考虑技术的可实现性?或者我们能不能不坚持干这种鬼活,这种出力不讨好、干完了以后不一定有效果的活?但我们不得不干,而且还得让大家都干。

我现在说方向比速度更重要。我的工作是负责看方向的,老板最重要的是不要把大家都带到坑里去,是吧?

李　翔:你的这种逻辑是什么时候开始形成的?
荣秀丽:每个公司都要给自己找一个定位,而且每一段时间都要转换定位。

我第一步只能想怎么把手机做好。当我有了能把手机做好的本事时,我一定要想下一步我的出路在哪里。其实在2007年以前,我们一直都在学做手机。然后从2007年、2008年到现在,我们不是在学做手机,而是在学怎么去集成的本事。

在单一领域,跟在别人后面竞争是不可以的,我找不到路。我跟自己说,路永远在脚下,你根本不用担心,你就分析谁把谁干掉了,然后你就知道你应该干什么了。我们天天说要把好东西做便宜,无论多好的东西都要做便宜,那你就想想有什么办法能把好东西做便宜。一加一,叠加起来就会便宜了。

世界变化太快了,横空杀出来一项新技术,你都有可能不知道自己是怎么死掉的。全世界不断有新的东西出来,我们给自己挑选的路就是做集成。然后你发现,要做集成,可不是天下都有这种人才啊,你要先自己培养人才。

深圳也有很多手机厂商在做集成，那是简单的项目集成，它与我们的集成完全是两种不同的概念。那些厂商不愿意去干这种烂活儿，宁可买来 MTK 的方案在家里做。因为这种鬼事是吃力不讨好的，某种意义上也像技术研究，它的失败和成功的概率是同等的，弄得不好什么也得不到。

李　翔：你自己也承认做集成研究非常累，而且有时吃力不讨好，那你为什么还要去做？

荣秀丽：我觉得一个人和一个公司需要有一些核心的东西。

我在想这个东西的时候，第一，基于我对这个行业看得很长线，我不会再想去干别的了。你跟别人聊，可能有些人就会把做手机当成挣钱的手段。比如，不做这个挣钱，就去做电视挣钱；而不做电视挣钱，就去炒股票挣钱。反正它就是一个挣钱的方法。但是对我来说，好听点讲可以说是事业，不好听点讲可以说我是一个游戏迷，这是一个我特别喜欢玩的游戏，我玩了好多年了，我还想在里边玩，而且想成为这里面的顶级高手。我就是这种人，当我很喜欢一种东西的时候，你让我去干别的，我都不会想去，甚至让我去捡钱我都不想去，我觉得捡得有点累。

李　翔：集成研发应该注意什么呢？

荣秀丽：我的第一个逻辑是，你做的任何软件都要像灯笼，可以挂在树上不断被取下来，它不能长在树杈上，像葫芦那样。如果像葫芦，树是会死的，并且葫芦最终也会死的。但如果是灯笼，树死了你还可以摘下来继续用它。

李　翔：但是区分葫芦和灯笼是不是也有难度？

荣秀丽：没有难度。如果你从已有软件的结构上要拉出来一样东西，然后在它的基础上长出去一个东西，那么这个软件你就不能做。因为基础软件一升级，你在旧有软件基础上再做的软件就没用了。你只能做灯笼挂上去，而不能从上面长出东西来。不断做灯笼，做完放在自己家里，一旦换了新一级版本，你就马上停下来往上挂灯笼，而且是以最快的速度挂。

做集成也是有障碍的，比如我们把 GSM 集成到 CDMA 上面去，确实需要联发科的 GSM 系统作为基础。但是我们要做的是中间的"桥"。联发科再怎么升级版本，它也不可能把这个"桥"升级得没有了。因为那个"桥"是基于双方长出来的，你想长就长你自己那一半吧，反正我这一半什么也不长，你也没有办法。这种障碍就很高，你去做就很值，而且一年半载都没有人能超过你。这就是能干的活儿。

包括我们的集成照相机，在我们刚开始做的时候，所有人都说中国人牛得很，不出三月，全中国人民都做得出来。但是到现在，也没有一款做出来啊！我说你们照着做一个试试，知道什么叫障碍吗？

李　翔：集成产品也是有专利的吗？

荣秀丽：有，里面有很多小点都是有专利的。

说起来有点惭愧，我们2007年以前不太注意专利，自己也没想过要申请专利，然后2007年公司突然长大了以后，就出来很多官司，有许多公司找我们打官司要钱。那时我们就开始自己也弄很多的专利，现在有一百多项了。之前不知道专利这回事，我想自己就做这么一个东西，怎么就妨碍到你了呢？人家都不妨碍，凭什么我就妨碍到了呢？现在我们的合作伙伴里有了高通和微软，就更知道专利这回事了。

李　翔：在你看来天宇朗通这种集成创新的模式有弱点吗？

荣秀丽：现在还找不到致命的弱点。但是如果你天天跟在别人后边走，保险系数会很高，虽然你劳动量很大，挣的钱也不多，但是风险很小。做集成风险很高，你天天集成稀奇古怪的东西，你是不是要给别人洗脑啊？至少营销方面就有很大的障碍，是不是要改变人的消费思维啊？如果天天干这种需要改变思维的事，那是不是成功的概率大、失败的概率也大呢？

模仿就是你在前面挣大钱而我在后面挣小钱。但如果天天要创新，你是不是需要给人洗脑？洗脑好辛苦的，因为要改变人们的消费习惯。所以我认为我们这种模式风险也挺大的，但说实话，目前为止我们找不到更好的路。

做集成，要培养人，要培养思路，要确实对你的合作伙伴的东西有深刻的领悟。你能不能领悟它们的技术内涵？但其实即使你如此做的时候也还是很可能会碰到钉子的。比如，我现在做Windows的东西，真的花了很长时间，这个活儿打死都要干。干的时候肯定很多人说天宇朗通又花了很多精力去做那些不必要干的活儿。

我认为核心竞争力里有集成技术。再核心的就是你要有良好的营销能力，并且去了解消费者的潜在需求，找到他们的使用情感，然后去激发它。我认为这方面我们做得不是很好，我个人只能算半个营销专家，不算整个，还有人比我高。

李　翔：高在什么地方？

荣秀丽：营销的最高境界不是说我怎么去卖东西，而是我想要把东西卖给谁，我想要卖个什么样的东西。然后我要把这个东西做出来，正好就又卖给这些人。营销不是说你给我一件东西，然后我想办法去把它卖掉，而是真的去找到人们的潜在需求。乔布斯和比尔·盖茨都是营销高手，他们在决定做什么产品的瞬间就开始了营销。因为在那一瞬间，就想到了如何去满足人们的潜在需求，去激发人们的好奇心和使用欲望。

其中关键的两项：一项是领悟人们的使用感受；另外一项是领悟产品的运作和形成的过程。你要做出产品，然后才能变成营销高手；如果做不出iPod，你营销什么？

有人笑话我们，说天宇朗通2008年就没出什么产品，一个做手机的公司不出产品还能活得这么久、这么好，很奇怪。我告诉他们，我是半个营销高手，虽然只是半个。2008年的业绩肯定是营销起了一点作用。我们这一年的产品都没有出来，大部分产品市场都看不到。做Windows八九个月做不出来，做照相机也要六七个月才能做出来，等做出来的时候就快疯了，而且做出来以后一看这手机还长得那么丑，更要疯了。

现在我们的营销需要改进模式，要用新的方式来做。

李　翔： 这种营销模式的变化会是什么？

荣秀丽： 以前我们卖东西，是我坐在门口跟你谈，来一个产品，很便宜地给你，你该怎么卖就回家去怎么卖。但现在不一样了，现在是我就要这么卖，你愿意吗？你愿意你就拿货，不愿意你就一边儿待着去，我不跟你玩儿，先跟他玩儿。

以前是我给你低价，你随便卖，能挣多少是多少；现在我要指导你怎么卖，尽量追求你的利益最大化，但也要让我的品牌最稳定。以前我把营销的权利让给了他，同样我也把处置品牌的权利让给了他，他把我的品牌搞烂了我也没什么办法。但今天我要把这个品牌权利收回来。

天宇朗通要给经销商一套营销方案，然后明确说，我就要卖这么多钱，你还要用我的方式来卖这么多钱。我要告诉经销商我为什么要这么卖，应该怎么样来体验这种东西，我先培训你，你要同意我的营销方案才有相应的代理权；如果你不同意，那下面就做不下去了，我不会给你我的产品，我也懒得给你。而且我还会有一大堆的方案来控制你，如果你不这么干的话，还会受到什么样的处罚。

李　翔： 我很奇怪，你几乎没怎么提到品牌，你一直在讲集成，一直在讲渠道。

荣秀丽： 难道你觉得品牌叫两声就行了吗？没有用的，品牌在于你慢慢去积累，慢慢去做好产品，它存在于整个营销过程之中，这样才会让顾客认同这种品牌。它其实是人们对产品的一种感情，只有这样才能形成品牌。

你做的所有东西都是品牌造就的一部分，但恰恰不是说要靠广告来造就的。品牌就像全程质量管理一样，它是融在你的产品的制作过程中的。你要考虑你的每一个生产环节，你做出的每一步，对它有没有提升作用。但是你根本不要去想。只要本着这种原则去做，之后你就会有品牌，然后就是不要去损害它，而后一定要有不断升华的过程。我觉得就是这样。很多人以前讲的宣传和广告策略，我根本不认为那能缔造品牌。品牌的缔造要从第一天开始，第一天想卖给哪些客户，你就要在哪些人身上产生感情。首先你得对他们付出感情，然后他们才会对你有感情，这是最起码的一件事情。

李　翔：以后你希望天宇品牌拥有怎样的内涵？

荣秀丽：首先我希望天宇品牌是80％的人都能买得起的，一个很好用的东西，一提起它就觉得比较实惠、好用、舒服；第二我希望它能够成为我们不可缺少的一个百宝箱，一个万能物，你的手机不仅仅是一部手机，而是什么都能干。

它不应该是一个暴利的产品，一旦做暴利，你就是在为10％、5％的人做东西，而我希望是在为80％的人做东西。为10％的人做产品，也确实有成功的案例，但是它对整个历史进程的影响比较小，那是纯粹在挣钱。

李　翔：未来的手机应该是什么样的？

荣秀丽：你能够没有钱包，也可以没有钥匙，但就是不能没有手机。唯一跟在你身边的就是手机，它可以替代所有的其他东西，可以网上支付，可以做密码、做钥匙，你的信用卡也可以寄存在手机里。只要有了手机，你在地球上的任何一个地方都不会孤独。2G时代和互联网时代，世界在变小，你足不出户就能干很多事情。3G和4G时代，不是足不出户，而是地球跟着你转，只要你想，打开手机，你就是地球的中心。

李　翔：大的手机公司和互联网公司之间的融合趋势，对天宇朗通的商业模式有影响吗？

荣秀丽：当然有影响，世界在发生变化，卖硬件的不靠硬件赚钱，卖软件的不靠软件赚钱，大家都靠应用赚钱。但是我跟很多人讲，硬件是身体，软件是灵魂；如果人没有灵魂是行尸走肉，活着跟没活一样；但是如果灵魂没有身体的话，那就更不可能生存。诺基亚和苹果都可以做应用，因为它们都有硬件。微软和谷歌也想做，它们需要硬件作为附着体，否则灵魂找不到身体，就只能飘忽不定。运营商也想做，中国移动想做，中国联通想做，一切能掌控终端的人都想做，那很好啊，如果我没有能力去提供灵魂，那我是不是可以做身体呢？我可以帮运营商做，我可以帮微软做，我也可以帮谷歌做。我给你做的身体很好用，让你体验得很好，你总要给我钱吧？这中间我们要考虑的是，我们做的身体能不能满足你想要的一切需求，那就还是需要有很多集成，而且要足够便宜。

李　翔：你烦"山寨"这个词吗？

荣秀丽：不烦，无所谓。可我不太懂，什么是山寨？

李　翔：你有什么不变的原则吗？

荣秀丽：不变的原则是你天天都要变，永远都要跟上世界的变化。其实（很多领域）这个世界上的玩家也越来越少了，你要是还想活着你就得天天加快跑。我觉得中国还是有几个厂商是不可替代的，比如华为。希望我们也努力成为不可替代的公司。但我们现在还不是。我现在觉得我们公司的同事学得还是太慢了。

附记

一

荣秀丽选择进入了一家香港人开办的做交换机的公司。然后，她很迅速地说服自己的老板开始一家芬兰手机厂商的代理业务，因为这才是未来之所在。但未来喜欢开玩笑。作为操盘手的荣秀丽发现自己面临着 160 万元的亏损，香港老板决定要撤资。不知道是出于内疚还是出于对自己判断的坚持，荣秀丽决定自己接过公司，老板的投资就算做自己的借款。她决定为自己找个合伙人来共同承担风险和已有的债务。一个刚刚大学毕业没多久的小伙子倪刚觉得值得一赌，他后来成了荣秀丽的丈夫、公司的副总裁和大股东之一。

事实证明这次对未来的判断英明无比。荣秀丽和合作伙伴倪刚在 1995 年成立的百利丰公司在手机分销业务上取得了不错的成绩。开始时，百利丰公司主要从事芬兰模拟电话百利丰在中国的分销业务；三年之后，这家公司已经成为北电、三星和爱立信手机在中国的代理。荣秀丽的百利丰在巅峰时期掌控着三星手机在全国超过 50% 的市场份额。而且，按照当时的手机销售模式，她几乎是躺在家里数钱。后来荣秀丽对媒体说："我们（当时）卖一部手机挣三四百块钱，三星的最少也能挣两百块，特别容易。"手机全行业的平均毛利率高达 40%～50%，厂商拿走了最大头的 20%～30%，代理商拿走了 10%～15%，而终端渠道只有 5% 左右。在这个手机价值链中，承担风险最大的是手机厂商，门槛最低的是终端销售渠道，最舒服、风险也最小的是代理商。"代理商挣得最多，付出得最少"，"当时你确实很挣钱，也确实很舒服，可是我就觉得这个好像不对，这个从逻辑性上来讲是不合理的"。

荣秀丽用最简单的逻辑来判断：不合理的事情就必然不能持久。她后来开玩笑说："不合理，可是我又不能改变。因为我不是厂家，我是这个环节中的一环，我听厂家的，厂家给我什么政策，我就怎么干。我做不了主，一生气就自己做了厂家了。"

后来在谈笑时，她称自己做百利丰时的角色是"机器贩子"。不想做毫无智力成分、拿到代理权后只需要在家数钱的"机器贩子"，同时也意识到这种舒服的局面绝对不能持久。荣秀丽迅速决定把手头的存货全部转让给另一家手机代理商——广州鹰泰。后来她对媒体说，由于鹰泰坚持要求每部手机降价500元，咬牙同意之后，自己"在15分钟内亏损了2 000万"。

不过，做手机分销商的经历至少带给了荣秀丽两点收获：首先，她有了钱可以来投资手机生产，这笔钱大约为2亿；其次，"做了很多年的分销之后，我特别领悟到了分销商会怎么想、会怎么干"，荣秀丽说。卢伟冰，康佳手机曾经的全国总经理，以及天宇朗通国内GSM事业部总经理、海外事业部总经理，在他关于天宇朗通商业模式的研究论文中写道："在这一阶段，荣秀丽女士完成了其原始资本积累，同时分销业务让荣秀丽女士对中国消费者对手机产品的需求了解深刻。"

二

回忆自己在1993年决定进入"朝阳行业"手机时，荣秀丽说："终端是一个相比较之下容易掌握的技术，很简单，而且很朝阳，于是我就找了机会进去。进去之后就一发不可收拾。因为那个东西它确实很朝阳，每年都有很大的变化，刺激得你根本不能停下来。现在更要命，天天都是百米赛跑，一个百米接着一个百米，搞死你。"

转做手机厂商的荣秀丽很快就吃到了苦头。2002年，不做"机器贩子"要做厂商的荣秀丽注册成立了天宇朗通公司。她面临的第一个问题是，当时的手机牌照仍然处于审批制阶段，而且一家民营企业要想拿到手机牌照几乎是不可能的，这意味着天宇朗通只能做贴牌的生产厂商。

她面临的第二个问题同天宇朗通当时的远见或者说鲁莽有关：荣秀丽决定在2003年成立自己的手机研发中心。这个决定让天宇朗通后来可以自豪地宣称自己是"贴牌企业中唯一有自主研发能力的厂家"，但在当时却差点葬送了这家公司的前途。荣秀丽从硅谷请来了一拨人回来做手机研发。"那个时候她是无知者无畏，"卢伟冰说，

"开始的时候她的预算是 2 000 万,如果 2 000 万做不成就算了,马上就撤。"最后的结果是,天宇朗通亏损金额总计接近 1 个亿。到 2005 年年初的时候,天宇朗通光回收回来的坏手机就有 5 万部。

"本来想挖一口井,结果自己却先掉了进去,差点被淹死。"卢伟冰开玩笑说。当然,能够淹死天宇朗通和荣秀丽的可不止研发无底洞这一口井,还有不知何时才能放开的手机牌照限制。

荣秀丽还发现自己实在不适合从事制造业。她曾经试图去管理一家手机制造工厂,结果她像哥伦布发现新大陆一样,发现"我这种人根本管理不了工厂"。

"你想,一进工厂就得先画很多线,然后测试这个工序是先下左手还是先下右手,有好几道工序。这样一道线一道线排下来,测量每道工序需要几分钟、几秒钟……最后它把你弄成了一个机器人"。尽管她在 2004 年和 2005 年坚持了两年,而且每天都在工厂里待到晚上 12 点,但她还是无法忍受这种制造业的纪律和机械。"我坐在那儿就开始发晕,你说这怎么忍受得了啊?我彻底失去了信心。"荣秀丽叫道。

不过这一次好运站到了荣秀丽一边。

三

首先,一家名叫联发科的台湾公司将天宇朗通从研发无底洞中拉了出来。在卢伟冰的论文中,他将 2008 年前中国手机产业的发展分为四个阶段。前三个阶段分别为:1999 年以前的国外品牌完全主导时期,国内销售的手机都是跨国公司的品牌;1999 年到 2002 年的欧洲、韩国设计公司提供方案的时期,这时期法国手机模块厂家和韩国贴牌手机厂家提供的技术方案,让 1999 年成立的五家中国手机制造商进入了黄金时期;2003 年到 2004 年短暂的中国设计公司提供技术方案的时期,以及 2005 年开始的 MTK 时代。

MTK 是成立于 1997 年的联发科技股份有限公司的简称。成立之后,这家 IC 专业设计公司就一直扮演着行业颠覆者的角色。联发科最早进入光驱存储市场。"在当时竞争已非常激烈的市场中,4 倍速和 8 倍速机型是销售主流,联发科却决定推出 20 倍速的产品,使产品一步到位。"卢伟冰在他的论文中这样描述。结果,联发科在光驱领域马上颠覆了日本厂商的垄断地位。接下来,联发科又将 DVD 内分别承担视频和数字解码功能的两个芯片整合到了一个芯片上,并提供相应的软件方案。通过这种方式,联发科又颠覆了 DVD 芯片市场。它在内地 DVD 市场占据了 60% 的芯片供应量,而全球 80% 的 DVD 产自中国内地。2003 年,进入手机芯片设计领域之后,联发科为手机制造商提供了包括软件和硬件在内的全面解决方案,这一举措马上改变了国内手机业的格局,所有采用联发科解决方案的国内手机制造商,马上和全球最主要的手机生产商几乎站在了同等的起跑线上。联发科提供技术弹药,国内手机厂商只需要在手机设计、硬件质量、销售和品牌建设上努力即可。国内手机生产厂商一下达到了上千家。联发科也由此成为了著名的山寨手机厂商的幕后发动机。它的创始人蔡明介因此被称为"山寨教父";与之相对,后来联发科最好的"学生"、天宇朗通的荣秀丽,被称为"山寨教母"。

联发科也开始向荣秀丽的天宇朗通提供弹药。不过,荣秀丽却并没有因此就裁掉自己的研发部门,她并没有像大多数国内手机制造商一样染上"MTK依赖症"。这为天宇朗通在联发科的众多门徒中脱颖而出奠定了基础。之所以这样做,这和荣秀丽从渠道商转做手机厂商的想法一样,太舒服的日子必然不能持久。

手机牌照的问题也在2006年得到了解决。荣秀丽在这年的4月份拿到了自己从2002年就开始等待的手机牌照。

而不能忍受制造工厂的个性反而让荣秀丽选择了一条轻资产运营的道路。天宇朗通"抛弃了老的手机企业喜欢自建生产线的模式,强调生产外包",卢伟冰说。这种方式反而被证明是利大于弊。"由于生产线的建立是企业固定资产沉淀最大的地方,销量的下滑就意味着生产线的大量闲置和固定资产的折旧问题。天宇朗通生产外包模式,既避免了生产线的初始大量投入,使公司成为一个固定资产很少的公司,也就是'轻资产'公司,同时也有效地抵消了生产大量波动所带来的损失"。这让荣秀丽又可以自豪地宣称:天宇朗通一直秉承"小公司,大生意"的逻辑,强调企业的虚拟扩张,避免物理扩张。这正是当下最时髦的理念。到现在为止,天宇朗通也只是一家拥有不到1 700名工作人员的公司。

四

对研发和生产这两个问题的解决方式,基本上铸就了天宇朗通这家公司的模样:它是一家手机集成商,它在全世界范围内寻找资源,高效率、低成本、快速度地将已有的软件和硬件集成为成熟稳定的产品。

荣秀丽和天宇朗通选择的是叠加巨人的方式。"站在巨人的肩膀上发展",而且不仅是站在一个巨人的肩膀上发展。因为自己集成商的定位,天宇朗通对合作伙伴的选择也格外苛刻,"我这个人奉行谁最牛就跟谁合作的准则,没什么想法,你最牛我就赶快跟你合作",荣秀丽说。天宇朗通在芯片上的合作者包括我们已知的联发科,联发科毫无疑问是 2.5G 时代 GSM 手机软件最好的整体解决方案提供的厂商。在 3G 手机的研发上，天宇朗通又为自己选择了高通和微软这样的合作伙伴。在代工方面，天宇朗通选择的合作伙伴是富士康、比亚迪和东信。这三家代工厂商同时也是诺基亚和三星的代工厂商，富士康更是全球的代工之王。

荣秀丽的"苦出身"决定了天宇朗通的平民风格。"我一直坚信，好东西一定是便宜的。"荣秀丽说。卢伟冰的描述是，天宇朗通的消费者定位是满足 80% 的大众需求，为消费者提供"平价奢华"的产品。

按照荣秀丽自己对天宇朗通成长经历的划分，她认为，在 2007 年之前，天宇朗通一直在做的是去学习怎么做手机。结果，用了五年时间，这家公司不但学会了如何做手机，而且还成为了国内最大的手机制造商。2007 年之后，天宇朗通学习的新本领则是荣秀丽一直津津乐道的"集成"，这是荣秀丽在别无选择的情况下为天宇朗通选择的最具竞争力的路径。

与此同时，整个行业都在发生新的变化。中国国内出现了三种 3G 的标准，相应地，天宇朗通的合作伙伴中也出现了中国移动、中国联通和中国电信这样的运营商，以及高通和微软这样的软件和技术巨头。包括诺基亚、苹果、谷歌和微软在内的巨头们自身也都在调整和变化，它们都在手机领域中表现出了更强的雄心和创造力。一向奉行"变化"和"快跑"准则的荣秀丽，接下来会带领着她的公司进行怎样的变化？天宇朗通还能跑多快？这家公司接下来的变革催化剂会发生在哪个领域？是资本市场（按照华平的投资计算，它已经是一家估值超过 70 亿的公司，是公司销售模式的变革带来的品牌强化效应），还是荣秀丽一直津津乐道的"集成创新"开始大规模斩获战果？等等，这些只有未来才能回答。

卢伟冰，荣秀丽的一位文质彬彬的下属，他说，自己的老板是这样一种人，在玩纸牌游戏斗地主时，无论她拿一手多么烂的牌，她只要手上有炸弹，她就一定会打出来。现在，她正在出牌。

王明辉　云南白药集团董事长

再造云南白药

　　1999年，37岁的王明辉来到云南白药集团担任总经理。他个头不高，鼻梁上架着副金属框眼镜，看上去文质彬彬，讲起话来总是笑嘻嘻的，滔滔不绝，但是条理清晰，让人能够迅速地捕捉到他谈话的要点。

　　这家公司和它的产品同样大名鼎鼎。"云南白药"由云南名医曲焕章在1902年创造出来。曲焕章在号称植物王国的云南境内寻觅中草药物，制成这种一百多年来大名鼎鼎的中药疗伤药物。它的配方就像可口可乐的配方一样，兼具巨大的商业价值和只存在于传奇中的神秘性质。1993年，云南白药在深圳证券交易所上市，它的配方也成为了国家绝密品种，属于国家机密，受到严格的政策保护。

　　云南白药在疗伤药物中的地位和它的传奇色彩，让这家以云南白药命名的公司一直受益匪浅。它的产品在市场上总能占据绝对优势，而且这块市场似乎永远不会消失。即使不做太多的销售努力，它的销售额也在不断增长，虽然这种增长是以一种缺乏进取心的增长方式实现的。到王明辉接任云南白药总经理时，这家公司还在以每年增长几百万利润的方式成长着。同时，它拥有3.77亿元的净资产和超过1亿的销售额。它像一辆行驶缓慢的客车，没有人抱怨它把不在乎时间的旅客送到站，并且还总要迟到个把钟头。

　　王明辉决定改变这一切。他还处在相信世界有很多地方通过努力可以得到改变的年龄，认为自己缺乏的不是精力和想法，而是一个证明自己的机会和平台。他认为自己等到了。

后来的描述说，王明辉的任务是要为公司寻找新的增长点，"寻求超常规的发展速度"。十年之后，王明辉解释说，这个要求由他和他的团队提供给董事会，然后再由董事会作为任务交给他。

这辆老客车的问题比他想象得还要多。作为一家还在赚取利润的国有企业，国有企业的所有弊端在这里都能找到，而且还有过之而无不及。国有企业的惯性让它的员工们习惯于自我原谅，毕竟，无论如何我们还在赚钱。当王明辉到杭州去考察当地的市场情况时，当地的一名客户对他说："你来了正好，我向你反映一下你们白药的情况。你们在这里有一个办事处，但是办事处的人我几个月都见不到一面，只有当他们向我要钱的时候才会打个电话给我。你们在这里设一个办事处，我不知道有什么意义。"

曾经从事过销售工作的王明辉当然知道这种抱怨意味着什么。外派的销售人员大都通过"打打牌、看看电视"来熬时间，等待期满后公司将自己召回昆明总部。"大家根本没有工作的主动性，更不要说去建功立业。如果一个公司的销售团队都不敢于去刺刀见红，不敢去攻城拔寨，一个公司的一线人员都是这种精神面貌，那么这个企业一定会出问题的。"王明辉说。

除了这种典型的国有企业弊病之外，这位新来的总经理还发现，尽管云南白药仍然大名鼎鼎，但它似乎只是作为一个垂暮老人而被广为人知，产品和品牌形象都久未变化，"30岁以下的人几乎很少再使用云南白药了"。

访谈

一

李　翔： 云南白药现在的定位还是一家专业制药公司吗？

王明辉： 还是。我们的战略定位是"稳中央，突两翼"。何为"稳中央"？就是我们仍然是中药公司，药品是我们竞争力的核心。离开这个基础和这个核心，白药所有的产品都不会具备极强的竞争优势和产品优势。无论向哪个领域扩张，实际上都是要在我们的优势领域当中体现出来。有人说是"蓝海"，我觉得不一定这样定位，但至少在产品上它是与众不同的。比如说牙膏，宝洁和联合利华其实根本拿我们没办法，因为我们的产品有很独特的竞争优势。

李　翔： 既然云南白药的定位仍然是制药公司，但为什么你们的竞争对手却是日化产品公司，比如宝洁？

王明辉： 首先，我觉得我们还没有资格做宝洁的对手。

其次，如果你去看国际大型的制药企业，你会很惊讶地发现，它们的业务模式跟我们很相似。它们做药，但是也做个人护理产品，比如强生，还有日本的一些公司。我在参观日本的以汉方药为主体的企业时，我很惊讶，因为我发现这些汉方药企业，已经把个人护理产品作为它们最主要的产品了。这跟现代社会的生活方式和产品需求方式是一致的。

李　翔： 原因是什么？

王明辉： 制药企业分得很细。比如，白药生产的处方药很多人是不知道的，因为只有医生写处方之后你才能用。病人没有选择的权力，医生是处方的垄断者。在现有条件和体制的局限下，处方药快速成长的可能性不大。

西医类的药品通过药店销售，允许有一定广告。但是药品研发和生产周期很长，而且也受制于医药行业自身的禁锢。

反过来，我们把大量研发方面的科研成果用于个人护理方面，它既能服务消费者，又能把那一类产品的品质快速提升。它也是我们在制药研发过程中产生的另外一个环节的东西，那个环节相对不受社保、医疗制度改革等的制约，市场化程度更高。在这个领域，如果你觉得你有能力做，它往往成长性很强，比如云南白药牙膏，它现在就是我们的第一大品牌。卖了一百年的白药散剂也不过就1亿多，但是只卖了三年的白药牙膏就达到了5亿多。

就是这样，产品形态不同，营销方式不同，受众不同，其结果也不同。

李　翔： 你提到你刚来公司时，发现一个比较严重的问题是品牌老化，30岁以下的人很少用云南白药。那么后来怎么解决这个问题的？

王明辉： 还是同产品有关。现在我们的产品覆盖了不同的人群，比如说创可贴，有卡通图案的，也有其他各种形态的。学校门口很多小孩，没有受伤也用个创可贴贴上，因为图案卡通很时髦。他们对白药的认知方式和老一辈对白药的认知方式不同。像白药牙膏，我们做类似于日化产品的广告推广后，大家对云南白药的认知度也就不同了。

我们刻意让年轻人关注和使用云南白药。比如云南白药气雾剂推出时，我们请的形象代言人是刘璇和李小鹏。当时的广告片演示的是两位运动员在城市的摩天大楼上做单双杠、平衡木。我们使用的是一种城市英雄的塑造方式，这就给原来的那种比较沉闷而传统的品牌重新注入了青春活力和动感十足的因素。

李　翔：你们在品牌上有什么战略吗？

王明辉：实际上我们在产品线的设计上就考虑到怎样去为年轻人量身定做。在设计这类产品的时候，我们把产品形象和目标人群结合在一起，全新的形象就出来了。我们很关注为什么可口可乐也是百年品牌，但消费可口可乐的却都是年轻人。

为什么我们不可以学习一下呢？

李　翔：巴菲特曾说，即使是一个汉堡包在管理可口可乐公司，这家公司也会表现出色。你怎么看待这种评价？

王明辉：如果云南白药也得到了巴菲特这样的评价，我只能说是喜忧参半。

喜的是企业的运营体系得到了充分的认可，是靠制度和流程在规范运作，企业实现了"法治"；忧的是企业也因此失去了灵魂，企业家在企业中的作用完全消失，企业必将失去激情和创意。

我希望云南白药不是"汉堡包在管理的公司"，而是一群富有创想的、有责任感的人在管理的、有丰富产品族群的公司。

李　翔：你们的国际化方式也很特别。

王明辉：我们是倒过来的国际化，在全球范围内整合资源，聚焦在中国市场。中国现有医药法律法规，同发达国家相比，还不能对接。国还不够强，你走出去也是地摊货，说白了就是这样。而且药品业跟其他产业非常不同。

这跟国家品牌有关，比如德国的产品大家感觉就无限信赖。

二

李　翔：为什么你和你的团队身上就没有国企意识？

王明辉：这同我自身的经历有相当大的关系。

我做过商业公司，我曾在一家很小的商业公司内做过主持工作的经理，对县级市场有很深刻的认识。另外，在以做化学和天然药物为主体的昆药集团，我做过它跟美国合资公司的副总，而它的市场化程度是很高的。我还在昆明制药下的一个股份制公司工作过。就是说，在好几种体制不同的企业里都工作过，合资企业、股份制企业和国有企业，而且我自己也是学管理出身的。

李　翔：你对中医和中药的感情是什么？云南白药是一家中药公司，而你的工作似乎很长一段时间内都同中医没有关联。

王明辉：我学过中医，考过中医的行医证。我也专门学过西药，在昆药集团时我长期做西药。我曾经立志做一名老中医，年轻时一度给很多人看过病。那时候我不在昆明，当时是一名小医生，在我们小医药公司里坐堂。县城不大，有人看好了，大家口口相传，经常有人来找你。如果我的人生就这么走下去的话，那么或许慢慢我就变成了一名比较有名气的中医。后来因为家在昆明，父母亲都在那里，所以就来了昆明，转行了，进了工厂。

李　翔：十年来你个人的变化是什么？

王明辉：应该说还是有很大改变的。刚来的时候，我好像就是作为一名职业经理人来工作的，有一个平台，有不错的薪水，而且有一个非常难得的把自己很多想法通过一个平台来实践的机会。开始就是这样的初衷。

　　十年之后，现在更多的是一种使命感。因为从个人收入来说，经过这么多年的工作，个人生活方面好像也不会有困难了，这方面诉求降低了。而当企业的规模扩大到一定程度时，作为一个行业的领跑者之一，个人的责任感就出来了。

李　翔：你个人的定位有变化吗？是职业经理人还是企业家？

王明辉：我自己觉得自己还是个企业管理者。有时候我觉得因为我供职的是国企，我过来是政府的选择，而不是市场的选择，所以如果谁说我是个企业家，我马上就脸红。因为我不是市场选择的，不是资本选择的，我是被任命的，是从另外一个企业任命到这个企业来的。但是无论如何，确实还是要有使命感，要做到更好。

李　翔：你们怎么去寻找学习和效仿的对象？

王明辉：不断地寻找。因为你自身同人家有差距，所以你就要去找比你优秀的公司。要在不断变化中不断地寻找学习对象，它在这方面强你就学习它这方面。我觉得企业的学习能力还是非常重要的。我们的整个团队都是非常爱学习的团队，我们每年花费在学习上的费用都非常大。

李　翔：你们的学习方式是什么？

王明辉：更多的是以短期培训的方式进行。还有很多书买来之后，公司会发放。整个公司的员工学习能力都很强。比如像我，每天至少要花两个小时以上的时间来阅读。

李　翔：你和这家公司有自己的效仿和学习的对象吗？

王明辉：就个人而言，李嘉诚、比尔·盖茨是我最为钦佩的企业家，而松下幸之助和杰克·韦尔奇则是我最为欣赏的管理者。

就云南白药而言，扬子江药业、强生、宝洁和联合利华都值得我们学习。

李　翔：对于国有背景的公司，大家最常有的质疑是，政府资源和垄断带来的优势。你怎么看？

王明辉：任何事情都要一分为二，大家如果都这样认为，我想他们只是看到了一面，而且是自以为然的一面。国有资本要退出完全竞争性行业，目前还只是一种设想和方向。拿医药行业来说，现在就是一个完全开放的市场，全世界的企业都可以到中国市场来销售。再聚焦到云南白药来看，云南白药的系列产品，没有哪一个系列是独家的，每一个产品都有数十个、数百个甚至上千个竞争对手。

事物的另外一面是，没有哪一家国有背景的公司不接受政府的指导，不承担相对多的责任和义务。国家利益高于企业利益。

李　翔：作为一名国有企业的管理者，你怎么看待目前全世界范围内的国有化浪潮或者说国有化趋势？

王明辉：应该说是国有化的造就。主要是信用缺失以后，最终只能以国家信誉作为保证，这可能是最根本的原因。民众丧失了信心。但如果是国家出面，国家持有股权，以国家信誉作为保证，就会好一些，老百姓也就放心了。国有公司不是私营公司，它不会破产之后让大家血本无归。

但应该说它是权宜之计，而不是趋势。它以国家信誉这种形态出现，用以振奋信心。

| 附记 |

一　内部再造

通过半年的市场巡查之后，王明辉开始了对云南白药的"再造"。

他选择的突破点是市场销售环节。他的销售经历让他对这部分环节最为熟悉，同时他也深知，如果要像改造一家公司一样去改革销售部门，这也往往是最好的开始。因为销售人员和市场最为贴近，他们处在公司的前线地段，这让他们无比重要，同时也是公司中最能承受变化压力的人。而且，销售人员的合同大都是每年一签，变革的成本也较小。更何况，按照他的观点，"当时最大的问题就是我们的销售队伍"。

为了做出变化，云南白药模仿通用电气，设立"内部创业机制"。它的核心是公司创造平台，然后由销售员工投标上岗，在公司创造的销售平台上展开竞争。全国市场被划分为15个区域，每个区域都设立一个销售公司。竞争上岗的结果是外部聘请了8名区域经理，内部聘请了7名。"这样给了内部人机会，也把外部的精英吸纳了进来。外面的人想要证明自己的能力，而老云南白药的人也想要证明自己原来只是受到体制的限制，而不是能力的问题。"

而且，把市场划分为15个区域之后，"有点类似于井田制的模式，大家精耕细作"，云南白药公司的整个销售格局被刷新了。

不过，改革销售团队的局面并不是王明辉想要达到的单纯目的。他的全部设计在于，通过改革销售系统，然后将改革的压力传导到更深层的公司内部。"销售格局改变之后，传导到生产系统，然后是公司整个内部系统。这其实是一个倒逼的过程。销售有了需求之后，生产跟不上怎么办？所以接下来就一定要对内部进行改造。"

整个过程被云南白药公司内部有意识地称为"企业再造"。在王明辉和他的团队的规划中，"企业再造"被划分成三步：第一步是对外部营销系统的改造，"虽然手术动在营销上，但其实是为内部研发和生产系统的改造做准备的"；接下来就是研发和生产系统的改革，"因为没有好的产品，所以你不可能去攻城拔寨"；第三步就开始了整个公司内部系统的再造，其中最重要的一块包括公司内部薪酬制度的改革。

薪酬制度的改革往往成为很多公司改革的重中之重，因为它涉及无人不敏感的利益问题。云南白药的星点工资制是同清华大学合作的一个考核体系，它的核心在于用星点将公司的每个岗位表现出来，不同岗位拥有不同的星点。用星点表示的岗位和岗位工资取代了云南白药之前采用的通行的国企工资标准。这些岗位之间每个月都要考核出优、良、合格和末位。末位员工只能拿到全部工资的60%。连续数次考核都是末位的话，则会被淘汰。

星点工资制成为王明辉到云南白药以来所出台的改革制度中最具正义性的一条。当60余名员工代表投票表决时，有17票反对这套制度。但是这套制度却洗刷掉了这家公司身上的老国企暮气。王明辉说："它让云南白药一扫之前的沉闷和缓慢节奏，变得充满生机和活力。"

当这三步再造工程完成之后，"实际上云南白药已经成为了一家全新的公司"。王明辉用了超过两年的时间来再造这家公司的内部流程。接下来，他的问题是如何为这家老公司去寻找新的增长点，以及如何去面对来自外部的竞争对手。

二　资源配置：创可贴之战

云南白药在面向外部竞争的对手时，推出的第一款产品是云南白药创可贴。这不是什么新玩意儿。当王明辉和云南白药把目光对准创可贴时，强生公司生产的邦迪创可贴在中国市场正所向披靡。而且，更加致命的是，同样作为外伤治疗和快速止血产品，邦迪正蚕食着传统云南白药外用散剂的市场。在邦迪的全盛时期，邦迪创可贴的购买率达到了44.5%，是云南白药的传统明星产品云南白药外用散剂的20.19倍。

不管之前的云南白药的管理者是否意识到了这个问题，王明辉几乎是在市场调研的最初阶段就抓住了这个点。"比如说白药的外用散剂，历史上曾经有过1亿瓶的销售量。但是随着创可贴这类产品的进入，创可贴使用方法的便捷、使用成本的低廉，对白药形成了巨大的冲击。白药怎么也要几块钱一瓶，创可贴只要几毛钱。中国的很多老牌企业，实际上就是在产品形态的逐渐改变过程中跟不上的，所以逐渐被市场淡忘，逐渐从人们的视野中消失。白药当时也面临着这种危险。"

云南白药面临着的是新的对手。创可贴已经不是单纯的治疗药物，它是将药物和材料科学结合在一起的产物。单纯的医药公司往往缺乏材料科学方面的技术储备。不要小看那块粘贴胶布，3M公司依靠这种技术成为了一家世界500强的公司。

就像晚清时期一样，由僧格林沁率领的曾经所向披靡的蒙古骑兵，突然要面对拥有步枪和火炮的英法联军。尽管前者拥有无论如何赞赏都不为过的辉煌战绩，但最后还是一败涂地。因为世界已经改变。

"压力可想而知，"王明辉说，"我们那时候一直都在想我们应该怎么办、应该怎么来做研发。材料科学我们不懂，又没有相应的技术储备，我们也没有这样的研发团队，可是我们可以不做吗？不做又不甘心。"

答案很简单，既然云南白药不具备材料科学的技术储备和研发能力，那么就去找一家具有此条件的公司进行合作。云南白药挑选的合作对象是总部位于德国汉堡的拜尔斯道夫公司。同样拥有上百年历史的拜尔斯道夫公司在皮肤护理、伤口处理、技术绷带和粘性贴等领域拥有全球领先的技术优势。它的明星品牌"妮维雅"在中国广为人知。拜尔斯道夫公司也曾经在中国市场推出过汉莎创可贴，但却在同强生邦迪的竞争中处于下风。

2001年，云南白药委托拜尔斯道夫（常州）有限公司生产创可贴，将云南白药在外伤治疗上的优势和拜尔斯道夫材料科学方面的优势结合起来。通过这种方式，云南白药弥补了自己在材料科学上的不足。2004年，云南白药开始同3M以及一些日本和台湾公司合作进行材料科学方面的研发，以开发新产品。

长江商学院院长项兵曾经将云南白药的这项策略作为自己"以全球对抗全球"战略的一个经典案例加以研究。"云南白药的战略可谓是'新洋务战略'在国内市场竞争中应用的一个典范。'新洋务战略'并非仅局限于全球收购参股这一方面，其核心在于整合全球资源，以强制强；也不是局限于本土资源，而是放眼全球，在全世界范围内寻找可以借用的资源，并结合自身优势，与其融合共生，以产品与商业模式创新，造就全新的竞争优势"。

将云南白药的优势和全球其他领先公司的材料科学的优势加以整合，推出新的白药创可贴，其市场效果是惊人的。白药创可贴同邦迪相比，因为加入了云南白药，具备了邦迪所难以企及的竞争优势。因为邦迪的胶布只是简单的无药胶布，而加了白药的胶布，则具备了杀菌消毒和促进伤口愈合的功能。

2007年，白药创可贴的市场占有率已经达到了40%，领先于邦迪的30%。此后，白药创可贴的优势还在继续扩大。从2001年开始，白药创可贴的销售额从3 000万上升到了2008年的3个亿。

三　产品形态创新：如何挑战宝洁

索尼公司的创始人盛田昭夫一直坚信"创造性的市场开发和技术及创新同样重要"。而在大多数的公司中，"创造性"或者"创新"这些词语往往都被研发部门所垄断，而工程师们则执著于更新颖的技术和更具突破性的发明创造。

能够佐证盛田昭夫这一理念的是"随身听"的发明。盛田昭夫在索尼内部推动了这一产品的诞生。最初的想法是另一位创始人井深大要求公司为他制作一台便携式的放音机，可以让他在国际长途航班上听唱片。盛田昭夫将老友的这一想法延伸。"井深大的玩具"，索尼人开玩笑地称呼这个新玩意儿，而且可能还打心眼里看不起它，因为它似乎没有任何技术含量。这个玩具仅用了四天时间，由一个工程师小组在原有产品上拼贴出来，而磁带传送和立体声回路也是从其他索尼播放机上拆卸下来的。

仅仅是由于盛田昭夫个人的偏爱，以及索尼公司其他人对"昭夫董事长"的随声附和，我们才能够一边走路一边听音乐。这个最简单的创意创造了以百亿美元计算的市场价值，而且还在进一步扩大。

在云南白药接下来的再造过程中，这种面对市场的创造性产品形态创新占据了至关重要的地位，其中最典型的并且目前也是最成功的，要数云南白药牙膏了。

这款产品的诞生过程非常简单。在中国，经常有人在刷牙时因为牙龈出血而刷出满嘴血。王明辉很偶然地听到有人将云南白药散剂洒在牙膏上刷牙，以此来治疗牙龈出血。这种传闻加上将白药的优势和普通创可贴结合起来产生的制胜效果，让王明辉开始产生将白药的优势延伸到牙膏上的想法。

"云南白药止血、愈伤、消炎三个功能合一。在上百年的临床急救过程中，积累了数以亿计的病例，证明它在针对出血的治疗上，拥有不可替代的和无可比拟的优势。如果我们把云南白药的活性物质提取出来并放到牙膏上，那这就是一款全新的产品了。"

于是，像"昭夫董事长"推进"随身听"的研发和生产一样，"王明辉董事长"开始在云南白药大力推进他的这个想法。"我就把它作为一个标的物交给我们的研究人员。当然，因为我的身份，公司肯定会在资源配置上有所倾斜。"

"对牙膏来说，这是一次革命。因为云南白药牙膏把刷牙这样一个简单的口腔清洁行为，变成了一个牙齿的护理和治疗的过程。"王明辉说。

同普通牙膏相比，因为它的药理作用，云南白药牙膏的优势效果体现在三方面：首先，那些刷牙时碰到牙龈出血问题的人，在使用云南白药牙膏之后，收到了立竿见影的效果，牙龈不再出血。这是白药的止血功能在起作用。其次，长期以来因为工作压力比较大，容易患口腔溃疡的城市白领们，因为云南白药的愈伤功能，可以不再频繁地为这个问题苦恼。第三，通过云南白药对牙龈的护理，可以防止牙龈的萎缩。但这是长效功用，不像前两个功效那样惊人地立竿见影。

"很多时候最重要的是产品的设计。设计的产品，从市场需求和消费者需求，到这款产品和同类产品的竞争优势，都要考虑到。"

当2004年这款被王明辉称之为"牙膏革命"的产品推向市场时，它高达22元的零售价格也没有阻止它被市场迅速接受，尽管当时市场上根本还没有售价超过10元的牙膏。2005年，云南白药牙膏的销售额达到了8 000万元。2008年，这款产品的销售额超过了5个亿，居牙膏品牌的第5位，而且，它还在增长。王明辉预测云南白药牙膏在2009年的销售额能够超过7亿。"宝洁和联合利华这些公司在中国市场苦心经营那么多年，优势牢不可破。而我们这个挑战者在去年销售超过5亿以后，应该说已经过了一个生命的最关键的阶段。原来我们还在生存线上挣扎，跨越5亿的销售额以后，我们对渠道的掌控能力以及下一步产品的后续开发能力都游刃有余了。我们的牙膏产品已经从生存阶段跨入到了发展阶段，将来还有更多的可能性。"

类似思路的产品创新包括云南白药马上要推出的皮肤护理产品、沐浴露以及急救包。前两种类型的产品都是将药物加入到一个成熟的产品当中，然后开发出一个具有药理功效的全新产品，而急救包则是一个整合型产品。云南白药公司在全球范围内寻找最杰出的急救产品，然后打包成一个急救包。因为云南白药品牌在急救方面的良好口碑，王明辉相信，这个急救包相应也会具备品牌优势。

四 "中央和两翼"战略

到目前为止，云南白药日化产品贡献的利润已经占据了整个公司利润的一半。也就是说，这家公司已经在急剧变形，它越来越像一个日化产品和快速消费品公司。不过尽管如此，王明辉仍然坚持云南白药是一家专业的制药公司。他相信这正是云南白药的竞争力所在。他将专业的制药作为云南白药的"中央"，而将另外两块业务，即白药创可贴代表的材料科学，与医药结合的业务——云南白药牙膏所代表的日化产品业务，作为"两翼"。

"药品还是我们的主体，它在资源配置上差不多接近70%，并且在这方面还在不断强化。"

王明辉希望同时也相信在药品上，接下来云南白药会有一个大的跨越。

"整个医药行业刚好处在一个大的转型阶段。规模化和集中化是医药行业未来三五年中快速变化的趋势，特别是公共卫生资源的重新配置和医疗体制的改革会是一个巨大的催化剂。在国外，医药行业本身也是集中化和规模化程度很高的行业。"

具体到产品上，云南白药会更加多样化它的药物产品，它不会再局限在中药药物的生产上，而是由百分百的中药生产转向同时生产一部分普通药物和具备优势的化学药物。那些专利刚刚过期的西药是王明辉的突破口，在他手上有17种药物正在商谈购买生产权的问题。

至于刚刚生出的"两翼"，毫无疑问，王明辉相信它们仍然处在成长期。而材料科学和药物的结合可以更加完美，产品也可以更加丰富。"比如未来手术之后不再需要缝合，用一个大的创可贴就可以了。""原来贴膏类、创可贴类就是90亿的市场，空间有限，但当你发现急救包的时候，又出现了一块很大的市场。还有医院的卫生材料和医用辅料类市场，又有50个亿。这一块的市场成长空间还很大。"

在个人护理产品上，云南白药牙膏的成功让这家公司更具进取心。它把目光瞄准在了女性的化妆品上，如面模、适用于北方干燥气候的沐浴露等。"含药的个人护理产品的生产是我们的强项，因为只有专业化的制药企业才具备在治疗型和功能型产品上的制胜优势，一般的日化企业根本没有这方面的技术积累。"王明辉说。

在相当长的一段时间内，云南白药都会继续沿着"中央"加"两翼"的路径前行，直到它需要重新蜕化。

许志华　匹克集团有限公司总经理

唤醒匹克

所有人都认为，2009年9月29日匹克在香港的公开上市成为了许志华商业生涯的一个顶峰。尽管上市的光环被首日跌破发行价的消息蒙上了些许阴影，但许志华仍然坚信，他的公司前途无量。他相信这只是市场对这家公司的价值判断出现了暂时的失误。

他有理由相信这家公司的未来会沐浴在一片玫瑰色的光环中，除了那些他已经解释过无数遍的理由，比如中国体育用品市场未来的巨大的增长空间，以及另外一个重要的理由，他的年龄。对于他的父亲许景南而言，从匹克1991年成立到2009年上市，这位晋江老牌鞋王已经算是走过了一个长征；而对刚刚31岁的许志华而言，未来还远未铺展开来，即使是上市，也仅仅是一个年轻人的远大的前程开始而已。沉醉于美国爵士时代金色光芒的司各特·菲茨杰拉德说，老年人的世界是从山洞外向山洞内张望的，而年轻人的世界则是从山洞内向山洞外眺望的，因此视线无限宽广，对未来也有更强烈的美好期许，仿佛舞会永远都不会散场而姑娘们也永远不会老去似的。如果我们没有抵达理想中的彼岸，那么我们需要做的就只是明天跑得更快些。年轻的许志华就是这种价值观的信奉者。

当他在2001年加入由他父亲缔造的公司时，这家公司正面临着自己的艰难时刻。从1997年到2001年，这也是许志华在成都读大学的四年，而匹克的销售额却停滞在1亿人民币左右的线上。而与此同时，市场和竞争对手却都在急速成长。只要打开电视,将频道调到中央五台,你就能发现无数雄心勃勃的体育用品生产商,个个抱着要成为中国的耐克或阿迪达斯的野心,用投资不菲的广告来推广自己的品牌。因此,当他的父亲许景南向他传达家族需要他这样的新生力量加入公司时,许志华就放弃了在华为得到的一份年薪10万的工作。继自己的弟弟之后,他也加入了家族的公司。

同自己的父亲和弟弟一起,许志华推动着匹克缓慢的复苏。他重新建立起了匹克的销售渠道,因为以往的倚重于百货大楼的渠道已经显得老迈和难以高速前行了;他还从零开始建立起了匹克的品牌和市场部门,进而让这家公司重新变得富有侵略性。当然,他也是匹克国际化路线的主要操刀者。一次意外的惨败让匹克成为大陆体育用品生产商国际化的先驱,这就是,许志华和匹克丢掉了中国职业篮球联赛的赞助商的资格,但他和公司却转而开始参与欧洲和美国职业篮球联赛的赞助。今天,匹克取代李宁成为了 NBA 中国的官方合作伙伴,同时也签约了 10 名 NBA 球星作为自己的代言人,这其中就包括中国球迷熟悉的 NBA 球星,如休斯敦火箭队的肖恩·巴蒂尔等。但许志华对此并不满足,他甚至在一次采访中不无幻想地说,或许有一天,匹克会签下所有的 NBA 球星。匹克也是唯一出现在 NBA 赛场上的中国体育用品生产商。所有这些都刺激着这家公司从停滞的睡眠状态中苏醒过来。最近三年,它的增长速度都保持在80%的水平上。2008 年,它的销售额为 18 亿元。

许志华相信这还只是开始。从他 31 岁的山洞中望去,外部世界广阔无垠。同已经领先的李宁和安踏一样,匹克也把成为中国体育运动品牌的领先者作为自己的目标。坏消息是,不只是许志华和匹克觊觎着这块庞大的市场和领先者的地位;好消息是,这块市场真的很大,它足以让每个雄心勃勃的商人都有实现自己抱负的机会。

访谈一

李 翔: 从你的角度来看,为什么晋江的先行者匹克却成为了资本市场的后来者?

许志华: 虽然我们是行业里边品牌创立时间最长的,是一家最早独立拥有自己品牌的企业,但是目前我们的企业规模却不是最大的。原因是我们有一段时间沉寂下来了,但后来我们又重新作了调整,一直到最近在香港上市。

李 翔: 这是哪一段时间?

许志华: 从 1997 年到 2001 年,那一段是比较沉寂的时期,那几年我们的竞争对手都赶上或者超过了我们。所以后来我们要重新调整。但是我一直很骄傲的是,匹克能够经历一个高峰,又走进了低谷,但还能够重新站立起来,并且实现了下一步的扩张，我想这在全国的企业当中是很少见的。这就有如一个人，跌下去要能够在同一个地方重新爬起来，而且不仅是爬起来，还要跑得比竞争对手更快，这是我很骄傲的地方。

李　翔：沉寂的原因是什么？

许志华：最重要的是渠道的转型。我们是最早创立的拥有独立品牌的公司，但这是好事也是坏事。1991年匹克品牌注册下来，当时中国的商业环境是什么样的商业环境？那是一个计划经济的年代，我们可以选择的渠道其实就只有百货大楼等国有大型百货商场。到了1997之后，特别是亚洲金融危机之后，整个国内商业环境发生了非常大的变化，国有百货商场的力量急速下降，民营渠道商的力量在上升，这对我们来说是一个很大的挑战。我们面临着一个渠道转型的问题，但是我们的竞争对手却不存在转型的问题。这个转折对匹克来说是很大很大的考验，虽然当时我们的销售规模并不大，但在行业里面也算是一个非常领先的企业了。

李　翔：1997年匹克的销售额是多少？

许志华：那时候是1个亿左右。在当时那个年代，1个亿是不错的。

李　翔：后来公司怎么调整的呢？

许志华：能够调整过来的一个重要原因是我们的品牌定位，这是最重要的。匹克的品牌定位非常清晰，尽管之前我们要面对其他的转型，但是消费者的感受却并没有发生很大的变化。对于消费者来讲，我们还是做专业篮球鞋的，这种感觉没有变化，这是我们的基础。

比如说我在2001年大学毕业之后回到公司，去跑市场发现一个现象，基本上所有的匹克经销商都非常喜欢打篮球，他们其实就是我们的消费者，他们对匹克都有很好的认知。经销商和消费者一直以来对匹克的认知都没有出现大的偏差，这是匹克能够重新站立起来的一个很重要的先决条件。

另一个，匹克整个内部结构进行了调整，其中也包括我跟我弟弟的加盟。我们回到公司之后，为公司注入了新的活力。我们还重新调整了经销商，延伸了产品线，加强了产品的设计能力，在保证品牌的基础上提升了整个公司的执行力，这使得我们整个品牌能够得到一个更大的提升。

总之，最重要的原因我认为是品牌定位的准确，以及品牌的定位一直没有变化；品牌定位如果不准确，我和我弟弟以及我们的整个团队，再有能力我认为也没有机会。在这个重要的先决条件下，我跟新的管理团队的加入、新的血液的注入，使整个品牌有了新的青春活力。

李　翔：你在2001年大学毕业时进入了你父亲创立的公司，当时你对公司的认识是什么？

许志华：我从小就在这个环境下长大。在上大学之前，我每年暑假都会去我们的专卖店帮忙，没事的时候也会到工厂里边去转，同时也会经常跟经销商见面，当时虽然我和我弟弟帮不上什么忙，但我爸请经销商们吃饭时就会带上我们。因为从小就身在这种环境中，所以对公司也有所了解。比如上大学的时候，在学校里我还卖过我们的产品。我们整个寝室一人出1 000块钱，8个人出了8 000千块，在学校里面建立起了一个匹克产品销售网点，把整个寝室改造成了专卖店。当然这个熟悉可能是表面的，核心的东西不一定很清楚，但是至少不会太陌生。

李　翔：那时你为什么会选择回到家族企业？

许志华：当时大学毕业的时候我已经签约了华为公司。我大学学的是无线电系计算机专业，同时我一直以来在大学里面都是学生会主席，所以华为有非常好的条件给我，年薪10万，这在当时对刚毕业的大学生而言是非常非常好的条件。但是后来我跟我父亲沟通之后，我发现当时的公司确需要新鲜血液的加入。公司其实整个环境已经到了一种刻不容缓的地步，不能再有所推迟；如果再推迟，重新起步的代价就会更高。所以后来考虑再三，我还是选择加入家族的公司。我觉得其实这也不是我父亲的要求，而是自己的使命，所以就很直接地作出了这个选择。

李　翔：从2001年进入家族的公司以后，你学习和融合的时间延续了多久？

许志华：其实到现在为止我都在学习，学习的时间没有很清楚的界限。一开始进入公司时，我的职务是总经理助理。但是说实在话，这其实就是在做销售，我自己在跑基层做销售。当时公司的情况是，急切需要一种内部的调整，而公司当时的渠道转型之后，也没有新的经销商。

李　翔：2001年的销售额是多少？

许志华：也是1个亿，当时的销售额一直停滞不前，存在很大的问题。而我们的竞争对手已经在高速增长了，比如像安踏。2001年我弟弟也加入了公司，他大学没有毕业就加入了家族的公司，比我还早半年。

李　翔：你觉得你们作为一个新鲜的力量加入自己的家族公司之后，会给公司的理念或者各方面带来怎样的变化？

许志华：首先是执行力。我跟我弟弟加入公司之后，公司的执行力得到了很大的增强，董事会的想法能够在终端得到更好的体现和更好的执行。这是一个最重要的变化。我们的公司一直就不缺想法，也不缺理念，我父亲一直以来都是一个非常有理想、有抱负的实业家。他提到了转型要花很长时间，一个很重要的原因就是执行力不过关。因为你底下的人怕得罪人。比如合作很长时间的经销商，要把他拿掉换成别人，他就下不了这个手，他怕得罪这些经销商，他有很多自己的顾虑。

所以我做的第一件事情就是跑市场，第二件事情就是去认识一些这个行业的新的经销商。通过自己跑市场的过程，我获得了一些新资源，也正是因为有了这些资源，才让我下一步调整经销商时更有底气。2004年我回到公司总部之后，所做的第一件事情就是调整经销商。我回来之后的两到三年，基本上把公司之前的一半的经销商给撤掉了，这个阻力是很大的，特别是遇到我父亲的阻力；而且调整之后其实是有风险的，会不会更好谁也说不好，谁也说不清楚，但是我只知道这些人不行，你不调整他你就只有跟着他更差，调整了才会有更多的机会。当然，最后实践证明这是对的。

李　翔：你们是从什么时候开始认识到资本的重要性的？

许志华：资本这个东西民营企业是感受最深的。我们从创业开始到现在经历过三次重大危机：第一次是在1992年，当时面临的情形是，所有的民营企业都面临着要不要改成集体企业、戴上红帽子的问题；第二次危机是1997年亚洲金融危机之后，大部分制造业企业都开始面临转型的问题；第三次就是这次金融危机以来面临的情形。

其实从一开始匹克就面临着资本的问题。1992年我父亲创立品牌的时候，他找银行贷款100万，银行的人说你要拿钱干吗？他说创业、打广告。你猜银行的人是怎么回答的？他们说，我们的钱从来不会支持那些打广告的企业，怎么可以打广告呢？钱没了怎么办？

李　翔：这次的大环境问题对匹克影响大吗？

许志华：我们在2008年有两个新的生产基地投产，这种情况下我们将继续加大我们的投资力度。原来我们融资只有两种渠道，即银行贷款和民间借贷。但现在有很多种方式，比如我们可以私募，还可以发债，还可以债权抵押，太多方式了。现在越宏观调控我越开心，因为调控的同时我可以整合资源了。所以这次上市并不是说我融到了多少资金，而是抗风险的能力增强了。

李　翔：对你自身而言，你对资本的认知是从何时开始的？

许志华：第三次危机我就已经感受到了，虽然之前我并没有切身感受到过宏观调控带给我们的困难，但是我也会看到。做一件事情如果没有钱，那会是很累的。

李　翔：可能很多人会问你公司上市之后股价下跌的问题，你对此怎么回答？

许志华：这是市场大势的问题，跟我们没有关系。我们对自己的业务还是很熟悉的，下个季度我们发布业绩报表的时候我相信市场会有好的反应。市场对一个新上市的企业还需要一个了解的过程，但是我已经知道，很多长线的投资者会趁这个机会增加投资，因为他们对匹克长期的发展很有信心。

中国体育用品公司的股票市盈率跟香港的整个大盘差不多，甚至略微低于大盘，这是不正常的。为什么不正常？因为在中国这还是一个朝阳产业，处于发展的初期。为什么红杉资本会投资我们？一贯投资高科技、高成长公司的红杉为什么会投资一个传统企业？我认为它看到的是行业长期发展的势头。包括这次匹克上市之后，没有一个投资者或者基金套现，从这点上看我们就可以知道，现在的资本市场对行业的真实情况还没有反映出来，还认为这是传统的服装行业。但除了鞋和服装产业之外，我们还是一个体育用品产业，而体育用品产业在中国的发展才刚刚开始，还处于快速发展的初期，很多人并没有意识到这点。

李　翔：你碰到过什么大的挫折吗？

许志华：匹克一直以来都有一个非常准确的定位，这就是专业化的篮球装备。从2002年开始，我们跟CBA合作，那几年的增长额都保持在30%左右，我们一直觉得也还可以，但是却一直没有非常大的发展。2004年之后我回到总部，如何实现突破也是我的挑战。你知道当时的中央电视台体育频道有一个外号叫晋江频道，为什么叫这个？因为当时我们这个行业有7个牌子在那里做广告，带给消费者一个很大的错觉，就是分不清广告到底是在说哪个品牌，而且它们之间到底有什么不一样。我当时想的是如何实现品牌突围。这时我们碰到了一个很重大的挫败，我们把CBA丢了，被安踏给抢去了。这在当时对我来讲是一个非常大的失败。

李　翔：这属于你负责的吗？

许志华：不是我负责，丢的原因不一定是我的原因，但是我没有坚持也是一个原因。当时对我来讲是一个比较大的挫败，因为要做篮球国内没有比CBA更好的合作伙伴了，这样一下子就没了方向。当时我一直在想到底怎么办、应该何去何从、到底应该走什么样的路。继续坚持专业，却丢掉了CBA；要走体育时尚路线，却又放弃了原来的定位。当时有一段时间比较困惑。

李　翔：然后呢？是怎么走出这种困境的？

许志华：一个比较偶然的机会我们赞助了欧洲篮球协会的全明星赛。因为我当时的心情不是特别好，总是在想怎样去突围，但是又找不到很好的方法，于是当时干脆就借这个机会去欧洲散一下心。没想到赞助费非常非常便宜。

李　翔：国内转播了吗？

许志华：转播了，但是非常便宜，只有1万美金。当时我对国际市场不了解，不知道外面世界是什么样子，所以完全是抱着散心的态度去赞助的。但是意想不到的是，我到了以后受到非常隆重的接待，并且欧洲篮协的秘书长亲自接见了我，令我非常惊讶。驻地的大使告诉我，因为匹克是中国运动品牌中第一家到欧洲去推广篮球的，所以这些人很重视。

这么低的价格却得到了这么高规格的接待，这是一个巨大的反差。

因为在国内压抑了很长时间，而一下子在欧洲被篮协主席和比赛国的总统接见，反差非常大，所以我当时非常惊讶，同时也给我带来了很深的思考，到底为什么？回国之后我一直在想这个问题，后来终于想明白了为什么会这样，因为在国内市场上，我们这个行业在蓬勃发展，品牌也众多，但在国际市场上却只能看到几个死气沉沉如阿迪、耐克等几大品牌的垄断，垄断的结果就是中高档的赛事都没有人关注，而球员们和粉丝们也没有更多的选择，只能找阿迪和耐克。但是这些大公司最多给你一点装备，钱是一毛不拔。匹克去了以后让那边的赛事组织和球迷有了更多的选择，所以他们也很重视。

我意识到这是我们的机会，真的是一个机会，国内的品牌还没有意识到这一点，而国际品牌又不重视。于是我向董事会提交了一个想法，即走出去实现突破。董事会非常支持我的想法。我父亲一直以来也有这种梦想，但是没有办法实现。大家通过了这个协议之后，我的第一个想法就是，同NBA合作是我们走品牌国际化道路的最好的选择。之前我们觉得NBA遥不可及，它太大了，而我们太小，当时只有李宁敢去和NBA谈。但李宁是上市公司，而我们不是，我们是民营企业，规模也不大，我们凭什么？但是我想先去谈了再说。

李　翔：所以就有了后来的合作？

许志华：我们找了一个机会跟火箭队合作；跟火箭队合作了以后，我们又签了巴蒂尔。这样我们就算跟NBA结识了。因为我们是民营企业，当时NBA看不上我们。在那个年代，是一帮美国人在中国做，他们对中国人是非常傲慢的态度，不像现在，中国人在NBA里，他们能更多地受到中国市场的启发。所以我是通过跟火箭队和巴蒂尔非常成功的合作，证明了我的能力。同时加上我们长期的准确定位，终于打动了 NBA，所以最后 NBA 的官方合作伙伴选择了我们。这是一个非常非常大的突破。品牌突破之后它为我们调整内部组织结构、品牌的延伸、专卖店的整改、产品力的再生，赢得了很大的优势。

2005 年之后，经销商、消费者和媒体都对匹克期望很高，因为当时跟火箭队合作是别人不敢想象的。当时在美国，一个老华人很激动地握着我的手说，匹克是他在美国三十年看到的第一个在美国主流渠道推广中国品牌的企业，也是第一个进入 NBA 赛场的中国品牌，他觉得中国在变强大。

2005 年时，NBA 对中国品牌还是不屑一顾的，我们赞助火箭队之后，去火箭队开新闻发布会都没有人理我们，一顿饭都不请我们吃。不像现在，我现在说去美国，这些人恨不得马上跟我吃饭，希望我有更多的投入。所以 2005 年时，做第一家国际赞助企业碰到的困难是非常大的。庆幸的是，我们很成功地克服了这些困难，特别是观念上的冲突，冲突到什么程度？我们开新闻发布会，我们那边有合作伙伴，新闻发布会后合作伙伴陪我们到美国转了一圈。按理说，如果是我们陪美国合作伙伴，我们给他提供住宿顺便到北京、上海逛一逛，大家都会认为很正常，而且是很应该做的事情。但是我们临走的时候，对方给了我一张账单，我当时一下子真的脑袋爆了，而且要求我付现金，我说我回去拨款给你，他说不行，要让我写个欠条给他，于是我就写了一张欠条。

他们的这一做法当时对我的冲击真是非常非常的强烈，账单细到每顿饭、他们自己的花费也都要我付款，停车费也要我付。这种跟国际市场打交道的观念上的差距太大了。后来我到火箭队说我是你们的合作伙伴，但对方的负责人连见我一面都不愿意，他说没有时间，很抱歉，一直跟我解释。我说我来了你总得跟我吃一顿饭吧，他说他已经跟别人约了，非常抱歉，没有时间。刚开始时还不是让我们跟火箭队的老板谈，只是见律师、市场部的经理，我当时非常生气、非常愤怒，但后面也慢慢了解了一些他们的游戏规则，然后对我们自己的心态也作了一些调整。

当然，现在我也不要求他们请我吃饭，即使他们请我吃饭，我也要考虑是不是要接受。我想表达的意思是，作为国内第一家走出去的企业困难特别大，尤其是观念上的，在国内我们怎么也是受尊敬的，而在那边却是受到了冷遇。后来我们调整了心态，你不请我没有关系，你来中国也别想我请你，你想跟我约时间我也没有时间见你。其实跟美国人打交道就是这样的。

李　翔：对销售状况的影响呢？

许志华： 那种影响是立竿见影的。经销商的信心、消费者的信心、媒体的信心都很足，2006年就实现了80%的增长额，效果非常明显。

李　翔： 匹克的专业定位是从什么时候开始的？

许志华： 从创办开始。

李　翔： 中间有没有想过要变成综合性的体育用品供应商？

许志华： 中间有过非常大的挑战，比如要不要请影视明星来代言。2003年时香港所有的影视明星只要有一点名气的，在福建街头都能看到广告。当时房祖名刚刚出道，但是因为他是成龙的儿子，在晋江都有代言。所以很多经销商都要求我们请影视明星，必须要请，不请就不做了。但是我坚持说不请，我们走的路线是专业路线。

2001年我们作过一次内部定位分析，当时请了一名营销学教授来作了一个诊断分析，之后形成了一个报告。这个报告当时在公司内部没有一个人重视，就是一张没用的废纸，随后就束之高阁了。我加入公司之后没事就翻看文件，后来在整理文件时把这个文件找出来了，这份文件对我后面的成长起了很大的作用，它至少告诉了我一个方向。

再后来，特别是经过市场调查和跑市场的经历之后，我自己也有一个很深的感觉，即在资源不足的情况下我们要集中资源。所以我当时非常坚持我们要走专业篮球的路线。

那时候足球非常火爆，很多人都让我们做足球，但是我们没有资源。比如2001年跟中央电视台谈合作，广告三百多万我们都出不起，一次性付款我们更是付不起，还是后来找到了一个合作伙伴帮我们垫了一点钱，然后分期付款了。顺便说一句，这个朋友到现在还在跟我们合作，当年是三百万，现在则是每年一两个亿的合作。所以我当时坚持说，资源有限我们就坚持篮球。

2002年和2003年我们很成功地和CBA进行了合作。但没想到跟CBA合作一年之后又碰到了篮协调整，重新招商，我们合同没有到期就给推翻了。这对于我们是个很大的打击，对我本人也是很大的打击。但是现在回头一看，真是塞翁失马焉之非福。如果你到我办公室会看到两个字：舍得。如果当时没有丢掉CBA，也许我跟NBA就没戏，也许NBA会跟安踏合作，我更没有机会超越它了。所以现在回头一看，其实人生不应该太看重短期内的得与失，更要看重中长期的策略。

跟NBA合作之后，我慢慢学会了突破传统思维，学会了一上来就是全球公司，去整合全球资源。这个思维的突破现在看来没有什么，也很自然。但在当时，我是第一个突破这种思维并同时付诸行动的中国企业家。现在匹克的海外销售额能够占到总销售额的10%。

原来没有中国企业家敢在全球市场打品牌的。原来做内销的企业家的思维就是做内销，做外销的就是外销，内销跟商场打交道，外销跟经销商合作，没有创造品牌的。中国虽然企业家很多但是没有人这么做，我是第一个把窗户纸捅破的。捅破之后也有很多人跟着我学，特别是内销企业，自己壮大以后也要走出去。

李　翔：你父亲是个什么样的人？

许志华：他是一个有理想、有抱负的人。

李　翔：他教给你什么东西？

许志华：责任感，他没有说几句话我就自己回来了，他根本没有跟我说太多。他只是说公司需要你，你自己看着办。

李　翔：你怎么看那些后来出现的很多公司，包括乔丹等？

许志华：整个行业进入了战国时代。我认为很多后起的公司的基础不错，也属于战国时代的一部分。未来的竞争其实就是核心的六七个牌子如何在自己的市场里面做大，如何抢到更大的市场份额。谁会做得更好，现在一下子也看不出来，我认为大家都有机会，只要你有进取心，甚至在未来，这六七个品牌同时都有可能成为百亿企业，我想这也不是完全不可能的，因为这个市场太大了。

李　翔：现在你父亲、你和你弟弟的分工各是什么？

许志华：我父亲是主席，他负责战略发展方向上的把握；我是CEO，更多的是战略执行层面，或者创新一些想法；我弟弟，他更多的精力用在生产跟研发上。

李　翔：你父亲会教你们做生意吗？

许志华：我们都是放养的，他给你一个东西但从不告诉你是怎么做的，从小到大我们都是自己体验的。

李　翔：他给过你的最好的建议是什么？

许志华：2005年之后，我当时为公司制定的增长速度是50%，他断然决定调整发展指标，调到80%。对于这个，当时我是反对的，但现在看来他是对的，如果还是50%，那就比较保守了，于是他断然决定指标加大，投入加大。

李　翔：那你为什么会保守？

许志华：因为是我自己执行的。

李　翔：你们经常也会意见不合吗？你们是怎么解决工作中的意见不一致的问题的？
许志华：我们三个人坐下来商量，一般是少数服从多数。如果我父亲要说服我，就拉着我弟弟；我要是说服我父亲，也拉我弟弟一起。我父亲有一个好处是，也许他当时很激动，或者当时不同意，但如果你说你能够找到一个比较好的办法并告诉他这样做是对的，那他其实也会接受的，至少他不会反对，他会先看看你如何做。
李　翔：激动的反应是什么？
许志华：拍桌子，会这样，但这种拍桌子的情形越来越少了，从之前的经常拍桌子到现在不怎么拍桌子了。

访谈二

父亲许景南访问

李　翔：从你的角度来看为什么匹克在品牌上是一个先行者，但是在资本市场上却是后来者？
许景南：我们虽然创立品牌比较早，但是在我们创业初期还是计划经济主导时代，因此我们的市场主要还是在各大商场。所以匹克一开始就是卖给商场的，但其实商场是没有办法推动我们自己的品牌的。我们在全国设立了很多办事处，聘用这些商场的人做销售，但是他们没有办法推动我们的品牌随着市场经济的发展而发展。实际上从1993年开始，就显示出了商场销售模式没有优势的问题，那时我们才决定进行调整，而这个调整过程又是一个痛苦的过程，我们足足用了五年时间去调整，到了1998年底才调得差不多。而这段时间刚好是安踏的起步阶段。安踏从1993年开始就进入批发市场，直接依靠经销商。这个销售模式凸显了它的先进性。可以说我们是跟着时代倒霉的。我们滞后在渠道建设晚了。因为在调整期，我们的销售量也在下降，即使没有下降也没有发展，或者发展得很慢。
李　翔：你们早期是用什么方法来推广品牌的？
许景南：我们是通过国内的篮球明星，最早是八一队。早期品牌我们不懂得怎么做，没有中介机构，也没有那么多媒体。我们也是偶然同八一队建立关系的。八一队当时去我们那里做集训，知道我们做篮球鞋，因为当时国内几乎没有人做专业篮球鞋，所以让我们提供篮球鞋给八一队。那是1991年，我们一年的赞助费是两万块钱。我们为八一队提供装备，给他们支持、鼓励和互动，虽然钱很少，但是互动得很好。

李　翔：后来你的两个儿子分别加入了公司，他们加入公司对公司的影响大吗？是怎样影响的呢？

许景南：影响很大。有一个原因是职业经理人在中国还没有形成市场，也没有形成规则。可以这样讲，使用职业经理人的效益很低。还有，以前在职业经理人队伍标准没有形成之前，也可能有些人很想尽心尽力来帮助你的公司，但可能周边的人都说他是傻瓜，因为没有形成一种好的规则，所以很影响职业经理人在企业中发挥作用。但自己的儿子就不同了。

　　从1993年开始，我们就已经产权明晰、责任分明了。产权和管理全要分离，我也相信这样的话，所以我也请职业经理人，不让原始股东参与经营活动。我们的原始股东很多都是没有文化的，怕影响他们的工作。但是这些职业经理人也没有珍惜。所以我是用心良苦的，但这些职业经理人好像就觉得我是需要他们的。我当然是需要他们的，不然要他们干什么？但他们就不珍惜这个过程，觉得企业好像离不开他们了，他们对企业就要求多了，利益要求多了，就造成企业总体效益低了。这都是有一个过程的。

李　翔：这段时间大概持续了多久？

许景南：从公司创立开始，我们每年都有很多增长，但1994年企业就开始衰退了。原因是出现了很多问题，但这些问题是由于没有统一的思想造成的。你要对职业经理人进行教育，一下子对方是很难接受的。你对他说不要骄傲自满，他说我什么地方骄傲自满了？说不清楚。所以说不谦虚，内部出现这种问题就不会进步。骄傲了肯定进步不了。比如我们有一个生产厂长是很懂技术的，人家如果跟他谈技术问题，他就说你不要谈了，你们的技术算什么？我们是专门做篮球鞋的，门槛很高，我们还做过八一队专用的鞋。后来我们开始机械化了，但你又很难说服他，难以改变……

李　翔：在许志华毕业之前你对他有没有商业上面的培养？

许景南：用心培养是有的，但也没有什么专门的教育。我们给他灌输了一种理念，就是责任心，并且首先是责任心，这个很重要。志华是长子又是男人，我们闽南人就是重男轻女，我们灌输给他两条：第一你是长子要能承担大的责任。我们那里长子一定要承担家庭责任的。第二，要给我们自己家里人树立一个榜样。

李　翔：树立什么榜样？

许景南：我们比较节约，责任心也强，树立这些方面的榜样。还有，我们建立的这个平台其实是蛮大的，如果他有责任心的话，那还是可以首先给他这个平台让他发挥作用的；再加上我这个平台和事业也不容易，也是需要他帮忙。

李　翔：我不知道你会不会手把手教他们怎么做生意，比如怎么谈判？

许景南：我对他们的教育不是千万不要吃亏，而是说你不要想占人家的便宜，共赢就可以了。还有，就是吃小亏也没有问题。

李　翔：许志华说他看人的能力不如你。

许景南：我们见人多了，他见人少。

李　翔：你会给他什么压力吗？

许景南：我八点半上班，他就很难十点来上班，这本身就是一种压力。天天迟到，我也不骂，但我天天准时八点半来上班，过一段时间他自己就会准时来。

李　翔：你们平常的交流方式是什么？你们家庭成员之间会正式开会吗？

许景南：也有，比如上市回来我们首先就开家庭会议。我会说，我们已经改变了，从家庭企业变成了上市企业，外面对我们的判断也改变了，大家都有股份，从市场价值来看就是十几个亿的身价，但大家自己都要头脑清醒。我在家里面提出这些问题都很谦虚谨慎。

这种事你自己要保持清醒，因为是你自己怎么掌握的问题。

李　翔：你们住在一起吗？

许景南：现在他结婚了可能会离开，之前都是住在一起的。

李　翔：我不知道当你们发生争执的时候是什么样子的，比如关于渠道有些意见不一致时？

许景南：这是表达的问题，如果有好的沟通还是可以解决的。没有什么大的争执，最终还是要表达问题，如果讲清楚就可以了。

李　翔：你觉得许志华哪些方面比你强？

许景南：他执行力比我强。他们年轻人动手能力还是很可以的。要实施一个计划不是一个简单的意愿，要有人员、资源的保证，方方面面都要做好。

他的组织能力也还可以。他在公司推动了几个机构的建立，人力资源部、策划部，这些都是他来推动建立起来的。

李　翔：和 NBA 的谈判你参与过吗？

许景南：我没有参与过，都是志华做的。

李　翔：你会给他一些建议吗？

许景南：他问我我就会给他建议。最关键的还是价钱问题。NBA 第一年官方合作伙伴是李宁，李宁用 200～250 万拿下了合作伙伴的资格。但是后来 NBA 要求涨价，多加了 500 万，要 700 万。我们在和 NBA 谈判时，策略是，如果 550 万独家，我们同意；而如果 350 万李宁和匹克两家合作伙伴，我们也同意。NBA 的判断是，先跟我们签 350 万的协议，然后再跟李宁签。但是在跟我们签了之后，李宁没有签，这样我们就占便宜了。不过 2009 年 NBA 又提出了一个新问题，它要求 750 万独家赞助，一下涨了那么多，志华有点拿不准。我就说不要怕，它提出这个价钱肯定是它觉得自己的价值在里边，你放心，它不会乱提，肯定是经过评估的，NBA 这个组织不像菜市场。这个判断是对他的很大的支持。最后匹克 700 万拿下来了。

李 翔：你最早对 NBA 产生认识是什么时候？

许景南：我们创国际品牌，肯定很想达到国际的高度，初期虽然资源很有限，不像这几年有钱，有投资者进来了。以前是到银行贷 1 000 万，跑死也很难，你要进行资产抵押。但我们仍然希望我们的品牌能够达到国际水准，所以一有机会我们是会冲上去的，毫不犹豫。

事情就是这样，有时也不一定说这是好事。像我们当时签约中国篮协，两年合同，最后一年安踏给我们抢过去，也是出了高价，当时你根本没有时间考虑这个问题。这是一个危机，当时志华是想让步，加点钱，但不要太多。但是从利益上考虑，篮协毁约了。

李 翔：当时是篮协换届。

许景南：宁可不要。但是当时对我们是一个危机，因为最高的国内赛事被人家拿走了，对你的品牌影响不好。所以最后我们一起商量，如果我们面对的是这样的竞争，你什么项目它都跟你争，我们该怎么办？最后我们下决心做品牌计划，要走出去。

李 翔：就是通过那一次下的决心？

许景南：对，如果没有那一次下决心冲出去，可能就没有今天了。但是现在其他品牌的企业再学我们很难，因为我们有前面的经验，我们现在的合同都是排他性的。跟国际篮协和 NBA 的合同都是排他性的，一个是四年，一个是五年，我们会提前谈判的，再续签目前看来困难蛮大。而且我想我们的成本肯定是比其他人低。

李 翔：许志华问你最多的问题是什么？

许景南：有关大的项目方面，毕竟董事长是控制资源的，没有我的同意，资源是调动不了的。资源怎么整合和调动，是很重要的问题。

232

2006年时，我们在订货会上一下子就订出了几个亿，突然膨胀起来。如果按照常规是需要很多流动资金的，他们没有经验就很担心，问我怎么办，因为买材料等都要付很多钱。我说不要怕，这个不要担心，把事情做好就行了，我们的企业的资金是滚动的，不是固定在一个死地方的，你可以整个调动。我说我们如果跟材料商商量，拖一个月的时间，当月就会多1个亿的现金进来，现在是拖一个月就有3个亿的销售额。还有，销售商的付款也是可以商量的，我们可以多方面协调。

李　翔：你什么时候意识到上市是件很重要的事情？

许景南：我们以前都感觉到是很重要的，大概从1996年、1997年就开始一直谈上市，但当时企业规模太小了，因为上市的费用是固定的，承销商等并不会因为你拿钱少了就少要你的钱，所以规模不大去做上市会比较吃亏。你拿到5个亿回来也是付1个亿，你拿到10个亿也是付1个亿。

还有很多人对上市存在误解。我们的上市其实是这么提升的过程，不是拿钱回来，而是之前我们为上市作很好的规划，从2006年启动到现在，一直都是我们大发展的时期，关键还是看你的思路，你的思路好人家都会支持你，从投资者到股东都是如此。

李　翔：许志华和你讨论过这个问题吗？

许景南：他提到我们要通过品牌赚钱。目前他的团队还不错，关键是职业经理人的素质不错。我们职业经理人方面还是有待加强的，我们留给他的时间很长。当然，这也要看命，命运好了很多人就会来帮他，如果他能找到一个好助手，这是他的造化；但如果找到一个不好的助手，那就很麻烦了。

李　翔：你很相信这些东西吗？

许景南：我真的很相信，我原来的助手最后都没有办法，我们第一批职业经理人都是在我手中被淘汰掉的。

李　翔：会有激烈的冲突吗？

许景南：没有什么冲突。

李　翔：你怎么帮助许志华扫清道路？

许景南：一开始他对企业的有些做法看不惯。但是有一点，即使我们俩都看不惯，但也不能动，你只能是在原来的基础上提升。还有，就是增加你自己的一些部门。最后他还是做得不错的。

李　翔：他对哪些方面看不惯？

许景南：比如有的人倚老卖老，素质比较差。当时很多人劝我说，两个兄弟让他们竞争,做得好的就做总经理,我坚决反对。因为我自己儿子我知道,志华组织能力强,老二情商比较高,但是做组织工作他比志华差,总经理是需要组织能力和构想能力都很强的人。

李　翔: 你也是先富起来的一批人,你的儿子为什么没有在你手中毁掉,像很多富二代那样?

许景南: 教育非常重要,有些人教育儿子交朋友要交富人朋友,怕被穷人拿走东西,我跟他们不同。志华出去上学,我说你周围有困难的同学你一定要主动帮忙。我告诉他跟同学出去玩,你家里经济条件好些要主动买单。有些父母亲一直怕儿子买单,其实应该主动买单,大家的情感才会好起来。我基本上在钱上面对他没有什么限制。但他注意得很好,没有大手大脚花钱。

他的帮手也要他自己找,以他找为主。我教他上学的时候要帮助同学,其实就是有意识地在帮他找自己的朋友和帮手。这种好事多做一点,虽然帮人家不一定人家会来帮你,但毕竟帮人是好事。

李　翔: 你儿子信命吗?

许景南: 我想应该是相信一点的,不过他相信得比较少一点。

李　翔: 会不会开始时很多人都不服他?

许景南: 他还是优秀的,不服的人我会问他为什么。

李　翔: 你会在旁边帮他树立威信吗?

许景南: 从他的能力来看,目前在我们公司是没有什么人能超过他的。刚开始时,因为他情商比较高,所以也还好。但他的致命弱点是,从初中开始就一直都是学生会的领导,受到很多人的恭维,没有碰到过挫折,而同学之间又没有什么利益冲突。

李　翔: 你觉得你儿子没有受到过挫折,太顺了?

许景南: 太顺了。现在有些事情,他扛不了我扛,他扛得了就他扛,在这方面,假如不是父子关系是不行的。如果是职业经理人,肯定也是不行的。

李　翔: 你们为什么没有选择代工呢?

许景南: 我们最早是从工厂起家的。当时也分析过这个问题,当时我自己感觉品牌一般是贸易公司做的,民营企业不可能做品牌。但是经过了这些年,贸易公司都变成了皮包公司,因为它们没有那么多资源,要做品牌没有人敢跟它们签约,所以我们发现还是应该慢慢地自己做品牌。

李　翔: 你在公司里面是很强势的人物吗?

许景南: 我也不想做出很强势的姿态。

李　翔：事实上呢？

许景南：事实上我是最强势的。我时间最长，资历最老，你说我不强势谁强势？不是我想这么强势，而是往往就必须这样。比如一个管理层领导提了建议，我说这样不行，他又提了一个还不行，提到第十个还是不行，说不行就不行，我没有说为什么，不行，因为要说为什么，这要讲很久。还有，在管理上，有些东西是感觉出来的，也说不清为什么。

李　翔：你是如何把许志华吸引到匹克上的呢，他为什么没有去做其他的事情？

许景南：他也不想做，因为这个品牌太有挑战性了。现在对中国的公司而言，什么都不缺，我们有钱，我们人很聪明，人才也不缺，现在缺的是品牌；而品牌是一种长期的工作，可能二十年努力、五十年努力都体现不出来，还要其他人去努力。或许是国有企业做成的品牌没有办法传承，也不会有哪一任厂长书记会去重点做，但民营企业却可以传承，所以现在很多民营企业会说要做国际品牌。

李　翔：你觉得你儿子和你最大的不同点是什么？

许景南：大同小异，我想没有什么不同，目标一致就没有什么不同了，只是一个判断的问题。

周少雄　七匹狼实业股份有限公司董事长

狼群不分裂

　　三个兄弟加上四个伙伴创立了这家名叫七匹狼的公司。后来周少雄说，当他们想要创建一个品牌时，已经看到了身边太多的兄弟分家的例子。兄弟阋墙对公司的利益的损害有时要远远大于来自其他方面的风险。于是，他们创立了一个集体的品牌，意在：狼群如果分裂开来，它们连生存都会存在问题。

　　和闽南的大多数家族公司一样，这家公司由兄弟协力创办。周少雄在1983年辞去公职从商；之前一直在帮父亲做事的弟弟也加入了生意帮助他；而在银行工作的大哥则负责帮助两个弟弟进行融资，并且不断地把自己的社交网络圈的人介绍给他们，其中有些人后来成为了周氏兄弟的生意伙伴。但是和其他兄弟协力创办的公司不同的是，从一开始三兄弟就已经达成了共识：这是兄弟共同的事业，尽管他们进入公司有先后——大哥周永伟直到1993年才辞去银行的工作全职进入公司，并且每个人对公司的贡献也不同，但公司必须是他们三兄弟共同拥有。在很长的一段时间内，这家公司正是这样一家集体机构，没有清晰的股权结构，公司由三兄弟共同拥有，从来没有人考虑过自己在其中的位置和利益。直到意识到这种模糊的产权可能会妨碍公司未来的发展，三兄弟才开始明确每个人在公司中的股权，但是仍然是通过一种传统方式来分配股权的：平分，然后老大因为年长可以多得。

　　在公司的早期，当三个人都专注于服装业务时，他们也会争吵，甚至会摔碎杯子和长达三天的互相冷落，但这些分歧最终都会得到解决。因为公司必须前行。可是随着公司的成长和每个人在其中的角色的明晰化，这种争吵也在逐渐减少。最后，比较感性、决断力强又偏好投资的大哥开始专注于投资业务；而之前一直负责公司运营的周少雄，则接替大哥成为公司的董事长，然后由弟弟辅佐他来专注于公司的服装业务。在这个过程中，他们也让这家公司上了市，并且不断引入经理人，让它具备了现代公司的模样。

访谈

李　翔：在开始创业的过程中，你们家族的其他成员扮演的角色是什么？包括他们会给你们怎样的支持？

周少雄：我们创业的时候是1980年代，刚好也是改革开放最初期的阶段。首先来讲，我们兄弟创业是因为家里的影响，我们开始做一些小生意、开一些小的店铺等。兄弟中，我是1983年辞去公职开始下海的；当时我大哥在银行里面工作，他是补父亲的缺到银行里上班的；而我弟弟那时候已经在帮我父母看一家小店了。然后等到我做生意做得有一点点起色时，他们才过来一起帮忙做的，大概就是这样。

李　翔：你们三兄弟的角色是怎么划分的？并且互相之间会提供怎样的支持？

周少雄：兄弟之间互相会介绍各自的很多朋友，这些朋友中有些后来跟我们合作做生意了。我们三个兄弟交往的人群也不同。比如我大哥在银行里工作，他就跟一些做生意的接触比较多，他会把这些人介绍给我，包括我最早的一些小额银行贷款，都由我大哥帮助处理。我主要是负责经营，一直以来都是如此。我小弟在经营方面做我的帮手。

我们公司大概就是这样一个过程：从做贸易开始，后来赚到了钱，然后开始做七匹狼服装公司，再到后来服装公司发展了以后，我们开始做一些投资，这时候兄弟之间有了一些分工，我大哥开始专门去做投资。

李　翔：从什么时候开始公司形成了你们兄弟三人的核心？

周少雄：其实一开始就是我们自己在做生意，有一些同学、朋友在帮忙，组成最早的组织结构。但主要的股东实际上就是我们兄弟。当时我们兄弟是不分彼此的，也不讲股权之类的，不过我想我们心中大概都有一个数。后来，大概到了开始准备上市的阶段，也就是到2000年前后，大家才开始梳理一下公司，分一分股权，基本上就是平分了，而大哥因为他是老大，所以多分一点。

李　翔：是什么原因让你们三兄弟全部都加入到这个生意里？

周少雄：基本上到了1993年，我们三个兄弟就全部进入公司里了。虽然进入公司的时间有先后，但是从一开始做生意，我们有一个概念就是，这是兄弟共同的生意，并不分是谁的或者谁先做的。后来我大哥辞掉工作加入公司，一个原因是人手不够，另外一个是生意可能也算做大了。我加入公司的原因很简单，反正自己也没生意做。

李　翔：你也提到，开始时公司的股权都不是那么明晰，大家也不会考虑到这个问题。那后来你们是如何意识到股权问题的呢？是因为上市的原因还是别的？

周少雄：实际上我们开始分股权时离上市还早呢。

李　翔：那是出于什么原因？

周少雄：其实在我们心目当中，三兄弟配合做生意，然后大家个人可以从中得到怎样的利益，我们不是那么计较的，也没有想要去说这方面的事情，只是说到未来要发展，我们也可能要去收购别人家公司的股份，在这种情况下，我们最好也把自己公司的内部理顺了。那时候因为我们处在闽南地区，可以看到很多香港、台湾地区的企业管理资料，会更早地接受来自海外的管理思想，当时就发现大家都在向股份制的方向发展。

　　另外，我们当时在做七匹狼这个品牌的时候，起这个名字也是有一定原因的。当时我们看到身边的很多情况，也都是家庭里几个兄弟帮忙做点生意，或者是和亲戚做生意，做了以后就吵架，然后分家，然后大的生意就变小了，一个就变两个、三个、四个这样子，分了很多很多公司出来，我们就觉得这样不是太好，所以我们要做一个七匹狼，做一个团队精神很强的品牌。所以一开始我们就认为为了利益去闹矛盾不好。到了1990年代末期，为了未来的发展要想引入更多的人才，老是兄弟股权合在一起，公司股权结构不明晰也不好，而且在未来，大家可能有很多其他生意要做，不能老放在一起。于是就想，即使是兄弟之间，也要把制度做明确了。

　　我们应该说要比其他很多兄弟共同创办的公司或者说家族公司做得要好一些。我们兄弟之间没有太多的利益计较，不会争论谁的贡献大、谁的贡献小，或者谁应该得到更多、谁应该得到更少，我们就是按照传统的方式，兄弟平分，老大多拿一些。我们从一开始就是以兄弟一家这样的概念去做公司的，不像其他公司，可能是某个兄弟开始先做生意，然后让其他兄弟进来帮忙。

李　翔：你们什么时候开始意识到家族公司的这种局限性的？

周少雄：其实发展到了一段时间之后，大概到1990年代中后期，我们就已经意识到了，但因为那时候正困难，所以也没来得及想那么多。初期的时候公司很小，中期有一个波动，生意不是太好，到了1990年代末期，公司才开始发展，这时我们都开始觉得应该去明晰股权关系。

其实我们做公司的时候就一直有一个比较，看别人在怎么做。国内而言，发改委也在推广股份制公司的形式，我们也看到很多上市公司的材料。大概从1997年开始，我们就开始梳理公司内部的手续、档案了，到2001年的时候，我们开始改制。

其实有时候兄弟之间也会有不同的理念，还有一些对管理的不同看法，总是会有一些磕磕碰碰和争吵等方面的问题的。但公司的发展使大家也就慢慢地认识到，不管是兄弟也好、朋友也好，都有可能分分合合，每个人都是一个独立的个体。前期可能靠的是一种比较传统的教育，兄弟靠的是血缘关系，而且我们这边大家族观念很浓，从小我们接受的就是家族观念的教育，所以早年根本不会去想个人，大家只想兄弟之间要团结，要把事情干好。但是到了企业做大了，社会影响也大了，也就可能个人各自都有各自的社会关系和社会脉络，以及自己的管理思想，这时候，大家都觉得每个人都应该有自己的空间和思想，就是这样。

李　翔：根据你的观察，晋江那边各种各样的服装企业都走向了相同的轨迹了吗？

周少雄：我们那个地方的家族观念很浓，应该说开始创业的时候都会请兄弟来帮忙。但请进来之后也可能会产生很多纠纷。比如说我请你进来，并没有说要给你股权，我只是来请你帮忙的，但对方可能并不这么想。还有的是兄弟进来以后，每个人的能力也有区别的，最后分配股权时，我可能觉得你也没干什么，我干吗要分配股权给你呢？等到公司做大以后，你请他出去，你跟他说他没有股权，他会认为我应该也是有股权的，但你却认为，要不是我请你来干，你连现在的利益都得不到。利益关系再加上亲情关系，更加胶着。

后来兄弟各自成家以后，每个人的家庭成员可能也会介入公司，也会介入到公司管理层，情况更加麻烦。

我们家庭这点是最好的，所有的太太基本都在家，所有的亲戚都不能随便进公司。

李　翔：除了太太不进入公司之外，你们还有什么原则？

周少雄：第一，太太不参与经营；第二，要叫某个亲戚进来，也是所有高层都得同意，而且我们不会给他承诺，比如说我老婆那边的某个亲戚要进来，我要征求我的两个兄弟的意见，我把他的优点、缺点都摆出来，大家来考察。

周家的亲戚我们基本上都不会去请。当然，如果有能干事的，也可以进公司。在这方面我们还是很秉公办事的。我们比较幸运的是，我父亲也介入得很少，他很少会介绍亲戚到公司来，即使有一些，我们基本上也都宁愿给点钱去支持他们做点其他事情，而不是请他们进来。这样，公司内部我们的关系就非常简单明晰，我们可以请很多职业经理人进来。

李　翔：你们三兄弟怎么处理同职业经理人之间的关系？

周少雄：一直以来都是我们三兄弟配合做事，我们三兄弟各有各的特点。但在当时，比如说老大跟我一起管服装业务，有一段时间就会产生不同意见，每个人的习惯、性格都不一样，结果会导致职业经理人去选择对他来讲好说话的一个兄弟。人都是这样的，趋利避害。有时候因为意见不合我们也会吵架，但是因为相对比较互补，另外包容性也比较强，我骂骂他，他骂骂我，大家过后也就没事了。然后更加重要的是分工，比如说老大经营管理上经常跟我意见不合，后来他干脆就不管服装去做投资了。

李　翔：你们会因为什么事情意见不合甚至争吵？

周少雄：基本上都是经营管理理念的不同或者是投资方向上的争议。我们解决的方式是：一是看争吵中能不能出现一个成熟的大家都接受的想法；另一个是，如果大家一直在吵，那好，这个东西我们干脆就不去做了，或者不去投资了。

有时候大家发发脾气、摔摔杯子，不欢而散，然后过会儿重新再来过，该做的事情还是要做。

李　翔：在解决你们的分歧上，家族会起到什么作用吗？

周少雄：我们没有，我们争执完以后，严重一点是三天不说话，不过这种情况很少，完了还得重新开始一起做事情。

李　翔：你们三个人的性格都是什么样的，如果让你来描述的话？

周少雄：性格都不太一样。我大哥比较感性一点，而且他比较强硬，决策也比较快。我相对理性一点，想的东西比较多，更加谨慎。老三随和、脾气好，他相对来讲服从性比较好，容易配合。因此，我和老三的争执基本上都是比较小的。

李　翔：你也提到，职业经理人会自动站队，那么怎么解决这个问题？

周少雄：程度不严重，但还是会有，尤其是在我们管理分工还不是那么明晰的年代。以前公司都是大家在一起管的，职业经理人有时候会不知道听谁的，我的解决方法是，总经理说了应该这样，可是你是直接向我汇报的。梳理清楚管理结构就好了，该向谁汇报就向谁汇报。

李　翔： 你们的公司从开始就是以三兄弟作为核心的，三个兄弟基本上都是公司的主要驱动力和发动机，但你们会认识到这个发动机的局限性吗？

周少雄： 2000年上市完成以后，我们大家都感觉到这个问题了。企业发展有几个阶段，它必须经历从个人驱动到集体驱动的过程。就现在而言，如果还是个人驱动，那就会力不从心了，最好把它转变成集体驱动型的公司，比如建立董事会，引入很多高层职业经理人。实际上我们现在也就处在这样一个阶段，不断地去物色新的职业经理人。这几年其实都在做这个工作，但是也不是你想到的就都能做到。

组织关系的处理要求很高的技巧，不是说你请到了一个很能干的职业经理人就可以了。它挑战的一方面是你发现人的能力，另外一方面是你自己的控制力，你需要打磨你自己。比如说你太精明了，这样就很难跟职业经理人合作；而如果说你太放松了，这样你的风险会变大。

李　翔： 对于你而言呢？

周少雄： 我太理性，我想得太理想化，应该说可能要求高了一点点。我会觉得很多事情我自己都能干或者会干。现在我要解决的最大问题是，不要想得太明白，要学会糊涂点。因为有的时候你太明白了你就老是想去教别人，可人家却并不一定愿意让你教。当你去教人家的时候，人家会觉得我只是在按照你的想法去做事情，他会压抑自己的想法；碰到问题的时候，如果你教错了，人家还会推卸责任。

李　翔： 如果你们碰到了兄弟之间的意见的重大分歧，比如说地产公司新鸿基那种，三兄弟反目，那么你们会怎么解决这些问题？

周少雄： 现在的问题是，我们大家的股权都很清楚，因而也就没有这方面的问题了。我觉得首先来讲是股权关系、法律关系，我们叫做亲兄弟明算账。我们常常说，丑话说在前头，谈到利益关系，就要明确，无论你用婉转的方式还是直接的方式。当然也不是说什么事情都要很刻薄。

然后还得靠每个人的胸怀去调和一些东西。小的问题依靠包容来解决，当然大的问题最好要把它法律化。因为小的问题容易包容，如果兄弟反目，肯定是因为有巨大的利益关系。

李　翔： 如果出现了兄弟反目的情况，在处理这种问题时，依你了解到的情况，家族会在缓解兄弟关系上起到很大的作用吗？

周少雄： 一定作用总是有的，但是也不能夸大家族的作用，毕竟每个人都有每个人的想法。在闽南的话，有老人会和宗族会，如果事情闹大了，他们会出面调和，但是真到了反目的地步，家族要想起到关键作用也很难。如果一个家庭内部，老头子在的话，老头子出面，每个人都得给老头子面子，即使现在不是老头子管，老头子说话也肯定算数；或者一个公司和家族内部都有一位公认的最有威望的人，比如说安踏的丁志忠，这样的人一出面就会把其他人都镇住，谁也不会再有意见。当然，这也取决于他的个人魅力。一个家族内部总是有一个说话算数的人的，他不一定是最年长的大哥，也可能是创业者和管理者。

吴华新　福建兄弟集团有限公司总裁

家族公司的 GE 梦想

　　吴华新用了两年的时间来梳理自己庞杂的生意。在高峰时期，他和他的二哥吴华平拥有将近三十家公司，这些公司分布在众多庞杂的领域。如今在顾问公司的帮助下，他们通过出售、取消、合并等方式把这些公司重组成四家公司，分别处在石化、地产、投资和贸易行业。通过互联网也难以追踪到这对兄弟的商业轨迹。但是在吴华新动了上市的念头之后，包括瑞银在内的数家投资银行闻风而至，他们对吴华新和吴华平说，那家他们计划用来上市的锦江科技公司，市值至少能达到 100 亿人民币。

　　吴华新出生于 1972 年，喜欢高尔夫球和篮球，留平头，戴一副金属框眼镜，看上去精明强干，他开始接触生意时比他现在正在读小学的儿子还小。福建地区浓烈的重商气氛和吴家过多的人口让他们在 1978 年就必须通过做贸易来谋生。随后吴家涉足制造业。但是当他们的父亲在 1988 年去世时，二哥吴华平选择离开父亲和大哥创办的工厂自己创业。当吴华新从武汉大学学完企业管理毕业之后，他加入了二哥的生意。那家名叫兄弟贸易的公司是如今吴华新和吴华平庞杂的产业的基础。后来，吴华新的三哥也开办了自己的工厂。

　　吴华新和吴华平像大多数早期的中国商人一样，他们凭借着对机会的敏锐和对利润的追逐进入了一个一个看上去彼此毫不相干的行业，只因为能够从其中赚取金钱。他们是机会的贪婪的捕猎者，但是从没有搞清楚自己是素食动物还是肉食动物，从松果到田鼠不加区分地吞咽，当然也不会去想自己的特长和爱好，或者如何让自己的捕猎更加高效。

如今，吴华新正在尝试重新组合和梳理自己兄弟创办的过于庞杂的产业，让这些创造财富的生意显得有条不紊。他要努力让自己和自己的公司都显得富有现代气息。他在自己位于福州机场附近的工厂内修建了高尔夫球练习场，以便每有闲暇即可挥杆。而如果有更多的时间的话，他则会打电话给自己公司的来自台湾和香港的主管，让他们教授自己更复杂的技艺。他聘请了号称全中国最好的咨询公司来帮助自己梳理产业，组建控股公司，建立对职业经理人的激励制度，同时在各家公司之间设立防火墙，确保自己对这些公司的控制的同时，又能让它们彼此独立，不至于某家公司变成黑洞吸干整个生意的利润。

他们最知名的业务是锦纶制造。锦纶可以用来制造袜子、泳衣、降落伞和汽车轮胎等产品，这项业务由他们率先引入福建，如今已经在福州地区成为过百亿规模的行业。顺着锦纶制造的生产链向上，他们又涉足了石化产业中的乙烯工程，这是他们最为透明的业务。与此同时，他们还保留了自己起家时的贸易公司，将之作为纯粹的家族生意加以经营；保留的家族生意中还包括一些小的工厂如汽车修理服务等，这些工厂运行良好，利润也可观，虽然在吴华新眼中都已经不能算是大买卖了。他们同时涉足的领域还包括房地产和投资。"按照 GE 的模式来重组。"吴华新说，他自己聘请来的咨询顾问公司告诉他应该这样来梳理他的产业。

访谈

李　翔： 非常有限的资料显示，你们公司有十九年的历史。

吴华新： 不止，这是可以查到的。我们家族真正创业是从 1979 年开始的，当时刚刚开始改革开放，我们家人多，有五个兄弟加上一个姐姐，孩子多，必须通过做生意来养活自己。我父亲带着我们做小额贸易。当时长乐市整条马路都是小商品市场。后来我们自己家也办了一家工厂，叫纤维厂，把塑料拉成丝，可以做蚊帐等。这家工厂我父亲做得不太成功，过了一阵子就卖给别人了。那时我才七岁。

后来我父亲带着我大哥又办了一家塑料拖鞋厂，那是 1981 年。1983 年，家里又卖了这家工厂，重新开办了一家纺织厂。也就是说，我们从 1983 年就进入纺织行业了。

我们家族的创业历史可以分成三个阶段。1979年到1988年属于初期，为了生存去创业。从小额贸易到纤维厂，到又做拖鞋，再最终定位到做纺织厂。1988年的时候，我父亲过世，没有给大家留下债务，并且每个人都分到了钱，我分到了两万，当时我还在读书。但是这个钱没有分走，都在我大哥那儿，他继续用这个钱在经营工厂。那家经编厂到现在还在，一年的利润大概也有两三千万。

从1988年到1999年是我们的发展阶段。我二哥因为和大哥的思路不合单独出来做事。我大哥小学都没毕业，他那一代人比较艰苦，请人、用人的方式和我们都不一样。他请的人都是自家亲戚。我1992年从武汉大学毕业之后，选择了和我二哥一起工作。我们开始时是以做贸易为主，当时做贸易来钱快，而做工厂，首先是你要有很多资本，要买地，要盖厂房，然后还要有很多机器和员工，需要管理。我二哥以前在工厂里面做业务员，经常在外面跑，人头很熟；另外，我哥哥业务做得很好，在长乐一带，大家都非常认可他。我大哥最终还是入股了我们的新公司，但是是由我们自己来做的。我们当时的工作就是到全国各地去收购做经编的工厂。那时候我跑遍了全国各地，除了西藏。我们把设备买回来，然后重新出售。到现在为止，在这个行业里，我们还是全中国第一。这个项目现在是由我一个哥哥的侄子在打理。当时我们的公司名字就叫兄弟贸易。

从1999年到2009年是我们家族生意的提升阶段。我们除了兼并工厂、买卖经编的机器之外，也开始做化纤。为什么？因为机器很多，但是却没有足够的原料。当时买卖原料也要靠计划，要有领导批。当时的情况是——全中国很多城市都是这样子——信息不对称，可能隔壁工厂在卖东西你都不知道。我们就打电话一家一家地去过问。除了做贸易之外，我们自己也开始做工厂。2001年我们成立了创造者锦纶实业公司，这是福州第一家锦纶工厂。福建省的这个产业可以说就是由我们引进来的。

从2008年开始，我们对公司进行了重组。重组时我们保留了家族的部分生意，放到一个叫兄弟集团的公司里，里面包括贸易、设备和针织工厂，由侄儿继续经营，它是家族生意的存续。我们把石化和制造业放到另外一个公司里，叫锦江科技，将来准备上市。房地产业务和投资业务则放到另外两个单独的公司里去。

李　翔：最开始你和你二哥在全国各地收购工厂的资金来源是哪里？
吴华新：一方面是自己投资，再一方面是从民间募集资金。长乐的民间资金很充足，而且不像在江浙一带要有固定的回报。我们不说固定回报，而是共同承担风险。广东和福建的民间投资一样，投钱是看准了人再投，是风险共担的投资。

李　翔：你们最高峰时期办了多少家公司？

吴华新：将近有 30 家大大小小的公司。现在该砍的都砍掉了，该整合的都整合了，有的卖掉，有的停掉。我们也请了咨询公司帮我们做这些事情。最后我们将全部的公司精减成了 5 家，就是目前的样子。

李　翔：未来 IPO 的话，是锦江科技这块？

吴华新：对。锦江科技包括你们看到的这个工厂，销售收入有 10 个亿，目前这边有 9 万吨的产量。全部工厂包括将要上马的项目，加起来有 50 个亿的产能。这块准备上市。

李　翔：你们如何处理好与原先公司中的家族成员的关系？刚刚你提到会有一个纯粹的家族公司存在。

吴华新：我们把公司中的家族成员将近 40 个人全部都调到这个公司里，也就是兄弟集团里。这个公司的目的就是存续，因为这里面有亲戚关系。我们衡量一个家族人才，首先是忠诚，家族要的无非就是忠诚；其次水平很高，具备职业化经理人的素质。这样的人我们可以调到锦江科技、调到投资公司、调到房地产公司里。还有一些家族的人，他们也都有自己的专长，他们可以到兄弟集团下面的一些公司供职。

李　翔：你提到一些民间投资人，他们是持你们的股权还是债权？

吴华新：都是股权，但是公司还是我和我二哥绝对控股。我跟我哥哥保持在所有公司里的绝对控股权。当然我们也在搞职业化，但是家族公司我们肯定百分之百地控股。家族公司的好处，第一是忠诚，第二是患难与共，困难时期不发工资也没问题，所以我们要继续保留。

李　翔：在你们创业的过程中，家族给了你们些什么支持？

吴华新：首先就是大家支持你、信任你，对你的过失可以原谅。具体的支持：第一是融资，大家愿意把钱给你，亲戚都愿意投钱支持你。第二，大家跟你同心同德，出去创业的时候都是一心，没有二心，不会背叛，也不会挖墙脚，因为有家族影响在。如果有人背叛公司或者是挖墙脚，会被家族所有人谴责。初期必须这样，为什么？因为找不到人，也没有钱找人。

　　创业的初期，家族很关键。按照我们现在的土话来讲就是有钱出钱，有力出力。大家给你信任，给你钱，还可以不给利息或者不分红，大家也不会抱怨你。

李　翔： 比如说你和你二哥单独出去做一件事情，你们家族的其他人会怎么看待？

吴华新： 最早大家是合在一起做的，后来因为理念不一样，我二哥跟我退出来了，我们两个人自己干。我大哥愿意合作，他通过入股。我们当地有一句话叫该用商人方式的时候就用商人方式，该用江湖方式的时候就用江湖方式。入股合作是商人的方式。至于公司中的家族成员，我们的说法是共同学习、共同前进、淘汰落后。

李　翔： 但是淘汰落后的过程是很残忍的。

吴华新： 这一点我们处理得很好。首先薪资不变、股份不变。他是创业的功臣，不能什么都不给，而且毕竟我们还是一家人。在处理家族成员的关系的过程中，我们也很灵活。比如说设立岗位工资，或许某个家族成员的工资可以达到副总级别，但是我不能让你做副总，我将你的股份也照样保留，只不过职务在不断弱化，因为要鼓励新的人进来。

我们每次改革都是共同学习，引入职业经理人，共同前进，然后淘汰落后，或者不说淘汰落后，我们讲调整工作岗位，工作岗位调整了，但是薪金不变。

李　翔： 是不是可以说公司越来越大，家族成员的重要性越来越小？

吴华新： 可以这么讲。但是我们对家族成员还是要给予充分的肯定的。我们也有一些家族成员成为公司高管的，他们的学习能力很强，也愿意改变自己。

李　翔： 你们如何激励职业经理人？随着公司的进一步重组和扩大，以后会有越来越多的职业经理人进入。

吴华新： 我们过去的两年时间里主要就是在解决这个问题。从我们办第一家工厂开始到现在，我们一直坚守一个理念，即钱散人聚。之前我们采取的是最简单的方式：第一，提成，你赚了多少钱我给你一个提成的比例，这是激励；第二，给你股份，比如你在我们母公司里做得很好，我们可以在其他公司里拿出一部分股份奖励你。现在怎么做？很简单，上市公司给股权、给期权，我们现在基本上是一线的骨干给5万股，中层的给20万股，高层的更多。没有上市的公司，我们拿出10%的股份来激励管理层。总之，你努力干就有钱赚，你听我们的并跟着我们的战略方向走，就有钱分。我个人认为企业文化主要就是激励机制，剩下的才是一些共同的愿景、共同的理想、共同的价值观、共同的方向。

但是也有一些东西需要家族人来做，比如贸易这个东西，里面都是秘密，比如说那些信息，这没有办法，你找来一个人，他就有可能会把所有渠道都带走，而贸易就是做渠道。

还有一些小公司对整个板块已经意义不大了，但是家族还要保留它，而且还一直在赚钱，那就无所谓了，就让一些家族的人继续去管理去做好了。

李　翔：后来还会不断有家族的人进来吗？

吴华新：后面家族进来的人很少了，因为最核心的人、最能干的人已经都来了。二代的家族成员又都很年轻，我儿子还在读小学，我二哥的儿子在国外读高中。

我个人认为目前我们还是需要一些家族化的东西，因为家族成员忠诚度高，这是无可替代的。

李　翔：你看到过兄弟阋墙的例子吗？

吴华新：其他地方我不知道，但在我们福建省，家族公司的兄弟资产之争很多，只不过我们有一个好处，商人方式进入，江湖方式退出，两个兄弟吵架没什么好吵的。假设我们兄弟俩一共80%的股份，各40%，吵架的话就清股，算一下多少钱，我们来谈，一个人把另外一个人的股权买过去，谈不好我们可以找个中介，以江湖方式退出。兄弟之间资产之争，大家争吵的都是利益问题，但是利益问题很好解决，无非就是多一点少一点的问题。每个人目的不一样，你要工厂，你付一点代价出来，我3亿人的股，你给我5亿，我就走；你认为不合算，很简单，留我下来，或者卖你的股权给我。

李　翔：宏观调控对你们的影响大吗？

吴华新：去年很多人都问这个问题。

首先，作为家族公司有一个优势，就是负担很轻，管理层必须为股东服务，董事长和总裁开的车都是自己买的，不是公司的。董事长的1 500块钱工资拿了好多年了。很多上市公司的1元工资制，我们实行好多年了。其次，我们没有财务杠杆，我们融资的方式决定了我们受到的制约很多，不可能去做风险高的投资。我们弄不到钱，这样受损失的机会就少。而且我们必须保证我们的客户订单，必须保证资金流的良好运转，我们必须拼了命去这样做。

李　翔：现在你和你二哥的分工是怎么确立的？

吴华新：很简单，他管项目的投资和融资，我负责经营管理。其实这种分工很早就开始了，只是以前没有像现在这么规划过。这样有个好处，毕竟大家精力都有限，一些家族企业就是把投资、融资、管理都给一个人做了，简单地说，就是财务总监、生产总监、营销总监都一个人做了，有的时候甚至连出纳都自己做了，压力非常大。我大哥的公司也是家族企业，我们能看到其中的弊端，所以我们出来后就要讲分工。投资项目二哥说了算，融资也是他的工作，跟我没关系，如果有需要，我可以去握握手，讲两句话，但是对不起，具体情况我不清楚，也不会去管。我要做的是经营、业绩、考核、营销渠道建设这些工作。

李 翔：你自己说这两年学习到很多东西，其中最主要的是什么？

吴华新：还是认识自己，就是自己能做什么事以及自己不能做什么事。首先你要明白，你不能什么都做。我以前是钢铁也做，矿产也做，煤炭也做，能赚钱的而我们又有能力做的都做。现在我开始认识到不是所有的东西都是可以做的。

邵忠 现代资讯传播有限公司董事长

邵忠上市

访谈

李 翔：之前你买网站都市客，包括买一家无线运营商，很多人都会认为是在为上市营造概念，这样现代传播上市时会作为一个跨媒体的公司。

邵 忠：不是，当时我买这些，只是觉得新媒体业务必须要跟进，只是这种概念。我原来一直没有打算上市。其实我们做无线也好，做互联网也好，只是觉得这些领域我们都会涉及。你可以说它是实验，因为我想我们的业务未来不能和它们没有关系。

　　除此之外，我们也很好奇，也想了解一下这个行业是怎样的，最后也是要为未来做些准备。但我们没有很大的投入进去。

李 翔：那你们尝试了之后是什么感觉？

邵 忠：还没弄明白（笑）。可能是因为我自己不是网络迷。我觉得做好些事情是不是着迷很重要。我对杂志很着迷，但我真的上网很少很少。对网络媒体，我不是一个很热衷的人。

李 翔：有很多关于平面媒体的讨论，大家普遍不看好它的未来，我不知道你是怎么看的？

邵　忠：事实跟偏见是两回事。报纸我不敢讲，我到现在也没有做过报纸。但是我认为杂志的前景绝不是大家讲得那么恐怖，不可能是一种媒体代替另外一种媒体，只是一种媒体把另一种媒体逼到墙角而已，逼出它最具竞争力的形式和状态而已。从经验看我觉得是这样。

　　　　马云最近说的一句话我很赞成，他说今天很恐怖，明天马上就死，可后天就是光明大道。关键是很多人都没有活到后天，不是在今天放弃，就是在明天死去。企业家精神是要勇于否定自己，但必须要有坚定的想法，也就是说你相信什么和你不相信什么。我相信我有我的活法，我不相信纸媒就会消失。

李　翔：你刚才说不同的媒体形式只是把纸媒逼到它最有竞争力的模式上，不知道你有没有思考过这种模式会是什么？

邵　忠：我觉得对平媒来讲，最重要的是你的洞见。我上次也提到过，对于杂志来说，它的3B特性是无法替代的，前两个B是阅读场所，也就是床上和洗手间，第三个B是品牌投放，特别是高级品牌，它要做形象广告的话，在网络上就很难。

　　　　有时我觉得这个世界太过，都跑到一边去了。分析师和作家唱衰平面媒体，他们不用对自己的言论负责，可是对很多媒体却造成了很大的负面影响。

李　翔：还有一种看法是，对于传统媒体而言，它可能需要变革它的商业模式，因为媒体的商业模式几百年都没有变过，一直都是广告。

邵　忠：但是我告诉你，现在网络媒体成功也是靠卖广告。以前我们做平媒的时候，很少看见网络媒体参加品牌活动，现在也一样。其实最后饼还是大家去分，只是以后怎么分的问题。

李　翔：现代传播会对媒体做一些赢利模式方面的探索吗，除了广告之外？

邵　忠：有啊，我们正在做一个杂志平台的概念。所谓杂志平台，就是不单是广告，还有很多客户的活动、品牌推广，我们都会帮忙做，而且我们还可能会从读者中帮他们找到一些潜在的消费者。

李　翔：到现在为止，这部分收入会占到现代传播整个收入的多少？

邵　忠：线下的活动现在是10%左右。我们从前年开始有一个新的整合营销的部门，叫CCT，也叫客户创意。我们帮助客户创意，因为很多广告公司这方面做不了，它们只是做媒体计划而已。

李　翔：对于现代传播而言，你怎么去给它寻找一个新的增长点呢？是通过办一本又一本的杂志？

邵　忠：我觉得新的增长点是两种：一种是传统的线性的增长，好像你说的一本又一本的杂志；另一种，我觉得收购也是很重要的方法，但要很小心去做。

李　翔：那你接下来会考虑去收购吗？

邵　忠：会。这其实也是我以前没有考虑过的事情。不过现在谈收购也很难，好的人家不会卖给你，不好的你不要。不光我们头痛，风投都头痛。

李　翔：在你的设想里，你的公司的未来会是什么样的？是康泰纳仕那样的杂志集团？

邵　忠：不是，未来我们的公司我觉得应该是一家多媒体公司。你看时代华纳也好，新闻集团也好，都在向这方面走，这是趋势，不可能再做一个单一的杂志集团。但是你要问我怎么能做到，我也不知道。

很奇怪，时代华纳和美国在线的合并并不成功，新闻集团做电视、报纸、杂志、书都有声有色，但是对Myspace好像也束手无策。

李　翔：你更乐意让别人把现代传播看成是一个什么样的公司？是媒体公司、广告公司，还是一个代表时尚的公司？

邵　忠：我们一直把自己定位于媒体公司。

李　翔：但是在你的高层里面没有代表编辑部利益的人，或者这个人就是你？

邵　忠：对，肯定了，我做创意他们做生意嘛！

李　翔：你怎么去管理自己公司内部那些优秀的媒体人？

邵　忠：我现在跟优秀的人才合作，更多的是在方向明确之后给他们做支持工作。我现在的工作是把球送给他们，让他们临门一脚踢进去。早期时候我自己就是一个前锋。这也是转变。

李　翔：你从前锋到后卫这个过程是怎么完成的？

邵　忠：我觉得王石对我有很大的帮助。我曾经问他："你怎么可以转变成这样子？我们看到不好的东西肯定就会去管。"他说他从原来一百分的要求，后来变成八十分。还有，更重要的是鼓励，给下属以帮助和支持。确实现实也是这样的，有时候不是我去做就一定好，相反其他人去做可能会更成功。

李　翔：你决定做一本新杂志的时候需要经过什么样的过程？

邵　忠：我凭直觉。我跟贝塔斯曼的人聊过，他们用两年时间去研究一本新杂志，要在中国做，最后我问他们是什么样的结果，他们说没结果，但已经投了一百多万美金了。我做了这么多年杂志，从来没有说是拿很多钱去做一个什么市场调查，创新的东西是要领导这个市场的。另外，不可能让调查决定这个市场你是做还是不做。市场调查能告诉我要做《周末画报》吗？没有人会跟你说，可能会有人说你做份更好看的报纸好了。大部分人都是没有想象力的，而创业家最重要的就是想象力。想象力就是要想出没有人见过的东西，去做这种东西才有机会；如果大部分人都能讲出来的东西，那就没有想象力了，也没有机会。当然，比如你做饼干，大家已经吃了很多年了，都知道饼干是怎么回事，你再去做研发是另外一回事。我的意思是，做一个完全创新的产品要想依靠市场调查很难。

李　翔：你很强调去维持各种关系，但是按照我对你的了解，包括从你的性格来看，你不像是一个会小心翼翼去维护很多关系并去讨好别人的一个人。

邵　忠：重要的事情还是要小心，只是我不经常讲而已。有些事情讲出来就没有什么意思了，你跟别人讲也没有用，别人也帮不了你，就是这样子。其实我非常苦。

李　翔：你有什么一直很坚持的原则吗，从你开始做生意到现在？

邵　忠：首先是态度，我一直坚持积极的态度。有一段时期生存都很难，不要说生活……

李　翔：你也有这个时期吗？你不是一直很顺利吗？

邵　忠：怎么没有？不可能一直都很顺利，只是没人知道而已。痛苦肯定有。我也遇到过很多困难，但第一个就是态度问题。很多人面对困难的时候态度不够积极，不往好的一面看。然后就是所谓的信念，一定要相信一样东西。如果你不相信这个事情可以成功，那就很难说服自己，即使是大家都说不行的事情，我也相信奇迹一定会发生。我相信有奇迹的，肯定有。

李　翔：这很励志。

邵　忠：对呀。我自己是一个很会从正面角度去思考问题的一个人，很会去从一个负面心态转变为一个正面的心态。我觉得这很重要。

李　翔：这是你之前一直都有的，还是后来学会的？

邵　忠：后来学会的。碰到没招的时候，不这样怎么办？很多东西都是逼出来的，很多人都是逼出来的。

李　翔：你没招儿的时候是什么情况？

邵　忠：我经常都没招儿。但是没招儿的时候可能你的创意就会帮助你，真的是这样子。

比如MIH不和我们公司合作之后，很多人都不看好我们，那群人走了是不是公司有问题呀？资金有没有问题啊？还又做了一个《优家画报》，等等，这是很典型的。很多人都会觉得，喂，邵忠，你的公司是不是有问题啊？有很多传言，而且刚好碰到金融风暴，我们的广告量真的有所下降。

  我这个人很要面子，也很关注别人怎么看我，但骨子里，我也无所谓。我既好大喜功，也会冷静地去做自己的事情。人家说融资失败了你还开办新杂志，而且还有金融海啸。我就办给他看，结果反而还不错。我相信自己的判断。

李　翔：你有特别难的时候吗，比如你觉得基本上都没希望了？

邵　忠：我告诉你，天天都有，只是都是不同的事情。比如今天这个客户要撤单，明天那个高级员工要辞职，没停过。在中国，做企业是很难的，面对的事情太多太多了，所以要选择；如果可以不做企业，还有别的事情好做，我宁愿去做别的。

李　翔：你有什么困惑吗？

邵　忠：人际关系，我觉得这个真的太难了。我们都是靠人去做事情的，而不是钱。但是人的变化是最大的，也最情绪化的。我最困惑的就是怎么与人相处，怎么领导别人，怎么激励别人，我觉得这真的很难。所以做艺术家很舒服，不用理人。而我们有时候又要做孙子，又要做领导。

李　翔：我记得你以前说过做杂志首先是给自己看的，你现在还这么认为吗？

邵　忠：我相信媒体这种东西如果不能感染自己，那就没法去感染别人，到现在我还坚信这一点。我不喜欢的东西，我怎么给别人？现代传播做的是精英读物。我自己是精英类别的人，我相信我自己很感动、很喜欢的东西，跟我同类的人都会喜欢。所以我还是坚信这一条，就是怎么样让我自己喜欢，我自己喜欢就是别人的喜欢。

李　翔：你最后到底想成为一个什么样的人？

邵　忠：我没有定位说想要成为一个什么样的具体身份的人，但我还是非常想要受人敬重，这是我一直都很在乎的。

附记

一

  让全场沉默甚至使不少人流泪的是厉剑的讲述。他个子不高，身材壮实，头发很短，习惯性地把衬衫扎进裤腰里。只是这样却显出他的肚子的凸出。虽然他还很年轻，但是整个公司的人都称他为"老大"。他是传媒公司现代传播上海地区的总经理，也是整个公司运营的副总裁。得到这样的位置不是偶然的。他一手开创并打下了这家公司在上海的市场。如今，云集着众多奢侈品牌的上海，是现代传播旗下各地分公司最为赚钱的市场。

他走上场时笑容满面。这是一年一度的公司年底尾牙会议，在东莞的一家五星级酒店内举行。会议的议程无非就是领导讲话、卡拉OK式的节目表演、各个分公司的业绩汇报、现场抽奖以及大吃大喝，唯一的例外可能是漂亮姑娘要更多一些。她们像从司各特·菲茨杰拉德的小说中走出来的人物，在盛大宴会的现场，端着香槟酒杯起舞。公司的创办人和老板邵忠则穿行在这些姑娘们之间。全场最惊艳的场景就是邵忠和其中一位穿着紧身旗袍的姑娘大跳探戈。摄影师一边拍照一边大笑。参加这样的会议让人想起电影中的爵士时代，仿佛时光永远不会流逝，宴席永远不会散场，而姑娘们也都不会老去。

但是厉剑却让所有人想起了他们的公司举步维艰的岁月。他回忆起自己如何被邵忠面试，然后被录取。接下来的某一天，他突然接到邵忠的电话："厉剑，收拾一下，我们去上海出差。"他拖着箱子跟着邵忠一起到上海。邵忠将他领到南京西路某幢写字楼内的一间办公室，然后说："你就留在这里做上海分公司吧！"然后，邵忠买了一张机票飞回广州。

那时候他们运营的是《周末画报》。它不是报纸，它用最讲究的铜版纸印刷，任何照片或者奢侈品的广告印在这样的纸上都会显得色彩艳丽和精美。但是它也不是杂志，它的开本要大于市面上的任何一本杂志，而且还像报纸一样分成了可以独立抽出的四叠，分别涵盖新闻、商业、生活和城市报道。它的口号是"读《周末画报》，与世界同步"。它号称自己是"中国精英读物"。这个新生物的出现让发行商和广告商都不知所措，因为他们不知道该如何对待它。厉剑用最简单但也最有效的方式解决了它在上海的发行问题。他极大的让利给每一个报刊亭的主人，每份画报除了收取一个极低的连基本成本都覆盖不了的价格之外，卖报所得的钱，除了交给渠道运营商的那份之外，全部归报刊亭的业主所有。这样，所有的报刊亭都将这份画报摆在了最显眼的位置，而且还大力向可能的购买者推荐。

他们在吸引广告主方面也不断在进步。性格强硬的邵忠一直努力说服大的品牌和4A公司，在杂志和报纸之外，将《周末画报》归为一个单独的广告投放品类。"《周末画报》单期广告突破100万的时候，我们都在办公室，内心很兴奋，邵先生突然看着我说：'厉剑，你说我们以后每期的广告要都能有100万该多好啊！'"这时台下的

258

员工爆发出一片笑声。谁都知道，现在的《周末画报》单期广告从来都在 1 000 万左右。这是厉剑的陈述中唯一的笑话，而且还是真正发生过的。

那是现代传播集团 2007 年的年底尾牙会议。将近两年之后，2009 年的 9 月 9 日，现代传播在香港联交所挂牌公开交易，它成为中国大陆第一家登陆资本市场的民营传媒公司。《纽约时报》称这家公司的创造者邵忠为"中国第一个民营媒体企业家"。

二

这年邵忠 48 岁。作为一名从事媒体公司运营的人，他仍然有大把的时间以及旺盛的精力可以去做更多的事情。对于熟悉他的人而言，他像是一个从漫画中走出来的人物。他只留很短的头发，浓眉毛，大眼睛，大鼻子，大嘴巴，然后再在鼻子上架一副同样不算小的黑框眼镜，笑的时候当然会很灿烂，但大多数时候他面上的表情透露出他内心的紧张。在他对你表示友好的时候，他会很用力地拍你的肩膀，即使你是一个体重仅有 40 公斤的女孩也如此；在他兴奋的时候他也会做同样的举动，并摇晃你的肩膀，迫切地让你表示赞同。

他似乎无时无刻不在渴望别人的赞扬。在现代传播的办公室内，每逢深夜他的某本杂志即将付印，他都会拿着让他颇为得意的版面大样在公司内部走来走去，给每一个碰到的人看，脸上带着渴望的表情问他们："怎么样？厉害吧？"他真心认为自己做出了世界上最好的出版物，尽管他的读者们可能并不这么认为。当然，在他决定做出变革时，他马上就会推翻此前自己的看法，认为那并不是最好的，而是必须要改变的。

必须得承认，他的成功并不是毫无理由的。他身上拥有着无穷无尽的精力和好奇心，在很长的一段时间内，他是整个公司内部的"大独裁者"。他能够召开八个小时甚至更长时间的会议，然后他会在会议上滔滔不绝地讲七个半小时的话，剩下的半个小时，他会询问大家自己讲得好不好。

在很长的一段时间内，在每本杂志送达印厂之前，杂志的执行出版人都会提心吊胆地将杂志的大样拿给邵忠看。他们的提心吊胆并非毫无理由，邵先生会随时撤下他认为不够美好的文字和照片。公司内部流传的一个故事是，他曾经让摄影师去给同一个采访对象拍了三次照片，理由是，邵先生在大样上看到了对方眼睛里的阴影。

曾经有人问邵忠，他旗下的出版物，最终刊登哪篇文章谁说了算，邵忠惊讶地看着对方："当然是我，不然我做这些杂志还有什么意思？"这就好像是心理医生询问一个酒鬼一样："嗯，我知道你酗酒，可是你到底喝多少？"

他不是一个容易屈服的人。在考大学时他曾经落榜，但是后来他又考了一次并考取了。他大学时学的专业是统计学，但他号称自己看到数字就头疼，除非是现代传播不断攀升的利润和经营业绩数字。现代传播旗下的《生活》杂志某一次举办活动，想要邀请杨澜参加，而杨澜因为日程原因拒绝了。结果她接到了邵忠从不同渠道传来的再次邀请，再次的拒绝之后又是再一次的邀请，直到她终于答应。

不过，让人惊奇的是，尽管拥有惊人的控制欲（当然，他说他已经成功地控制了自己的控制欲），但邵忠对他认为有才华的人的包容度也是惊人的。有人评价说邵忠在他的出版集团内聚集了一大批"一个比一个难伺候的主儿"。某一位媒体人，与他合作过的上司对他的评价是"脾气大，少惹为妙"，表示深恶痛绝，但是邵忠的态度却刚好相反，对之极为喜爱，几乎是放纵。这让邵忠能够成功地聚集一批传媒业的出类拔萃之辈。他的办公室内坐满了佼佼者，其中最杰出的包括华人普利策奖获得者刘香成、前《南方都市报》总编辑程益中。其中很多人对他不时涌现出的控制欲深恶痛绝，但是邵忠的包容气度却又让现代传播在普遍不景气的媒体行业成为精英收容所，虽然它可能不是最好的，但它一定不是最差的。

三

上市是个……

上市不知道是个什么样的过程。

为什么上市？标准答案是："我们看好中国经济下一个十年的GDP增长，中国大陆对媒体品牌的消费将超越日本，而中国也将成为亚洲最大的广告市场"。

现代传播从2004年就开始请毕马威做内部的审计。但与此同时邵忠却一直在表达着自己对投资银行家们的不满。他对杂志的热爱让他对任何可能影响他对杂志热爱的事物都表示鄙夷。他曾经在公司内部开会时大肆抨击帮助公司上市的一切人，从投资银行家到律师。"他们才不管你的公司的死活，也不在乎什么是优质产品，他们只想着自己的手续费。"他说。

他轻描淡写地对自己的朋友说，我们为什么要上市？那是因为"金融海啸来的时候投行也好、律师也好、会计师也好，大家都比较闲。之前大家都有合作。有一次大家坐在一起聊天，有人突然说，要不我们帮你做，反正大家都比较闲"。"我们盘子小，不然人家很忙的时候，也不见得会做"。

说做就做。完成整个手续只用了四十一天。毕竟，毕马威做了四年的审计。另外，公司的股权结构真的很简单，邵忠个人百分之百地控股。而且，根据联交所和保荐商工银国际的建议，邵忠仅将自己旗下百分百控股的出版物《周末画报》、《新视线》、香港《号外》、《生活》杂志等出版物放入上市资产。他收购的互联网公司都市客和购买的一家无线运营商，以及同台湾《远见》杂志合作的《东方企业家》等都未放入上市公司。

上市当天，马云、郭广昌、沈国军、李连杰和周迅都前来捧场，公司的独立董事是王石、江南春和欧阳广华。之前邵忠更多的是同一批艺术家、电影导演和演员共同出席活动，上市则让他和商人们开始了频繁的接触。当然，同在广州，他和丁磊曾是默默无闻时同吃大排档的朋友，而他和王石也已经相交多年了。

唯一的遗憾可能是他让自己的下属们购买的股份太少了。他乐于跟人分享知识，而不是公司的控制权。他的下属们抱怨自己不明白公司为何选择上市。但另一方面，客户部的同事们又开始向他们的客户介绍说，他们是中国大陆第一家上市的民营媒体公司。

邵忠自己则说："其实我到现在（对资本市场）也不是很了解。我做上市的时候很多名词都没听说过，我也从来没有买过股票。要上市我才开始学习。我真的不是太清楚资本市场是怎么运营的，只知道一个名词PE。"

他有过两次机会接触资本，但最终都不了了之。第一次是李嘉诚的Tom要投资现代传播，合同都已经签了，结果发生了"9·11"恐怖袭击事件。"Tom那边说，恐怖袭击之后一段时间内不再做任何投资。"邵忠说。但是生性好强的邵忠同时也担心自己会不会因为外部投资者的进入而丧失公司的部分控制权。数年之后，他有一次跟华谊兄弟的王中军聊天。王中军在邵忠之前就拿了Tom的钱，后来在做下一轮融资的时候退了Tom的投资赎回了股权。邵忠问："他们是不是会对公司的运营干涉很多？"王中军摇头说："没有啊，Tom是个非常好的投资者……但是……"邵忠脸上的表情有些尴尬。

另外一次是南非MIH集团的投资。这家公司在中国也投资了腾讯和《体坛周报》。一度邵忠甚至认为自己找到了理想的投资者，而不是单纯的数字银行家。因为MIH自身也拥有电视台、互联网和平面媒体。现代传播甚至已经开始了和MIH之间的杂志交流，它要创办的一本新刊会得到来自MIH经验丰富的杂志工作者的支持。但是这次投资最终也告吹。邵忠原价退回了MIH的资金。他说MIH撤资的原因是"全球金融海啸"，同时又说，"这样也好，不然我们做什么重大决定也都还得征求他们的同意"。今天在邵忠北京的办公室内，仍然摆放着MIH投资现代传播时送给邵忠的礼物——一对小象雕塑。

MIH用来置换股权的现金，在当时的用途是，邵忠用其中的部分现金购买了如今现代传播在北京的办公室楼。"相当于它借钱给了我们。"邵忠说。在位于三里屯的办公楼内，分布着现代传播旗下所有杂志的北京编辑部、发源于上海的都市客网站的北京办公室，以及旨在扶助中国青年艺术家的"邵忠基金会"。办公室的设计者是香港杂志大亨施养德。在办公室能够听到有人大声用广东话打电话，也能听到有人愤怒地用英文斥责人。

邵忠的办公室可能拥有中国大陆商人办公室中最让人舒服的布置：画、雕塑、字、书和风格简洁的家具。听说默多克年轻时总在自己的办公室挂列宁的画像，他大为兴奋。在他的办公室内，常见的是雷锋和切·格瓦拉的头像。北京的办公室内还挂着康有为的字和画像。"南海先生，我的广东老乡，我们都相信变革。"他说。你可以怀疑他附庸风雅，但是他要附庸起来，可是真心实意。

一位熟识江南春的人曾对邵忠说："江南春的钱赚得比你多，可是显然是你生活得更舒服。"不同于中国商人毫无想象力的衣着（基本滑向两端，不是西装革履就是中式装扮），邵忠穿衣打扮也颇为时尚。而且，在时尚的包装下，他整个人也显得精力充沛，从不抱怨。人们看到的都是他发号施令和谈笑风生的一面。

不过，他说："其实我很苦的。"

刘积仁　东软集团董事长

房间内最聪明的人

"经理的职责在于授权而不是指挥，在于教化而不是命令，这对于领导者是最为重要的。要破除陈规旧俗，让人们自发地做好每件事情。"从肖克利实验室离职并率领著名的反叛八人创建了仙童半导体公司的罗伯特·诺伊斯如此论述领导的艺术。

和他的导师及前任老板威廉·肖克利一样，诺伊斯是位学术上的天才，尽管没能像肖克利那样，最终品尝到诺贝尔奖为个人带来的甜蜜感受，但他至少两次无限接近了这一针对科学家的最高荣誉。不过，和肖克利不同的是，诺伊斯是位更温和的、更有技巧的管理者。这也是八个三十岁以下的天才物理学家为何决定诺伊斯成为反叛八人组的领导者的原因。

只有那些出类拔萃之辈才能够在学者和商人或者政治家之间自如地转换角色。自从伍德罗·威尔逊之后，再也没有教授能够成为美国总统了。罗伯特·诺伊斯的成功也对应着威廉·肖克利的失败。抛开肖克利苛刻的管理方式，肖克利实验室一直也未能完成从学术研究领域到商业领域的成功跨越。而仙童和随后诺伊斯参与创立的英特尔，都取得了商业上的巨大成功，尤其是后者。

像罗伯特·诺伊斯一样，东北大学的教授刘积仁博士也完成了这一艰难的跨越，而且他的领导方式也无意中效仿了诺伊斯的风格。

1955年出生在中国东北的刘积仁在他的青少年时期备受坎坷。同生活在那个年代的大多数中国人一样，他也未能逃脱命运强加于他身上的枷锁，而必须去承受命运暴

263

虐的毒箭。

"我见过形形色色的人。我父亲被游街批斗，我的家被人抄家占领。我看到过各种各样的斗争。后来我当了工人，我做过煤气救护工、电工、摩托车修理工、电影放映员。"刘积仁说。

随后命运突然开始垂青这个高大英俊的年轻人。25岁时，他获得了东北大学电子系计算机软件专业的学士学位，那是1980年（刘积仁是工厂上大学的最后一届工农兵大学生，天知道有多少中国人对计算机和软件有概念）。两年之后，他获得了硕士学位。五年之后，他从美国国家标准局计算机研究院完成博士论文的研究工作归国，进而成为中国第一个计算机应用专业的博士生。一年之后，33岁的刘积仁成为教授。

"突然有一天我变成了教授，而且很年轻就成了教授，这种戏剧性的变化对一个人来讲，会让你觉得非常不可思议。"刘积仁说。

更富戏剧性的事情随后陆续发生。在美国目睹了微软上市的刘积仁并未意识到做一家软件公司将成为自己日后的道路。他羡慕的是美国国家标准局计算机研究院的"产、学、研"一体环境：这个完美的链条连接着学术和商业，前者为后者提供智力支持，后者为前者提供商业资助。

刘积仁回到东北大学之后就提出了"架设软件研究与应用的桥梁"的口号。但是他失望地发现，桥梁的另一端并不存在，"就好像一个房地产商人开发房子本来是要卖给别人的，但最后却发现只能自己住"。这就是东软成立的背景。

"你突然创立了一家公司，突然有一天媒体将你评为中国的商业领袖。世界就是如此。"刘积仁总结道。

他的东软软件园位于距离沈阳市区20分钟车程的高新技术开发区中。同大多数公司相比，它会显得异常宽敞。这片园区的布局完全按照刘积仁理想中的软件园建成，不同的业务部门分布在间隔数百米的大楼内，大楼中有摆满舒适座椅的员工休息区和健身房。园区的空地上矗立着雕塑和东软的收藏品，比如代表着工业时代的蒸汽机火车头。从任何一栋楼的合适位置都可以看到一个中国地图形状的同心湖。宽阔的高尔夫练习球场正在被改建，在它的下面要修建一个可以停泊数千辆车的地下停车场，因为地面车位已经无法满足东软员工日渐增多的私家车的停泊需要了。尽管东软在软件园的附近就为自己的员工修建了住宅区，但仍有不少员工选择开车上班，他们可能住在市区，或者觉得拥有一辆轿车更为方便。而东软从早期即开始的员工持股让许多东软员工可以分享到这家公司的成长收益（在过去的16年中，东软创造了一批百万富翁）。

这家拥有13 000名员工的软件公司还在大连、成都等地投资建立了规模不一的软件园。与此同时，它还在全国建成了3所信息学院，参观过这些学院的人无不为之折服。

"刘博士，你是个教授，而我所知的教授很少有人能够转变为成功的商人的。"在刘积仁创业的初期，一位日本商人对刘积仁如是说。对个人而言，没有任何人敢于低估这种转变的风险。学者群体从来都不是一个能够诞生商人的群体。甲骨文的创始人拉里·艾里森在一次耶鲁大学的演讲中说，当世最富有的商人都没能完成学业，比如他、比尔·盖茨和迈克尔·戴尔，而史蒂夫·鲍尔默正是因为到研究生时期才辍学，才使他在富豪排行榜上落后于他人。

抛开刘积仁个人需要面临的角色转换的挑战，他和东软在创业初期还必须面对很多真正的大问题，比如，没有市场，找不到愿意为东软工作的软件人才，没有钱，等等。

这种种困难让东软的成功显得匪夷所思，以至于当东软在国内A股上市时，很多人都惊讶这家偏居东北一隅的软件公司究竟是怎么活下来的。这种惊讶大前研一也有过。但当他拜访过东软之后，震惊之余，他和刘积仁迅速地成了好友。

不过当刘积仁仔细讲述他和东软成为奇迹般的幸存者的原因时，大多数人都不会相信。因为很少有人能够如此理智并且富有远见地在罗盘上推演出自己公司的未来。16年之后看来，这家公司的弱点极少，而且似乎从未犯过大的错误。

它从一开始就进军海外市场，最早销售到日本的产品是刘积仁读博士时的论文的研究成果。然后，东软将从海外市场上获得的利润转投到国内公司的成长上。它和学校建立起密切联系，将后者视为人力资源库加以使用。后来它又匪夷所思地建立起了自己的学校。这家公司还从很早就开始了员工持股，这在16年前几乎是难以想象的，尽管我们可以找出各种理由来阐释刘积仁这样做的理由。东软和跨国公司的关系也异常密切，"很少有跨国公司将我们列为竞争对手"，刘积仁说。而SAP则总是宣扬自己同东软的合作是如何融洽。同时，不难猜测，东软拥有良好的政府关系，它为政府提供软件服务，而且在上市名额稀缺的年代就得到了这种资格。

"商业的挑战，更多的不是对你的智商的挑战，而是对你的思维方式的挑战。"刘积仁在讲述自己是如何从学者转变成商人时说。毋庸置疑的是，做到上述的种种都需要一个公司的领导者拥有极高的情商。与此同时，他又毫无疑问是西谚所说的"房间内最聪明的人"，低调、冷静、理智而富有远见。在一次国际会议上，当大前研一陈述中国企业家如何缺乏企业家精神和管理技能时，一位提问者指着坐在大前研一旁边的刘积仁问："那你怎么看待刘博士？"大前沿一脱口而出："他是个例外。"

他的领导风格也更趋向于平和而非激烈。乔布斯在解释自己管理风格的苛刻时说："董事会付钱给我并不是要让我显得和颜悦色，而是为了让我驱使其他人更有效地工作。"比尔·盖茨的解释也异曲同工，"你很难在听到一个愚蠢的想法时不说点什么"。但刘积仁更像英特尔的创始人诺伊斯那样，表面上看起来他显得毫无控制欲，他说："你要明白你不可能控制到每一个细节，事情的结果和你理想中的结果会存在差距。你要给人以信任和发挥他们的价值的空间。"他并不认为领导力的体现就是将企业领导者的个人意志渗透到公司的每个角落。

但是在他认为的关键之处，领导者要毫不犹豫地表现出自己的果敢，比如，在领导团队的选择上，让东软进入医疗行业，在全国各地建立东软的软件学校，以及在关键时刻对东软的业务和品牌进行重组，等等。

"这就是我们讲的所谓的中国的'道'，也就是说，要把握你在什么时候应该强以及什么时候应该弱。"在他宽阔的会议室中，53岁的刘积仁双手摊在桌上，认真地看着我说。

谈话开始时他显得有点拘谨，随着谈话的深入进行，他逐渐变得放松且兴奋起来。到谈话结束时，他的左腿已经翘在了右腿上，他西服下的格子衬衫也解开了第一颗纽扣。他的发鬓已经灰白，但这只会增添他的风度，让他更像是一个在聚会上的绅士。"这一个符号已经让我很满足了：我是东软的创始人。"他解释自己为何显得没有更多的控制欲望时说。在过去的16年中，东软的形象和刘积仁的形象异常吻合，他们勤奋、聪明但却不好斗，像是某个班级成绩最好最讨人喜欢的学生，或者是房间内最聪明的那个人。

访谈

创造一个企业就是构造它的性格

（一）东软怎么能活到今天？

李　翔：你怎么完成从学者到商人的转变？
刘积仁：首先是好奇心。我觉得一个人能够做一项事业，或者说愿意从一个角色转变成另外一个角色，首先是你要有这种愿望。所谓的好奇心，就是你很愿意跨越原来你的认识、你的知识和你的能力。

当你付诸实践的时候，要经历的是一个不断挑战困难和学习的过程。因为你跨越到的肯定是你原先一无所知的领域。如果把挑战困难当成是一种成就感的话，那么对你来说，突破过去的知识和能力的限制就更有可能。

李　翔：你在商业上的学习方式是什么样的？

刘积仁：很多人都说商业和学术有很大不同，但对我来讲，我更愿意去看有什么东西是相同的，这样会更集中目标去学习不同的东西。它们相同的地方包括：一创新精神；二都希望找到好的方法学，用最短的时间获得最大的成功；三都需要在有限的资金的情况下来达到期望的目标；四你同样要发展团队。这些东西在做企业的时候都是一样的。最大的不同是：做学术，无论正确的和错误的结论都会成为一种成果；而企业要是做错了，那就是失败，因为你带来了损失。商业要更精细，要更坚决地控制风险。在商业里，我还要花精力去想如何满足客户的需求，而学术可以不考虑今天的需要。

另外，很多商业上可以成功的结果可能并不是你喜欢做的研究，但可能给你带来了成功。这方面的挑战，更多的不是对你的智商的挑战，而是对你的思维方式的挑战。

还有，做学术要特别专注，而做商业很多时候需要有更系统的安排，不是将目标放在某一个具体事情的成功上，而是一个系统的成功上。在东软过去的发展过程中，我们最关注的是企业的持续性成长，更注重今天的每一项工作对未来的影响，并愿意为未来投资，同时又要兼顾今天的生存的需要。这样的思考方式，可能是我们在过去的16年里比较幸运的原因。

李　翔：系统的成功指的是什么？

刘积仁：是通过系统的设计，使不太容易从单项方面获得成功的领域，找到可能成功的道路。如东软在开始创业的时候没有资本，没有名声，找人都很困难，当地也没有市场。应该说那个时候我们不具备做一个公司的最基本的三个条件：资本、人力资源和市场。

然而我们解决困难的方式是：首先与东北大学合作获得人才，然后选择国外市场，再然后将我们在国际市场上赚来的钱投资国内未来可以有市场的业务。当时我们的产品和服务在国外卖的价格比较高，而国内的公司运营成本低，所以我们公司的运行效率就很高；而做国际项目，做一些有挑战性的开发工作，对人才有很大的吸引人，这样使东软又拥有了很多优秀的人才。当时我们在外地找不到可以到东软工作的人，于是就从企业跨到学校，在东北大学里搞了东软的软件加强班，我们用学校教育体系来给公司培养人才，这样使得成本降低，也使得大学的文化和东软的文化融合了。

所以，当东软上市的时候，很多人问东软怎么能活到今天，因为用他们的话说，"像你们所处的这样的环境，别说上市，能活几年都不容易"。这就是因为我们跨越了一般创业企业的通常做法，不完全是通过艰苦奋斗来完成创业的，而是通过将多种可以使我们成功的要素融合起来的方式，通过国际、国内两个市场的结合，通过教育和学术的结合，通过长期和短期的结合，来克服我们所面对的困难。我们从1991年一直到1996年，每年都是100%的成长速度。1996年上市，公司成功地渡过了最困难的起步阶段，踏上了一个新的平台。

李　翔：要想连接海外市场和国内市场，连接学校和公司，需要一个情商非常高并非常善于处理各种关系的领导者，你觉得你是这样的人吗？

刘积仁：我是一个幸运者，过去的经历、过去的实践成为了我创业的一种资本。第一，我在国外学习过的经历，为我与国外合作带来了方便。第二，在大学当过教授，所以使我与大学联合开发人才变得自然。第三，在大学一直搞科研，所以对长线的项目无限热爱。以上的几个因素反而为我做一个商人打下一个很好的基础。我做教授的经历有助于发展和培养人才，而海外的经历则有益于开拓海外市场，研究经历对开发产品也有帮助。实际上，东软刚开始卖到日本的产品就是我将博士论文的研究成果演绎成产品的结果。

（二）跟他们的接触就是一个上课的过程

李　翔：你有商业上的导师吗？

刘积仁：在过去的16年间我有很多很好的朋友，遇到很多让我敬佩的一流的企业家，也有机会直接聆听一些政治家、经济方面的学者的演讲，还会与许多为公司做顾问咨询的专家打交道。跟他们的接触就是一个上课的过程。你工作的过程就是一个学习的过程，事实上你与一个普通的员工交往的时候，你也会学习到很多东西，你会从多方面来思考问题。

读书是一个最容易和成本最低的学习方法，你可以用很短的时间来学习别人的成功经验。而许多历史的经历对你现在的工作也有很大的价值，如一些优秀的信息服务企业的创业故事，还有一些国家在软件与服务产业方面的发展历程，特别是美国、欧洲、日本这些国家和地区在经济发展过程中逐步造就的庞大的信息服务产业的历史，对我们看清中国的未来是什么十分有帮助。当你确信了未来的发展会怎样的时候，你就会坚定在这方面的选择。当初大家可能都不喜欢东软的定位，大家更愿意它成为一个产品的公司，但是因为我们看到了过去美国、日本的发展和它们的服务产业的一个大的趋势，所以我们就坚定不移地确定了东软作为服务供应商的定位。开始的时候市场并没有给我们多少机会，而今天我们等到了机会，东软成为了这方面的领先者。

李　翔：我们知道大前研一和你非常熟悉，讲讲你和大前研一的交往。

刘积仁：我们是很好的朋友。他不像个日本人，而更像个美国人。事实上日本人也不把他看成是日本人。我最喜欢的就是他的视野，他跨越了自己所在的国家和他自己过去的经验。他是在美国 MIT 学核物理的，后来由于日本不允许研究核技术，他就转行搞咨询了，成为了麦肯锡日本的创始人。他所做的事情完全体现出他的个性。你到他家里可以看到：一楼是大前研一 MBA 学校，每一天都有许多来自于企业的管理者学习他的课程；二楼是大前研一的办公室和电视节目制作室，他通过网络和电视来传送他的课程；三楼是他的住所。他从事教育、顾问咨询、风险投资，但更是一个多产的作家。他的书不仅仅是经济类的，而且还包括体育运动，从摩托、滑雪到潜水。他还是一个音乐爱好者，几年前与他太太一起开了音乐会来庆祝他的生日。跟他交往很愉快，我们经常见面或通电话。他对全球产业的发展趋势，以及对日本和美国经济走势的分析对我的启发很大。

李　翔：你怎么跟他熟识的呢？

刘积仁：大概八年前，他带着一群 MBA 的学生到东软来访问并了解中国。那是第一次见面，见面之后，代表团的成员很吃惊，没想到中国在软件产业方面已经有了快速的发展，过去他们更多知道的是中国的制造业。之后，我们就开始了交往，后来他写了两本书，在书里描述了东软。我们在发展大连软件产业时又把他介绍给了大连市政府，他与大连的夏市长也成了好朋友。我们几个人曾经一起讨论过大连的未来，在大连软件产业的发展里也有他的思想。

（三）只有活下来才能实现你的理想

李　翔：你提到东软从一开始创立就是一个长线的公司，有长线的和跨越性的眼光。但是做长线是需要信心的，你是否产生过动摇？信心从哪儿来？

刘积仁：一个人谈到信心一定是你对未来可能发生的风险有清楚的认识，并且有回避风险的准备，而不是一种模棱两可的不确定的感觉。在创业初期，我的信心来自于：第一，中国经济的发展使人们及各行业在未来对 IT 服务的需求将是巨大的，这是任何一个发达国家在过去所走过的路。第二，如果有这样的需求就一定要有这样的公司来满足它。那时候中国的软件公司都很弱小，很少有哪家企业考虑未来十年会怎样，而如果东软考虑得长远一些，那么我们肯定跟它们不同。我现在就可以开始准备未来。第三，当你确信选择是对的时候，你还需要知道你是否能活到理想实现的那一天。事实上，选择一个理想并不困难，困难的是实现理想的可能方案。因为在实现理想的过程中每一天都需要为生存而奋斗，你每一天都需要拥有资源，所以你就必须很好地设计如何获得资源，以防止自己因为资源不足而牺牲在光明的征程中。当时我们对我们自己的技术能力还是很自信的，不自信的是如何把技术上的自信转变成商业上的价值。当时软件并不值钱，你说卖软件，人家都看不见，人们更愿意买一个大的能看得见的东西。

李　翔：对软件没概念？

刘积仁：没有概念。我记得我们最早的时候卖的软件是存储在一张光盘上的，有客户就问我，你那里面的东西（软件）要磨多长时间就彻底磨没有了？

我们要首先解决资金、人的问题，然后解决未来的问题，要投资未来。当时如果我们把挣的钱一分，那每个员工都是万元户，但我们决定把这个钱用来投资未来。

李　翔：这需要远见。

刘积仁：更重要的是你的团队拥有了共同的理想和信念。同时我还是相信运气的。如果东软起步的时候中国的经济不是这样持续高速发展，那我们就没有机会，这两者正好是在同步增长的。当然，如果东软当时没能跨越到国际市场上去，那我们在沈阳就很难生存，因为在当地没有市场。当时跑到北京去，大家一听东北人卖软件就不会买，人家会觉得很奇怪，觉得软件应该是北京人卖的，或者至少也是深圳人卖的。如果没有富有共同理想的团队，那我们也会像中国的许多软件企业一样因为想法不同而分裂多次了。

（四）东软的性格

李　翔：1986年你在美国时，那一年微软刚刚上市，当时你对软件公司有感觉吗？

刘积仁：去美国之前，我对公司的运作、资本市场一点认识都没有，或者是一点兴趣都没有。作为一名访问学者，我在美国受到的最大的冲击就是所谓的"产、学、研"合作模式。因为我在美国商业部下属的国家实验室工作，这个实验室中既有科学家也有大学教授，还有从产业领域中来的人，他们共同合作完成研究工作，并从中获得他们自己的利益。

当时我就想，如果我回到中国做一个教授，我是否能建立起这样一个机制，使中国软件的行业能够跟我的研究中心建立起一个很好的桥梁，我给它们做基础研究，而它们从商业上获得的利润用来支持我的研究。回国之后我提出了一个口号："架设软件研究与应用的桥梁"。我作为一名教授就是要架这样一个桥梁。

回来之后我发现这个桥梁只有一端，那就是我们成立的网络工程研究室；而桥的另一端，即中国的软件企业，那时候还很弱小，别说给我们钱做研发，它自己都没有钱来做。所以后来逼着我们自己变成了桥的那一端，相当于我们本来是开发房子给别人住的，后来发现我们得自己买那个房子。

当时在美国，我对纯粹的软件企业的运作知道得很少，后来知道微软是因为我的电脑用的是微软的软件。

李　翔：我一直在想东软这个公司的性格是怎样的，你是怎么看的？

刘积仁：它的性格：第一，不很张扬，从起步的时候起我们就不怎么在行业里面张扬。当我们上市的时候，大家也真正感受到东软的存在，当年的计算机世界列出的中国IT十大新闻事件中，有两件是关于东软的：一是中国第一家软件企业上市；二是中国第一家软件园开始投入建立。第二，我们认为自身的修炼最重要，在不张扬的情况下我们很忙，忙什么呢？不是在外面忙，而是忙里面，不断地提升我们自己产业发展中的基本功，包括在技术、管理、人力资源的开发等方面的能力，不断地打造我们的核心竞争力，不管是什么样的对手，希望我们都能够面对。第三，东软是一个学习型并愿意合作的公司，东软愿意通过联盟来获得资源，并将通过与成功的公司合作来获得更快、更大的成功。作为一个中国本土成长的企业，要与世界上许多优秀的跨国公司在技术、资本、市场进行多个层面的合作并获得满意的收获并不容易，结盟是东软战略部署里面很重要的一部分，这也是我们的一个性格。

李　翔：这是不是你个人的性格投射到东软的结果？

刘积仁：首先我个人是喜欢这些性格的，我认为一个创业者在创立一家企业的时候就是要同时塑造企业的性格。比如说我喜欢我们的中高层领导人经常看一下自己有什么毛病而不是优点。一个人认识自己的毛病并不很容易，只有别人看得比较清楚，企业也一样。好在创业初期时大家都来挑我们的毛病，比如说东软做这个东西不具有创新性，未来应该怎么发展，等等。这些东西都让我们有了很好的思考。刚创立企业时，一个日本人跟我说："刘教授，你是一个教授，我的经验是教授永远做不了企业家的。"结果这一句话一直激励着我奋斗了很多年，我一直在努力克服自己的弱点。

另外，不要简单地模仿成功，我们也需要对自己有一个心理挑战，因为所有外部评价你的标准几乎都来自于成功的经验。我们要将自己表现得跟别人不一样压力很大。比如说我们做软件的为什么做医疗了，我们做软件为什么搞了信息技术学院，东软的模式是微软的、IBM 的还是印度的，等等，总是有一只无形的手在控制着你的选择。我们要拥有自己的性格，要走出一条适合自己发展的道路。这一方面，我很得益于做教授的思维。

李　翔：东软的性格比较温和，那这会不会导致它缺乏竞争意识或者进取心呢？

刘积仁：你若仔细留意东软过去采取的行动就会发现，东软其实很疯狂，比如：在中国软件产业很初级的阶段在沈阳搞软件园；跨行业做医疗；投入那么多资本做学院；在国内大规模的以牺牲利润换市场份额的数字圈地运动中，在大家对外包不看好的时候，大规模地进行国际业务的推动。东软的性格中还包括了它的坚决和果断。

我们讲太极，太极不是没有力量，而是以柔克刚。为什么不是以刚克刚？因为我们的"刚"力度不够，我们还没有那么大的资本，还没有那么多的经验。在这种情况下我们会跟别人融合，通过融合来面对强大的对手，而不是绝对的较量。与此同时，你也不能企图把所有的光环都戴在你自己身上，你要愿意跟别人分享你的资源、你的成功、你的思想。

（五）不要把个人的领导力渗透到无处不在的细节中

李　翔：你个人的管理风格是什么？

刘积仁：对我来讲，我更愿意把精力集中在策略和大方向的把握上，而在具体的操作层面，我更愿意放手和信任，让更多的人来实现他们的价值。这样的考虑使东软有一批优秀的年轻人在这个过程中不断成长，这让我也有更多的精力去考虑战略和系统的工作。这样，哪一天我走下舞台的时候，我会感觉到更安全。因为我们已经拥有了一个可以驾驭这个公司的、有充分实践经验的、对企业文化有相当了解并得到员工尊敬的领导者的团队。

李　翔：你怎么保证自己的领导力呢？

刘积仁：承载公司领导力的不应该是哪个人，而是一个组织，一个团队，一个可以让领导力变成行动的企业文化，你个人拥有领导者的思想要表现在一个系统的组织决策体系中。

董事长对公司的重大投资、高层的任免、方向的选择上负有重大的责任,而实现这个责任要通过公司的制度。你不能将个人的权力与公司的权力混为一谈。领导者更不应该将自己个人的领导力渗透到无处不在的细节中。

我个人的领导力是通过公司的决策流程、商业计划,以及通过把某个方针和策略变成一个具体的商业行动来实现的,而不是通过我直接指挥一个个部门去实现的。

你要充分信任你用的人,你要相信他们会比你做得更好,你要认可你所期待的理想目标在发展过程中可能会有一定的偏差,但你要让应该完成这项工作的人来实现,你要给他们空间,而这样的空间使得每个人都有一种成就感。

有一句话我认为比较贴切,即当一个公司出现问题并面临倒闭的时候,绝对是最高决策人的责任,而一个公司的成功绝对不是最高决策者一个人的功劳。当你成功的时候,你会发现决策者的领导力分布在这个团队的许多人身上,你只是其中的一员。

所以对我个人的领导力的定义我认为是方向和策略的选择、人的选择,并且特别是在重大的选择面前和在大家有不同意见的时候做出决策。

李 翔:从你开始创业到现在,你的性格变化大吗?

刘积仁:变化还是很大的。公司小的时候你的权力欲望很强,而当你走到一定阶段的时候你会发现,一定要给其他人做事的空间。当然,也并不是所有人都能反转过来,有的人可能公司做很大了,还是有很强的个人控制欲。

李 翔:很多中国企业家在这方面是很弱的。

刘积仁:极端地讲,如果选择的每一个部下都是你的拷贝,那这也很危险,为什么?你这个企业在做重大决策的时候没有不同的声音,大家都在听你的,习惯之后,好像谁要说不同的话就是跟你作对似的。时间长了,会形成一种特别不好的公司文化。同事说刘老师我觉得这个应该这样,我不能说你住嘴,要首先认真听,你说得难听并不能说我是你的上司,这件事咱俩意见不一致你就要听我的。领导者要更先成为一个聆听者,然后再成为领导者和决策者。

我认为这是企业家精神里面最重要的一部分,而这部分精神的形成可能是中国企业走向成熟的一个最重要的过程。特别是当这个公司是创业者一手创立的时候,这个创业型的公司是否能够走向一个正常的公司,就取决于在这个过程中创业者是否能够把这种文化转型过来,并且当他的影响力不在的时候公司能否正常运行。所以我一直跟我们的人讲:"各位,你们做你们对公司最有价值的事,对我来讲,有一个符号对我就已经足够了:我是东软的创始人。我对这个公司的最大的期望就是它能够存在一百年、一千年,这就是我最大的荣耀,不管后来是谁在发展这家公司。"我不会说这件事是我做成功的,那件事也是我做成功的,这没有任何意义。因为一个成功的企业,一个长寿的企业,会有无数个成功,你个人没有能力来完成全部。

李 翔:你这种心态是怎么形成的?

刘积仁:心态与经历有很大的关系。我经历过"文化大革命",我见过形形色色的人,我的父亲被游街、被批斗过,我的家也被别人抄家和占领过,我看到过各种各样的斗争,我自己也经历过停课、闹革命。

然后我当了工人,做过煤气救护工、电影放映员。再然后突然有一天我变成了教授,而且很年轻就成了教授。这种戏剧性的变化会让你突然觉得非常不可思议。紧接着你突然创立了一家公司,虽然不能说你是企业家,但至少是在做企业,是在做管理者。而后,突然有一天媒体将你评成中国的商业领袖。

当你一路走过来时你会发现这个世界就是这样,你会活得很不自在,也会突然让你不知所措。不过这都很正常。所以你不能够把每天正常的事情都想得不正常,这就是生活,要学会承受。

李 翔:你强势过吗?

刘积仁:我认为大部分人都会认为我总是笑容可掬、态度和蔼的。但这可能主要表现在外部表象上。其实在重大问题上,包括重要的决策、用人,做一个企业的领导人不可能不成为强势的一类。不过这不需要表现在脸上,我会选择一种委婉的表达,比如我会说"各位,大家可能意见不同,但就这样定了吧",而不是说我定了,要坚决怎么怎么样。所以我经常说一个人的意志并不完全要表现在他的态度上,而是要表现在他对问题的处理的果断方面。处理问题必须果断,因为领导人必须这样,在这个方面你不能模糊,在重大问题面前你必须要有坚定的立场。比如说公司方向的选择,让医疗进到我们的产业中,东软在硬件业务方面的不断退出,大规模的国际化业务的展开,进入IT教育行业,公司品牌的重组,等等。在公司这些重大的问题上往往都是内部意见分歧,而这种不一致更多的是出自一些高级管理人员的担心,他们热爱公司,所以才会比较担心。在这些重大问题上,公司的利益和长远发展的需要,需要我强势,而不是一种妥协。这就是我们讲的所谓的中国的"道",也就是说要把握你在什么时候应该强、什么时候应该弱。比如对你的员工应该表现得更为谦虚，因为你本来职位就已经够高了，还那么强硬就没意思了。

（六）全球化的十年

李　翔：第一个比较大的问题是，过去十年，你觉得你个人和公司都发生了什么变化？而这种变化跟中国社会发生的变化有什么联系？

刘积仁：个人的变化、公司的变化，都是和外部环境的变化相关的。作为一个成长型的企业，它之所以能够成长，就是因为不断地和外部环境互动。对我们而言，最大的一个变化就是来自于国际化的进程。

东软过去的十年在积极地进行国际化的变革，这种国际化，不完全是把东西卖到国外去，而是一种国际化的竞争能力。今天的中国市场这么开放，全世界的跨国公司都可以到中国来和我们的企业竞争，这也就是说，并不意味着我们的国际化是一定要走出去才叫国际化。国际化的能力包括人力资源的获取、核心技术的改进、市场竞争能力的提升，还包括文化的融合，所有这些都是。

这十年来，对东软来讲，一直在不断努力，使得我们公司能够为未来的全球竞争打好基础。比如说董事会的建设，这十年，我们做了很多融合，吸引了很多国际战略投资者，这些战略投资者来自于全球各个区域，从欧洲、美国、日本到中国本土。

在治理制度上，我们使用了全球顾问咨询机构，对我们的薪酬体系、领导力的培养和发展、组织结构、品牌传播等进行了一系列的规划和设计。在整个软件的交付和生产过程上，我们采用了国际标准。在营销网络上，东软在积极建立日本、欧洲、美国等地的市场机构。

也就是说，过去这十年，我们看到了全球化的过程，在这个过程里，中国的企业不主动地走，可能就要死亡。但是主动地走全球化的路就需要投入，不仅仅是一个领导人的问题，而是要整个公司建立起一种在全球化进程当中的竞争力。

东软也成为了新兴跨国公司的组织。所谓新兴跨国公司，就是在新兴国家里成长起来的将要成为跨国公司的这些企业。对东软而言，我们看到了我们这一类的公司未来在全球所能够获得的机会。比如说，在制造业全球化之后，研发和服务产业也将会全球化，而我们这十年已为这样的机会做好了充分准备，在资金流进行了全球化之后，人力资源也将开始全球化。

我本人就主要是围绕着这些活动和国际化的过程来进行工作的，比如我们在海外的投资、高级人才的引进、董事会的建设、为未来的投资等方面，都是我现在工作的主要部分。

李　翔：你对品牌和国际化的认识是从什么时候开始的？

刘积仁：事实上东软在1996年上市以后，我们的第一个感觉就是作为一个公众公司，必须透明化，同时要很好地为股东带来回报。在后来的几年中，我们就开始了核心竞争能力的培养，其中包括参与国际化进程。这些努力包括在大连建立国际化的软件园，包括2001年对整个品牌的整合和建立海外的机构，包括在2009年经济危机的情况下，我们开始主动地收购和兼并其他一些公司或企业。再过两三年，与现在相比，我们在海外的员工人数可能会有10%左右的增长。

成为全球公司的目标是我们一直在一步步靠近的战略，它和盖楼不一样，比如今年有一个想法明年就可能建立起来。它需要做很多事，需要时间。比如品牌的整合，我们要树立一个国际性的受尊重的品牌，它所花费的时间可能需要几十年，这种努力要变成你的日常的、经常性的工作。

李　翔：以你的理解，过去十年中国经济成长的背后的动因是什么？

刘积仁：我个人认为，中国经济的发展，首先是整个国家的经济体制发生了一个很大的变化，也就是从计划经济体制转到了市场经济体制，这在过去的十年中是最为深刻的变化。

我们很早就开放了，但更多的是欢迎别人进来。而过去的十年，事实上不仅仅是开放，更多的是一种融合，是面向市场经济的全面融合，从金融体系、贸易体系到现在创新的体系，也包括产业的融合。过去的十年也是中国品牌建立最好的十年。十年以前，中国的品牌给人家的感觉还是比较差的。但我今天早上一看电视，巴菲特在电视上讲："我自己买了十几件中国做的衣服，我跟比尔·盖茨讲，我们都应该买中国的衣服。"

不仅仅我们的经济地位发生了变化，而且我们的政治地位也发生了很大的变化。如果说中国人都有感受的话，那我作为中国人可能比别人感受还要更深一点，因为我接触的第三方要多一点。从外国人来看，他们感受到中国的强大，中国对他们的经济的压力，中国和他们的未来的关系，中国的未来对他们的影响，这些方面他们的认识要比我们复杂得多。在某种意义上，我不能说政治体制发生了变化，但是我们的政治完成了一次升华，这种升华包括我们对外开放的意识，对政治和经济手段的使用。我们自己可能不觉得，我们会觉得我们的政府并不完美，但外国人对中国政府羡慕得不得了。

李　翔：羡慕什么呢？

刘积仁：有效率，决策快。这就是中国的变化。中国从经济上、政治上都引起了世界上其他国家的许多人的兴趣。

李　翔：你认为这种进步背后的驱动力是什么？

刘积仁：当制度在发生变化的时候，你会发现驱动力是谁呢？就是每个人，就是中国人被调动起来了。

在我们的历史上，中国革命也是中国人被调动起来；我们过去建国，就是有了一种新的体制或者是新的梦想，然后使每个人的梦想都跟这个梦想匹配起来。中国进步的最大动力就是这个。现在，几亿农民到了城市，加入了制造业和服务业，改变了包括他们自己在内的以及城市人的生活，也改变了中国的经济能力。事实上，中国改革开放的前二十年做出最大贡献的就是农民。农民兄弟很可爱，他们来的时候给多少钱都行，也没有什么社会福利，所以我们制造业的成本之所以低，都是他们在承受；反过来，他们这样一种奉献也改变了自己的生活，而他们生活的改变也解决了中国最大的问题，中国不就是贫穷的人多吗？

中国不断深化改革的动力就是每个个体的努力。中国人跟外国人相比，有激情，有饥饿感，而且剩余劳动力特别多。这些个体在整个经济里不断循环、不断创造、不断改变自己的生活，这种动力使得中国从原来的状态走到了今天。你要看每一个细节就会发现，每个人都在创造，都很积极，每个人都在努力改变自己，于是大家一起就改变了中国。

但是首先是政府在体制上创造了可能性，不然为什么"文化大革命"的时候中国就不行，那是体制不行。在体制的可能性下，每个人都在设计自己的梦想，大的、小的，并不断追求。

李　翔：这些进步，不仅仅体现在经济体制方面，而且还体现在政治体制方面，但具体表现在什么地方？很多人会认为这些进步在过去三十年中的前二十年都已经完成了。

刘积仁：如果看过去十年的话，你就会发现，人们的生活质量和富足程度是不断提高的，比如很大一部分人都拥有了电脑、手机、照相机和汽车。过去的十年是中国开始时尚的十年，也是中国教育水平大幅度提高的十年，是中国社会保障体系建立的十年，在政治上也是相对民主和自由的十年。所以只要比较，你就能够看出来它发生了哪些变化。

李　翔：从你作为企业家的角度来看呢？因为你做公司需要不断地跟政府、跟整个外部环境发生关系。

刘积仁：我们公司的规模，十年前不到三千人，现在是一万六千五百人。十年前，我们的产值大概就是三至五个亿，现在是之前的十几倍了。其实变化最主要的还不是这个，而是我们在国际上的形象的变化。在我们的合作伙伴和客户的心目中，我们的形象发生了根本的变化。

从我们跟外部环境打交道的方面，比如说从跟跨国公司打交道的方面来看，我们看到了它们对中国人的尊重，对东软的尊重。十年前，我们的感受不是那么强烈。从跟政府官员打交道的方面来看，我们能够看到政府办事的规矩，也就是说从规则性上讲，要比原来进步很多了，越来越有条理；而在法制的建设上，也有了很大的提升。

李翔：但是如果从内部来看，我们其实发展是很缓慢的。

刘积仁：因为在内部你可能看到每一天的生活都是这样的，但是如果把具体的事情一件一件都拿起来进行比较的话，比如说十年前中国人有多少部手机，十年前有多少人看大屏幕电视，十年前中国网络的状态，十年前每个人的穿着和精神面貌，十年前的媒体新闻、火车、航空，等等，如果这样进行比较的话，那真是有很大的变化的。

李翔：至少硬件上发生了变化。

刘积仁：人的思想这十年也比原来开放得多了。如果这十年我们还可能有一点狭隘的话，那就是今天我们考虑很多事情都是从国际大环境下来思考的。

李翔：从你的观察来看，企业家这个群体会有变化吗？

刘积仁：十年前的企业家，今天的变化肯定很大，很多人在这个过程中都被淘汰了和牺牲了。现在我们看到的中国企业家，有一批新兴的做网络新媒体的和高科技的。但在过去，像我们做软件的，还有马云他们做网站的，这种企业家很少。

另外，这个群体表现得很活跃，比如在达沃斯这样的论坛上。中国企业家现在参加国际论坛的活动越来越多了，在全球各个地方，只要跟中国有关，都会有企业家来参加。

李翔：他们的精神状态呢？比如从我个人的感觉来看，至少在这十年的前五年中，他们非常活跃，想法也很积极，但是后五年，大部分都变得比较沉默，我不知道这是成熟的标志，还是消极的标志？

刘积仁：你得这样看，情况永远是这样。企业总有它辉煌的时候，不辉煌的时候就沉默了。这是企业在发展过程中的一种变化。比如现在这几年可能房地产企业家比较活跃，因为整个经济中房地产行业比较活跃。现在搞钢铁的就不太活跃了。所以企业家的活跃不活跃是表现在他的企业的活跃不活跃上的。

李　翔：对你个人而言，开始是一名教授，然后创办了公司，大概在 2000 年左右你已经完成了从教授到企业家的转变。在接下来的十年，你觉得你自己最大的变化是什么？

刘积仁：我过去是一名学者，从学者到商人的变化，可能是从浪漫变世俗。但是现在做企业家，还更需要一种浪漫。原来做教授，我不觉得我对全球化有感觉。但这几年，从企业家的角度来看，如果从全世界的范围来看待我们这个产业的话，那我会觉得发生了很多变化，这种变化对我对产业本质的认识产生了很大的影响。

　　在个人的性格上，我变得更稳重、更成熟了，而且也更放松了。事实上，当你把这些问题都想清楚了，而且有了一个更长远的设计时，你就不那么紧张了。因为你知道如果你把哪个方面都做好了，你就会一步步获得机会，你就不会因为短期的困难而觉得有多大压力。这就好像你在森林里走，虽然眼睛看不到前方，但是你知道脚下走这条路是对的，那你就不会在乎环境有多么复杂。

李　翔：你对自己的状态还算满意吗？

刘积仁：我是比较满意的。我觉得我个人的话不会因为钱而困惑。如果说目的是为了展现价值的话，那么你就会想，你现在遇到的环境越复杂就会越有意思，就像玩游戏一样，充满了一种探索的渴望，并且你的精神状态也会变得很不一样，每天都会很兴奋。

　　比如，如何管理我们的全球员工。我们的员工有来自美国的、欧洲的、日本的许多不同地方，这个时候你就不能用一种命令式的、强制性的方式去管理他们。我们不是说要管理他们，而是要修炼我们自己。我们要明白，世界是多元化的，不能用一种单一的文化、单一的思想去管理他们。你想一想，有一天你能够把自己的管理变成一个多元化的管理，它适合不同的人，而这些不同的人能够兼容在一起，那你有多兴奋？

李　翔：生意对你的改变大吗？

刘积仁：我觉得一个人看自己，一定要觉得任何人都不可能创造接近极限的成就，无论你有多伟大，从拿破仑到毛泽东。每个人在他有限的生命里做一两件有意义的事情就足够了。这样，你的心态就会变成如何来展现你的价值，并且在有限的生命中能够做出一些事情来。如果你这样想的话，那你可能会更放松一点，不会为了钱或者完全为了数字生活。有了这样一种心态，可能你的事业发展就会更健康、更持续。

东软过去的很多事情，比如我们的投资学院、员工持股，开始很多人都有不同的看法，但是现在都变成了我们的竞争能力了。再比如说如何从软件走向医疗，这里面都充满了一些相对浪漫的心理，我们并不是那么急功近利地来做这件事情的。我们的很多项目都投了很长时间，结果最后的收获也是最好的。

李　翔：你的心态一直都是这样的吗？你紧张过吗？

刘积仁：我可能刚开始从教授转做企业的时候，一直到上市之前吧，就是1996年之前，那时候是有很大压力的。那个时候，现在讲就是有时候有一点急，有很多的担心。但是我好像也没有因此而睡不着觉。

我可能心里老想着一件事情，我本来就是一个教授，能做到什么程度就做到什么程度，或者说我是一个普通人，我做得比别人好一点，我也就挺骄傲的了，不要试图太过分。

心态放松，我们对人的态度、对事情的态度也就都不一样了。对人，我们也不是很急功近利，比如说今天你挣了钱我就用你，明天你不能挣钱我就开除你。

李　翔：你对商业的认知发生了什么样的变化呢？比如上次你跟我讲，你开始来做这个事情的时候，其实就是想要挣点钱，然后好来做研究。

刘积仁：事实上最开始应该说是为了追求在学术上的成就。今天我们选择了做这个事的话，我觉得我对商业的感觉，就是商业事实上要创造一种价值，而这种价值在改变社会、改变人们的生活。当很多人用你的产品的时候，你的商业价值就体现出来了，它能使人们的生活变得更美好、更能够令人接受，特别是你的创新在不断地改变他们的时候。

李　翔：《财富》选择了乔布斯作为美国过去十年的企业家代表，如果对应到中国大陆，你觉得中国的企业家代表应该是谁？

刘积仁：到目前为止，我觉得在制造业里面，我们有很好的代表，比如像张瑞敏，从中国整个社会的发展方面来看，他让中国的老百姓能够用中国制造的可靠的家用电器，而在海尔之前，这是比较困难的。到今天我们买海尔的家电，只要打一个电话就会送过来，根本不用担心质量问题，就这么可靠。这一点，可能我们不像乔布斯那么浪漫。但是对中国的现阶段来看，海尔是做了极大的贡献的，而且海尔也改变了外国人对中国制造的印象。

还有 QQ 的创始人马化腾。我自己不用 QQ，但是我知道有很多人用这个东西。就是说这个人能够创造这样一种东西，让它成为大家生活的一部分。还有马云的电子商务，让很多人在网上可以开店，创造了很多就业机会。

李　翔：乔布斯其实就是用单纯的商业手段改变了外部的世界。但是大家对中国企业家的情感却更为复杂，我不知道我们该怎么看待这种情感，以及什么时候我们才能用单纯的商业眼光来看待他们？

刘积仁：这也和一个社会的变迁有很大的关系。刚才你讲的那种单纯，事实上不会在短时间内实现，因为中国企业家是处于社会变迁的大环境中的。对企业家这个群体，如果要作一个描述的话，那可以将每个人都描述得很复杂，因为人本来就是很复杂的。

比如任何一个企业家一般都很少谈到他是怎么发家的，一说到这些事儿的时候，这个东西就比较复杂，有点像俄罗斯。我觉得这是需要时间的，时间可能会一点点改变这种复杂性。

李　翔：这么多年来你有一以贯之的原则吗？

刘积仁：商业里面，你不能够冒让你失败的风险，无论是在法律上还是在别的方面，你都不要冒那种可能让你的机会丢掉的风险。你会发现很多企业并不是失败在商业上的，而是失败于它的法律基础出了问题。

所以我想就是，一是创造价值，二是要让企业在整个的法律依存方面一直比较健康安全。

李　翔：我很好奇，你喜欢做生意这件事情吗？

刘积仁：事实上，我觉得商业是一件很刺激的事情，如果说我喜欢商业，那还不如说我喜欢商业的这种变化。这种感觉很复杂。比如在复杂的环境下，这么多的主体在一起，如何能够建立彼此间的信任。当你采取了一个行动，你能够得到一种回馈，这种回馈证明了你的行动是正确的，这就会激励你不断往前。

李　翔：未来如果有人写这段繁纷复杂的历史的时候，你希望自己在里面是一个什么样的形象呢？

刘积仁：我希望当别人读这本书的时候，会感觉到我们这一代人生活在一个大变革的时代。任何一个时代都会给一些人一些机会，任何时代都会有这样的复杂的情况，而这些都需要新的智慧。

李　翔：对你和你的公司而言，未来最大的不确定性可能在什么地方？

刘积仁：我觉得我们比较幸运，我们面临的市场在相当长的时间内是确定的，不像有的行业。我们的不确定性就是我们的管理能力，包括我们的领导力，包括对企业发展的驾驭能力，包括我们整体员工的素质，这些对我们来讲都是不确定的，需要我们很小心。

李　翔：我问过一些人，他们的回答是政策的可能性变化。

刘积仁：我觉得不是。如果做企业的话，你一定不要让外部的环境来适应你，一定不要和天来抗衡。人定胜天，我就不信。对企业来说，最重要的是你前进的方向是正确的。

俞敏洪　新东方教育科技集团董事长兼总裁

我是个精神力量很强大的人

　　访谈时断时续，打断它的是经过者的客气的寒暄和他们携带的数码相机的闪光灯。他们有礼貌地提出拍照的要求，或者是进行简短的交谈，直到俞敏洪指指我们，语含歉意，"你看，有个采访"。

　　他和他创建的公司已经成为一个让人好奇的传奇。有时候我纳闷，竟然有记者胆敢对这样一位过于公众的人物提出采访要求，要知道，很多中国年轻人听过他在新东方课堂上的演讲，而那些没能亲临他的课堂的人，也能随口讲出一大串关于他的传闻。他从来不惮于向大众发表意见或者仅仅是一通激动人心的励志演讲。他刚刚提出一项乌托邦计划，要建立一所专为穷人子女而设的大学；然后，新东方教育集团上市后被称为中国最富有的校长的人，开始在各种媒体上谈论贫困地区的孩子的教育问题。

　　他是一位演讲高手，诙谐而充满激情。新东方的授课也融合了他的风格，英语教师们在讲台上对着无数抱有出国梦的年轻人谈笑风生。更加难得的是，他和他的数位同事都依靠着俞敏洪所称的"精神力量"，成为励志畅销书的作家和某种意义上的"青年导师"。听他们的授课或者演讲成为一种精神按摩需求。几乎每个上过新东方课堂的人都能够滔滔不绝地讲述新东方的传奇或者趣闻。

　　互联网上流传着各种俞敏洪的经典语录。他还是一档颇受欢迎的创业节目——《赢在中国》的评委。甚至他被抢劫的遭遇也被演绎成一桩传奇。据称他是某次抢劫案的唯一生还者。在大多数人看来，这并不是偶然，而是命运让他遭逢厄运，但同时又赐予他从中摆脱出来的勇气和毅力。

只有当新东方在纽约证交所上市之后，在更广泛的范围之内，人们才发现，所有这些精神力量和教授年轻人通过外语考试的技巧，都已经成了俞敏洪独特商业模式的一部分。资本市场对新东方和俞敏洪的认可，让俞老师变成俞老板。他开始同时活跃于教育和商业领域。媒体在谈论新东方和俞敏洪时，口气突然变得严肃和带有敬意。他被加以一系列授予商人的殊荣，从年度经济人物到中国商业领袖。可能有些商人经历了诸多曲折之后才能获得大众的认可，但从来没有一位商人被公众如此一致地承认其为商人。

在铁道大厦的咖啡厅内，第一次作为政协委员参加"两会"的俞敏洪在谈到这种身份的转换时颇为得意。尽管没有公开表示，但他显然满足于自己"知名企业家"的身份，虽然他的装扮非常不商人：一件深蓝色的格子衬衫，一双淡褐色的运动鞋，塑料黑框眼镜，像我们会在大学校园内甚至菜市场碰到的任何普通中年男人一样，只是他并不英俊的面孔早已为公众所熟知。那些不时过来打断谈话并给他拍照的人，以及凌晨四点钟打到他房间的电话，都足以证明他的公众明星身份。

他个人的经历已经被多次描述，并且被渲染成一种传奇。他出生于江苏省的江阴市。这个地区后来也成为一个商业上的奇迹之地，仅仅国内A股上市的公司就有近二十家。在最著名的江阴商人中，包括华西村的缔造者吴仁宝和华晨汽车陨落的明星仰融。

出身贫寒的俞敏洪三次高考都没能够考上大学，这已经众所周知。后来见到马云时，俞敏洪开玩笑说："我们都是三次高考都没考上，但是我后来一考就考上了北京大学，而你只考上了杭州本地的一所师范学院。"机智的马云反击说："那有什么？你做了十几年生意，但是现在阿里巴巴的市值要远远高于新东方，我现在比你强多了。"

在我们的理解中，在那个年代，能够进入北京大学的年轻人都属于这个庞大国家中的佼佼者，但俞敏洪仍然乐于谈论自己在北京大学的边缘地位。他描述自己的过去是：学生时代是最差的学生，留校之后的教师生涯也不顺利，刚开始创业时备经磨难。而媒体描绘出的俞敏洪的"镜像"是：一个保守坎坷和磨难的英雄，一个无人注意的小角色最后成为明星，他是一个传奇，任何人都可以从他身上看到自己未来的希望。

在同《经济观察报》记者的交谈中，他声称自己具备强大的精神力量，而这种精神力量使他在新东方的影响一直会保持，即使在多年之后也不会消失。这种精神力量正是从他并不顺利的经历中产生的。

但或许更让人惊讶的是，他说自己从未和人发生过正面冲突，他选择更为技巧的方式来处理同合作伙伴之间的矛盾。"这同我小时候的经历有关，"他说，"母亲对我的训斥，即使是觉得被冤枉的，我也能听下去。后来就慢慢养成了这样一种习惯，即不管是不是被冤枉，我都听着，尽管很多事情我都有自己的主见，但我不会当面和别人冲突。"

　　俞敏洪的这种性格或许是新东方能够顺利完成转型的重要原因，进而使新东方发展成一家在美国上市的公司。"我的这种性格算是一种黏合剂，使大家感情上不会受到彻底的伤害；虽然互相伤害是有的，但是感情上不会感到被彻底伤害。倒过来说，假如我受到了彻底伤害，我是能够吃得住的，所以这样的话就比较好办一点。"俞敏洪说。

　　正如他选择让自己的家人先离开新东方。要知道，在新东方的创立过程中，她们不仅仅是他的母亲和妻子，而且还是他不折不扣的创业伙伴。但这种自动接受新东方清除家族因素的决定和方式让所有人都无话可说。俞敏洪是那么孝顺他妈妈，同时又是那么怕他妻子，他的同事们说。而如果创始人俞敏洪都做到了，那他们就没有任何理由发出怨言，或者在违背规则时逃避惩罚。

　　在我们并不漫长的交谈中，俞敏洪谈到了他如何将个人的性格投射到新东方上，而新东方又是如何从创业期的激情与混乱过渡到一家上市公司所需要的制度与理性上，他和他的同事又是如何完成这一过渡的，以及他的创始人权威和他所谓的精神力量是如何形成的。

访谈

制度、个性与新东方

（一）吵到不可开交，然后产生规矩

李　翔：你现在考虑最多的问题是什么？
俞敏洪：考虑最多的问题是新东方怎么发展。
李　翔：比如新东方怎么找到下一个增长点？
俞敏洪：不需要找，现在就有了。如果说增长点需要找的话，那就说明你多元化了，说明你开始冒风险了。只有在看到你现有的产业未来会出现某种巨大的危机，以及在增长停止的前提下，才值得冒风险去寻找新的增长点。

　　在教育行业中，你的优势就是你在某一个方面能做得更好。这个方面肯定既不是你的教学设备也不是你的楼有多好，而是你的师资能力有多强。剩

下的问题就是要考虑如何去符合实际需求，并且完善自己的防风险能力。我们的防风险能力还算不错。我们在北美考试很兴旺的时候就进入了国内考试，包括基础英语、少儿英语和中学英语。后来等到"9·11"以后，北美考试市场往下走的时候，我们由于进入国内市场较早，因而我们的业务仍然一直保持平衡发展。

李　翔：大部分的创业型公司都会面临这个问题，即创业期大家靠激情来做事，都很高兴，也没有利益分歧，但之后会面临一个制度化、规范化的过程，很多人会觉得很难受，这个过程你们是怎么完成的？

俞敏洪：这个过程新东方已经做完了。制度化和规范化的过程，新东方从2002年就开始做了，结果把老一代人弄得半死不活，他们感觉上最难受，为什么？因为大家自由惯了，后来要制度化、规范化，所以老一代人到接近上市的时候就全部退出去了。因为很简单，上市以后的规矩我们这一代人不太能够执行。我之所以没有退出是因为上市公司的需要，以及新东方现有业务发展的需要，我是新东方的一个象征。就个人而言，本身我的弹性比较大，所以还是比较愿意接受系统化、规范化的训练的。我不是真正的文人，真正的文人是不太愿意受这种束缚的：每天工作多少小时都说不准，最后死去活来，还有许多任务必须完成，几百封E—mail必须处理。新东方老一代的其他几个都不行，他们宁可天天吟诗作画，也不愿意做这样的琐碎的、具体的业务。

现在第二批上来的团队，他们进新东方的时候就已经受到了制度化和系统化的约束，所以他们很自然地可以接受。现在新东方在进一步规范化，不过大家还是觉得有点难受。因为到美国上市以后，《萨班斯法案》第404条款就是关于内部控制，内部控制的要求极其严格，新东方为了达到它的标准和要求，花了将近2 000万人民币，每一个人都像蜕了一层皮一样。比如说想买一支圆珠笔，原来我们买就买了，几本本子、几支圆珠笔，那还用谁批啊？就这几个钱。现在如果被查出来没有得到批准的话，这叫损害股东利益，公司的信誉度就会下降，你的股票就跟着下跌。那么严密的管理我们从来没经历过，所以现在又在本土的所谓的规范化、制度化的基础上，又开始更深一个层次的规范化和制度化，还是蛮难受的。

李　翔：比如说在2002年第一次转变的时候，你怎么说服大家？

俞敏洪：那是吵出来的，哪能说服？它其实很简单，任何一个国家的制度化都是一个互相摩擦直至最后健全、再摩擦再健全的螺旋式的上升过程，公司也是这样。其规律都是大家互相争、互相吵，最后吵到不可开交的地步，然后才产生规矩,很少有机构说我把规矩全定好了,任何东西都可以放进去,不用变。

李　翔:但很多公司就做不到这个转变。

俞敏洪:对,是这样。不过这个过程新东方能够完成有偶然因素也有必然因素。第一,毕竟新东方最初是由我一个人创立起来的,那时候我这些朋友回来的时候,新东方已经初具规模,他们会自然而然地对我的决策有一定的敬意,因为再怎么说我是创始人。如果是一帮人一起做起来的就会有麻烦了,谁都不听谁的。第二,新东方本身的业务发展比较健康,这就意味着大家如果合在一起干的话,利益上会比分开干更加大。这个利益取向使大家保持团结。第三,新东方的人能够互相妥协。他们从国外回来,而我一直待在国内,有些东西我坚持,有些东西他们则认为国外的做法是对的,这两样东西碰撞在一起会产生出一系列的冲突,但是大家都能够互相借鉴,最后产生了有点中西合璧的管理体系,所以后来算是活过来了。

(二)我从没有跟人当面发生冲突的记录

李　翔:你刚刚提到,你觉得自己是那种很有弹性并且适应能力很强的人。你是怎么保持这种弹性的?

俞敏洪:这可能是从小的家庭环境和做事环境所赐。我从小就比较能够容忍别人的言行,后来慢慢越来越能够容忍。因为从小我母亲对我就比较严厉,这样的话我就习惯听母亲的话,不管是不是被冤枉了,到后来我就慢慢养成了这样一种个性,即不管对谁,是不是被冤枉我都听着。到最后尽管很多事情有自己的主见,但是我都不会当面跟人发生冲突。我会避开冲突,但是会坚持我认为可能会对的事情。如果要沟通的话,我一定要等人脾气发过之后再去沟通。我从来没有跟人当面发生冲突的记录。

李　翔:你个人是怎么完成这种转变的呢?因为你以前一直都是很好的老师、很好的演讲者、很好的校长,现在变成了一个管理者。

俞敏洪:这个转变也是一个渐变的过程,我自己并没有故意设计我要从老师变成校长、变成管理者、变成上市公司的老总。但是下一步的发展要求你做出角色的转变;你也意识到了如果这个角色转变不好,那你的企业、你手下的人全会被影响。比如说毛泽东战争期间是伟大的军事指挥家,中华人民共和国成立以后必须是一个伟大的建设家。后来中国出现的一系列问题,跟他转变没有完全到位是有关系的。新东方后来出现的一系列问题,中间发生的争吵,跟我自己对管理的认识不足,以及自己角色转化的速度没有跟上新东方业务发展的速度是有密切关系的,后来好在我还算是慢慢勉强追上了新东方发展的步伐。

李　翔:这个过程痛苦吗?

俞敏洪:很痛苦。由原来的梁山聚义的做事方式,变成按部就班的、层次分明的做事模式,从新东方的那种激情和狂欢型的做事模式,变成冷静又有判断力的做事模式,这都需要你把自己个性中的一些东西改掉。

李　翔:但大家肯定都会喜欢那种狂欢型的梁山聚义的方式。

俞敏洪:但是那个东西大家高兴一时痛苦一世,所以还不如就让团队改变一下,大家一直都比较高兴做下去。

李　翔:你什么时候开始认识到这一点的?

俞敏洪:发展的中间慢慢就意识到这个东西必须变了,因为当梁山聚义已经变成了一种没有规矩的痛苦时,你就知道有规矩不痛苦比这个更加好。

李　翔:你经历过这种没有规矩的痛苦吗?是哪段时间?

俞敏洪:就是2002年到2004年那一段时间。

李　翔:你有刻意让所谓的创始人权威延续下来的想法吗?

俞敏洪:这个没有,其实我现在最希望的就是新东方跟我没关系,但新东方要保持不变。这一点现在还不太好做到。我之所以在业务上尽可能地不断往后退,也是为了能够做到这一点。

我这个人做事以精神领导为前提,到现在为止,在新东方的人物中间,精神力量比我强大的还没出现,这一点导致了我退出新东方的难度非常大,这也是我比较苦恼的一点。但是做企业嘛,企业的创始人的个人魅力是任何一个企业都没法全部消除的。联想的柳传志、万科的王石,他们退出之后企业肯定会存在下去,但是企业的魅力肯定不会那么足,新东方也是一样。

(三) 越规矩越自由

李　翔:你什么时候开始有这种企业家思维了?

俞敏洪:这个东西也是很自然的,因为新东方慢慢有规矩了,最后投资者、金融家都来找你,你很自然就会往这上面想。

李　翔:但之前我看到所有的报道,都讲你自己的定位就是一名教师。

俞敏洪:我从来没给自己定位过,老有人来问我说你认为自己是老师还是企业家,这个问法其实本身就是有问题的。因为一个人的角色可以是多重的,就像我现在这样。

当然在思维上,个人自己的思维和管公司的思维是不一样的。我对自己个人的思维历来以给自己最大的自由度为主,而管企业的思维则是给企业最多的规范,通过规范和流程来解放企业的生产力。

这么说吧,越规矩可能自由度越大。前两天我们还讲,假如说中国一个国家主席退下去,如果他的夫人也想要当国家主席并来竞选,那么中国人民就会觉得很奇怪。但是在美国,克林顿卸任总统,希拉里现在要竞选,美国人民就很认可。难道是美国人比中国人更能容忍家族制吗?其实不是,原因是因为它背后有一整套的制度规矩保证,哪怕是克林顿全家人都出来竞选总统,也不会导致权力的过分集中。而在中国则会出现这样的问题,包括企业。

李　翔: 家族企业?

俞敏洪: 倒不是说家族企业,假如说我的老婆很能干,在新东方有一个职位,她比谁都干得好,原则上她就可以到新东方来做。但这里面需要有两个条件:第一是这个企业有强大的规则来限制她在做这个事情的时候,不至于把我的权力也加到她身上去用。第二就是她本人要有足够的自觉意识,知道这就是一个工作职位,你在这个职位上工作的时候,不是以俞敏洪老婆的身份,而是以职业经理人的身份来工作的。但是中国人都做不到,所以就必然产生出一种倾向,即如果你真正想要企业不受家族影响的话,那你就必须把家族的人员全部清退出去。这是新东方从2003年开始做的事情,做的时候很痛苦,因为新东方内部有很多人的亲戚。现在新东方家族因素完全没有了。

李　翔: 而且创业时候往往是一家人一起做的。

俞敏洪: 对,创业就是我老婆跟我老妈一起干出来的,所以后来要把她们俩辞离,难度相当大。她们两个人最后半年都不理我,还有好多新东方人对我也很怨恨,原来都是老婆在这儿干的,弟弟也在这儿干的,一看我动真格,他们也不得不做。他们当时都抱着很侥幸的心理,认为俞敏洪肯定做不到,他那么孝顺他老妈,又那么怕他老婆,他怎么能拿得掉她们两人,但她俩最后就被我拿掉了。后来新东方人一看我动真格的了,也就都照做了。

我完全不反对家族企业,国外有很多大的家族企业一做就是几百年。怕的是它只用家族人,只相信家族人,管理又不规范,每个人都像总经理似的。中国人往往把握不好这个度。

由于中国人这种尺度把握不好,而中国人做公司本身又没有传统,所以我建议中国所有的企业都转成非家族企业。

李　翔： 你是否想过自己也有一天会跟新东方脱离关系吗？

俞敏洪： 肯定想过，但是不会。我会在肉体上跟新东方彻底没关系，但精神上新东方跟我肯定分不开了。如果我死了一百年新东方还在，那它还会把我那一套理论拿出来作为新东方发展的基础，这是肯定的。因为那套理论是不过时的，这就是"艰苦奋斗，充满激情，向往未来"。这种东西一百年、一千年都不会过时。

李　翔： 你开始的时候怎么认识到这一点的，即把新东方中家族的因素全部剔除出去？

俞敏洪： 这还不是我认识到的，真的要感谢我的那些老朋友，像王强、徐小平，他们从国外回来，一个亲戚都不带，看见谁带亲戚进新东方他们就怒火万丈，他们说，只有俞敏洪的亲戚可以在新东方干，别的亲戚都不行，都得辞掉。后来我想，要这样的话，我自己的威望就没了，说服力也都没了。我说要辞就一起辞吧。这就是他们回国给新东方带来的好处。所以坦率地说，没有他们这帮人这样折腾新东方，新东方就上不了市，也做不到今天这么大。

李　翔： 这个过程是很痛苦的。

俞敏洪： 你只要下第一个手，后面就不难了。

李　翔： 而且是向自己人下手。

俞敏洪： 对，因为我第一个辞掉的就是我姐夫，我姐夫跟我关系又好，他那时已经是新东方书店的总经理了，是他把新东方书店做到扭亏为盈，并且连续三年盈利，这样突然就被辞掉，工资从几十万变成一分钱都没了。为了这事我姐姐半年都不理我，打电话也不接。

（四）新东方的性格还是有点像我的

李　翔： 你刚刚讲自己的精神力量很强大，指的什么？

俞敏洪： 一个人的精神力量强大与否，通过一些事情就可以看出来。比如我认为王石的精神力量就很强大，你不需要去说，他做的那些事就可以看出来。比如史玉柱，我认为精神力量就很强大。我挺佩服这些人的。我自己觉得在新东方，我还是能够体现出这种精神的。

李　翔： 新东方内部对领导的培训机制是什么样的？

俞敏洪： 新东方领导培训机制就是技术训练加精神培训。我们其实更注重一个人的精神训导，其他东西可以通过经验慢慢积累起来。我们首先会特意地开一些管理培训班什么的，更重要的还是精神引导和培养，这个比什么都重要。

李　翔：谁来完成这个培训？

俞敏洪：新东方是一个带有点诗意化的地方，比如说我们年终表彰大会，全体高层管理干部上去表态都是朗诵诗歌的。

　　　　如果光有精神方面的力量，但你业务却做得一塌糊涂，那也就完蛋了。

李　翔：你们是怎么做的呢？

俞敏洪：在这方面就看我了，如果我一心一意往精神方面去引领，那新东方也就往精神方面走了，因为我是领头羊嘛；而如果我只管业务，那新东方也就只做业务线了。好在这两方面我都还抓得很紧，而且我也意识到了这两条线的重要性，所以我基本上一手抓业务线，另一手抓精神线，两条都不放松，这就是我做的。

李　翔：你觉得新东方的企业性格特征像你吗？

俞敏洪：新东方还是有点像我的，公司跟创始人的特征一定很多方面是兼容的，不兼容那就见鬼了。很多人不愿意承认，很多公司创始人为了表示自己的企业已经正规化了、很规范，就对外宣称自己对企业的影响力已经不大了。事实上，我看到的所有的企业家，我在跟他们对话时，我发现他们的企业百分之五十以上的性格特征就是他们的性格特征，包括做事的风格、员工纪律的制定都跟他有密切的关系。新东方中层以上的干部可以完全不上班，以非计时的方式工作，我们只对他的业务进行考察，这就跟我自由散漫的个性有关。我觉得作为一个企业家，在你把自己的个性带到企业里面的同时，你必须尽可能地使这个企业按照非个性的、规范化的方式去运作。

李　翔：能不能讲一下一个人怎么样才能拥有你这种力量？

俞敏洪：首先你要真的相信；其次你做过的事情证明了你这样做是对的，这强化了你的精神力量；第三你要把这种精神力量通过言行传递给别人。

李　翔：你个人验证过这三条了吗？

俞敏洪：我验证了这三条，我周围类似的一些人也验证了这三条。首先是自己真要相信；不真相信的话就会有麻烦，也做不到。

李　翔：你的成就感主要来自于哪些方面？

俞敏洪：我最大的成就感来自于，比如说我滑单板，摔了几百跤以后，我突然发现自己滑得特好，那是种巨大的成就感，抱着板就不想放。再比如我写成一篇文章，突然发现十几万人都在读你的文章，那种成就感也很大。还有某一天如果我下定决心要读完一本书，最后真的读完了，那也有成就感。别的没有，像新东方我没有什么成就感，因为我做了十几年才做成这样，不算成就。小事反而有成就感，大事没有。单板是很难滑的，在中国，据我所知，四十岁以上学会滑单板的就两三个人，王石是一个，我是一个，好像冯仑也学过，其他的就没有了。

李　翔：像你精神力量这么强大的人有过精神危机吗？

俞敏洪：会有，每个人都会有。

李　翔：是什么样的？

俞敏洪：比如说你做了很多自己认为很好的事情，但是却被朋友们误解得一塌糊涂的时候，老不被人理解的时候。还有你在外面辛苦的不得了，完了回家老婆要跟你吵架，这个也会产生痛苦。比如我在上大学得肺结核以后，差不多感觉精神崩溃了。

李　翔：这么严重？

俞敏洪：但是后来发现这个反而强化了我的精神力量，后来就没有特别崩溃的时候了。新东方体制改革的时候，那段时间有过一段危机，好朋友都不认可你，互相之间明争暗斗，你觉得你的整个基础都没有了。因为精神危机感就是你的精神基础出现了问题。我比较相信朋友之间的互相信任和在困难时候互相帮助这种东西。那个阶段由于大家的利益冲突，导致大家互相拆台的情况特别多，基础没了，所以精神上就会产生危机。

李　翔：你个人觉得你是一个控制欲很强的人吗？

俞敏洪：不是，我的控制欲一点都不强，我能很自然地就控制住自己的欲望。虽然新东方是我创立的，大家都会很习惯性地有些事情就来问我，但平时其实我基本上都不太说，我只给他们总的方针，他们要是错了，我可以告诉他们这个做错了，完了以后我希望怎样做，给他们一个指示；如果我指示完了他们再犯错我就会训他们一下，但是一般不惩罚；而如果连错三四次之后还在错，那我就觉得这个人缺乏常识了。

李　翔：你会担心别人复制你的模式吗？

俞敏洪：那就复制吧，如果真能复制到新东方的这种模式，我觉得新东方倒掉也就算了。

李　翔：新东方碰到的类似攻击多吗？

俞敏洪：其实很正常，任何一个机构发展到这个地步，不可能不出现这样的情况。我觉得新东方十六年来其实还好，背后整新东方的事情还不算太多。

李　翔：不多？我以为很多呢。

俞敏洪： 小的不算，比如竞争对手撕你的广告，在背后说你的坏话，这很正常。新东方有一个好处，到现在为止还没有跟任何竞争对手、其他相关机构有过任何方面的直接冲突，而且新东方到现在为止也还没有在任何场合说过竞争对手的一句坏话，这点我们还是把握得比较好的。但是从经济危机开始，也就是从2008年开始，就有了比较恶性的事件，隐隐约约的对新东方负面新闻的散播网络上比较凶，比如新东方教学质量不行，或者说新东方哪个老师做了什么坏事。

个别新东方老师确实有行为不检点的，也有的老师在课堂上为了面子问题夸大自己的学历，明明是一所普通大学毕业的，硬说自己是名牌大学毕业的，或者并没有拿到学位，也说自己是哪个大学的，这个可能。但是我们一再发文件禁止，凡是被发现的，老师肯定被开除。我们开除过这样的老师。作为一个教育机构来说，六千名老师中有一两位老师有这样的情况，肯定很正常，而我们也一直在强化内部管理。但是利用或隐或现的事情，把它变成新东方的负面新闻到处传播，并且一下弄到几千家网站上，这个情况非常严重。如果是个人写，就是一两家网站，这倒还没什么。但同一件事情在上千家网站传播，肯定是动用公关组织了。

负面新闻抓的东西比较有意思，不是抓某一个老师的个人行为，也不是新东方的教学质量问题，而是抓的莫须有的东西，直接打击的是新东方的道德软肋，说新东方老师在道德上有问题，并说新东方是一所在道德上有问题的学校。

李　翔： 这也同网络的性质有关。

俞敏洪： 网站本身要负责任。因为现在中国的网络文化，说到底是看热闹的文化，大家都喜欢看热闹，根本不会评判新东方到底有没有这样的事情。你只要看新东方发表的声明就可以看到，后面跟的帖子踩得多、支持得少，为什么？他们宁可信其有，不可信其无。这是中国网络的典型特点。所以我是挺怕这种网络文化的，说不定就把一个好的机构给毁了。

李　翔： 如果这种攻击跟利益有关系就会比较麻烦。

俞敏洪： 跟利益有关系，在利益面前，大家都不会管真假。我做了十六年，竞争对手从来没有这么恶劣过，因为我一般不得罪竞争对手，我们没有把竞争对手往死里压的情况。

李　翔： 其实可以让你思考，对新东方这个品牌而言，它的弱点是什么？

俞敏洪： 攻击者抓得很准，打击新东方说教材不好、老师不好，没用。但是如果说新东方教师道德有问题……因为作为教育机构教师道德有问题就是最大的问题。

李　翔：你们自己有没有公关公司？

俞敏洪：没有，我们的公关公司是海外的公关公司，主要是针对投资者的。新东方的公关都是自己做的。对新东方来说，我从来不担心新东方出什么大问题，一是我认为新东方的老师道德上走得很正，对学生引导得也挺正，老师管理也还是处于比较有序的状态，虽然不排除个别老师会出现不符合新东方教师道德规范的行为，但肯定不会出现大面积的新东方老师道德败坏的情况。二是就经营方面来说，新东方也挺正常，从学生人数的增长可以看出学生的满意度一直都保持在比较好的水平上。我从来不担心新东方经营方面会出现大的问题。

李　翔：你自己也很擅长迅速跟投资者沟通各种各样的问题。

俞敏洪：对，你不得不做，你要不沟通，他不买你的股票，你的股票就没有价值了，这是连锁反应。如果股票没有价值，员工和管理层拿到的股票就不值钱；不值钱，他们就觉得收入不够。因此我必须第一保证新东方的经营正常，新东方经营正常，新东方股票的基础就会强大，不管怎么说，都不可能跌得太低。第二，在正常情况下，我必须维持新东方股票的健康状态，股票价格不要掉太多，也不希望一下上涨得太多；维持正常状态就需要跟投资者沟通，因为你股票的百分之五十是握在前十五位买你股票的机构和人手里的。这样的话，你就要跟他们保持沟通，让他们了解新东方，让他们持有新东方的股票的时间更长。在新东方的股东中，从新东方上市那天开始，到现在一股没卖的都有。

李　翔：你现在用多少精力关心资本的事情？

俞敏洪：关心这种事情精力不多，二十分之一。因为很简单，我的CFO，也就是投资者关系经理，就是干这个的，我给他们工资，他们就得把这个活干好。但如果他们觉得需要我出面（我出面带来的效果不会差），那我就会出面沟通。我想知道投资人想要什么东西，因为股票价格的稳定涉及新东方的内部管理，也涉及新东方的外部关系。

李　翔：我相信在过去的十多年历史里也发生过类似的攻击，可能不是通过网络，而是通过口头传播，你们怎么处理？

俞敏洪：一是本身范围比较小；二是假如真有其人，我们也会找到攻击者本人，来看到底是真的还是假的，如果有问题，我们会把老师开除。到现在为止，还没有真正的案例。

  我相信新东方老师肯定会有这样的情况，比如跟女学生谈恋爱，但到底是不是正经谈恋爱，必须找他本人才能了解。新东方的老师中间，最后在学生中间找到对象并结婚的，也有好几对，这很正常。也有其他的一些，比如有一段时间传播新东方老师在课堂上跳艳舞的视频，我也看了一下，是结课的时候老师跟学生一块玩，男老师确实跳了像艳舞的动作。我后来跟他说，你跳得时间太长了，一下跳了四分钟。

李　翔：占用上课时间了吗？

俞敏洪：已经下课了，他说下课后跟学生告别，学生说让他跳个艳舞唱个歌，老师一高兴就跳了，结果网上传播新东方老师跳艳舞，说这是一所不好的学校。但那种传播背后没有恶意，是网友自动传播的，看来那个老师跳得挺不错的。我看了以后打了电话，发了一个严禁老师在课堂上跳舞的通知。但是紧接着就有老师给我写信，说正常的跳舞，跟学生一起玩，是很正常的事情，是新东方的文化特色之一，怎么能禁止呢？后来我就跟老师们说，不禁止，但是你们跳舞的时候，别一下跳四五分钟，跳一两分钟大家高兴一下就行了。这也是新东方的文化之一，很活跃；但因为活跃，也会带来一些麻烦。

李　翔：这是不是你们上市之后的新问题，本来影响不会那么大。

俞敏洪：是的，上市以后这样的传播对新东方来说，关注更多，破坏性也更大，也增加了一些故意散播这样消息的人或者机构。确实有这样一个情况。不过我觉得这个很正常，企业就是在抗各种各样的风险过程中成长起来的。

  在大学，中国也有各种各样的老师跟学生怎样，但是大家不会拼命传，传了对大学没有太大的伤害。但新东方不一样，伤害还是蛮大的。像新东方这样的教育机构，面临着不少风险，比如新东方的道德风险，新东方的道德风险抗打击能力肯定不如国有教育机构大。另外，新东方还有政策风险，政策上的改变，也包括政治风险，比如上课保不齐哪个老师说一段胡说八道的话，尽管是个人行为，但立刻会涉及新东方。

李　翔：后一种情况发生过吗？

俞敏洪：到现在为止还没有，我们在这方面控制得非常严格。我们对学生可以励志、可以讲爱国，但坚决不允许老师在课堂上对国家政策、国家行为进行点评，包括对领导人的行为进行点评，这些都有严格的约束。

  这也是从不成熟到成熟的过程。我自己刚开始当老师时，包括自己刚开始做新东方的时候，常常在课堂上对国家政策进行点评。后来新东方越做越大，我觉得责任也越来越大，这方面肯定不能随便乱谈了。还有跟国外打交道时候的风险，比如知识产权方面。有时候我们在网上有一句话或者一段话，在中国人看来没什么知识产权的问题，但外国公司看到这段话以后就会写一个东西，说是侵犯它的权利。我们现在每年光使用图片就要花掉大概二三百万的费用。其他风险还包括新东方领导人言行的风险，像我这样的，徐小平、王强那样的，都算是全国知名人物，这也是没办法的事情，弄到现在，越弄越累了。

李　翔： 从我的理解来看，正式上市之后，你要学习很多东西，而且要接受很多东西。

俞敏洪： 狐狸就是这么训练出来的。其实我还好，因为我能把握住主要的问题，只要新东方自身过得去，再怎样的负面新闻，对新东方只有好处没有坏处，因为它会不断建立你的防范意识。

李　翔： 你刚才讲的那些都可能会给新东方造成很大的破坏力，你怎么面对？

俞敏洪： 其实还好，新东方机制比较完善，解决这些问题的流程比较到位。我本人觉得新东方还是挺踏实的，我也知道新东方是怎么回事，知道新东方最大的风险在什么地方，以及怎么防范。

　　新东方最大的风险是什么？最大的风险就是你没管好，哪个教室起火了，或者几个学生受伤。所以我在新东方管的第一大风险就是安全风险。我对安全的要求非常严格，新东方任何一间教室都有无数的灭火器放在那儿。

李　翔： 之前看到的报道说你的日程排得特别紧，有非常多的应酬，而且需要你笑脸相迎地去做这些应酬。

俞敏洪： 这需要你有坚强的神经。我最痛苦的就是，一天下来发现，我做的对新东方有建设性的事情最多只用了五分之一的时间，剩下五分之四的时间做的都是没法不做，但做了以后会发现对自己的成长、对新东方的成长没有太多的用处。

李　翔： 比如呢？

俞敏洪： 比如大量的应酬，其实你不应酬也行，但你不应酬，慢慢社会关系也就越来越少，背后就会有大风险，而聪明的人会在风险出来以前就把风险化解掉。

　　扁鹊跟国王对话，国王说："你们三兄弟都是行医的，你们家谁最厉害？"扁鹊说："我大哥。"国王说："从来没听说过这个人。"扁鹊说："我大哥在这个人还没病的时候，就把他的病消灭掉了，没有人知道他会看病。"

国王问:"那接下来呢?"扁鹊说:"是我二哥,我二哥在这个人病刚出现苗头的时候,就给它消灭掉了。"国王说:"那为什么你名声那么大?"扁鹊说:"我就是到人快死的时候,动刀子把他救过来,可不就是名声最大嘛!"

  我可不希望自己变成扁鹊说的第三种人,最后新东方出了大问题,要动手术,把新东方问题给解决掉,让大家说俞敏洪多能干。我希望把所有的风险都控制在苗头还没有出来或者刚刚出来的时候。这需要你有洞察力和思考能力。所以你做的很多事情其实就是为了防范风险,不管是建立社会关系还是政府关系,甚至包括新东方做公益事业,从某种意义上讲都是在保护新东方。

李 翔: 之前好几次你都讲要在教育领域收购,现在还这样想吗?

俞敏洪: 还在考虑。但是我们找目标比较谨慎,一是跟新东方能够互补,二是机制比较健全,模式比较好,教育理念跟我们一致。但确实挺难的。本身中国的民营教育机构就是七零八落的,尤其培训学校,大部分体制不完善。确有不少机构干得不错,但一看就是夫妻店。

李 翔: 这跟资本市场给你们的压力有关系吗?

俞敏洪: 有,是增长的压力。新东方基数大了,1亿增长30%只要3 000万,但10亿增长30%就需要3亿,新东方接近30个亿的规模,增长30%,一年要多赚9亿的钱,不太容易。不过我们依然看到很多机会,中国整体培训市场总量2009年大概在500亿左右,新东方只占到了其中的5%到6%,还是挺小的。

李 翔: 你讲了上市给你的很多压力,我不知道你是否找到合适的化解方法?

俞敏洪: 部分吧。我首先认命,因为我不想上市,现在已经上了,首先认命。认命是什么意思呢?既然是上市公司,就必须以上市公司的心态去做,得保证新东方的量的增长。其次是作为教育机构,教育质量要高,要严格控制新东方的教学质量和管理质量。这中间有点矛盾,像北大这样的机构,它在乎每年多招多少学生吗?不在乎,而是在乎教学质量一直保持在非常优质的地位。这等于说新东方一方面要保持20%、30%的增长率,另一方面又要做到教学质量的提升,这就是两边的平衡。

  我发现上市以后,我一直在平衡,平衡新东方教学质量和规模扩大之间的矛盾,平衡上市公司和新东方作为一个文化气息较为浓郁的机构之间的矛盾,平衡文化和商业之间的矛盾,平衡我自己的个人生活和作为公众人物之间的矛盾,同时还在平衡着新东方内部的很多管理机制方面的矛盾,比如管理层和员工之间的矛盾、集团总部和各个分支机构之间的矛盾。平衡是做企业需要的最大的能力。

  到现在为止,我基本保持着摇摆中的平衡状态。我发现我心烦意乱的时候比我上市以前要多,虽然上市以前我也会心烦意乱,但你知道那些问题放在那儿无所谓,也没有人知道,可以慢慢来。但现在不行了,特别是上市公司,什么都透明,一个决策的错误影响到千家万户,这时候我发现自己压力越来越大,心烦意乱的时候越来越多,自己静心坐在那儿读书思考的时间越来越少。这对我来说是特别重大的损失。

李　翔:可能以后还会不断有新问题出现。
俞敏洪:但我还是应该尽快恢复心平气和、从容潇洒的状态。

附记

新东方的苦恼

  俞敏洪终于忍不住打了个电话给微软中国董事长张亚勤。张亚勤接了电话,说自己在澳大利亚。
  "那好,等你回来再跟你算账。"俞敏洪半开玩笑地说。
  MSN网站上挂出了大标题:"新东方惊天内幕:老师资历造假,女学员参加培训纷纷失身"。这篇文章从8月4日出现在互联网的论坛上,然后被迅速转载。按照新东方的说法,它在24小时之内被贴到了包括新浪、猫扑、天涯和凤凰等30多个网络论坛上,然后在48个小时内迅速扩散到3 000余个网络论坛上。
  "像MSN这种大网站居然还原标题刊登,直接就是大面积的传播……(张亚勤)管不了那么多,但我要找他算账,这种东西完全没有根据。'女学生纷纷失身'这样的标题,哪儿能用到这样的大网站上,网站本身要负责任。"8月14日,俞敏洪在新东方大厦他的办公室内说。他驳斥了关于新东方的各种流言,同时声称可能有人在做空新东方股票。
  他已经是中国最著名的商人之一了:他创办了中国最著名的民间教育机构,享有"留学教父"的美名,被一个群体视为偶像般的人物;他也曾频繁地登上各种杂志的封面,无论是商业杂志还是社会文化杂志;他还是各种电视节目的常客,最近的一次,他作为中央电视台《赢在中国》最受欢迎的评委之一,将自己的声名更进一步地扩展到了商业领域;他也是一位颇受欢迎的演讲大师,每年春天他和他的同事们都会像一支摇滚乐队那样,在中国内地的各个高校作巡回演讲;他还将自己创办的公司新东方教育科技集团送到纽约证券交易所上市,新东方在商业上的成功让他被一些媒体称为中国最有影响力的商业领袖之一。他似乎集万千宠爱于一身。他和他的一些伙伴都是些魅力十足的家伙,他们在国内甚至没有雇用一家公关公司,因为他们本身就是备受欢迎的吹鼓手。但是最近发生的一系列事情却让他承认自己"有些恼火"。

一

他和他的公司遭到了看不见的敌手的攻击,他们甚至不知道对方是谁,也不知道如何应对,只能为此头疼不已。在8月份攻击新东方教师道德水准和职业水准的帖子出现之前,一篇几乎一模一样的帖子曾经在五个月前(2009年3月10日)出现在凤凰网的论坛上,并且在48小时之内被张贴在4 600多个网络论坛上。

在2009年3月末,媒体也曾经报道过两名学员状告新东方的新闻。两名上海新东方的学员对新东方教师的教学质量发出质疑,同时质疑数名新东方教师对相关考试成绩的虚假宣传,比如从未参加过GMAT考试的老师宣称自己在此项考试中获取高分。他们在3月24日向上海杨浦区人民法院起诉新东方学校,罪名是涉嫌合同欺诈,要求新东方退还学费,并且根据消费者权益保护法要求"退一赔一"。

俞敏洪对此的驳斥是,"两名初中和高中毕业的学生怎么可能去上GRE的课呢?怎么能听得懂老师上课是好是坏?怎么可能听了一堂课之后就觉得这个老师讲得不好?而且正常的学生怎么可能说所有的老师的情况你都有所了解,从四级到六级,再到听说口语的老师?怎么可能在自己没有掌握证据的情况下就敢去打官司,而且官司还没打,消息就铺天盖地出来?"

"很明显背后有人。"这是俞敏洪得出的结论。

他决定寸步不让。尽管两位起诉人要求的赔偿并不高,至少对于一家在纽交所上市的公司和对全中国最富有的教师而言,丝毫不高。但是俞敏洪认为对方并不是想要获取赔偿,而是想要"等到新东方被打败之后在报纸上大面积宣传的效果"。

这桩官司最后的结局是不了了之。法院一审判决新东方将两位学员没有上完的课程学费退还。两位起诉者并不满意,继续上诉,上海中院将开庭的日子定在了8月5日。但这一天,两名起诉者并没有出现,代表起诉人的律师也没有出现。然而,新东方却等到了流言的再次泛滥,上千家网站开始传播新东方的负面新闻,指责新东方老师道德败坏。消息传出时新东方的股价在70美元上下。

对俞敏洪而言,这是更可怕的策略,"现在中国的网络文化,说到底是看热闹的文化。大家都喜欢看热闹,却根本不去评说新东方到底有没有这样的事情……大家宁可信其有，不可信其无。我挺怕这种网络文化的，说不定就会把一家好好的机构给踩死"。

二

"踩死"新东方的方式可能有很多，但是其中最为显而易见的两种是：第一，大规模的学生退课；第二，新东方的股价下跌。

"他们攻击的东西比较有意思，不是某一位老师的个人行为，也不是新东方的教学质量，而是莫须有的道德问题，直接攻击新东方老师在道德上有问题。如果真如标题上所言'女学生们纷纷失身'，那家长们是很害怕的，我的孩子正读高中，跑到新东方都失身了，那读新东方做什么？"俞敏洪说。

负面的传闻还可能带来股价下跌，这是上市之后俞敏洪必须面对的问题。在俞敏洪为自己列出的两项职责中，一项是保证新东方经营的正常运转，另一项则是维持新东方股票的健康状态，而且是"必须维持"。

这让曾经跟人吃饭只会在桌上喝闷酒直至倒下的俞敏洪迅速学会了如何同投资人沟通，"因为你不得不做，你不跟投资人沟通，投资人不买你的股票，你的股票就没有价值；股票没有价值，员工和管理层拿到的股票就不值钱；如果不值钱，他们就觉得自己的收入不高，就难以对他们形成激励"。

从新东方上市的第二年也就是2007年开始，俞敏洪决定将之前对员工的期权激励转变成现权股票的激励，原因是新东方的股价已经上涨到了让期权不再迷人的地步，它基本上稳定在70美元左右，最高时曾经超过了85美元。"你是新东方的管理者，给你10 000股（期权），每股70美元，明年上涨到80美元，每股你才赚10美元；如果明年掉到了60美元，那你一分钱都赚不到。当然你也可以选择不行权，也不会亏钱。"但是这样的话，想要由期权达到的激励员工以及保证员工持久工作的因素也就消失了。因此，俞敏洪将期权激励改为现权激励，"你拿到新东方股票的时候价格是零，哪怕股票最后只剩10美元一股，你还能赚10美元。当然从数量上来说是比期权大大减少了一些，原来5 000股现在变成了1 000股，但一到期限就是钱。如果我的股票价格维持在一个正常的水平上，那就会让新东方的成本大大节约，比如原来要给你发10 000股，现在只需要发5 000股就可以了，因为股票的价格高了，不可能给你股票太多。这样，维持股票价格的稳定，就变成了我们内部管理的重要因素"。

新东方公开发行的50％的股票是掌握在15个机构和个人手中的，让他们了解新东方就成为俞敏洪的重要任务。他要让他们长期持有，让他们从上市时的15美金开始，"中间涨到90没卖，跌到40也没卖"。

上海的官司发生时，看到新闻的投资机构就曾经写邮件询问俞敏洪，新闻报道中对于教师质量的质疑是否属实，严重到何种程度，以及又会对新东方的股价产生怎样的影响。

"他们的目的还是很明确的，那就是破坏新东方股票价格的稳定性。"俞敏洪评论说。在2009年3月，受负面信息影响，新东方股价曾下挫20%。

三

在新东方16年的历史中，并没有太多的类似经验可以让俞敏洪作为借鉴，他们所遭遇最多的也就是早期的竞争对手撕去新东方的广告，或者在背后说一些坏话。

俞敏洪此前接受《经济观察报》记者采访时曾说，自己从未有过和人当面发生冲突的经历。此次他又再一次声明："新东方到现在为止没有跟任何竞争对手、其他相关机构有过任何方面的直接冲突，而且新东方到现在为止也没有在任何场合说过任何竞争对手的一句坏话。"

但俞敏洪和新东方坚持"背后有人"的推断。新东方公关部在提供给一些媒体记者的声明中也说："在如此短的时间内在如此众多的网站上密集发布这篇帖子，不是自然传播或一个人所能做到的，很明显是有人在背后操纵，而且我们也知道目前有很多所谓的网络公关公司能够提供这样的密集发帖服务……"

新东方元老徐小平在事件发生之后写给俞敏洪的一封邮件中提到，他曾经在无意中碰到一位商人，其职业是"帮助企业寻找竞争对手的漏洞予以打击，然后牟利"，"他曾经成功地毁灭过几个企业"，据说其中的案例包括通过媒体曝光某品牌钙含双氧水，最后摧毁了这家药品企业。"事后证明任何药品企业在生产钙片时都会使用同等剂量的双氧水，事实上是无害的"。他还通过曝光抽某品牌香烟导致阳痿的事件，将某品牌香烟驱逐出西安市场。因此，"我想可能还真是有人在背后策划这样的事情"。

俞敏洪自信于自己同竞争对手的关系，但由于在上市之后，资本市场对企业增长速度的要求让新东方开始进入了很多潜在对手的领域，这会不会导致竞争对手策划这一事件来陷害新东方？比如在攻击新东方的帖子中，就有劝说大家还是要到北京和上海报名读新东方，而不是读二、三线城市的新东方。"我做了16年，竞争对手从来没有这么恶劣过。"

他更倾向于相信，这是做空者针对新东方的行为。新东方公关部的声明中也说："据我们了解，目前有许多投资商，甚至海外投资银行，为做空新东方股票，靠新东方股价下跌赢利，不惜一切代价制造新东方的负面新闻。"

"新东方的市盈率目前是40倍，很容易有负面新闻就掉下来。"俞敏洪内心清楚。

四

当然，这只是俞敏洪和新东方在上市之后所遇到的不舒服事件之一。在过去的两年时间内，俞敏洪总是忍不住要对别人抱怨上市对他的束缚。尽管他现在已经开始让自己平静下来，接受上市所带来的不舒服感。他说："我发现我心烦意乱的时候比上市以前要多，上市以前也会心烦意乱，但你知道这个问题放在那儿无所谓，也没有人知道，可以慢慢来；现在不行了，特别是上市公司，什么都要透明，一个决策错误就会影响到千万投资者，这时候我发现自己压力越来越大，心烦意乱的时候越来越多，自己静心坐那儿读书思考的时候很少，这对我来说是特别重大的损失。"

首先，他和他的伙伴们要将一个同仁办校式的机构转变成一家在纽交所公开交易的上市公司。他有一次开玩笑说："以前需要买几支铅笔，随便一个人就说了算，买回来就是；可现在还要这么做，那就是未经同意擅自使用股东资产了。"

他们也要学会在知识产权上小心翼翼，"我们在网上引用一句话或者一段话，这在中国人看来没有什么知识产权问题，但外国公司看到这段话后就会写一封律师函给你，说你侵犯了它的权利；原来在公司用张图片谁管你，现在我们只要用一张图片被对方看见了，对方就根本不理你，也不是要你这个钱，而是直接打官司，告新东方侵权"。

然后，他要努力让新东方自身特有的理想主义气质的文化同对上市公司要求的严谨结合起来。比如网络上曾经流传过新东方老师下课后跳艳舞的视频。为了避免给投资者留下不好的印象，俞敏洪马上去查问此事。一位老师在课后和他的学生们告别，学生们起哄让老师跳个艳舞，兴奋起来的老师就开始跳，被台下的学生拍了下来上传到互联网上。尽管看了视频后俞敏洪认为该老师跳得很不错，但他还是发布公告，禁止老师在课堂上跳舞。有人争辩说，这才是新东方！"于是我就跟老师们说，可以跳舞，但是你们跳舞的时候能不能不要一下子跳四五分钟，跳一两分钟就行了。"

资本市场对企业增长速度的要求还让他必须学会收购，只是从去年年底到现在，俞敏洪不止一次地说过新东方接下来会进行收购，但却迟迟未见动静。他心里清楚，收购一家私营教育机构，无论如何谨慎都不为过。

接下来，他迅速学会了和投资者沟通，因为任何微小的风险经过资本市场的放大都可能形成致命一击。

他还发现自己的大量时间都用在了各种应酬之上，但是他又不敢稍稍放松，"其实你不应酬也行，但是你不应酬社会关系就慢慢会越来越少，背后就会有一个大的风险"。

"我发现上市以后，我一直在平衡，平衡新东方教学质量和上市公司业绩增长之间的矛盾，平衡上市公司和新东方作为一个文化气息浓郁机构之间的矛盾，平衡文化和商业之间的矛盾，平衡我自己的个人生活和公众身份之间的矛盾，同时还在平衡新东方内部的问题，比如管理层和员工之间的矛盾、集团总部和各个分支机构之间的矛盾。"他一边说，一边安慰自己。也许平衡就是商业的奥秘所在。

潘石屹　SOHO中国有限公司董事长

潘石屹在天水

市长站起身来，发表了一番演说。他热情地赞扬了教师的教学技巧（这时那名名叫张腊梅的年轻教师腼腆地向市长表示感谢）、孩子们取得的明显进步和成绩，以及SOHO中国基金会的有益的尝试。

当潘石屹不长的演讲结束时，他亲切地摸着一个身旁少年的头问："你知道我是谁吗？"

少年紧张地抬头看了他一眼："知道，你是潘石屹先生！"

他和我们一起听了这节美德课。课堂以一首教人整洁的旋律简单的歌曲作为开始，其间使用了Windows操作系统的投影和印刷着精美图片的画册，孩子们还拿出了自己的画作互相点评。他们身着白绿相间的校服，脖间系着红领巾，表情是少年特有的严肃紧张，坐下时双臂叠放在课桌上，而随行的潘石屹的夫人张欣在坐着时也是同样的姿势。

"我们要爱清洁、讲卫生，成为干净的人"，这首只有三句歌词的歌是整节课的主要内容。孩子们努力去想老师提出的这个问题：要怎么做才能成为一个干净的人？

"早上起床要刷牙、洗脸。"

"晚上睡觉前要洗脚、洗脸、刷牙、洗手。"

"饭前饭后要洗手。"

"回家要换上拖鞋。"

一个意外的回答是："帮爸爸妈妈擦车。"

"哦，你们家已经有车了啊？"老师问，作出这个回答的男孩一脸得意地坐了下来。

另一个出人意料的回答是，当老师问"为什么蚂蚁爬到了小明的身上？"孩子们回答是"因为他吃了蛋糕，蛋糕的香味吸引来了蚂蚁"，而不是正确的答案：小明吃完蛋糕之后没有洗手和洗脸。对孩子们来说，重点是蛋糕的香味，而不是吃完美味的蛋糕之后还要洗手。在孩子的信息处理中，他们优先选择了处理美味和香味。在另一所小学的关于"责任感"的美德课上，有更多让城市的听众觉得匪夷所思的回答，比如在回答怎么样才能成为一个有责任感的人这个问题时，孩子们给出的答案包括："桌子上有水果和薯片，我们应该选择水果"；"不能把别人的书包扔了"；"抱好小妹妹，不能把小妹妹扔在地上"。

安静地坐在教室最后一排的人都开始笑，他们是来自北京的房地产大亨潘石屹和张欣夫妇、天水市主管教育和文化的郭副市长、SOHO中国基金会的成员，以及来自北京和香港的记者（他们以潘石屹的朋友的身份来参观这位地产大亨在自己的家乡所进行的尝试）。

这项在潘石屹的老家天水的尝试开始于2008年，发展到现在它可以清晰地被概括成两部分：第一部分是选拔小学老师到北京接受"美德在我心"的辅导员课程培训；第二部分则是SOHO中国给在天水开始进行美德课教育的学校捐建卫生间。接受过培训的教师回到学校之后，要在自己本来承担的教学任务之外负担起美德课的教学内容。按照潘石屹和张欣的设想，这些课程适用于从学前班到三年级的小学生。课程的设计根据教学者提出的19条美德标准，每一条包含10节课的教学内容。在已经开办美德课的学校，美德课被设定为每周1节，通常和传统的"思想品德课"放在一起。毫无疑问，教学方式活泼的美德课得到了学生们的更多的欢迎。一位老师在抱怨思想品德课时说，它的教学内容太抽象，其中有一条是"热爱社会主义"，可是社会主义是什么，不到10岁的娃娃哪里懂，"小学生别说背，念都念不下来"。

到目前为止，按照SOHO中国基金会提供的数字，它已经为天水地区培训了200名老师，这些老师在为20 000名小学生开设美德课。与此同时，它在10所学校修建了大城市标准的卫生间：拥有冲水系统和洗手用的按压式水龙头。这些洗手间是真正的惊喜，此前从未有人进行过类似的尝试。天水郡小学的校长鱼天来描述说，孩子们在洗手间建成的最初的日子里，总喜欢在课间时排队去参观，即使他们并不真正需要去，"就像逛商场一样"。修建这些厕所的成本是180万，每个洗手间18万；每个美德老师的培训成本则是1万。

这项在外人看来奇怪的带有社会实验性质的慈善项目由 SOHO 中国基金会主持。尽管 SOHO 中国基金会在 2005 年就已经成立，但是最初时它并没有选择这条独特的路径来进行慈善实验；相反，它和大多数慈善机构一样，仅仅是简单地"直接捐款给各种机构，捐赠方向也很庞杂"。SOHO 中国基金会的秘书长，同时也是 SOHO 中国有限公司高级副总裁的许洋说。

这段经历被张欣介绍为"走了弯路"。她是中国最著名的女人之一，曾经被《福布斯》杂志评为全球最有影响力的女性之一，尽管童年时生活在北京，声称自己"十几岁才第一次坐了电梯"，但在接受了西方教育并成为一名华尔街的投资银行家之后，一直以西式精英的姿态出现在公众面前。"我们都有一颗公益热心，但是不知道从何下手，只能找一些慈善组织捐出一笔钱。而每次我们这样做的时候，都不知道是给这个社会带来了好处还是坏处，是多制造了一个贪污和腐败的机会，还是真正给了需要的人以帮助。"张欣说。和大多数有心做慈善的人一样，他们发现自己能够信赖并且可以看到效果的慈善项目总是处于稀缺状态。

并且，随着每个人对慈善的理解发生分歧，厌倦感总是难以避免地发生。潘石屹是一群中国企业家发起的慈善组织阿拉善 SEE 生态协会的早期参与者之一。但是随后他就对这种旨在治沙的慈善举动丧失了兴趣。他认为这种同自然的对抗更多的是象征性的举动，而难以带来真正的改变，与此同时却有更多生活在这个世界上的人需要去帮助。他开始只交纳组织章程规定交纳的钱，而缺席各种组织会议，为此王石还特地找过他，"他跟我说做慈善不仅仅是捐出去一笔钱就算了，还要自己付出时间和精力的投入"。但是潘石屹显然希望把自己的时间和精力投入到其他地方去。和 SOHO 中国的房地产项目一样，他也希望自己在慈善上的作为能够与众不同，并且最好能够产生最大化的效果。

在这个过程中，他们经历了 SOHO 中国在香港的上市，这让潘石屹和张欣一起跻身于中国大陆最富有者的行列；他们也先后获得了自己的信仰，圣地位于以色列海法地区的巴哈伊教吸引了他们。许洋说，在 SOHO 中国上市之后，潘石屹和张欣还专门去了一趟海法，向一位智者请教如何对待天价的财富。生活在北京的另一位欧洲巴哈伊教女信徒编写了一套精美的美德教材，希望让全世界的儿童在接受美德教育时使用。当张欣和教材的编写者成为朋友之后，她和先生潘石屹开始感觉到自己可能找到了独特的慈善之路。他们帮助这位雄心勃勃的欧洲女性将她的美德教师培训成本降低，然后用在潘石屹的家乡天水。

潘石屹在这座拥有漫长历史的城市生活了十多年。在传说中，天水是伏羲的诞生地，杜甫也曾经在这里生活过，它还拥有中国四大石窟之一的麦积山石窟。但是整个中国的现代化过程，也是这座西部城市不断滑向贫穷的过程。潘石屹的整个童年和少年时期都是在贫穷中度过的。一直到现在，在某些玩笑中，他仍然会被善意地嘲笑为"农民"，因为他的口音、他的平易和善的态度以及他同样以土地为生的职业。

他的童年和少年时期始终生活在一种对物质的向往中。在问及他认为在一个人的少年时期最应该被提供怎样的帮助时，他的回答是，在自己的少年时期，他希望得到的是食物、温暖和机遇；但是他认为现在天水的少年们最应该得到的是关于人类基本美德的教育，正好像他们正在做的那样。

尽管到今天他已经成为了中国商业的符号式的人物之一，他的脸是媒体上辨识率最高的面孔之一，走在大街上会有人要求同他合影，在故乡的乡间道路上，会有认出他的果农向他赠送水果，但是他仍然难以忘记自己目睹的和经历的作为人类之间的各种斗争。那些残酷的场景曾经在整个中国大陆上演，比如"文化大革命"期间人对人的残忍，甚至之前中国乡村的大家族之间的械斗。

他不认为这是因为1949年前后的共产主义革命摧毁了传统中国的社会结构。大家族之间因为利益分割的纷争一直延续和贯穿在整个中国历史之中，这些家族的成员能够因为水源的分配而刀枪相向，也能上演中国版本的罗密欧与朱丽叶的故事，甚至会因为"你家的鬼跑到我家"这样的事情而争吵多年。

巴哈伊教的信仰和少年时期的认知让他觉得只有美德才可以解决所有这些问题。有时候这会让人讽刺般地想起查尔斯·狄更斯笔下的试图通过美德来解决非洲贫困问题和结束亚洲战争状态的慈善家；关于美德的琐碎事例也会让人想起蒋介石曾经雄心勃勃发起的"新生活运动"。但是潘石屹表现出的真诚却让人不能仅仅以嘲弄的态度漠视了之。他只是一名商人，不是职业的非盈利组织工作者，也不是拥有莫大权力和资源的政治家，但是他愿意去做一些尝试和改变。

他选择以教授美德这样的方式进入，同时也因为他认为这才是教育系统最需要的东西。政府和其他慈善组织在建设和捐建校舍上从来都不吝啬，"硬件已经很好了，需要更多的是软件上的改进"，张欣认为。

地产大亨很快就在一次饭局上说服了天水市主管文化和教育的郭副市长。接下来，顺理成章地，SOHO中国基金会的这个动议得到了整个天水市教育系统的支持。美德课被排进了课程表——这对许多慈善组织的教育项目而言是梦寐以求的事情。

当潘石屹因为看到厕所太脏（这在中小城市的任何地区都是如此），又想到"整洁"是要被教授的第一个美德，因此决定在天水的10所学校捐建10座现代化洗手间，为此，教育系统甚至拿出了一部分钱修建水塔，以解决洗手间的冲水系统水压不够大的问题。他有效地让自己原本孤立的慈善行为融入到了一个已有的系统之中。在他们借助这个完备的官方系统之前,潘石屹形容说,当他们开着车走在天水的乡间道路上时,内心满是忧愁,"那种感觉就像是老虎吃天,无处下口"。

和这个系统融为一体可能也是他们能够取得有限的成功的关键。做到这一切需要一个开明的市长、开放的教育体系,以及当地的人们对潘石屹和张欣的更多的期待。他们希望这个城市诞生的最著名的商人能够用更多的力量来帮助整个城市。

在潘石屹的故乡村落,邻人们用另外一种方式来表达对潘石屹式的成功的期望:不止一户人家把自己逝世长辈的坟墓建在潘家祖坟的旁边,他们认为这里风水好。尽管潘石屹和张欣一直努力提倡,在建设物质文明的同时,要完善人们的精神文明,但他们并无能力阻止人们对物质成就的向往,因为他们本身就是这种物质崇拜的一部分。推动精神和物质的同步发展,这也是 SOHO 中国基金会选择进入教育领域的原因。这个全部工作人员都由 SOHO 中国员工兼职的基金会有着更长远的目标,那就是改革整个中国的教育体系,让它更加人性化和合理化。但是现代社会对物质的推崇已经无处不在,他的故乡和其他地方一样,潘石屹的面孔已经成为最有说服力的通行证。他是物质上成功的标志,走到哪里,人们都愿意跟他合影,而他也乐于满足这种简单的需要。他要不断地跟人谈话,回答关于房价的问题,要面带笑容地听取野心勃勃的建议,要不断地从酒店到机场。

在天水,他和张欣要考虑很多问题:卫生间内的水龙头是不是要从按压式的换成普通的旋转式的,因为很多小孩子力量有限,简直要通过拍打才能使水出来;新增的卫生间必须要使用旱厕了,因为有些地方根本没有地下排污系统;洗手间的门把手需要换掉,因为它的高度正好和一个孩子的头齐平,太容易把孩子碰伤了;美德课教材中的"Grace(格蕾丝)"太绕口了,是不是有必要管这个虚构的女孩叫蕾蕾……

与此同时,他用手机同自己在北京的同事们保持着联系,然后慢条斯理地宣布他们的前门的项目租金价格已经是中国之最了。接下来,他读出手机短信,内容大致是另外一块他们参与竞拍的土地被一家籍籍无名的地产公司以天价拍走了(第二天报纸的标题是"北京又出单价地王,奥运村乡地块拍出 19.6 亿天价")。而"决定一个房价的是它的城市面积和人口密度。"他对向他请教房价问题的天水精英们说。

在教授"整洁"这个美德的最后一课上,短发的美丽女教师说:"整洁是什么?它是干净的身体、干净的衣服和清洁的环境。但是仅仅做到这些还不够,我们要拥有纯洁而干净的心灵,这才是真正的整洁。"她问台下的所有人:"我们应该如何拥有纯净的心灵呢?"

这时后排的听众都开始鼓掌。那些仍然拥有纯净心灵的孩子们可能对此大惑不解,因为他们还看不懂教材上的"如何使用冲水马桶",也还不明白什么是"沙拉"。

"其实我们从中得到的更多。我们在教孩子们美德,但是我们自己也在不断地告诉自己,什么是勇敢,什么是责任,什么是耐心……"张欣说。

访谈

潘石屹的微博

李　翔：你什么时候开始使用微博的?

潘石屹：你可以到我微博上查一下最早的时间,我想我是用得最早的人之一。在新浪微博刚上线测试的时候他们邀请了一些人,我是其中之一。刚开始时候写得并不多。

李　翔：那你从什么时候开始发现它是一个对外发布信息的有效工具?

潘石屹：一开始新浪介绍这个产品的时候说只能写一句话,而且是随时随地的。我觉得人的思想和观点不是一句话所能表达的,如果没有前后语境只是一句话的话比较唐突,所以大概开了一两个月时间也没怎么用。可是我对新东西总是很感兴趣,慢慢用着,就开始习惯使用了。

他们的微博版本也修改了很多次。第一次修改是可以加照片和视频。第二次修改加了黑名单功能。因为网上有好多人是没事找事,专门骂人的。黑名单功能不一定采用,但它至少可以有威慑作用。所以我觉得微博还是个比较干净的平台。

我发现在网络时代,特点是信息量非常大,人如果写上一篇文章,很长的几千字、上万字的文章,不是相关专业的人很少去看,大多数写文章的人一定要在很短的时间内用很少的文字把观点表达清楚。所以微博140字的限制也是限制你要精练,不要啰唆,这样也给看的人节省一些时间和精力。所以我觉得这个方式还是很好的。

李　翔：你通过微博获取的第一个重要信息是什么时候?

潘石屹：现在信息量非常大。这两天我跟年纪大的领导在一起聊天,像北京出"地王"的事情,我问他们消息来源,他们都是看报纸和电视。我心想我都不看报纸了。这就完全不一样。上网的人了解的信息非常及时,信息量也非常大;而看报纸得到的消息可能就是前一天的事了。其中微博的信息又是最快的,比如什么地方发生地震、下大雪等等,从天气到经济什么都有。

尤其这次全国"两会"期间，我不能想象的是，"两会"期间没有微博和网络的话会是什么样的局面。我比较关注的有@新华、@京华两会、@东方早报和凤凰卫视的报道，信息量特别大，任何一个委员和代表提的建议是否有价值，是否哗众取宠，马上就会反映出来。

有一天我跟一些人大代表和政协委员一起吃饭，他们一般不怎么上网，也没什么人开微博。我跟他们说，你们在会上的讲话五分钟之内就会让全中国都知道了，微博的转发是非常快的。他们听完后吓了一跳。如果是报纸、电视的话，回去还得编辑，领导还要审，而微博直接就出来了。

李　翔：你自己通过微博发布过什么重要的信息吗？

潘石屹：一些重要的信息都是通过微博发布的。我很少接受平面媒体的采访，因为我觉得耽误时间，你坐在那儿跟他聊一两个小时，写出来的话只有两三句，而这两三句可能还不是你的话，他还要加上自己的理解。所以有时候我特别苦恼。有的时候记者不喜欢用引号，好像下面都是我说的话，其实好多观点甚至跟我说的是相反的。有了微博后，不管在什么地方，只要有手机信号，我都可以通过微博发出去。包括常规的公司情况、我们的销售业绩、对外公告，只要公告先挂出去一秒钟，我的微博就可以发出来了。

李　翔：你的微博使用习惯是什么？

潘石屹：随时随地发。如果在办公室尽量用电脑，因为电脑打字快，屏幕也大。我的iPhone手机也随时带着，碰到问题和有什么想法随时发，不然等到回来后就忘了。

李　翔：我跟新浪那边也有沟通，他们对用户的使用习惯有一个培养的过程。他们是怎么跟你沟通的？

潘石屹：没有什么沟通，这个习惯是慢慢形成的。他们常说我像是新浪微博聘的推销员，老在推销这个产品，实际上我都不认识他们的工作人员。

李　翔：对微博的使用会减少你使用博客的频率吗？

潘石屹：会，博客使用减少了。博客写的字比较多。还有一个主动关注和被动关注的问题。微博最好的地方就是人家要关注你、对你感兴趣他才看，不感兴趣就取消对你的关注。所以这种被动传播就特别要求准确和质量。博客你发出去别人是否愿意看，以及有什么意见别人也没有反馈，但是微博发出去后所有的反馈就特别清楚。

李　翔：你觉得微博这种方式会对媒体会产生什么样的影响，尤其是对报纸、电视？

潘石屹：我觉得影响非常大。从中国的社会来看，微博的影响远远超过原来的博客。

因为中国手机普及得很快，也就这两三年时间吧。我上次去农村的时候还没发现，但去年我就发现我们基金会捐助的美德项目，要请老师们来北京参加培训，这些老师一人一部手机。所以手机在中国的普及率非常高。这就有了一个硬件基础。而微博正是基于手机，你若用电脑，还要有互联网的限制。所以我认为微博基于手机的发展是很有前途的。

李 翔：现在很多人有一个很功利的想法，就是可以利用微博来进行营销，SOHO中国会考虑吗？

潘石屹：在微博上，我的原则是绝对不打广告，上次三星给了我一部手机，我给送出去了。好多人认为这是广告，其实不是。广告分两种：一种是直接的，我销售一幢房子，房子面积多大、多少钱，这是直接的；第二种是间接的，你的美誉度、知名度提高后，人们就会主动地去看你的房子。而我觉得微博的最大敌人就是打广告，如果你不断打广告，别人就不关注你了。人家关注的是有价值的、有启发的信息，谁还用粉丝的方式去关注广告的话，这是不可思议的事情。而且广告泛滥的时候，人们一看你这是广告就取消对你的关注了。

李 翔：我记得之前SOHO中国做过一个博客群，而且非常成功，以后你们公司会采取同样的方式吗？

潘石屹：会用同样的方式做微博。我觉得在这上面做得比较好的就是@新周刊，@新周刊整个微博的受关注程度和趣味性都做得非常好。我觉得微博不光是个人可以使用，而且还有一部分可以是机构。像你们《经济观察报》就可以做一个，所有记者可以共享，有信息就发出去，回来后整篇稿子自然而然就形成了，而且这是大家的观点，不是一个人写出来的。微博的出现对平面媒体提出的要求更高，你有没有归纳能力和发现能力去发现知识和智慧，因为信息量是差不多的。所以我觉得报纸还会存在，但是不会以纸的方式存在，而是以互联网、微博等群体的方式存在。这样也会形成非常大的影响力，但这个影响力最关键的不是你通过某种介质传出去，而是你有没有思想。

李 翔：但是这样就没有广告了，而这是目前媒体最重要的盈利模式。

潘石屹：我认为传统的广告方式会被淘汰。广告是原来信息不发达的时候存在的，但现在有了互联网，每一个人都成为主动体了，他可以搜索。未来的消费不是通过被动的、填鸭式的传播来实现的，而是人们主动搜索信息去实现的。现在各种搜索引擎都很发达，把人们被动接受信息变成主动搜索信息了。商家一定会要卖东西，而人们一定想要消费，这些都可以通过搜索来完成。商家肯定再也不会是天天给你推销、给你打广告，这种方式一定会过去的。

李　翔：微博对你身边的朋友影响大吗？

潘石屹：影响很大，我动员我周围的朋友能够开的尽量开，第一个我动员我老婆开，她在香港、英国长大，尽管回来十年时间了，但接触的还是个小圈子，关注的点也还是这个小圈子。我还动员来我家做客的人，我说你们只要开了微博就会对中国社会有深入的了解。动员一两个月后，其中有一个就开了，开完之后她说跟她原来了解的中国完全不一样。她现在也有二三十万的粉丝了，觉得非常好。

我觉得一些领导人也要开，因为等到下面官员给你传递信息的话就晚了，他们可能老瞒着你，只传递好的。你不如开一个微博，这就是了解最全面的、最底层的信息的方式。

我还动员小孩也开。现在老师给布置一篇作文，与其让他死板地写，还不如开个微博让他在上面写，写完后整个语言是现代的、鲜活的。让一个五十岁的老头教作文，我有时候看了都觉得好笑，因为怎么还是"文革"时候的语言，整个语言不鲜活，没有吸引力，而网上的语言是很有吸引力的，很鲜活。你写作文不就是要表达这个时代的特点吗？

李　翔：你的微博有没有被审查和屏蔽过？

潘石屹：一条也没有，我的同事好像有被屏蔽过的，张欣的好像也被删掉过一次，我的一条没有。我听我的同事说，我算是标兵型的。

李　翔：你平均一天发多少？

潘石屹：看碰到什么事情，如果没碰到事情可能发两三条。但前几天北京拍卖"地王"的时候，我一天可能发十几条。因为又有新东西出来，别人又评论了，这可能就是五分钟发一条。

李　翔：我看到你写微博说你把任总"害"了。

潘石屹：他是一个比较执著的人，年纪也比较大，他不会用电脑。最早我动员他开了个博客，他开始说不会写，我说不用你写，你写在纸上交给秘书打完就挂在网上好了。后来他开了博客后还觉得挺好。原来媒体一采访，媒体就丑化他，至少博客上是他自己写的话。但还是有很多人骂他。

后来我又跟任总说，现在还有一个好东西，比博客更好，别人骂你你觉得过分的话可以把他拉入黑名单。结果教了他一个月的时间也没有教会。我又让新浪的一个朋友给任总开一个微博，他也不会用。我告诉他拿手机写就行了，他也写了一些，但因为用得不熟练就没有感觉。过了一段时间他又把密码丢了，重新又从新浪找密码，折腾了一个月的时间。

他终于学会用手机短信发微博了，但他从来也不看评论，也不关注别人。刚刚写上瘾了，他的微博又让黑客给黑了，而且正好是少林寺网站被黑前后的十几天的时间里。如果别人被黑是很紧张的事情，因为黑客在上面不知道以你的名义写什么东西。我对这方面就特别小心。新浪网就给任总发了一条短信说：很对不起，我们技术没管理好，让黑客给黑了，我们现在正在恢复。这时候我正在任总旁边坐着，他说黑就黑吧，他不在乎。我说不行，少林寺网站被黑了，释永信还专门跑到北京来危机公关，你不能不重视啊！

过了正月十五，任总到亚布力开会，他就通过手机不断地发微博，结果新浪又把电话号码给改了，还当时给每个人都发了个私信，但任总不上网，也从来不收私信，他还按原来的号码发，结果一条都没收到。等到他回来之后，才知道新浪把电话号码给换了，他气坏了，说换了电话号码也不打电话跟他说一声。所以他把存下来的东西又重新发了一遍。

任总真正发微博上瘾也是最近四五天的事，夜以继日地发。因为他觉得微博的影响力太大了，领导也给他打电话，拿"地王"的老板也给他打电话，他就觉得这个东西挺好。他主要是通过周围人的反应感觉微博的力量非常大，至于微博上说了什么东西他不知道，也从来不看。

李　翔：像你这种非常善于利用各种新技术手段的人，你身边的人怎么评价你？比如像任总这种从来不用微博和博客的人会怎么评价你？

潘石屹：任总不能够体会在网上跟别人交流、向别人学习、把别人的智慧汇集过来的方式，他不能理解。他天天看着我拿着手机和相机来回跑，我估计他不会理解我。

李　翔：其他人好一点？

潘石屹：只要上微博就好一些。因为微博你跟别人说是说不清楚的，你说像短信，像MSN，像博客，它都像但又都不像，就是一个"四不像"。所以你一定要让他写，他有粉丝，去关注别人，去转发别人的东西，同时讨论一个问题，才会明白。

李　翔：您觉得什么样的人适合写微博？

潘石屹：只要你跟别人、跟外界有交流就需要，除非是修行的人，要出世，不让世界的信息干扰它。微博就是个社会，从事不同工作的人是不同的圈子，所以你要跟社会交流。你要不要说话？要不要听别人说话？只要你想说话，想听别人说话，微博就是最好的办法。

李　翔：现在微博女王是姚晨，博客是徐静蕾，你觉得为什么会出现这种不同？

潘石屹：先入为主吧，像徐静蕾进入博客比较早，另外她也天天坚持，同时她长得也漂亮，本身也有吸引力，又有才，既演又导也写字。

李　翔：现在有一种观点，即微博会不会让人的思维方式变得很琐碎、很细节，进而导致人们缺乏宏观思考能力并且注意力分散？

潘石屹：我觉得不会，反而会使人的思想更丰富。人的思维都是琐碎的，琐碎的东西越多越是一个补充，这样才会有一个宏观的、整体的判断。如果你的琐碎的东西少，就像瞎子摸象一样只摸着一部分，那么整体的概念就没有了。其实对于未来和未知领域来说，我们就是瞎子，需要一点点地摸，掌握得越多才好。

李　翔：开个玩笑，我实在无法想象，以后大家读的莎士比亚、托尔斯泰都是微博体的，都不超过140个字。

潘石屹：这有什么关系？像优美的唐诗哪有超过140字的？那时大家都写唐诗。再过几年时间都是微博体，这就跟唐诗一样，而且未来的时代一定是精练的，繁杂的东西没人看了。

李　翔：你的博客上转过我们对黄亚生的访问，像这种东西需要严肃思考的态度，它在微博上可以实现吗？

潘石屹：很容易实现，你可以多写140个字，好几个140字就把层次分开了。另外，这140个字还可以附一篇文章，比如附件、图表都可以挂上去。还有最重要的是，未来一定是群众的智慧，未来的网络社会一定是反权威的，不要只是你自己在滔滔不绝地说。黄亚生可能写140个字，下面评论可能上万，这就丰富了，再也不是一个人在写一篇评论了。网络是消灭权威的，以后就没有权威了。

李　翔：你什么时候开始对传统媒体失望的呢？

潘石屹：大概前几年接受采访的时候吧。采访时谈了一大堆，还拿着录音笔录，最后只写了一点点，要不就胡乱写，我觉得太歪曲了。你一提这个问题，我脑海里就有几个人的形象，他们写的时候都不带引号，把别人的话、他自己的话都变成我的话了。这个就不是有效率的，也没有清楚地表达，别人就觉得潘石屹是不是在胡说八道，说的这些东西也没有深度、没有智慧。

李　翔：主要还是自身的体验？

潘石屹：现在都追求环保、低碳，我记得我几年前桌上还放一大堆报纸，什么汽车版、美容版，你说我从来不做美容，当然也就从来不看。一些东西看完之后报纸就扔了，这得毁掉多少树啊？还要排版、印刷工人印刷等等，全是浪费。

李 翔：所以在你的未来是没有纸质媒体的？

潘石屹：应该是没有，一些报纸可能会存在，可能越办越好，但不是以纸的方式存在的。未来一定是这样。

张跃　远大中央空调集团董事长兼CEO

一个环保主义者的自白

　　不喝酒时，他会捏着红酒杯的高脚，望着窗外阴郁的上海天空，若有所思。这是一位对大多数人来说都有些神秘的中国大亨。他在湖南长沙建立了自己的企业乌托邦。在长沙远大城内，工人们奉行着张跃制定的类似于共产主义的行为准则。园区内除了工厂之外还有各种先哲们的雕塑和标语。他也是一位私人飞机的爱好者。《大西洋月刊》的记者詹姆斯·法洛斯正是因为私人飞机同他相识的。在发表于《大西洋月刊》上的《张先生建立起自己的理想国》中，法洛斯描述了张跃的这一奢侈爱好，以及他那奇怪的时间观念——张跃总是认为自己能够在任何时候打扰任何人，因此他总是在深夜同法洛斯探讨关于私人飞机的问题，这正如他喜欢在深夜召开他的办公会议一样。

　　但他不是一个满足人们好奇心的好的发问对象。我大部分设想中的问题都没有机会提出。张跃总是沉浸在自己的思维世界中，与其说是交谈，不如说是独白。相比于别人对他的好奇心而言，他更乐于宣扬自己的环保观念，在这方面他是一位热心的传教士。他认真地说自己已经"发疯"，他被自己脑中的关于地球未来的想法折磨着，想象自己应该如何改变以亿为单位的人民的命运。但是他又坦诚地说自己是一位绝对的享乐主义者。他为环保理念牺牲最多的是不再使用自己的私人飞机。除此之外，他决不会牺牲自己的基本物质享受。他是一位环保主义者兼享乐主义者，他对环保的热衷和对享乐的热爱都同样真诚。

在过往的三十余年的时间中，中国制造了大量的财富大亨，而他们各自也选择了迥异的道路。其中有些人已经俨然成为中国当代的英雄和商业教父，而有些人则因为自己的过错和疏漏而狼狈落马，还有些人习惯于炫耀自己的财富和由财富衍生出的哲学，另有些人始终活跃于名利场中，还有些人则变成了自己的公司和财富的奴隶，而张跃则属于其中最独特的一群人中的一员。他没有将自己曾经"全中国最赚钱的公司"变成中国公司在商业发展上的楷模，到今天，远大已并不是中国最赚钱或者规模最大的公司；他自己则选择了一种令人好奇的隐居生活，尽管他也出现在各种论坛上，但除了他不断宣告的环保理念之外，似乎并未有更加引人注目的言论出现。詹姆斯·法洛斯说，他描写张跃，是希望展现当代中国多元化的一面，即一个人可以在中国营造自己的世界。

这一次，我尝试进入这位环保主义者的疯狂而偏执的梦想中去。

访谈

李　翔：你有没有想过自己是怎么变成今天这个样子的，比如如此强调环保观念？

张　跃：应该说一个普通人要想成为一名老板，这种动力是一种普遍的、天然的东西，人要发财、要成名、要成功。但是从一个以发财、办企业为目标的追求成名成家的人，变成一个在某种程度上背离经营、发展和赚钱理念的人，将保护环境视为自己最主要的价值观，这确实是一个比较大的转变。在很大程度上，或者说在大多数人眼里，环保跟赚钱、跟办企业是冲突的，环保跟生意不是一回事。

其实现在这个社会已经走向了另外一面。过去可能我们中国人认为创造物质财富很难。马克思在一百多年前就知道，资本主义制度可以创造出无穷的财富。那时候我们只是学一学、听一听，根本不太信。但是今天，创造财富已经不是一件难事。比如像我，只要让远大放开一点，我就可以使公司扩大一百倍，上市了我可以把公司办大，这些年我们的信誉是最好的，十几年没有贷过款。我觉得我要做任何事情都可以做得成。这时候我的思想就改变了，开始觉得在一个创造财富已经不成为难事的时代，我们应该可以做一些更重要的和更有意义的事情。

促使这种转变的另外一件事情是，上世纪九十年代中期的《京都议定书》以非常明确的数据给了全世界确凿无误的信息，如果再这样子消耗能源、排放温室气体，地球再过几十年、一百年就要完蛋。我注意到这个信息之后就再去做一些逻辑的推演，发现温度升高导致的冰川融化、海平面上升，是真的要把这个地球淹没掉的。

知道这个信息以后，我就觉得我们现在这一切又有什么意义？不论是财富，还是我们所看见的，以及我们知道的好玩、好吃、好看的所有这些美好的东西，都将在未来不久的时间内消失，尤其是我们最喜欢的孩子。人只要有了孩子，都会把孩子当做自己的宝贝，但他们的未来却完全没有保障。不要说他们的孩子，连他们自己的一生都没有保障。当你想到这些问题的时候，顷刻之间你就会觉得，虽然我们现在刚刚富裕起来，但就要面临一个新的选择。

我在1999年到2001年时这种感受特别强烈。

李　翔：有什么特定的事件触动了你吗？

张　跃：没有。这跟知识有很大的关系。之前总是忙于产品开发和销售这样的事情，而那时候相对比较安逸一点，可以看书了，看书看得多了，获取这方面的信息也多。我得到了这样一些信息，就感觉到，确实我们要改变我们的生活方式。尽管那个时候我自己觉得我们生产的空调节能，可以减排温室气体。尽管有这样的意识，但是我内心里仍然有一种很强烈的反应。每坐一趟飞机我就能感受到自己在制造温室气体，尤其是有一天我看到一则数据，说一棵树一年只能吸收18.3公斤的温室气体，而我最早看到的是16公斤，在一本美国人写的讲气候危机的书中看到。后来我看到科技部的数据说是18.3公斤，这是一个确凿无误的数据。于是我一算一棵树生长60年才能吸收1吨温室气体，而我用私人飞机飞一趟就要产生8吨温室气体，我觉得这是一个问题。

我当时最远飞到哈尔滨和新加坡，每飞一趟心里就有感觉，后来天天有感觉。我再回头想，不仅仅是你自身有这样的感觉，世界上那么多的地方都在排放温室气体，有的人也会有感觉。所以我第一要约束自己，另外要告诉别人，温室气体在大气中是一个长期存留的过程，它可以停留很长时间，这一切都累积在大气里。温室气体在工业革命以前只有340PTM，就是3.4‰，现在已经达到3.7‰～3.8‰。在稍微繁荣一点的地方，像我们长沙，远大生产的空气净化机和空调上都装了二氧化碳传感器，二氧化碳的浓度达到450～500PTM之间，而在广州、深圳那一带，高的时候达到900PTM，是全世界温室气体浓度最高的地方，一般情况都在7‰～8‰。

李 翔：从你的视角来看，这十年中国社会发生了什么变化？这个变化跟你的观念形成有什么关系吗？

张 跃：有关系，特别有关系。整个中国社会，在过去的几十年里，所提高的生产力都是天文数字。市场经济一搞起来，市场里的产品真的是无穷丰富。现在所有的社会问题里，最大的问题就是四个字：产能过剩。我这样设想，如果稍稍地有一点放开，不再有那么多的关税保护，那么中国的制造能力真的是可以把全世界都给满足了。中国人的制造能力很强，发财欲望和勤奋精神都太强大了。我们可以制造一切。我们车间的流水线上的劳动力，创造的财富可以将地球覆盖几层。人的创造力是无穷的，但是人的破坏力更是无穷的，一下子可以把地球给毁掉。而且，现在我们只是简简单单地进行创造，没有任何恶意，仅仅是想满足物质上的欲望，但这样就可以把这个地球给轻易毁掉。按照目前大家的购买欲望和汽车工厂的生产能力预计，2030年中国的汽车人均拥有量正好达到美国目前的水平，那时候，中国所有的农田都做成公路和停车场才能够满足我们汽车容量的需求。我们现在不说气候问题，不说能源问题，不说污染问题，仅仅土地问题都解决不了。所以不要只为发展叫好，发展有其恐怖的一面。

有人说，你相信到那时候中国人会这样消费吗？我说为什么不会？美国人可以这样自由自在地消费，中国人为什么不可以？美国人和欧洲人可以每个人有一辆车，可以很多人在城里有房子，在郊区还有房子，并不是什么富人，很多人也都有。一到周末，巴黎人全都到郊区自己的房子或者南方的度假村度假去了。当中国人有这种生产能力和创造财富能力的时候，为什么不会学这种消费？一定会学，这就叫美国梦。

现在美国人均飞机里程数大概是中国的20倍到30倍之间，汽车就不用说了；他们的人均居住面积差不多80平方米；会吃大量的包装食品和冷冻食品。如果我们也采用他们的交通方式、居住方式和饮食方式，并且不加阻止的话（没有什么方法来阻止大家这样做），那地球就只有一条道路，就是毁灭。

我自己在五年前就写过一篇文章，题目是"2015年的世界"，文中提到2015年的世界造成了大量的人口死亡。

很多人确信，只有大量的人口死亡才能换来最终地球的平衡。可能地球不会毁掉，但是会死掉70%~80%的人。照我的分析，如果我们在2020年有所醒悟，有可能地球70%的人口会死亡；如果我们在2050年才醒悟，则我们可能有 90% 的人要死去。醒悟得越早，为地球付出代价死去的人越少。人们必须扭转自己的生活态度、扭转技术路线。现在就是两个问题，即技术路线和生活态度的问题。

李　翔：对技术的信仰和对财富的向往，其实就是过去十年中国最主要的价值观。

张　跃：你看我们现在的建筑都会使用大面积的玻璃，而玻璃是不保温的。到冬天要消耗多少暖气、夏天要多少冷气？从每年的 12 月到来年的 3 月中旬，整个上海的冬天都是穿着羽绒服过的。可是三年以后大家会不会全部不穿羽绒服都用暖气？技术路线的错误太大了，大车、大房子、大船，然后不做保温，不做基本的多层玻璃窗户。更大的问题是生活态度，我们简单地追求财富、追求消费，现在更是把消费当做爱国，以刺激消费来拉动内需。如果我们简单追求这些东西，将来会是什么情况？

李　翔：在你形成这套价值观（我可以称为价值观吗？）之前，支配你的价值观是什么？

张　跃：我从小就有这样的认识，不合理的事情不能做。要有逻辑推理，不能糊里糊涂地过日子。如果说一个人是取得真正的成功的，不是偶然地成为暴发户的，也不是通过权钱交易取得的，那他一定要很有逻辑思维能力才能成为一个在商业方面很厉害的人。如果是这样的话，那他一定会稍微冷静一点，只要他不完全被企业的日常事务所困扰，他就一定会形成一个基本的观念，这就是，在我们这么强大的创造力背后，包含了多么强的破坏力。

中国消耗地球上 50% 的水资源、40% 多的钢材，从 2002 年开始一直到现在 7 年多的时间都是这样，基本上是个资源消耗大国。但其实我们也是背了黑锅的，因为我们这些消耗，除了水是在本土消耗以外，其他很多消耗都变成了低价的产品卖到了全世界。我们出去的远洋轮都是满的，回来是空的。就是说我们中国人创造力很强，但是我们赚钱能力很差。我没有作数学上的计算，但是我怀疑，中国目前这种出口模式，是不是在用我们的血汗换回来一点不值钱的美钞？我们这种出口型的经济形态是不是有问题？

我们公司出口是赚钱的，远大在国际市场上的利润比国内市场高，我们在中央空调行业里面是卖得最贵的。我坚持这样做。中国现在的产品基本上在每个领域都很有竞争力，所向披靡。但在很大程度上，我们牺牲了我们应得的财富，我们用到城里打工的农民的血汗换取了一些微薄的外汇。

李　翔：我不知道你有没有跟那些电空调的巨头们交流过？

张　跃：事实上在空调这个行业里，有超过 90% 的产品都是你学我、我学你，而且都是老一套的东西，技术上不先进、不环保，节能效益非常低。如果你做的一个产品，不是因为它的某一种特定价值而形成竞争力，那我就觉得做这种产品是悲哀的甚至可耻的，除非目的就是赚钱、解决温饱。一定要创造价值，包括节能的价值、低成本的价值、方便的价值，你要给你的客户创造价值，或者通过给地球环境创造价值来间接给客户带来经济价值，让他们减少能源费用；或者让他们少操心，买一台机器，不用备用，就可以在较长的年限当中不出故障。

李　翔：你刚才讲自己，首先是认识到自己在创造财富上不成问题，而且有无限可能，然后在这个基础上才开始考虑环保。你是如何达到第一点的，也即意识到创造财富不成问题的呢？

张　跃：是我作为一个财富创造者的轨迹？

李　翔：对，它是否和你向环保的转变相关？

张　跃：不相关。如果说谈创业精神或创业神话，那应该都是上世纪90年代的事了。大概在1995年、1996年的时候，远大可能是全中国最赚钱的企业。我们在1997年就有20个亿的销售额，在那个阶段，是不是销售额最高的企业很难说，但我们的利润绝对是第一。1997年、1998年的时候，每年都有6～7个亿的利润，根本就没地方花，天天建豪华的工厂也还有能力去做其他。我觉得在那个阶段是一个创造财富神话的阶段，现在这种财富神话特别多。谈财富神话已经不是目前这个社会最吸引眼球的东西了，我们已经在关注另外一个问题。

　　　　人有钱以后，一个人解决温饱以后，是不是能够早一点清醒过来？当然，企业的安定永远是个问题，解决了温饱以后，一方面要维持企业的安全，但也不要简简单单地去往大里做，最后做到GM那个程度。另外，在解决了这些问题以后，是不是能够解决让自己快乐的问题？这其实不是大公无私的问题，而是一个关乎自身的东西；既可以低层次地说自我安慰，也可以高层地说助人为乐，以帮助更多素不相识的人为乐。

李　翔：如果你的案例得到了很好的阐述的话，那么我们就可以让更多的人在满足了对财富的欲望之后，向另外一个方向转变。

张　跃：我觉得你可以把创富神话放在一边，描述几句就可以了。我跟别人还有一个不同就是，我其实很多地方都特别讲规矩，既然赚得到钱就不要怕交税。比方说在1989年的时候，我还没有公司，连办公室都没有，但是我们的无压锅炉专利转让给别人了，转让了20%的专利所有权，得到了三十几万。我去交税，税务局的人问我办公室在哪儿。税务局的人都不知道我的办公室在哪儿，我怎么还跑去交税？别人觉得好像我是个很奇怪的人。但我很讲规矩，我觉得不管怎么样，你要做一个堂堂正正的人，做一个在各个方面都说得过去的人。这些基本的道德规则我特别讲究。环境问题也是一样。环境问题狭义地说也是一个道德问题，如果你在你的产业中间得到了利益但却污染了环境，这就不符合最基本的道德规则。

李 翔：你能不能讲一下你自己认为应该坚持的原则是什么？

张 跃：我们今天谈了作为一个企业家要做什么，或者说作为一个已经走出了发财阶段的企业家要做什么——发财作为你成功的标志对于你事业的追求、人生的理想而言很重要，接下来你就要考虑我们这个社会能不能延续下去，地球能不能延续下去，你的后代能不能有一个能够生存下去的地球。

李 翔：那你认为一个好公司的标准是什么？都要按照环保的标准来要求吗？

张 跃：还不完全是对于公司的标准。作为一个社会上有一定决定权、有一定领导力或者说有一定控制力并掌控着财富的人，是不是要知道自己的力量不要完全用在创造财富上面，而是要把它的一部分用在维持这个社会的安宁上，或者说为自己的后代作一些考虑？你的一切都很好，你的公司很健康，家庭很幸福，拥有很多财富，在各个地方都有房子。但这一切在将来气候变化以后都会化为乌有。

人类有一个最大的毛病，就是有很多人在承担危险的时候，他就觉得这个危险不是危险；当有几十亿人在扛着这个危险的时候，我一个人的努力算什么？其实都一样，危险还是存在的，一点没有因为承受的人多了危险就会减弱。

李 翔：你现在的时间分配是怎样的？你会用多长时间来考虑这些问题？

张 跃：我完全都是在考虑这些问题。

李 翔：抛开了公司、家庭？

张 跃：没有，我是说比如做公司里的产品，包括最近我们在开发一种建筑产品，都是为了考虑这个问题，减少排放。相当于现在核战争即将爆发，我们要应对它，就是这样。

李 翔：我很感兴趣你对商业究竟是个什么态度？

张 跃：我早就说了，我从来不会单独做商业。从公司很小规模时开始，从我们做第一个产品时开始，我们做的无压锅炉就是节能和安全的，我们做非电空调是节能的，我们做的所有事情都是节能的。我从来没有做过单纯的生意，没有做过一分钱的房地产生意，没有做过一分钱的炒股生意，我没有允许我们公司去做一分钱为赚钱而赚钱的生意，这一点本身就不同。我们的产品是保护社会、保护用户、保护地球的，你一定要了解这一点。

李　翔：我明白你的意思。

张　跃：你还是把生意看成是生意。

李　翔：我只是想在里面找到一个链接点。

张　跃：我给你看这一页纸就够了。这篇文章我写得很早，这里面这几句话就已经谈到我们所做的事情是什么了，以及原来的价值观里面包含着道德问题和节能问题。然后我谈到，我们只做社会需要的。我们的产业理念是大环保和小环保；小环保就是健康，大环保就是地球。做产品，我基本上还是把我们的理念跟我们的产品变成一回事了，或者说先有理念再有产品，先有理念再有生意，完全是这样，而不是生意在前头。香港人攻击曾荫权说，因为他的亲戚在卖节能灯泡，所以他就宣布白炽灯泡要取缔。这根本是两回事。是因为曾荫权鼓励他的亲戚说，节能灯泡节约能源，你应该做这个生意，这个生意太重要了。他在用他行政方面的权力来力推环保。就像你刚才说的，很多人会认为我是利用环保理念来扩大我的生意，所以我不对。

　　我觉得当人有了一个理念以后就要去推广它。像我现在这样，到处说，不论是对社会说还是对我的员工说，说的都是环保，这有什么错？一点都没有错。我们利用我们所有的能量，包括脑袋、胳膊、嘴巴等所有的能量来推进环保。

李　翔：我的意思是，我们应该共同找出方法来让更多的人像你这样行事。

张　跃：任何一个人如果建立了环保理念之后，他都可以使得他的生意更加环保一些，或者说使他丢掉不环保的生意去做环保生意，任何人都可以做到。如果我是开发汽车的，我就不单纯追求汽车销量、款式、豪华程度和速度，我追求它的低油耗。如果我是房地产商，造的房子不环保，我就要把房子做成节能的房子，替代不节能的房子，做好保温，选择好的空调、好的通风系统。做农业的，可以少用化肥和农药。做发电的，可以把脱硫技术做得更彻底一点。

　　当然这里面也有一个问题，如果说效益最大化，或者说赚钱最多化，就会有问题。一定要在保持不亏损、能作为一个组织维持下去的前提下，尽可能地减少一些环境污染。但也不要太过头，不要只有八分的力量却要做十分的事情，最好是八分力量做六分事，这样就会相对游刃有余地在你的产业活动里减少污染。

李　翔：你希望别人怎么看你呢？尤其是后代。

张　跃：我从来不想这些问题，我早就抛开了对人吸引力最大的几样东西，包括买豪华的车子，现在还有买豪华的飞机，我已经经历过了那个阶段。也不是说我天生就是这个样子，我只是比较早地经历了那个阶段，就是世界上最好吃的、最好玩的、最好用的，都经历过了。你们现在还没醒，我醒了，我觉得那些东西并不能给你带来最多的幸福，生活上满足、健康上有保证就行了。比方说住酒店，我要住五星级，但是在酒店里我用毛巾一般就用两个小毛巾就够了，一条擦头发，一条洗澡，我不会用很多大毛巾，然后床头上面我总是写个条子，告诉服务员五天之内不要给我换床上用品，减少一点浪费。坐飞机我一定要坐头等舱，但我不用飞机上的鞋，能不用就不用，能不污染就不污染。但是你要我坐经济舱我受不了，坐公务舱如果是长途我也受不了。在能够享受的情况下，尽可能地减少污染就可以了。

李　翔：你从什么时候开始变成这个样子的呢？

张　跃：很多年了。但要说我牺牲了很多享受，也未必见得。只是我觉得对我意义不大的享受我就要稍微牺牲一点。大概两年以前，我就基本上限制自己使用飞机了。那其实很不方便，但是现在觉得也还好，挤挤通道排排队，然后在飞机上面闻一点难闻的气味，坐起来有点腰酸背痛，其实它也是一种磨炼。体验一下那种艰苦，当你回到房间的时候，会觉得更舒服。待在自己的办公室，待在自己的家里，比待在任何的飞机上都要舒服一些，那就少出门一点。我以前喜欢住很大的房子，现在喜欢住小房子，这个房子满足我的需要就可以了。什么东西都以满足自己的需要为标准就 OK 了。

　　现在有一种趋向，而且这种趋向还比较明显，大家买房子越来越大。但我很多年以前就发现，其实房子大了未必见得你就真的舒服。买一辆快车，未必见得你真能开那么快。我自己的劳斯莱斯，我真的几年都不一定用一次，法拉利我一年也开不了一次。

李　翔：为什么会这样？

张　跃：那个年代，你一定要经历过、享受过才可以。其实我真正想的也就是一两次，但最后发现自己平常开习惯了的车，其实就是自己最好的车。我们家里房子很大，因为那是上世纪九十年代建的。有一次我们一家人去云南，在昆明边上一个小的度假村里住了三间房子，中间是一个客厅，一边是我儿子的房间，另一边是我跟夫人的房间，住了几天我们就突然发现那套房子是我们最喜欢的。为什么？因为很快我们就可以坐在一起聊天，很快就可以回到自己的卧室，我这边说一句话那边孩子就听到了。你看我们家那个房子，1999年建的，很豪华，三层楼，其实很不方便。

李　翔： 所以一定要有个过程，不然的话1999年你肯定建小房子了。

张　跃： 我现在要告诉别人。低收入人群更要早一点经历这个过程，很多人成为房奴，他干吗要成为房奴？他完全可以买一套七八十平方米的房子，一家三口待着，蛮好的，干吗要买一套一百五十平方米的房子？

当一个人意识到这些东西并不会真正带来享受的时候，他花的钱就会少了，最后他经济上变得自主，幸福就来了。现在绝大多数人，99%的人都是为钱所困，包括美国人，包括最富裕的挪威、瑞典、丹麦人，都为钱所困。当我们意识到我们有环境责任的时候，不仅仅是保护了环境，而且我们这一生也不会为钱所困。尤其是那种智商不是特别高、事业方面或者赚钱方面不是特别成功的人，当他们有了环保意识之后，一方面保护了环境，另一方面就彻底告别了为钱所困的状况，告别了我们所说的"美国梦"。前天我儿子说，他读中学的时候有一个美国老师，五十多岁了，某一天他说告诉大家一个好消息，今天终于还清了大学时代的贷款。已经五十多岁的人了，一生就是为了钱而活，五十多岁还在为还清大学所欠的贷款而感到庆幸，一辈子都不愉快。这还仅仅是大学时的贷款，还有住房贷款，说不定还有车子的贷款，说不定还有一些家具的贷款，都是为钱所困。有时候我觉得很悲哀，最富裕的国家的人脑子里面信息量最大的以及出现频率最高的是他的收入和他的债务，还是为钱。

经济的发展或者所谓的社会进步，给我们人类带来幸福了吗？没有。现在金融危机来了以后那么多人露宿街头，在美国我看到有人露宿街头，心里就很酸楚。你只能靠政策解决问题，他是因为交不起租金以后被房主赶出来的，房主通过黑人讨债公司，真的是把他行李扔出去。房子是空的，欠债者被赶了出去，你觉得这个工业化社会对人类有什么意思？

李　翔： 但是中国需要工业化，过去十年我们所做的事情就是工业化，或者讲现代化。

张　跃： 刚才我们在讨论的时候，你说什么是好社会要有一个标准，我可以给出这样一个标准。第一个指标是收入，人均可支配收入四千块足够了，也就是大概人均GDP到七八千块钱。现在我们人均GDP是三千，上海到一万了。

第二个指标是住房。要我说人均二十平方米就够了，但是我们稍微提高一点，达到满足程度，人均三十平方米。我们住酒店谁都知道，虽然酒店里面家具和各种东西少一点，但是一间房子住一个人是够了，酒店一间房二十平方米，多一点三十平方米。德国弗莱堡应该是很环保的地方，社区内也就是人均二十多平方米的居住面积。

第三个指标是交通。步行不超过五公里，或者步行不超过三公里，解决步行五公里以外的工具用火车、汽车、飞机都可以。但现在不是这样，一公里、两公里都要开车，如果没车的话打出租车。为什么不可以走三公里到五公里呢？对人们身体有好处。

接下来，房间内温度要合理，饮食能保证人的健康，还有医疗也要保证。就世界目前这种产能状况的话，满足人的这些需要是完全可以的。

李　翔：刚才你说很多人为财富所困，对于你而言，你有什么困惑吗？或者你会为什么所困？

张　跃：如果不是因为我要大规模地、疯狂地去做环保的话，那我永远不会为什么所困，因为我会控制公司的生存能力，我不会盲目去做大自己，我会讲究储备，我永远不贷款，永远不欠钱，因为欠钱是最恶心的，是最不幸福的事情。所以我肯定不会为钱所困，我要控制自己的欲望。人控制住自己的欲望，控制住自己的名利观念，就不会为钱所困。其实有时候说欲望，是因为没尝试过，真正尝试过以后，其实不会有什么欲望的。

李　翔：比如说过去十年，你最大的收获是什么？

张　跃：这个问题倒太简单化，它跟我一生的经历都是一环扣一环的。我是醒悟得比较早的。比方说在创业之初，我想到一些事情，有一点点理想主义色彩，我做的东西都是自己独创的，我做的东西不会危害社会，尽可能地有利于社会。不过最初还是以赚钱作为自己的根本动机。但我比较早地就把赚钱从作为第一动机变成了第二、第三、第四动机，到最后赚钱（如果说是有赚钱的动机）仅仅维持基本生存就好。你要想让企业生存得更好一点的话，那你就要控制企业的规模，控制企业的风险，不要瞎搞。办企业一定不能瞎搞，一定不能碰运气。

李　翔：我觉得很奇怪，你会经常跟一些做金融的人一起，但是你自己对金融又很排斥。

张　跃：比如说胡祖六，他是我最好的朋友，无话不谈，经常到我那里去。我只是说大家的工作方式不同。我还试图影响一些搞金融的人，金融要为人类的长远利益服务，而不仅仅是为了一些短期欲望服务，我觉得这一点很重要。金融你说要不要？对于社会来说还是要的，如果远大没有最初的贷款也发展不起来，但是如果说金融作为一个企业永久不能脱离或者不能甩脱的工具，我觉得这也是悲哀，你总是通过融资来经营你的企业，你不自由。就是你穿的鞋是别人的鞋，不管怎么样你总是觉得这双鞋有点硌，觉得有点不合脚。

李　翔：但是你穿着别人的鞋会跑得更快，总比你不穿鞋好。

张　跃：穿自己的鞋最好，穿着最舒服。你穿着一双疯子的鞋，然后你走得快，这有什么意思呢？

李　翔：你怎么定义你自己呢？我相信你绝对不会认为自己仅仅是一个企业家或者商人而已。

张　跃：我很狂的。我要在地球保护方面，在百万人、千万人、万万人的健康保护方面，做出别人不能做出的贡献。在我脑海里面，如果我要期待什么奇迹的话，那就是我能够帮助多少多少亿的人，也就是以亿为单位的人。除此之外，我从来没有任何其他方面的想法。这也是我跟你掏心掏肺说的。我是不是有点狂啊？

李　翔：那你找到途径了吗？

张　跃：我天天在做这个事情。

李　翔：是这样，比如说如果我想改变全世界的贫穷人口的生活的话，我觉得对我而言，最有效的途径就是我成为世界银行行长。

张　跃：就是说你成为最有权力的人？

李　翔：也不是，因为去世界银行的目的就是消灭贫穷。

张　跃：如果我的行为影响了建筑能耗，建筑能耗大概现在占全世界能耗的40%，从建造到建筑的运营，40%还要多一点，也就是排放40%的温室气体。如果我让建筑能耗减少70%，少排放2/3，那么我应该可以减排这世界上27%的温室气体，由于我的直接的和间接的作用。因为我现在的工作主要是在建筑界，那是我全部的作业。

我的目的是为这个世界上减少27%的温室气体排放，通过直接的或者间接的作用。如果到了那一天，我就会安心地来开我的飞机，因为对我来说最大的物质享受还是坐在自己的飞机上。现在我不用，飞机也不卖，因为最终自己还是要用，自己的东西好用，我也不会到时候再换一架新的。我是一个绝对的享乐主义者，在我很小的时候，10岁左右的时候我就要每天喝一杯甜一点的酒，但是我从来不会喝醉。我一定会让自己居住也好、饮食也好、行动也好，都要舒适一点。我不是被某种理想驱使、牺牲自己物质享受的人。

但是过犹不及，我现在知道这句话的含义了。绝对不能对享受追求过多。但是牺牲自己的基本享受，付出过多，也是过犹不及。当你什么都付出的时候，你可能连一个公司都没有了。"过犹不及"是孔夫子说的，恰到好处。所以我现在所有环保的行为都没有牺牲自己的基本享受。有一次我坐飞机头等舱遇到一个人，他说我想象不出你还愿意坐头等舱，那会增加更多排放，这不是更大的浪费吗？

十五年前我刚刚开始做生意，我是 1984 年底从学校辞职的。你出生了吗？

李　翔：我出生了。

张　跃：我 1984 年从学校里出来做生意。我当时教中专。从辞职的第二个月开始我就住五星级酒店，到哪个城市我一定住哪个城市最好的酒店，我绝对不会去节制一点。当时我的女朋友，也就是我现在的老婆，说我们钱也不多，省着点花，我说不行，生活质量是不能降低的。我当时没有外汇，而没有外汇住不到五星级酒店，于是我花好多精力去换外汇。

李　翔：有没有想过，你热爱的东西包括什么？

张　跃：我热爱的所有东西我都能得到。我现在喝的酒一百块多一点点，酒只要好，不要贵。最初在我没有钱的时候，我在法国买了很多好的红酒。我第一次去法国是 1991 年，特意买一个大箱子，一箱子红酒拎回来，当时没有关税，海关没办法处理，你说走私也不像，因为当时红酒确实拉到街上也没人要。最后还是让我通关了。为什么他们发现了我的红酒？因为我在过关的时候箱子终于坏掉了，扣子扣不住。不过虽然箱子全部开了，但没有打破一瓶。回家以后喝了半年的红酒，最后那一瓶放到冰箱里不舍得喝。有一天我父亲来一些朋友就把它拿出来喝了，我回去以后看冰箱里没酒，我就问我父亲还有一瓶酒呢，他说那天谁谁谁来了就喝了，味道都馊了。当时快气死我了。他们喝这个红酒的味道，觉得那是馊了的味道，我说怎么可能是馊的？他说你看又不甜，而且馊馊的味道，大家在喝的时候，突然有一个人说馊了，然后所有人都说馊了。快把我气死了，我对酒是从小天生就喜欢的。

李　翔：你觉得还有类似你这样的人吗？

张　跃：不多，我是极端的享乐主义者，而且我比较容易发现好的东西，也比较能够接受好的东西。但是这种享受也不是追求最贵的东西，比如选择酒店，重要的是窗户能不能打开换空气。比如今天点红酒，按照陈总（陈东升）的标准在这个地方点红酒，应该点一千五百块钱左右的，但是我就不会，实际上我们现在喝的这瓶酒是六百多。享受不一定需要很贵的东西。

即使这样，这六百多的酒比我家那种一百二十块钱的酒还要差，可能它购进的价格就是一百块钱,然后它卖六百块。一千五百块钱的酒大概就是一百五十块钱,这个不奇怪,酒店里面价格都很高。我们平常请一桌客人,我那儿经常来省级领导,甚至还要级别高一点的领导在我那儿吃饭,吃什么?一桌子看上去很热闹,其实全是我们农场的菜,拿了一瓶酒,他们说这瓶酒很高级,我说这瓶酒不到一百五十块钱。酒就是这样,到一百块钱就是很好的酒了,其他的都是胡来。在上世纪九十年代我们随便一桌菜,海鲜什么的乱七八糟一桌,就要三千的成本,现在我们请一桌客人,一百块钱的成本都不到。如果按照我自己厨房的实际成本,那已经很好了。享受并不见得是要钱,这点很重要。很多人城里人还不知道真正的享受是什么,如果那个食材没有农药,食物不放味精,吃起来也很好吃的,很鲜,那是最高的享受,没有农药没有化肥,原汁原味。你看我们吃的东西都是原汁原味,在城里吃不到的。

李　翔: 家宴永远比饭店里的东西好吃。

张　跃: 我们那儿不是一般家宴,我们那里绝对没有别的添加调味品,一根葱也没有。我们的生活方式里面有很多误区,我们的农业生产方式,我们的交通方式,我们的城市构成方式,我们的追求奢侈的生活方式,其实未必见得会给我们带来幸福。农业问题是很严重的问题,由于食品带来的健康问题是很大的问题,由于空气污染带来的健康问题也是很大的问题,现在肿瘤医院已经开到县一级了。我小时候印象很深,那时候得了肿瘤要跑到省里面,因为只有省里的医院才会有肿瘤科或者肿瘤大楼。现在是每一座城市,甚至有一些乡镇小医院,都有一幢楼专门住的是癌症病人。现在我们的生活质量是提高了,但我们癌症每一年的增长率超过两位数,实际上是20%以上,而我们的GDP也就是10%左右的增长率。

　　换句话,如果从这个角度来说,就是说我们的经济增长跟我们健康付出的代价相比是不相称的。只要听到哪个人得癌症,我心里就很难受,那是环境污染造成的,空气里面的重金属很多,汽车烧油,火力发电厂烧煤,煤炭、油里面的汞、镉、铅非常多;然后食物里面的农药,农药里面各种各样的致癌物质是很多的;由于工业污染物排放,水里面不管你怎么净化,重金属都不能降解,致癌的物质很多。我们一定要去减少能源的使用量,减少污染物质的排放量。

　　能源的过量使用带来四个问题:第一个问题是气候变化的问题,温室气体;第二个问题是空气污染的问题;第三个问题是交通问题和资源消耗的问题；第四个问题是政治安全问题，因为一个国家在缺少能源的情况下长期依赖能源的时候，它会产生一些需求，而有能源的国家又会产生相反的需求，不论一战还是二战都跟能源联系在一起，那么第三次世界大战不会是跟能源相关吗？

气候变化导致海洋水位上升，暴风、炎热、瘟疫、旱灾、水灾这样的问题；空气污染导致癌症，导致各种各样的健康损害问题；开矿挖能源导致地质不稳定，导致地理资源最终枯竭；由于缺少能源，使得社会不能运转，导致政治上的纷争，甚至最终酿成战争。既然这样子，我们还不把能源当做现在这个社会最珍贵的资源？还不把节能当做社会上第一要务？还有什么东西比它更重要？而现在我们还把发电率上涨多少当成喜讯来报道，疯了，已经疯了，这是新的社会癫狂。一个理性社会，怎么会突然变得是一种完全疯狂的状态？

李　翔：其实是理性的疯狂、数字的疯狂。

张　跃：其实有很多种疯狂，这只是一种疯狂，在我们这个时代。

李　翔：那我很好奇，从你这种忧心忡忡的角度出发，你觉得我们过去的三十年，尤其是中国的三十年，是一个进步的时代吗？

张　跃：有进步的地方，但是在某些地方没做好。比方像穿鞋，觉得这个鞋紧了一点，现在又穿了高跟鞋，觉得这个鞋不舒服，但总比不穿鞋好，还是有进步的成分。但为什么不可以把鞋穿得舒服一点？完全可以穿舒服一点。

用一个最简单的道理就可以解释这个问题，吃饭都有一个八分饱或者刚好的问题，喝酒也有一个刚好的问题，那为什么经济上不可以刚好？社会发展为什么不可以刚好？我喝一瓶酒还可以，喝半瓶酒刚好，但是如果喝两瓶酒我会不会就醉了？是不是损害身体了？吃饭也是这样。吃两碗刚好，吃四碗会不会坏身体？这个社会就认为吃四碗、吃八碗都是好的。社会的经济成长为什么没有限制？吃饭都有限制，为什么经济成长没有限制？

我前不久在旧金山演讲，说发展不是人类的唯一选择，掌声一遍又一遍。什么东西都要有一个恰到的好处，社会的进步不能是无限的，经济的成长不能是无限的，发展也不能是无限的，我们追求的是人的幸福。

李　翔：恰到好处，这是一种很中国的想法。

张　跃：但是用企业家的嘴巴说出来，一个企业经营者，一个表面上大家都认为他是以赚钱为人生目标的人讲出来，大家就觉得他的观点不一样。这些话是肺腑之言，是切身体会，不是说教，不是隔山观火，更不是幸灾乐祸，当然也不是作秀。要有人告诉大家吃饭有一个法则，穿衣也有一个法则，为什么我们的经济增长不能有一个法则？

李　翔：还有一个问题，在你做过的事情里面，你自己比较满意的有什么？

张　跃：所有的事情，有些生意赔了，但是我满意，满意得不得了。因为我没有那种期待，我没有说哪件事情都要赚钱，我只是说我做的每一件事情尽可能地让更多人的接受，产生更大的社会价值。

如果以碳排放作为一个指标，那就是1.5吨，每个人都尽量控制在1.5吨的水平上。我现在除了公务原因出差，我个人的二氧化碳排放量就在1.5吨的水平上，我现在已经是一个健康的状态。

后　记

这本书中收录的商人访问，大都在 2009 年。这是我的第四本书和第二本商人访问录。按照惯例，我要在这里列出一个冗长的感谢名单。

首先要感谢的是我的那些朋友们。我曾经不止一次地跟人说过，我有如此多的缺点，以至于我只能跟我的朋友合作。因为只有朋友才能容忍我如此多的缺点，并且始终充满信任。其次，我要感谢那些接受我访问的商人们。他们中有些曾经被我激怒过，也有些曾经激怒过我。无论如何，我在此真心感谢他们慷慨地给予时间和智慧。接下来，我要感谢我在《经济观察报》的同事们，比如郭为中、新望、张琪等人的帮助。尤其要感谢我的总编辑刘坚，他始终如一的宽容态度。还必须感谢魏独独，恐怕她不多的耐心都用在对待我上面了。

然后是一系列的作家们，他们教我如何写作。其中，如果没有以下这三位中文作家，我敢担保我一定不知道自己究竟能做什么。他们是许知远、吴晓波和凌志军。抱歉的是我是按照我对他们的熟悉程度来排序的。许知远是我长久以来的同事和好友，每一次在我备感彷徨和无所适从的时候，他总会主动来安慰我，试图向我指出我可能的方向。对于比他还要年轻和忧伤的年轻人，他从来不吝啬自己的赞赏之词。他对理想主义的坚持也是我相信自己必须坚持的一个原因。吴晓波是典型的江南才子，我相信不仅仅是我，他还是很多记者羡慕和学习的对象。他的才华，和他在对付世界和文字时的游刃有余都让人嫉妒。在他那一代的写作者中，吴晓波是对世俗事物参悟得最透彻、自己的目标最清晰，同时也找到了抵达此目的最明了途经的一位。至于凌志军，我读了他出版的每一本书，他是 20 世纪 90 年代中国的最好的记录者，也是中国记者型作家中最优秀的一位。对，不是"之一"，他是最好的。他让我相信，文字是没有疆界的，正好像他作为一位政论作家可以涉足商业史写作一样，同样可以杰出。在凌志军开始关注联想和中关村之前，全中国不知道有多少商业记者依靠报道联想和中关村的新闻立足，但是只有凌志军写出了《联想风云》和《中国的新革命》。他还是《变化》和《交锋》的作者，但涉足商业史写作之后，他仍然是最优秀的。这让我想起戴维·哈伯斯塔姆，他写过越南战争和朝鲜战争，写过胡志明的传记，也描述过日本汽车产业的兴起和美国汽车产业的衰落,他还写过一本迈克尔·乔丹的传记。他们鼓励我永远不要丧失对世界的好奇心,也不要为既有的成规束缚。

最后,我要说启发我做如此访问的是《花花公子》杂志的访问合集 The Playboy Interview 中的商人卷,感谢这本不太严肃的杂志中的严肃访问。

李 翔

2010 年 6 月 26 日